Karl Foerster

Der Steingarten der sieben Jahreszeiten

Karl Foerster

Der Steingarten der sieben Jahreszeiten

Naturhaft oder architektonisch gestaltet

Arbeits- und Anschauungsbuch für Anfänger und Kenner

Neumann Verlag Radebeul

Der Autor, Prof. Dr. h. c. Karl Foerster
verstarb am 27. 11. 1970.
Die Bearbeitung des Titels nahm ab 7. Auflage
Bernhard Röllich vor.

Die Deutsche Bibliothek – CIP-Einheitsaufnahme

Foerster, Karl:
Der Steingarten der sieben Jahreszeiten: naturhaft oder architektonisch gestaltet; Arbeits- und Anschauungsbuch für Anfänger und Kenner/Karl Foerster. [Die Neubearb. des Titels nahm Bernhard Röllich vor]. – 11., neubearb. Aufl. – Radebeul: Neumann, 1993
ISBN 3-7402-0076-6
NE: Röllich, Bernhard [Bearb.]

Maxim-Gorki-Straße 18, 01445 Radebeul 1
Printed in Germany
Gestaltung: Heide Siegemund
Satz: Typostudio SchumacherGebler, Dresden
Reproduktionen: ColorReproduktion, Heidenau
Druck und Verarbeitung: Meissner Druckhaus, Meißen

Inhalt

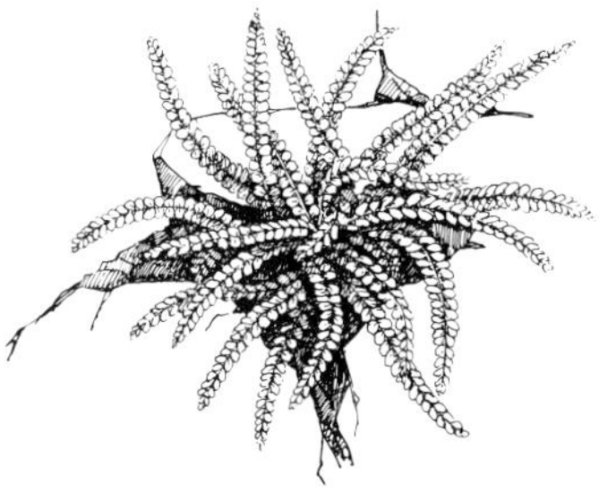

Auf kleinstem Raum lassen sich viele Steingartenpflanzen vereinen. Meist können sogar besondere Ansprüche am Standort, ob sauer oder basisch, unberücksichtigt bleiben. Hier wurden *Saxifraga longifolia, Leontopodium alpinum* ssp. *nivale, Daphne cneorum* und sogar *Lewisia-Cotyledon-Hybriden* benachbart.

Vorwort von Karl Foerster

Die Neuauflage dieses Garten- und Pflanzenbuches ist nicht nur um eine große Zahl von Farbtafeln und Schwarzweißbildern bereichert worden, sondern umfaßt auch eine große Menge von Pflanzensteigerungen und Einzelschilderungen in Tabellen und in der Grundliste. Unbekannte Hochwerte melden ihre Gartenwichtigkeit an, darunter viele »Langspielplatten«.

Diese Neugestaltungsarbeit war mir wieder nur möglich durch die unermüdliche, eindringliche Mithilfe meiner Frau; auch ihr wurde das volle Gelingen zu einer Lebensangelegenheit.

Bücher schreibt man unter anderem aus einem Mitteilungsdrang, der über alle freundschaftlich-geselligen Austauschmöglichkeiten und auch über die Verbindung mit lebhafter Zuhörerschaft hinausgreift. Ein tiefes Bedürfnis wartet darauf, Widerhall zu finden – innerste Fühlung mit dem Wollen und Vollbringen unserer Gartenfreunde zu steigern und Anteil an ihrem Lebensfrohsinn zu nehmen.

Noch größer aber bleibt der Wunsch nach kritischer und ermunternder Ergänzung im kleinen wie im großen.

Dieses Buch beschäftigt sich auf alle Weise nicht nur mit den Kleinstauden der Steingärten, sondern zieht auch die kleineren Blumenzwiebelstauden, soweit sie gleichfalls ausdauernd und winterhart sind, in seinen Bereich – ferner die kleineren Gräser des Steingartens, die Zwergfarne und schließlich das Reich der Zwerggehölze. Wer zwergige Einjahrsblumen im Steingarten verwenden will, muß sich an andere Werke halten.

Anhangsweise sind aus vielen Gründen noch mancherlei mittlere und größere Stauden von ausgesprochenem Wildnischarakter in Listen zusammengefaßt, weil unser Buch ja nicht im Steingarten steckenbleiben will, sondern ihn nur als eine große Provinz der Wildnisgartenkunst ansieht, dieser wunderbaren Gegenspielerin aller strengen Gartenkunst. Erstens gibt es an den Rändern und in der Nähe größerer Gesteine und Zwerggehölze Plätze, die nach mancherlei Pflanzen aus dem Bereich der größeren und mittleren Wildstauden verlangen, zweitens gehören viele von ihnen unter die »Bergflurgewächse«.

Unaufhaltsam mußten unsere Gedanken und Listen auch in das Gebiet der Ufergarten- und Wasserpflanzen vordringen, zumal ja beide Arten meist von Steinen eingefaßt werden.

Die Gesamtaufgabe ist ungeheuer und fast erdrückend, auch wenn wir die Grenzen respektieren, die einem solchen Buch gesteckt sind, das ein *Handbuch* für den wirklichen Gebrauch bleiben soll, was wir zu hoffen allen Grund haben.

Es soll auch an dieser Stelle wieder betont werden, daß ein »Lebensbuch« der Kleinstauden und anderer zugehöriger Zwerg- und Wildgewächse einen ganz besonderen Sinn hat, weil wir doch mehr als je an die Füllung und Erfüllung kleiner Gartenräume mit urwüchsigem kleinem Pflanzenleben zu denken haben.

Es wurde in unserem Buch auch großer Wert auf die Nennung der Wildheimat jeder Pflanze und auf Berichte über die Örtlichkeiten und Pflanzenbenachbarung gelegt, weil das Wissen um den Besitz, den eine Pflanze von der Erde ergriffen hat, unserem geistigen Besitzergreifen dient.

Bei der Aufzählung der Wildgesellschaften, in denen die genannten Pflanzen vorkommen, sind immer nur Partner genannt, die gleichzeitig auch für den Garten Bedeutung haben. Man soll keine Pflanze, die man in seinen Garten setzt, ohne wirksame Nachbarschaft anderer Pflanzen lassen. Die feinen Spannungsreize und Geselligkeitsbeziehungen, die zwischen den Pflanzen walten, müssen auf immer neue Art ausgeschöpft werden.

Eine weitere Besonderheit dieses Buches ist die Gliederung zahlloser Pflanzenarten in Zeitgruppen ihres Erblühens. Gerade diese Mühen haben sich Steingartenbücher wohl bisher nicht auferlegt; dafür sind sie wiederum anderen Plänen und Aufgaben gefolgt, die abseits unseres Zieles liegen. Die ernstlich Interessierten sollten deshalb auch noch zu anderen Büchern greifen.

Des öfteren sind wir sogar vom durchgehenden Alphabet der Aufzählung abgegangen, um statt dessen die Pflanzen in Kalendergruppen ihres Erblühens vorzuführen, was für den Gartenfreund und Gestalter eindringlicher ist. Zuweilen haben wir auch, statt Riesen und Zwerge durcheinanderzumischen, nach Größengruppen gegliedert.

Wir bemühten uns, mit unseren Listen neue Ideen und Anregungen an die Planenden heranzutragen. Solche Vorschläge setzen ja ein langes und intensives Zusammenleben mit den Pflanzen voraus – wie lange dauerte es zum Beispiel, ehe man erkannte, daß etwa 50 bis 60 Kleinstaudenarten und -abarten weit über die erste Blütezeit hinaus einen starken und ausdauernden Nachflor hervorzubringen vermögen – eine höchst willkommene Eigenschaft, deren Träger hierfür noch in keiner Weise herausgehoben und gefeiert wurden!

Eine andere Hauptarbeit an diesem Buch bestand im Weglassen eines unendlichen Ballastes an entbehrlichen oder gefährdeten oder anspruchsvollen Pflanzen.

Aber nicht nur Fäden in die imponierenden Fernen der Erdräume spinnt all dies scheinzarte Kleinleben aller Gartenjahreszeiten, das nur so geringen Lebensplatz im Garten benötigt; es wird mit diesen Verwandlungswelten des Jahresrunds auch eine leise Verwandlung unserer Zeitmaßstäbe hervorgebracht. Die kleine Pflanze wird nicht nur ein »Wortführer« ihrer gigantischen Heimatlande, sie schenkt uns auch neues Bewußtsein von der Größe noch unerfaßter Zeitweiten, in denen sich unser Leben abspielt; denn wir finden hier kurze und lange Zeiträume – Tage, Wochen, Jahre – von unerwarteter Seite her erlebnisdurchblutet und unvergeßlich verkörpert. Das dämmernde Innere der Zeiträume, das künstlich zusammengedrängt lag, wird auseinandergefaltet, ans Licht geholt. Im Jahre schläft ein Riesenjahr – die »Gartenmenschen« wissen es am besten!

Des weiteren sind nun einige Worte über unsere Mitarbeit an der Förderung der deutschen Pflanzennamen nötig. Selbstverständlich bilden die botanischen Namen die Grundlage für alle internationalen und handelsmäßigen Verständigungen, ebenso selbstverständlich hat aber auch die Gärtnerschaft der ganzen Welt recht ernstliche Wünsche an die zukünftige Einheitlichkeit und Festigkeit der botanischen Benennung zu richten und bei ihrer Erfüllung helfende Arbeit zu leisten.

Was also die Taufe der Pflanzen mit einem deutschen Namen betrifft, so ist dies eine bedeutsame Aufgabe für uns Gärtner, der wir uns nicht entziehen können.

Unser Buch steckt nun voller Beispiele solcher Taufen. Wir schufen völlig neue Namen oder sammelten endgültig brauchbare von überallher. Manchmal verhalf uns aber selbst unsere Mühe nicht zu einem eigentlichen deutschen Rufnamen, sondern wir mußten uns zunächst auf kurze Beschreibungsworte beschränken, die halbwegs schon auf den Namen hinführen.

Oft lieferte uns die geographische Herkunft Namen, welche die Kraft der Einbürgerung besitzen, was man etwa aus der Missourinachtkerze ersieht! Das Geranium mit dem unbequemen Namen »pylzowianum« nannten wir »Tibetgeranium« – stützten dagegen den alten »schwierigen« geographischen Namen Geranium lancastriense, jetzt G. sanguineum var. prostratum, mit dem deutschen Rufnamen »Rosenquarzgeranium« (dessen Konkurrent, Geranium argenteum – gleichfalls ein rosenquarzfarbener Zwerg –, wegen fehlender Winterhärte weggelassen wurde).

Aber auch für uns alle ohne Ausnahme ist der rechte, feste Name unserer deutschen Sprache nicht Rauch und Schall, sondern Zauberschlüssel des Gedächtnisses und der Verständigung – Siegel unserer Pflanzenverliebtheit. Er bleibt auch sehr oft das einzige Unterscheidungsmittel zwischen den verschiedenen Unterarten einer Pflanze, weil uns der botanische Name das bisher Besondere dieser Art gerade verschweigt. (*Cytisus decumbens: Frühlingszwergginster* – *Genista tinctoria* ›Plena‹: Sommerzwergginster)

Noch einige allgemeine Worte über die Pflanzzeiten, von denen das Kapitel »Pflanzzeiten und Erfahrungen im Jahreslauf« Näheres berichtet.

Die Unsicherheit des Anfängers, ja oft auch des erfahrenen Gartenfreundes, bezüglich aller jener Fragen trägt vor allem mit Schuld daran, daß so selten etwas Neues gewagt wird.

Ob man nun im Herbst oder im Frühjahr pflanzt, die Aussichten auf ein gutes Gedeihen sind ungefähr gleich groß; natürlich *schon* im Herbst noch größer als *erst* im kommenden Frühling, ganz abgesehen davon, daß ja im Herbst von Anfang August bis November die günstigste Zeit der Zwiebel- und Knollenpflanzung liegt.

Viele Gartenfreunde denken im Herbst: jetzt im Spätsommer und Herbst oder Spätherbst soll man sich zu neuen Pflanzungen aufraffen? Man vergißt dabei, wie viele Jahre und Herbste eine einzige Pflanze ausdauert und blüht und wie viele Male diese Pflanze uns in den Frühlingsmonaten der folgenden Jahre erfreut. Schätzt man lange, friedliche Herbstmonate als vollwertige Gartenpflanzzeiten zu gering ein, so wird man leicht von der Frühlingsunruhe ergriffen, die immer die Frage aufwirft: ist es nicht schon zu spät? Haben sich diese Pflanzen nicht schon zu weit entwikkelt? Kann man tatsächlich noch Ende April Rosen pflanzen, Enzian schicken lassen? Diese Frühlingsnervosität sonst sehr pflanzlustiger Gartenfreunde ist einer der Hauptgründe dafür, daß unsere Gärten nicht schon viel schöner sind!

Gerade aber gegenüber der Zwergpflanzenwelt des vorliegenden Buches sind diese Pflanzängstlichkeiten am allerwenigsten gerechtfertigt; dennoch rechnet der Pflanzenhandel damit und hält immer größere Steingartenpflanzen-Sortimente in festeingewurzelten Topfballenpflanzen bereit, wozu sie sich ja auch besser eignen als viele andere Staudenarten. Man beginnt nun, mit bestens vorbereitetem Pflanzenmaterial in Töpfen weit über die bisher üblichen Wochen und Monate hinaus Steingartenpflanzungen auszuführen.

Potsdam-Bornim Karl Foerster
Sommer 1962

Vorwort zur 11., überarbeiteten und neuausgestatteten Auflage

Wenn das Buch Karl Foersters in nunmehr 11. Auflage erscheint, kann es mit Recht als ein überzeugender Beweis des großen Interesses vieler Staudenfreunde gelten, die sich mit der subtilen Welt des Steingartens befassen. Ein Zustrom, der sicher anhalten wird. Bietet doch der Steingarten wie kein anderer Gartentyp Möglichkeiten der intensiven Beschäftigung mit dem kaum überschaubaren Heer der Steingartenpflanzen. Häufig entzündet sich daran eine das Leben lang währende Begeisterung.

Der Steingarten stellt, trotz seines nicht unbeachtlichen Pflegeaufwandes, eine immerwährende Quelle der Entspannung und Freude auf mannigfaltige Weise dar. Ein Menschenleben reicht nicht aus, um alle Gartenschätze, die von den unterschiedlichsten Vorkommen stammen, kennenzulernen. Gerade darin liegt das beglükkende, sich ständig erneuernde Erlebnis, den Steingarten im Wechsel der Jahreszeiten bewußt zu erleben. Dabei spielt eine untergeordnete Rolle, welche Größe er hat. Oft genügen schon wenige Quadratmeter, um vielen Pflanzen eine Heimstatt zu geben und beglückende Gartenfreuden zu genießen.

Nicht eingegangen wurde auf die besonders pflegebedürftigen Alpinen. Eine Aufnahme dieser wäre dem Anliegen des Buches zuwidergelaufen.

Große Sorgfalt galt wiederum den wissenschaftlichen Namen. Keine Berücksichtigung fanden die neueren, noch nicht völlig akzeptierten Umbenennungen. Häufig bekannte Synonyme sind zusätzlich aufgeführt. Sortennamen wurden stets durch Einschluß gekennzeichnet.

Dank gilt den Bildautoren Johannes Apel, Baden-Baden; Dr. Wolfgang Borchardt, Erfurt; Bernhard Einert, Dresden; Hermann R. Fuchs, Hof; Klaus Kaiser, Coburg; Dr. Fritz Köhlein, Bindlach; Eberhard Morell, Dreieich; Gerhard Pacher, Dresden; Hans Reinhard, Heiligenkreuzsteinach; Jürgen Röth, Halle/Saale; Dieter Schacht, München; Wilhelm Schacht, Frasdorf; Erwin Schmidt, Wetzlar; Christel Schwalbe, Neukieritzsch; Sebastian Seidl, München; Wolfgang Sommer, Leipzig; Gretl Stölzle (†), Kempten; Dr. Reinhard Suckow, Vitte und Dieter Weinhold, Hohenstein-Ernstthal.

Gedankt sei auch den an dieser Auflage beteiligten Mitarbeitern des Verlages.

Der Bearbeiter möchte nicht versäumen, seinem verehrten Altmeister, Karl Foerster, zu gedenken, von dem er persönlich viele bleibende, nicht nur gärtnerische Anregungen während seiner Tätigkeit in der weltberühmten Staudengärtnerei in Potsdam-Bornim erhalten hat.

Dresden
im Frühjahr 1993

Bernhard Röllich

Vom Steingarten in der Weltgeschichte und im Gesamtorganismus naturhafter und architektonischer Gartengestaltung

Euphorbia myrsinites, die Walzenwolfsmilch, ist ein Durstkünstler ersten Ranges. Nur in Mauerfugen kommt ihre Wuchsform voll zur Geltung.

Ein kurzer Überblick der Gartenhistorie

Vom Gartenspiel dieser uralten und noch so morgendlichen Menschheit wissen wir erst aus junger Zeit, nämlich aus den letzten Jahrhunderten. Bis zu Goethes Zeit liefen, durch Erdräume getrennt, zwei große Ströme der Gartengestaltung ohne Verbindung nebeneinander her. Erst vor anderthalb Jahrhunderten wurden die Wasser des fernen, fremden Stromes nach Europa geleitet. Unser neues Jahrhundert arbeitet nun an einem Netz von Kanälen zwischen den beiden gegensätzlichen Kunstwelten. Heimatländer des einen Stroms, nämlich der regelmäßig-architektonischen, also baulichen Gartengestaltung, sind Europa, Indien und der Orient. Urland des anderen Stroms, der naturhaften Gartengestaltung, ist der Ferne Osten: China und Japan. Dort waltet seit langem die naturstilisierende Park- und Garten-, ja auch Gärtchengestaltung, die vom naturgewachsenen Boden und Fels und seiner wilden Pflanzenordnung ausgeht, während der andere Stil von Architektur und Kristall, von gebauten Bewässerungsachsen und Gartenschutzmauern beherrscht ist und Pflanzungen fast ausschließlich unmittelbaren Schmuckgesetzen unterwirft.

Gipfelleistungen dieses Stils sind uns in Frankreich, Deutschland und Italien wohlbekannt. Die Hochbezirke des naturhaften Gartenstils liegen in Japan, England und Deutschland – des gleichen Parkstils, soweit Europa in Frage steht, in England und Deutschland.

England brachte die Steingartenkunst aus dem Osten herüber. Der wilde Stein und die Steinplatte bilden seit mehr als tausend Jahren das Grundgerüst japanisch-naturhafter Gartengestaltung. Viel zu wenig wissen wir noch von dem wunderbaren historischen Wandel der natürlichen Gartenstile Japans durch die Jahrhunderte hindurch.

Dort herrschen die Gesetze des Goldenen Schnittes, im Abendlande die Gesetze der Symmetrie, des Rhythmus und der geometrischen Linien. Trotz aller Gegensätzlichkeit zielen die beiden Kunstwelten auf wunderbare Verbindung hin. Jede scheint im Wesen der anderen auszuruhen; jede stellt ein anderes, tiefgründiges Frohlokken der Menschennatur dar. Welch ein Ereignis, als der goldne Oststrom über England nach Deutschland geleitet wurde!

Der naturhafte Stil schuf zuerst die großen Parks Europas; dann veränderte er das Gesicht unserer regelmäßigen Biedermeiergärten und unterwarf sie in falscher Maßstabsverjüngung Nachahmungen weiter Landschaft, anstatt raumentsprechend von deren Vordergründen, vom Wildniswuchs des Bodens und der Standortgeselligkeit der Pflanze auszugehen, wie dies unser neues Jahrhundert nun begonnen hat. Inzwischen brachen noch im alten Jahrhundert als Tastversuche Tropfsteingärtchen und Teppichbeete vor, bis um die Jahrhundertwende der Jugendstil alles überrannte und mit künstlichen Lattengerüsten und verzuckerten Blumendekorationen gegen die Brezelgärten vorstieß. Nichts veraltete so schnell wie der Jugendstil.

Jetzt ist Frieden geworden, und die beiden Herrscher der Gartengestaltung reichen einander staunend die Hände. Beendigung des Streites macht den Weg für die Steigerung durch schöpferische Ergänzung frei. Die Verbindungskanäle der beiden großen Stromadern werden immer reicher und vielartiger. Wildnisgartenkunst kommt auch dem naturhaften Parkgedanken zugute und beginnt die »Parklangeweile« zu vertreiben.

Die Fluten eines dritten großen Stroms branden heran, nämlich eine unerschöpfliche Riesenfülle von Pflanzen aus aller Welt, und zwar sowohl in Urarten als in den Steigerungen der züchterischen Arbeit. Nun erst wissen wir ganz, warum sich die beiden großen Gartenstile der Welt entfalten mußten: um die Ströme der neuen und veredelten Pflanzen empfangen und ihnen künst-

Campanula cochleariifolia, die Zwergglocke, gehört zum »eisernen Bestand« eines jeden Steingartens. Sie gedeiht unverwüstlich und setzt sich in manchen anderen Polsterpflanzen durch.

lerische und bodenständige Gartenheimstätten bereithalten zu können. Immer öfter finden wir nun beide Stilarten auch in kleineren Gartenräumen vereint, wobei oft ein wunderbar fruchtbares Spiel der Gegensätze und Zusammenfassungen entsteht.

Wir erleben, wie regelmäßige Gartenpartien nahe am Hause in ihrer Strenge und Pracht mit neuen Pflanzenmitteln ins Malerische gesteigert werden, und zwar sowohl durch Pracht- und Rankgewächse als auch durch manche Wildnispflanzen, die in regelmäßige Steinterrassen und Mauern, an Ränder der Wasserbecken, Kanäle oder Wasserflächen gesetzt wurden. Und in anderen Teilen gleicher Gärten herrschen Naturgartenmotive vor, deren Bildern und Bildchen oft strahlende Glanzlichter aufgesetzt sind durch fremde gesteigerte Blütengewächse von gerade noch genügend wildnishafter Schönheit oder »Neutralität«. Sie müssen natürlich der entsprechenden Standortsvegetation entstammen.

Die Grundsteine der gesamten Gartenkunst und -gesetzlichkeit sind gelegt; sie umfassen alles vergangene und zukünftige Gartengeschehen. Aus ihnen heraus wird sich Neues in immer anderer Form entfalten.

Welche Rolle kommt nun aber dem Stein im Garten zu? Und welche Aufgabe hat im Garten das große Reich überwiegend zwergiger Dauerpflanzen unter den Stauden und Gehölzen, die wir Steingartenpflanzen nennen?

Der einzelne Wildstein enthält oft tektonische und malerische Reize und Schönheiten, zuweilen sogar fast »Erhabenheiten«, die an die große Felsenwelt erinnern; wundersam verschwistert sich ihnen die wilde Blütennachbarschaft des Steingartens!

Die Gartenrolle des Steins in Vergangenheit und Zukunft ist unüberschaubar reich. Er ist gleichsam das Knochenwerk der allerfeinsten Gestaltung im Garten – der festigende Überwinder der Höhenunterschiede, gleichzeitig schönste Folie der Pflanze und oft ihr Schutz – der festliche und bequeme Boden des Schreitens und der Überwinder der nagenden und verwischenden Kräfte der Zeit.

Gekrönt wird das Gartenleben des Steins vom Steinbildwerk, aber Vergeistigung des Steins reicht auch tief ins Wildgestein, das im Garten seine höchste Ausdruckskraft gewinnt. Halbversunkene Gartengeheimnisse fernster Zeiten und Räume raunen oft nur noch durchs Sprachrohr des Steins zu späteren Jahrhunderten, die sich staunend über das Versinkende neigen.

Menschen sind überall am Werke, auf jede nur denkbare Weise vergängliches Leben in die unvergänglichen Bewahrungskräfte des Steins zu bergen. Warum sollte man ihm die Gartentore verschließen? Gärten sollen immer mehr Abbilder großer und kleiner Naturwelt werden und diese auf neue Weise aufschließen und vergegenwärtigen. Besteht doch die weite Erdennatur zu einem sehr großen Teil aus Bergen und Felsen und dem Kampf zwischen Pflanzen und allen Gewalten des Steins!

Ein anderer Teil der Naturwelt wird nicht vom Steine beherrscht. Sowohl Wildnisgartenkunst als rein dekorative Gartenkunst können auch ohne Gestein und geformten Stein auskommen und Reiche der Schönheit aufrichten. Und auch die neue »Steingartenpflanzenwelt« strahlt weit über Steingärten hinaus und wird sich neuartige Gartenbühnen erzwingen. Aber die Verwendung des wilden und des behauenen Steins vermag eine Fülle neuer Gartenwirkungen hervorzubringen, die an den Stein gebunden sind und ohne ihn nicht zum Leben gelangen. Die Pflanze wäre die Hauptleidtragende, wenn er verbannt würde. Damit gehört *der Stein* für immer in das Reich der Gartenkunst.

Doch wollen wir ruhig, dem Sachverhalt der weiten Erdräume gemäß, in unzähligen Gärten auf Steingärten verzichten. Ernsthafte Ablehnung der Steingärten jedoch unter Hinweis auf mißlungene Anlagen dürfte heute ebenso lächelnd abgetan werden wie etwa Vorschläge, keine Steinhäuser mehr zu bauen, weil es so viele scheußliche gibt.

Es ist aber undenkbar, daß wir uns in Zukunft nicht mit den Schönheitsmöglichkeiten des Steins im Garten und allen seinen Beziehungen zur Pflanze, zum Raume und zum Lichte auseinandersetzen. Das gilt für kleinste wie für größte Verhältnisse, selbst für allerwinzigste Gärtchen, auf welche der neue Reichtum der allerkleinsten Stauden wartet. Solche Zwerggärten schuf die ostasiatische Menschheit, der wir als Gegenbild aber auch die düster-gewaltigsten Steingärten danken. Es gibt noch heute uralte chinesische Steingärten, in kluger Berechnung aus wildgetürmten Felsblöcken gebaut, sparsam bepflanzt mit uralt gewordenen bizarren Gehölzgestalten, rings umzogen von geschmückter Tempelmauer.

Damit soll keiner Nachahmung des Ostens auf dem Gebiet der Gartengestaltung das Wort geredet werden, wohl aber seiner Erforschung und auch der Empfänglichkeit für seine Anregungen. Wir werden noch in überraschende Schatzkammern uralter japanischer Gartenkunst eindringen. Steinfremde Gartenfreunde erleben in Japan und bei rechtem örtlichem Wissen auch in Englands Gärten ihr Wunder, wie warm und zutraulich, wie raffiniert und beweglich, wie anspruchsvoll und tiefgründig mit Stein und Fels im Garten umgegangen werden kann.

Das reise- und heimatfrohe England, in die Alpen verliebt, in den fernen Osten verliebt, arm an Wald, mußte das europäische Pionierland für Steingärten werden. Das japanische Inselvolk mit seinen vulkangetragenen Landschafts- und Uferparadiesen, die aus gaurisankartiefen Tiefen aufsteigen, war durch sein vom Vulkanismus geschaffenes Steinreich und durch eine linienschöne, unendlich reiche Pflanzenwelt ebenso zwangsläufig und grundlegend zum ersten Steingartenvolk der Erde geworden.

Japanische Wildgartenkunst arbeitet in ihrem Grundgerüst überall mit Felsen, wenn auch manchmal sparsam, gestaltet oft unerklärlich nach Motiven dortiger Natur, etwa einer abgesunkenen Erdbebenstufe oder einem kleinen ausgetrockneten Bachtal, dessen Windungen durch uralte moosige Steine gebildet werden, an denen Steinurnen stehen. Kleine Gesträuche wachsen in seltsamer Verlassenheit, altgefeierte Schutzpflanzen gegen mancherlei Arten des Ungemachs. Ein Zeitenabgrund ins Bodenlose öffnet sich, Felsen tragen Hierogramme, die Sandhänge des kleinen Bachtals sind moosig; ihr Moos wird geschont, ja gebürstet, der Sand in der Mulde unten manchmal frisch gestreut, niemand betritt ihn, dazu sind Tretsteine da.

Wir wollen unserem Kunst- und Natursinn folgen, seinem Drang nach Tradition, nach Bereicherung oder Höherpflanzung – und wollen dabei aller Kritik offen bleiben, aber fremdes Sein und Meinen nicht übernehmen, sondern verarbeiten.

Unsere Wildnis- und Steingartenkunst – mag sie nun ihre Reiche in Park oder Garten halb oder ganz aus dem Boden stampfen oder aber ihre Pflanzenschätze zwischen vorhandene große Wildsteingerüste der Gärten schütten – unterscheidet sich vom Osten schon durch ein viel gewaltigeres Register von Pflanzenarten und -motiven.

Es umfaßt die gesamte Skala der Pflanzenfarbtönungen, auch die unabsehbar reiche Welt der blühenden Kleinstauden, mit welcher der Osten, unseres Wissens, noch nicht so bekannt ist.

Erwartungsvoller als je treten alle möglichen Plätze unseres Gartens, welchem Stil sie auch zugewandt sind, vor uns hin und verlangen nach all der kleinen wilden und doch so gebändigten Pflanzenwelt, durch die erst das volle Leben der Gartenräume und -gezeiten hervortritt.

Architektonische, also regelmäßige Steingartenpartien dürfen unvermittelter in entsprechenden Gartenräumen auftauchen als naturhafte Steingärten. Diese sollten überhaupt nur als eine Provinz der Wildnisgartenkunst aufgefaßt werden, deren letzten und feinsten Ausdruck sie auch in kleinen Gartenräumen darzustellen vermögen.

Der natürliche Steingarten sollte möglichst schon aus einer daraufhin gestimmten Gehölzumgebung und bepflanzten Bodenbewegung herauswachsen. Auch können ja mancherlei Steingestaltungen in Form regelmäßiger oder unregelmäßiger Steinplattenwege, Steinfassungen oder Tretsteine – oft genügt schon ein großer, halb vergrabener Felsen – in sonst steinlose Naturgartenpartien hinüberstrahlen und die Verbindung mit dem eigentlichen Steingarten bilden. Es geht aber auch ohne solche Steinüberleitungen. Es ist, wie gesagt, ratsam, sich von dem Vorurteil frei zu machen, daß eine Unzahl sogenannter Steingartenpflanzen nur in Steingärten, ganz gleich welcher Art, zu ihrer wahren Entfaltung kommt. Dies Mißverständnis macht die Leute nur ängstlich, läßt sie nichts mehr wagen und vermindert ihre Gartenphantasie. Eine Fülle von Kleinstauden kann also auf die Dauer auch in steinlosen Naturgartenpartien oder in regelmäßigen Gartenteilen höchst reizvoll beheimatet werden. Natürlich gibt es eine gewisse Anzahl, die nur zwischen Steinen schön und recht wirkt. Wir möchten durch diese Feststellung nur gern eine gewisse »Auflockerung« im Steingartendenken bewirken.

Die Steingärten sind in Deutschland seit vielen Jahren aus kleinen, ängstlichen Anfängen ins Große gewachsen. Es begann mit Tropfsteingärtchen (sprich »Grotte«) für alpine Gewächse auf sorgfältig hergestellten Böden und durchbrach langsam die Beschränkung auf unsere Alpenpflanzen mit ihrer kurzen Frühlingsblütezeit. Heute nun kann man von einer universalen Steingartenkunst der sieben Jahreszeiten sprechen.

Wir verwenden jetzt kleinere edle Dauerpflanzen unter den Wildnisgewächsen aller entsprechenden Erdenzonen, so daß wir keinen einzigen Monat des Jahres ohne ihre Blüten oder Schmuckkräfte sind. Hierzu gesellen sich dann auch die »Gartensteigerungen« und »Gartenfindlinge«, jener wilden Zwergvegetation.

Aus Waldbergen und Hochgebirgsregionen, Wiesenrändern, Steppen, aus Strand, Heide, Düne und Moor, aus Gärtnereien, Baumschulen und botanischen Gärten kommen unsere begehrten Pflanzenschätze. Sie sollen ohne Schwierigkeit und belastende Bodenzubereitung energisch und nachhaltig in unseren Gärten gedeihen. Manche von ihnen passen nur in die Bereiche der Wildnisgartenkunst, eine weitere Anzahl paßt gerade noch in den regelmäßigen Steingarten und Ufergarten, aber nicht mehr recht in die vorgenannten Bezirke. Außerdem gibt es natürlich auch »Zweiweltenbewohner«, die bei rechter Pflanzung in beide Stilarten, in Prachtgärten und Wildgärten, hineingehören und gerade deshalb viele Freunde finden. Wir haben all den kleinen Steckbriefen in Bilderzeichen hinter jeder Pflanzenart diejenigen Bemerkungen hinzugefügt, die auch das Draufgängertum des Anfängers in sichere Bahnen lenken.

Aus der mächtigen Weitspannung des Rahmens für Steingartenpflanzen steigt natürlich die Gefahr falscher Mischungen, aber auch der ewige Reiz durchdringender Bändigung auf, indem man »Ordnungshelden« von »Ordnungssündern«, verträgliche und streitsüchtige Farben unterscheidet, auf alle Weise gliedert und zusammenfaßt, alte und neue Einheiten schafft oder zuweilen kühn durchbricht, die geheimen Wünsche der Gartenplätze oder Pflanzen erfüllt und schließlich tief die Jahreszeiten belauscht, um sie reicher zu gliedern und ihnen auch kleinere Schatzkammern – wie für eine Zwischenaktmusik – zuzuweisen.

Der Steingarten hat mancherlei andere Farbengesetze als der übrige Garten und vermag ganz neue Farbenskalen aufzuweisen. Er ist ja auch in räumlicher Hinsicht so bedeutend vielgestaltiger als der gewöhnliche Garten; daher müssen auch die Schnelligkeitsgrade des Wachstums mancher Pflanzentypen in etwa drei Gruppen unterschieden werden, damit der Steingarten nicht einseitig überwachsen und überwürzt oder überwuchert wird. Am dringendsten ist das bei den Zwergnadelgehölzen nötig. Für all diese Dinge haben wir nun unsere Listen geschaffen.

Verschiedene Grasnelkenarten, Zwergnelken, *Sempervivum*-Arten und Zwergnadelgehölze prägen diesen Steingartenbereich.

Da also der Steingarten nicht nur eine bisher völlig unbekannte Maßstabswelt des Raums, sondern auch der Zeit an uns heranträgt, müssen hier die Pflanzen im Einklang mit Zeit und Raum stehen wie sonst nirgends im Garten.

Vermögen doch diese kleinen Pflanzen, die bodenständig im Rhythmus der Jahreszeit verankert sind, auch alle möglichen vernachlässigten Zwischenjahreszeiten so mit ihren Blütenfesten und Schmuckkräften zu erfüllen, daß hierdurch ungefeiert dämmernde Zeitspannen neu und einprägsam in ihrer Lebensfülle deutlich werden. Das Meer der Zeit empfängt gleichsam neue Küsten und Leuchtfeuer.

Abgründe von Stille und Reichtum! Wenn nun in späten Herbstwochen noch Krokus in Knospen steht und so viel aufsteigendes Pflanzenleben wieder zu blühen beginnt, so macht uns das irre an altmodischen Gefühlen, die an absteigendes Leben dieser Jahreswochen glauben. Aber durch die magischen Vorzeichen der Blumen gewinnen wir wieder Hoffnung. Beim ersten zarten Vorfrühlingsbeginn tragen zitternde Elfenspiele der Vorläuferkrokusse wunderliche Erleuchtungen in unser verschlafenes Erwarten dieser allerfrühesten Zeit des Frühlings: Nun aber heraus aus Schlafzimmern und Wartesälen! Sollen diese Glockenzeichen himmlischer kleiner Lebenswagnisse vergeblich erklingen? Wenn die Natur in jenen Wochen schon solche bunten Traumflaggen aufsteckt, möchte sie damit andeuten, daß sie die Verehrung dieser frühen Zeitspannen alle Erfüllung bereithält.

Nirgends auf kleinen Räumen gedeihen wohlberechnete Pflanzungen in verhältnismäßig kurzer Zeit zu so unberechenbaren kleinen Dickichten zauberhafter Reize und Bildwirkungen wie gerade in Steingärten; dies nimmt nie ein Ende. Manches scheint sich da über den Kopf des Pflanzenden hinweg zu entwickeln. Manches geht natürlich auch schief, da heißt's aufpassen. Reize verschiedener pflanzlicher Höhenordnungen werden hier durch enge Benachbarung und Übereinanderstaffelung überhaupt erst sichtbar und leben sich in den neuerschlossenen Vertikalräumen zu nie gesehenen Gartenbildern aus. Man ruht neben Bergtannen unter einer gräserbewachsener Felsklippe, über der Reihen weißer Wolkenballen stehen. Bussarde kreisen unter den Wolken. Donner dröhnt in der Ferne, es ist die Untergrundbahn. Hier war vor einem halben Jahr noch sandige, flache Gartenböschung. Überall bilden hier kleine Pflanzen und Dinge neue Brücken zu größeren.

Zarte Dauerfreundschaften mit einzelnen Pflanzen erhalten sich durch Jahrzehnte. So bereichert sich das neue treue Freundschaftsreich ins Unendliche; vertraute Pflanzen führen uns zu anderen hin, geben uns wirksame Einführungsschreiben an andere mit. Jeder Winkel ist umschwebt von gesteigerten Möglichkeiten. *Ein* Quadratfuß genügt schon, um zwei, drei Langeblüher zu beheimaten, die alljährlich wieder kleine Glückswappen der Gezeiten entfalten. Völlig besetzte Steingärten sah man noch nie.

Wieviel Jahrzehnte aber waren nötig, um etwa 200 Arten und Sorten von Dauerblühern des Steingartens, die für den *ganzen Steingarten* so wichtig sind, mit allen Kalenderangaben und Benachbarungserfahrungen in unserer Liste zusammenstellen zu können. Schon sind neue Langeblüher hinzugekommen, Glanznummern der Liste – prachtvolle Zwergsalbei und Zwergkokardenblumen, goldrote Sternkissen, dauerblühende Schleierkräuter, unbekannte Sommerenziane –, die sich Zeit nehmen beim Blühen.

Alle paar Jahre blickt man staunend zurück auf Steingartenzustände von damals; aber nicht nur deshalb, weil sich die Pflanzenwelt des Steingartens entwickelt und bereichert hat, sondern weil wir auch mit unserem ganzen Selbst an den Umwandlungen beteiligt sind, uns gleichermaßen im Kern davon berührt fühlen. Alle übrigen Gartenkunst- und Lebensgebiete der Welt sind schon tiefer gestaltet und gefeiert, aber vom Lob des Steingartens wurden kaum die ersten Kapitel gesungen!

Der Steingarten mit all seinen Kammern und Nischen und Höhenstockwerken schließt ein seltsames Leben des Raumes auf, wo früher nur langweilige Fläche war. Dasselbe geschieht, wie schon gesagt, auch mit den Zeiträumen und den Jahreszeiten, die hier neue Auseinanderfaltung und sozusagen verstärkte »Durchblutung« erfahren. Es ist, als ob die Zeit die ungeheure Vielschichtigkeit und Aufnahmebereitschaft ihres Innern neu ans Sonnenlicht heraufbrächte.

Schwer, sich klarzuwerden über all die sonderbaren Dienste, welche uns der Steingarten leistet. Einer davon besteht darin, daß er uns auf eine ganz eigene, froh machende Art mit dem Gartenglück anderer verbindet.

Welche Rolle spielt hier schon für Verwöhnte wie für Anfänger die einzelne kleine Pflanze mit allen *ihren* Vor- und Nachfreuden!

Der Steingarten ist eine schützende Insel für kostbare Pflanzenschätze. Hier mißt und stärkt sich unser Leben an der Nachbarschaft so vieler Kleinorganismen, deren Lebensmächte scheinbar all die unsrigen ermutigen und schließlich, wie besonders im Zwerggehölzreich, Altersumtriebe offenbaren, zu denen wir staunend aufblikken.

Warum kommt dies alles hier so spät zu uns? Oder ist es noch gar so früh auf Erden?

Keine Masche werden wir fallen lassen. Unendlich reiches Zwergpflanzengesindel, das sich in wachsender Fülle an unsere Fersen heftet, überall bereit, sich von uns zu noch höherer Schönheit und Zutraulichkeit emporführen zu lassen!

Der Kreuzenzian, *Gentiana cruciata*, gilt als eine leicht gedeihende Enzianart. Er bringt mit seiner späten Blüte im Juli bis August die blaue Farbe in den Steingarten zurück.

Herkunftsländer der winterfesten, bodenständig werdenden Pflanzen der Steingärten

Die *Nennung* der Herkunftsländer wichtigster Steingartenpflanzen, die auch bei uns bodenständig winterfest ausdauern, reißen mit einem Schlage die Schleier der Ahnungslosigkeiten und Vorurteile hinweg, durch welche die wahre Großartigkeit der Herkunft moderner Steingartenpflanzen für die meisten Garten- und Naturfreunde immer noch verhüllt ist. Man meint, Steingartenpflanzen wären »doch nur ein paar von unseren Alpen heruntergetrudelte, gartenfähige Bergpflanzen«! ...

Das Reich der ausdauernden Kleinstauden ermöglicht Menschen verschiedenster Lebenslage eine leichtere und geschmeidigere Gartenbeschäftigung als jemals vorher. Herz und Geist des Gartenfreundes spüren den Weltozon. Ganz neue Bande verknüpfen uns plötzlich mit Kamtschatka, Feuerland und Tibet oder den Ufern des Hudsonsees, bis zu dem die Eisbären vordringen. Das Reich Montezumas und das »Reich des Himmels« durchblüht unseren Alltag unerwartet mit zarten, unverwüstlichen Lebensgeweben; Länder gewaltiger Raubtiere schenken uns zutrauliche und treubleibende Pflanzengeschöpfe, die in kleinen Steingärtchen bis in Großstädte hinein Dauerherberge nehmen. Gewächse südlicher Lande aus der Nachbarschaft solcher Pflanzen, die bei uns nicht aushalten, wurden Gartenlieblinge ohne allen Schutz – so die Apenninanemone oder die Ätnaiberis. Halbvertrautes, seltsam bekannt, kommt aus unzugänglichster Ferne, überraschend Fremdes aus viel größerer Nähe. Nie gewußte Lande richten ganz neue Jahreszeitenreiche in unseren Blütengärten auf – Gartenfreunde ahnen nicht, wie sehr Gartenräume von Mittelmeergewächsen durchblüht sind!

Man steht immer wieder verblüfft vor der »Reisekraft« jener Blumen, welche die Klassiker und Romantiker so oft besungen haben. Das Maiglöckchen erblüht in Sibirien in einer zart rosa angehauchten Form, der Weiderich vom Heimatbach lächelt dich im Erdteil der Schnabeltiere an, Hahnenfuß ruft dir in Grönland zu: »Bin schon hier – höchste Zeit, daß du auch mal kommst.« Unserer wilden einheimischen Sumpfschwertlilie könnten wir jahrelang schließlich noch bis ans Rote Meer nachwandern; Fingerhut im Kordillerenwald überragt den staunenden Reiter.

Nur Einzelheiten kann man aus der unabsehbaren Vielzahl der Überraschungen herausgreifen, die uns diese grandiose »Wanderlust« scheinzarten Lebens durch Zeiten und Räume bereitet. All das »harmlose Geblühe« mit seinem Drange, in passenden Landschaften weitester Ferne festen Fuß zu fassen, scheint sich selber so ungeheuer ernst zu nehmen, als stünde alles Heil der Welt auf seinem Gedeih und Verderb.

Noch unerschöpft bleibt der Zustrom ganz neuer Pflanzen aus aller Welt, die sich freudig in unseren Gärten einzurichten vermögen!

Wie kommt das alles denn zu uns?

Wir stehen jetzt im zwanzigsten Jahrhundert noch am Anfang des großen Pflanzenaustausches der Erde; aber alle Kräfte und Mächte, welche Pflanzen wandern und reisen lassen, sind lebendiger und wirksamer als jemals früher.

Wind, Wasser, Getier und Fahrzeuge, Weltfahrer und Entdecker, Forscher und Naturfreunde, Mönche und Missionare, Arznei- oder Nutzpflanzen- oder Seltenheitssammler, Zuchtstätten,

Gärtnereien und Samenhandlungen, Baumschulen und Forstbetriebe, botanische Gärten, Ausstellungen und öffentliche Anlagen, Gartenbücher, Pflanzenbildwerke und Zeitschriften – sie alle sind die großen Mittler; und zu guter Letzt kommt noch die Hand, die eine Pflanze über den Gartenzaun reicht und nicht nur blühenden Pflanzen, sondern auch menschlichen Sympathiebanden dient. Wir wollen im Garten mit allen Mitteln beides pflegen: Heimatgefühl mit unserer *gewohnten* Vegetation und auf der anderen Seite weltumfassende echte Einpassung schöner Fremde, die das Zeug dazu hat, in unseren Gärten bodenständig zu werden.

Ängstliche und ahnungslose Seelen scheuen noch vor mancher fremden Pflanzenherrlichkeit zurück. Sie sagen uns dann: »Ihr seid wohl toll, diese chinesischen Felsenmispeln in eure Gärten zu setzen?« »Nicht toller«, so lautet die Antwort, »als ihr mit euren täglichen Speisen aus allen Fernen der vier Erdteile!« Heimat ist nicht nur – Heimat wird! Nur was sich wandelt, bleibt sich treu.

Es kommt auf die Art und Weise an, in der wir uns im Garten mit dem weltumfassenden Reichtum der Pflanze auseinandersetzen und hierbei Einheiten, Stimmungen und sinnvolle Bilder anstreben! Eine Zusammenpflanzung von Kiefer und Lebensbaum wirkt stillos – während Kiefer und Wacholder – gleich, ob sie beide einheimisch oder fremd sind – den Eindruck der Zusammengehörigkeit, der Harmonie in vielen von uns hervorrufen.

Glücklich, wer einen sonnigen Südhang besitzt. Auf ihm finden alle trockenheitsliebende Stauden, wie *Acantholimon-*, *Achillea-*, *Aethionema-* und *Euphorbia*-Arten eine Heimstatt.

Mancherlei Gestaltungsmöglichkeiten und Vorschläge für die Anlage von Steingärten und Naturgartenpflanzungen

Wie gewinnt man die nötige Erdmasse ohne zu teure Bodenbewegung?

Drei große, meist unbenutzte Quellen dafür sind: Kelleraushub des Neubauhauses, der wer weiß wie oft weggefahren wird, anstatt zur Modellierung des Gartens benutzt zu werden, Aushebung eines Beckens oder Teiches unmittelbar neben der Steingartenstelle und drittens Anlage von regelmäßigen oder gewundenen Hohlwegen, die unter Umständen verblüffend viel Erde liefern und auch sonst viele Vorteile bieten. Kurz sei noch an einen vertieften, von Böschungen, kleinen Terrassen oder Mäuerchen gehaltenen Sitzplatz erinnert, der erstaunlich viel Erde aufbringt und der auch an und für sich gärtnerisch reizvoll ausgenutzt werden kann. Weiteres zu dieser Frage siehe Seite 30.

Der Aushub einer kleinen Teichmulde widersteht zunächst manchen Gartenfreunden infolge vieler Vorurteile. Doch kann man ihnen den Vorschlag machen, die ausgehobene Mulde anderweitig zu bepflanzen und zu gestalten, nämlich als flaches »Tal« oder auch entsprechend als Ruheplatz. In manchen Fällen haben wir solche Mulden mit niedrigen Vertretern der Wiesengewächse besetzt, daß der Eindruck eines kleinen Sumpfes in Muldenform entstand, obwohl der Boden gar nicht irgendwie besonders feucht gehalten wurde. Zum Überfluß legte man dann noch ein paar Tretsteine hindurch.

Erdvorbereitung für Steingärten

Die Erdvorbereitung für Steingärten ist im großen und ganzen die gleiche wie für Gartenbeete, höchstens mit dem Unterschied, daß man bei wenig durchlässigem, nassem Boden zunächst eine Schicht von Schotter, Geröll oder Bauschutt einbringt, damit die eigentliche Erde die nötige Abzugsmöglichkeit erhält. Bei allzu leichtem Boden, der sehr trocken ist, wendet man, wenn es geht, das Gegenteil an; eine entsprechende Lehmschicht hindert das zu schnelle Absacken der Feuchtigkeit. In diesem Falle braucht es kein verwitterter Lehm zu sein; er kann auch, aus der Tiefe geholt, den gleichen Nutzen bringen. Schwerer Boden wird für die Pflanzung durch Beigabe von möglichst scharfem Sand, Kultursubstrat, unkrautsamenfreier Komposterde und verrottetem Dung mürber und leichter; allzu leichter Boden soll durch Beigabe von verwittertem Lehm und nicht zu frischem Dung, abgelagertem Torfmull und gepflegtem, nicht leichtem Kompost oder durch gut gelagerten und von Wurzelunkräutern freiem Wiesenboden bindiger gemacht werden. *Überhaupt zahlt sich eine sorgfältige Erdvorbereitung für das Gedeihen der Steingartenpflanzen auf Jahre aus.*

Wahl und Lagerung der Steine

Man vermeide düster wirkendes Gestein, wenn man die Wahl hat und wenn die übrigen Vorurteile, auch die der bequemen Beschaffbarkeit, nicht allzusehr ins Gewicht fallen. Ich entsinne mich solcher Anlagen, die bei Regen fast weinerlich wirkten. Das Gegenbild hierzu ist die Wahl eines blendenden Plattengesteins an Ruheplätzen oder Hausterrassen – ungefähr mit der Verwendung weißer Tischtücher für Mahlzeiten an solchen sonnenbeschienenen Plätzen zu vergleichen. Der Hauptfehler ist die Verwendung zu kleiner Steine; lieber also weniger, aber größere und ausdrucksvollere Exemplare benutzen. Das gilt in gewisser Weise auch von behauenen Plattensteinen.

Jeder naturgewachsene Stein oder Fels hat im Steingarten besondere Gesetze der Lagerung und besitzt vorteilhaftere und wesenlosere Gesichtshälften. Man muß mit japanischer Gelassenheit die schönste Lage und Stellung herausfinden. Nicht immer sollen Steine nur breit hingelagert sein und halb vergraben aus dem Boden ragen, sondern man kann zuweilen auch besondere Steine hoch aufragen lassen und dann entsprechend bepflanzen. Die Gefahr schlimmer »Grottenwirkungen« möge uns dabei vor Augen stehen. Ragen die Steine allzuwenig hervor, so werden sie später zu schnell von der Vegetation überwuchert.

Zwei Hauptrichtlinien sind zu bedenken: Steine sollen an den höheren Stellen aus dem Boden treten, weniger aber in den Mulden und Nischen. Ferner sollen sie recht bewußt dazu mitbenutzt werden, alle schrägen Erdflächen zu vermeiden. Dies geschieht durch steiler abgestemmte Erdwände, in die man die stützenden Steinwände gern so einläßt, daß auch viele schön bepflanzbare Fugen entstehen. Über diesen Fugen ergeben sich wirkungsreiche Plätze, von denen Pflanzen über Steinwände herabhängen können. Unten am Fuß der Wände wiederum wimmelt es von fruchtbaren, geschützten Plätzen, die der Pflanze etwas mehr Feuchtigkeit spenden als andere.

Wir haben oft gefunden, daß man in Stunden der Dämmerung die besten Eingebungen hat, um Steinlagerung und Erdmodellierung phantasievoll und organisch richtig zu planen und auch gleich durchzuführen.

Ich finde es sehr nützlich, einen Steingarten überall durch Trittsteinpfade und naturhafte Steintreppen so zugänglich zu machen, daß man bequem mit jeder Pflegearbeit an jede Stelle heranreichen kann, ohne das Erdreich festzutreten. Man kann solche Trittwege auch als »Saumpfade« schräg ansteigend weit und geschwungen durchs Gelände hinziehen und mit Gabelungen als Paßwege über Höhen wegstreichen lassen. Wir haben zuweilen solche Pfade, deren Erdreich nach oben und nach unten hin mit Granitfindlingen gestützt wurde, ganz einfach mit kleineren Steinfindlingen gepflastert, was sehr gut in die Anlage paßte. Die Hauptsache ist, daß man Einfühlungsvermögen besitzt, um genügend phantasiereiche Einfälle zu haben. Die Freude dieses Nacherschaffens großer, wilder Naturgliederungen im Kleinen und Kleinsten unter Einbeziehung des ebenfalls ins Kleine übersetzten Menschenwerkes, zum Beispiel einer Hohlwegstraße, eines Bergpasses, ist an sich schon so groß, daß wir oft bei der Stein- und Erdarbeit fast den noch kommenden, schönsten Teil, nämlich die Bepflanzungsarbeit, vergessen, wahrhaftig eine Arbeit, die uns fühlen läßt, wie reich wir von schlummerndem Wissen um Stein und Moos, Berg und Tal, um Wildpflanze und Geländetektonik erfüllt sind. Proportion ist wieder einmal alles; ihre Beherrschung schlägt wunderbarste Brücken zwischen Klein und Groß.

An wenig Stellen der Gartengestaltungsarbeit ergreifen wir so dynamisch bewegten, man muß sagen »weltweiten« Besitz von der Fläche unseres Eigentums wie hier.

All die kleinen Steingartengefilde werden uns mit ihren Reizen im Lauf der Jahre immer bedeutsamer, immer reicher an pflanzlichen Schönheitsmöglichkeiten. Wichtig beim Aufrichten steiler oder nur wenig schräger steingehaltener Wände ist von vornherein die Verhinderung langsamen, späteren Übersinkens nach vorn, entweder durch nicht genügende Gewichtsverankerung nach hinten oder durch mangelnden (unsichtbar vergrabenen) Unterbau.

Man soll bei der Steinlagerung auch schon gleich an die größte Verschiedenheit der nun entstehenden Mikroklimate denken. Absonnig ist ebenso wichtig wie prallsonnig.

Bei der Bildung möglichst vieler horizontaler, wasserfangender Erdnester oder Terrassenpflanzflächen müssen also verbleibende schräge Erdrutschflächen fürs Auge recht behaglich, abwechslungsreich und reizvoll abgestützt werden. Das scheint auch der wurzelnden Pflanze zu gefallen.

In architektonischen Steingärten soll man auch von der üblichen Einfalt der Höhenlagerungen und auch ihrer Umrisse abgehen, also die Umrißlinien verschieden breit gestalten und alle Höhenlagerungen in Beziehung zum Umriß reizvoll abstufen.

Für viele Pflanzen ist jedenfalls die verschiedenartige, einfühlsame Anordnung der Steine, verbunden mit den mannigfachen Wirkungsfeldern zauberischer Raum-, Licht- und Schattenreize, höchst wichtig. Der Ausbau der Vertikale im Garten schürzt Schönheitsknoten ganz neuer Art. Wir stehen hier erst am Beginn.

Immer wieder muß im Interesse der Dauer und Festigkeit bei allen Terrassen, Gemäuern, bei Fut-

Dieser Gartenteil verrät durch die meisterhafte Gestaltung und die überaus naturhafte Pflanzung, bevorzugt mit Kabschia-Steinbrechen, das umfassende Wissen des Freizeitgärtners.

ter- und Trockenmauern eine feste Steinlagerung aus nicht zu kleinen Brocken und Platten, und zwar mit genügenden Lücken, für die spätere Steinbepflanzung durchgeführt werden. Die Rückschrägung der Mauern soll je nach der Höhe 20 bis 30 cm auf den Höhenmeter betragen. Lehm und gut *verrotteter* Rinderdung werden hinter die Pflanzsteinlücken gefüllt. Mauern in rechter Schrägung geben auch dem Druck des Erdreiches bei mächtigem Regen nicht so leicht nach. Ausgewaschene Erde füllt sich besser nach. Die Pflanzfugen und -löcher werden so angelegt, daß man mit einem Stab schräg nach unten stoßen kann, was für die Pflanzung und das Nachfüllen der Pflanzerde günstig ist.

Da, wo terrassenhaltende Steine oder Felsen natürlicher Anlagen auf den breiteren Gehweg oder Rasen stoßen, bieten sich massenhaft Plätze für Pflanzen, die etwas mehr Feuchtigkeit oder Wartung nötig haben als andere. Sie werden aber ohne entsprechende Vorsichtsmaßregeln meist zertreten oder vom Rasen zerstört und überwulstet. Wir haben uns nicht gescheut, diese schönen Plätze durch flach eingelagerte Steinplattenstreifen, etwa 20 cm von der Mauer oder Steinmasse entfernt, zu schützen, weil sonst die Räder der Rasenmähmaschinen die Streifen unmittelbar am Stein nicht mehr erreichen. Diese unterste Stufe steigert ja auch den Eindruck der Zwanglosigkeit von Bepflanzungen, weil man viele Pflanzen, an jeder Stufe oder Terrasse verbreitert, kaskadenhaft anordnen kann, und zwar so, daß sie sich auf der untersten Stufe am meisten ausbreiten. Das Heranwachsenlassen des Rasens an das Gestein, an dem es dann hochwulstet und nur mühsam geschnitten werden kann, ist ein Fehler, dem man immer wieder begegnet.

Bei der Lagerung von Randsteinen und Randfelsen um Wasserpfuhle und Felsenteiche herum läßt man oft größere und höhere Steine weiter ins Wasser vordringen und belegt die Buchten flacher. Hier müssen wir bei den Ostasiaten etwas in die Schule gehen. Nicht umsonst sollen doch unsere Mitmenschen im Osten uns jahrhundertelang mit einer verklärten Nachbildung der Wildnatur vorangegangen sein!

Jede gewählte Gesteinsart hat in Farbe und Form unersetzliche Reize wie keine andere. Manchem Stein steht die wildgewachsene Form besser, ein anderer entfaltet seine Hauptreize als geschnittene oder behauene Platte. Nicht nur der Charakter des Gartens, sondern auch der des Hauses hat hier die Wahl mitzubestimmen. Es ist die Gesteinswahl für die Gärten oft eine Stimmungsfrage ersten Ranges. Unser Wesen und Auge steht in reicher Beziehung zu hundert ungekannten Eigenheiten des Steines.

Aber der wirksamste Zauberschlüssel zur Erschließung aller Geheimnisse des Steins ist die an ihm wachsende Pflanze! Manche scheint geradezu aus irgendeinem Gestein entsprossen oder mit ihm wahlverwandt zu sein.

Es ist durchaus nicht gesagt, daß man in einem Garten nur die gleiche Gesteinsart verwenden soll. Selbstverständlich gilt das als Vorschrift für die gleiche überschaubar natürliche Steingartenpartie. Aber es gibt in vielen Gärten mancherlei Möglichkeiten eines Wechsels mit Gesteinsarten in recht verschiedener Gartensituation, die ohne Stilverstoß ausgeschöpft werden können. Tritt doch in der Natur auch manchmal Gestein grundsätzlich verschiedener Färbung ziemlich nahe zusammen, zum Beispiel der sogenannte rote und der graue Marmor in den Berchtesgadener Alpen.

In architektonischen Steingärten aber können ohne weiteres nach dekorativen Gesetzen verschiedene Gesteinsarten zur schönsten Nachbarschaftswirkung verbunden werden. Selbst die Zusammenfassung so verschiedener Elemente, wie der zu unterst liegenden Solnhofer Platten mit aufsteigenden Kalksteinmäuerchen und -pfeilern, die als oberste Abdeckung rote Wesersandsteinplatten tragen, vermag hier schönste Bilder und Stimmungseinheiten hervorzubringen.

Abneigung gegen Grottensteine, auch Tropfsteine genannt, stammt noch aus früheren Zeiten ihres Mißbrauchs. Solche Nachträgereien werden schließlich so unsinnig wie zum Beispiel Ablehnung von Trockensträußen mit Gräserblüten – angeblich wegen der Ähnlichkeit mit Makartsträußen. Also bringen wir sie wieder zu Ehren, verwenden wir sie völlig anders und ordnen sie gleichzeitig in den Reichtum der Pflanzen ein! Der Tropfstein hat den merkwürdigen Vorteil größter Leichtheit, und zwar nicht nur im trockenen Zustande. Ganz besonders paßt er zu vielen winterharten Sukkulenten.

Vorschläge für die Anlage von Steingärten

Grundsätzliche Unterscheidungen in der Bepflanzung natürlicher und regelmäßiger Steingärten

Die ganze Art der Bepflanzung, der Pflanzenauswahl und der Pflanzenbenachbarungen geschieht im natürlichen Steingarten unter ganz anderen Gesichtspunkten als im architektonisch-regelmäßigen.

Der natürliche Steingarten wird ganz von den Gesetzen des natürlichen Gewachsenseins von Boden, Gestein und Pflanze beherrscht. Die Gesetze, nach denen wir uns hier gewisser Freiheiten der Stilisierung von Bodenwurf und Steingestaltung sowie Pflanzenwahl und Benachbarung bedienen dürfen, sind andere als die des regelmäßigen Steingartens, der uns mancherlei Spielraum läßt. Er erlaubt uns viel und gibt uns großmütig alle möglichen wunderbaren Gelegenheiten, wobei er »lächelnd« zu seinem strengeren Bruder, dem Natursteingarten »hinüberblinzelt«. Wir haben hier die verschiedensten dekorativen Freiheiten, bedienen uns so mancher veredelter Gartenzüchtungen, lassen aber auch hier das wilde Urmaterial nicht aus den Augen. Sobald wir aber das rein dekorative Spiel hier zu weit treiben, ohne uns von dem geheimnisvollen Grundgesetz auch dieser großen und kleinen Gartenveranstaltungen gebunden zu fühlen, werden wir sofort ernüchtert, und es tritt eine höchst lehrreiche Entzauberung ein. Wir sollen uns also zwischen Wagemut und Vorsicht hindurchschlängeln. Es ist zum Beispiel im Ufergärtchen eines regelmäßigen Steingartens erlaubt, Schwertlilien in eigentlichen Gartensorten zu verwenden, die man im natürlichen Ufergärtchen durch die »wilderen Formen« ersetzt.

Ersatz des Nachbarzauns

Nach Verabredung mit dem Nachbarn kann der trennende Zaun durch eine Erdlehne von fast gleicher Höhe ersetzt werden. Schräg abfallende oder terrassierte Böschungen bieten Platz für vielerlei Kleinstauden. Zur Erhöhung des Zauns

Ein Steingartenteil in Vollblüte Ende Mai. Pfingstnelke, Alpenmohn, Ehrenpreis, Kamillenmargerite und andere Blütenstauden schaffen diese Akzente.

kann auf dem Grat eine Lavendelhecke oder ein Saum von *Pinus mugo* ssp. *pumilio* gepflanzt werden. Es können auch winterharte Liguster sein, aber bitte den Zwergliguster (*Ligustrum vulgare* ‚Lodense') mit der Winterbronzefärbung wählen.

Der gewundene Schattenhohlweg

Dieser bietet dem ganzen Schattenpflanzen- und Farnreich, auch fast dem ganzen Vorfrühlingsreich, eine klassische Gartenstätte. Der gewundene Hohlweg hat es überhaupt in sich, denn seine Windungsvorsprünge, seine natürlichen Bänke und Terrassen sind an sich wundervolle Steingartenmotive, in denen Pflanze und Stein, im Schatten auch der moosige Stein, dessen Bemoosung beschleunigt werden kann, zu ihrem Recht kommen.

Überall können mit leichter, flacher Terrassenbildung schräge Erdabhänge, die das Regenwasser weglaufen lassen, vermieden oder verringert werden. Die Möglichkeiten der Raumauseinanderfaltung auch durch kleine Höhenunterschiede sind erstaunlich.

Der Hohlweg unter der Pergola

Es ist ein Zukunftsmotiv für Steingärten. Die kleinen Seitenabhänge können flach terrassiert werden. Mit Pergola ist hier nicht das übliche beengende Gerüst gemeint, sondern eine »entkrampfte« Pergola mit rückgelagerten Ruheplätzen, mit Höhenunterschieden der Gerüste, mit Ausbuchtungen der Gerüstwand an manchen Plätzen, gleichsam als ob eine Tür nach außen offenstände. Die Seitenterrassen brauchen auch nicht in gerader Linie oder in gleicher Höhe zu verlaufen. Sie sollen zurück- und vorspringen und denkbar wechselnde Höhenunterschiede zeigen. Kurzum, es läßt sich eine glückhafte kleine Gartengestaltung aus der Sache machen. An einer Stelle, an der sich das Gerüst zu einer runden Umfassung eines Sonnenplatzes erweitert, könnte auf dem Boden dieses Pergolahohlweges ein Wassergärtchen eingesenkt liegen, gleichfalls mit guten Sitzplätzen. Oder man könnte dort ein steingefaßtes Beet winterharter Exoten anlegen, das früh- und spätblühende Yucca – umringt von Freilandopuntien – enthält, die aus Flächen großrosettiger Semperviven und blauer festblättriger Sedum

Verschiedene Gartenteile erfahren durch die Verbindung mit kleinen Treppen eine Steigerung. Zugleich kann die notwendige Pflege bedeutend leichter durchgeführt werden.

aufsteigen; dazu passen eingesprengte Kaprizen von allerlei Pflanzen, wie der *Perovskia atriplicifolia* und der blaugrünblättrigen *Asphodeline lutea mit gelben Blütenkerzen.* (Siehe auch Sukkulentengärtchen Seite 98.)

Hohlwegtreppen

Das gleiche gilt von der regelmäßigen oder naturhaften, gradlinigen oder gewundenen Hohlwegtreppe mit möglichst flachen, für den Fuß genügend breiten Stufen. *Dies* ist eins der schönsten Steingartenmotive im Kleinen oder Großen. Manchmal braucht die Hohlwegtreppenwange, je nach dem Gelände, nur auf einer Seite erhöht anzusteigen, während die andere etwas flacher bleibt. Stützung der kleineren oder größeren Erdwände mit unbehauenem Stein, der möglichst von demselben Material wie der behauene Treppenstein sein soll, kann wundervolle Flächen gerade für solche Steingartenpflanzen ergeben, die man recht nahe ans Auge bringen will. Zur Überwindung der Böschung kann auch eine reizvolle Vereinigung eines Steingartenweges mit anschließendem steinlosem Naturmotiv dienen. Durch eine tiefe Hohlwegtreppe gewinnt man immer größere Erdmassen, die in diesem Falle oft bei geringen Bodenunterschieden zur Erdstützung und *Erhöhung* eines Laubenplatzes benutzt werden können.

Der eingesenkte Steingartensitzplatz, mit Steingartenterrassen umrahmt

Statt eines Gärtchens versenkt man in der Nähe des Hauses, teils aus Windschutzgründen, teils aus Beschaulichkeit, einen kleineren Platz, der ringsherum in zwei flachen Steingartenterrassen wieder zu normaler Gartenhöhe aufsteigt und manchmal auch – noch tiefer in das Bodenniveau eingelassen – ein kleines Ufer- und Wassergärtchen enthält. Die »Terrassen« können auch fehlen und die Höhenunterschiede nur durch schräge und sedumbepflanzte Erdwände abgefangen werden. Wirkungsvoll ist es auch, eine solche Bodenfläche vor einem Laubensitzplatz auszuheben, um diesen zu erhöhen. Das wird durch ein paar flache Stufen erreicht, so daß man von der Laube her auf das kleine, von Steingartenterrassen umgebene Gärtchen herabblickt.

Der Steinplattengarten

Ein reizendes Steingartenmotiv ist der Steinplattengarten, in dem man hin und wieder Einzelsteine oder Gruppen von Steinen wegläßt, um kleine Stilleben von Zwerggehölzen und Zwergstauden in die Lücken zu setzen. Manche Leute sind in diese Steinplattengärten derart verliebt, daß sie ihnen weite Plätze opfern oder Plattenwege übermäßig breit machen, um an den Seiten diese kleine Gruppenpflanzerei vorzunehmen.

Unvergleichlich ist der Farbenklang der Pflanzen mit dem rosabraunen Wesersandsteinplatten oder dem roten Schwarzwaldsandstein. Man muß besonders die Zusammenklänge der reichen bläulichgrünen Polsterfarben mit dem rötlichen Gestein ausschöpfen. Das langsame Auftrocknen des Regens auf den Platten zwischen den regenfrischen Pflanzen gibt immer wunderliches Frohgefühl des Wetterwechsels und Neubeginns.

Das flache Schichtplattengärtchen

Von eigentümlichem Reiz kann auch das Steingärtchen der schrägen Schichtsteinplatten sein, zum Beispiel aus gelbgrauen Travertinplatten, besetzt mit immergrünen Zwerggehölzen und Stauden, oder aus rotem Sandstein, besetzt mit blaugrünen Polsterstauden und blaugrünen Zwergnadelgehölzen. Die Platten liegen wie übereinandergreifende Geldstücke, aber unregelmäßiger, und werden rings am Rande mit einem regelmäßigen Randsteinstreifen, etwa gegen einen Kiesplatz, gerahmt. Man kann dabei die Schichtungsmotive der wilden Felsnatur auch in einzelnen besonderen höhergelegten Partien nachbilden, doch das Ganze ruhig ziemlich flach und stilisiert behandeln. Jedenfalls bietet das Schichtmotiv große Reize. Die einzelnen Schichtsteine sollten nicht zu flach sein, im Umriß natürlich möglichst unregelmäßig und auch in der Fläche nicht glatt behauen. Überall bleiben Erdplätzchen zur Pflanzung frei; zwischen den Schichten wird Lehm und verrotteter Dung gelagert, damit auch die Fugen mit Stauden besetzt werden können, die allmählich – zwischen den Schichtplatten hindurchwachsend – auch den Erdboden durchwurzeln.

Mit wenigen Naturstufen erfolgte eine geschickte Erschließung eines Hanges, der zugleich in der Bepflanzung die breite Palette – auch von Nicht-Steingartenpflanzen – zeigt.

In einem absonnigen Steingartenteil finden zwischen den Fugen besonders *Ramonda-*, *Haberlea-* und *Saxifraga*-Arten beste Wuchsbedingungen.

Vorhandene Böschungen

Was ist doch alles aus kleinen Böschungen und Hängen zu machen, die bisher tote Flächen oder Unkrautherde waren! Man kann sie in Schwingungen auslaufen lassen, flach terrassieren oder mit Hohlwegen und Hohlwegtreppen aufschließen, die auf tief eingelassene Sitzplätze zuführen. Auch können ihnen Wasserpfuhle oder Wasserbecken vorgelagert werden, um die Höhenunterschiede noch zu steigern. Wichtig ist es, unter allen Umständen schräge Erdflächen bei der Ausgestaltung möglichst zu vermeiden und sie in steilere Steinwände und horizontale Erdnischen und Plateaus zu verwandeln. Ist dies nicht möglich, so müssen die Pflanzenarten danach gewählt werden.

Unter allen Umständen sollte man größere Böschungsflächen wenigstens in Muldungen und Wölbungen schwingen lassen, um dann die Wölbungen mit Steinen, Kleingehölzen und höheren Steingartenstauden, die Muldungen dagegen mit flachen Polstern zu besetzen.

Auch jede kleine mißachtete Böschung ist eine Goldgrube der Freude. Ungezählte Steingartenfreunde wurden durch einen kleinen Böschungszipfel für immer Steingartenfanatiker großen Stils.

Größere Abhänge und Böschungen

Diese sind wie geschaffen für die Anlage architektonischer Terrassengärten oder natürlicher Steingärten; wohl selten gibt es lohnendere Gartenverschönerungen. Nur begehe man bei Mauergärten nicht zum tausendsten Male den Fehler, die erdreichstützenden Mauern steil abfallen zu lassen, sondern man schräge sie kräftig ab, schon um ein Ausspülen der Erde durch Regen oder Gießwasser zu vermeiden, was bei steilen Mauern allmählich sehr unangenehm werden kann. An vielen Stellen des Mauerwerks kann man einzelne Steine weiter vortreten lassen, wodurch dann farbige Blütenpolster reizvoll aus der stillen Fläche hervorwachsen. Hierdurch wie auch durch das stellenweise Herausrücken der Mauer selber an allen Ecken oder Mitten kommen viel Wechsel und Leben, Schatten und Farbtönung in die Mauerbreiten und ihre Pflanzen.

Durch geschickte Lagerung nicht zu kleiner Steine lassen sich sonnige bis absonnige Pflanzplätze für die Steingartenpflanzen schaffen.

Will man aus Rücksicht auf die Staudenstreifen der Terrassenbeete die Mauern möglichst niedrig halten, sie aber doch gliedern und beleben, so durchsetzt man sie mit erhöhten Pfeilerplätzen für Kübelpflanzen.

Aber auch ohne Stein lassen sich Böschungen durch ein Zickzack flacher Hohlwege aufschließen und ganz in den Dienst der Wildnisgartenkunst stellen. Das ist durchaus nicht alles für riesengroße Gärten gedacht, sondern kann sich unter Umständen auch in sehr kleinen Gartenverhältnissen höchst reizvoll auswirken.

Naturgartenbereich im Rasen

In langweilige Rasenflächen läßt sich von der entsprechenden Umgebung einer Gartenecke her ein Naturgartenbereich ganz ohne Steine einfügen, der etwa eine kleine Birkengruppe umarmt; um die Birken läßt man Geißblatt- und *Clematis*-Arten ranken. Aber wilde, stilisierte Naturgärtchen dürfen auch, von architektonisch-geometrischer Steinfassung getragen, in Rasenplätze vordringen. Viele Leute lassen alte Kiefern unvermittelt aus grünen geschorenen Rasenwiesen aufsteigen, was eigentlich unnatürlich ist, wenn auch in seinem Zustandekommen oft verständlich. Man läßt sich hierbei bezaubernde Gartenmotive entgehen. Die kleine Birkengruppe steht nun nicht mehr so langweilig im Rasen, und der schattigen Kiefernecke im geschorenen Rasen kann man auch die nötige »Bodenwärme« geben.

Bei den Kiefern verfährt man auf folgende Weise: Man versetzt die Rasenfläche in leichte Schwingungen, bei denen flache Ausmuldungen den Boden liefern, um das Erdreich der Stammumgebungen anschwellen zu lassen; zuweilen werden hierbei auch ein paar Bäume miteinander verbunden. Diese etwas erhobenen Plätze sind nun wirkungsvoll mit Heidegewächsen, Ginster, Wacholder, Staudengräsern und Engelsüßfarnen zu besetzen, ebenso wie oft im Meeresdünenwald die einzelnen Kiefern auf solchen flachen Farnhügeln stehen!

Das Hineinwachsen des Rasens in die Stauden läßt sich durch schmale, etwas eingesenkte Zwischenräume verhindern. Im Rasen hebt man bei diesen Bodenmodellierungen eine flache Sode aus, um sie wieder zu verwenden.

Staudenpflanzungen nach besonderer Eigenart des Gartenplatzes

Die *Iris-reticulata-Hybride* ›Harmony‹ gedeiht leicht an geneigten und gut drainierten Pflanzplätzen. Eine zu starke Massierung sollte jedoch vermieden werden.

Der Steingarten in der alten Sand- oder Kiesgrube oder im Steinbruch

Kiesgruben und Steinbrüche können unter Umständen in Steingartenparadiese umgestaltet werden. Die Führung des Weges, der solche Kiesgrube möglichst reich aufschließt, wird am besten in seiner sanften Spirallinie gezogen, welche die Mitte der Grube schließlich mit dem obersten Rand in Verbindung setzt. Durch Hin- und Herrückungen und durch kleine Plateaus und Stufen wird die Einfachheit und Beflanzungsmöglichkeit dieser großen, spiralförmigen Aufschließung bereichert. Im Mittelpunkt kann ein Wasserbekken liegen. Steinbrüche sind oft zu steil und unzugänglich, so daß nur durch größere Sprengungen Flächen, Nester und Hänge entstehen, die genügend Erde aufnehmen können. Sicher ist, daß bei der nötigen Geschicklichkeit aus alten Steinbrüchen großartige Steingärten werden können.

Jedenfalls ist es stets besser, alte aufgelassene und von der Bergsicherung freigegebene Gruben oder Brüche kleineren Ausmaßes als Anziehungspunkt oder Lehrstätte umzugestalten, und nicht diese als wilden Gerümpel- oder Schuttplatz zu betrachten und sie, eingebettet in die Umgebung, zu Lebensstätten von Kriechtieren, Lurchen und Insekten zu machen.

Steingärten zwischen hervortretendem Gestein im Garten

Die Zahl europäischer Gartenplätze vom Süden bis in den hohen Norden, die an sich schon Felsgärten sind, ist unermeßlich groß und nimmt immer mehr zu. Wenn das Gestein zu tief liegt, also nicht genug herausragt, muß man es freigraben, um es zur vollen Wirkung zu bringen. Der verbleibende Erdboden ist tief zu lockern. Sind die Felsbrocken zu groß, so kann man sie durch rechte Benachbarung mit entsprechenden Kleingehölzen in ein besseres Verhältnis zu geplanten Steingartenpflanzungen setzen. Manchmal gehören auch größere, bizarre Gehölznachbarn zur gartenmäßigen Bändigung mächtiger Felsblöcke. Auch teilweise Anschüttungen oder beträchtliche Einschüttungen übergroßer Felsen mit Erde sind oft zweckmäßig, um kleine Pflanzenleben in die rechte Beziehung zu solchen Einzelfelsklötzen zu bringen. Sogar das Aufsprengen allzu mächtiger Steine ist unter die zuweilen unerläßlichen Hilfsmittel zu rechnen. Mit Erde eingeschüttete Trümmer und Fugen sind dann ohne weiteres zu bepflanzen.

Eine Gruppe größerer, verstreuter Steinbuckel, die auf einem Abhang aus dem Boden ragen, kann durch gut geführte Wege aus mächtigen Trettsteinplatten und Treppenstufenplatten eine erste gliedernde Zusammenfassung erfahren, aus der sich nachher leicht die Weitergestaltung des Felsgeländes ergibt.

Lange, regelmäßige fuß- oder kniehohe Steingartenrabatten für Stauden, Gräser und Farne, Blumenzwiebelstauden und Zwerggehölze

Regelmäßige Steingartenanlagen, die besonders in Bergorten am Platze sind, kann man in Form langer architektonischer, etwa kniehoher Kleinpflanzenbeete, selbst wenn sie ziemlich plötzlich erscheinen oder isoliert auftreten, manchen Gartenpartien einfügen. Diese erhöhten Steingartenrabatten läßt man wohl aus einem Rasenplatz längs des Weges aufsteigen. Da, wo die erhöhte Steinrabatte auf den Rasen oder auf den Weg stößt, ist wieder ein fußbreiter Beetstreifen für Besetzung mit Kleinstauden frei zu lassen, der dann vom Rasen oder Weg durch schmale, flach eingelagerte Plattenstreifen getrennt ist, auf denen die Mähmaschinenräder rollen. Die Platten hindern den Rasen am Hineinwachsen. Die Abschrägung der Steinwände beschleunigt die Ansiedlung der Pflanzen auch an diesen Plätzen. In Ermangelung anderer Steine benutzt man gitterförmig gelegte alte Ziegel, auch die entstehenden Lücken werden mit Pflanzen besetzt.

Der Steingartenstreifen vor der Rabatte und das Steingärtchen der Rabattenecke

Die Möglichkeiten mannigfacher Staudenrabatten sind noch viel größer, als es scheint. Wir glauben, daß durch die bessere Qualität der Pflanzen eine neue Epoche auch für die Staudenrabatte beginnen wird. Vielleicht sollte man bei Staudenrabatten möglichst oft die gerade Grenzlinie gegen den Weg verlassen und den Rand in Schwingungen versetzen, teils auf Kosten des Weges oder Plattenweges, teils auf Kosten der Rasenfläche – aber mit zwischengelagerten Randplatten zum Gehen. In allen Fällen können regelmäßig oder zwanglos vorgelagerte Kleinstaudenstreifen von großer Wirkung sein, und oft ist dies die einzige Möglichkeit, um in einem Garten mit dem Kleinstaudenreich zu leben.

Oft wird eine Absetzung dieser Partien gegen die eigentliche Staudenrabatte durch einen Tretpfad oder Plattenrand zweckmäßig sein. Die leichte Durchlagerung mit Tretsteinen, die durch etwas Ziegelunterlagerung am Versacken in die Erde verhindert werden, gibt diesen zwanglosen Kleinstaudenstreifen einen festen Ordnungshalt und erleichtert die Pflege. Manchmal haben wir solche langen Strecken in regelmäßigen Abständen in drei Frühlings-, drei Sommer- und drei Herbstanhäufungen verteilt, die sich rhythmisch über das Ganze erstreckten, in anderen Fällen wieder mit schönster Wirkung den ganzen Streifen nur allen möglichen Aubrietien-Hybriden, Zwergschwertlilien, Arabis und Teppichphloxen, ja auch Kanadaphloxen gewidmet und nur mit ein paar Kleingräsern und Zwergnadelgehölzen durchsetzt.

Auch die Eckplätze von Staudenrabatten können gegen die großen Stauden in ganzer Beetbreite durch einen Streifen immergrüner Zwerggehölze abgesetzt und in Kleinstaudengärtchen verwandelt werden, und dies um so wirksamer, wenn man der ganzen übrigen Rabatte den erwähnten Steingartenstreifen vorlagert.

Trockenmauern

Die Mauer- und Fugenbepflanzung ermöglicht eine der überraschendsten Entfaltungen der Kleinpflanzenwelt. Einer dieser Reize besteht in der Darstellung ihrer ungeheuren Kräfte, die sie an solchen Stellen zu üppigstem Blühen befähigen!

Man muß in der Mauerbepflanzung fünf Hauptgesichtspunkte unterscheiden: Ist es eine sogenannte Futtermauer, die bis zu ihrem oberen Rande Erde hinter sich hat, oder eine nach beiden Seiten frei stehende Trockenmauer? Liegt sie im Kontinental- oder Feuchtigkeitsklima? Nach welcher Richtung ist sie gewandt? Das Pflanzenrepertoire für die Mauerbepflanzung im feuchteren Klima ist außerordentlich viel größer und umfaßt nicht nur die Pflanzen, die in der *alphabetischen* Grundliste das Doppelsonnenzeichen haben, sondern größtenteils auch die Träger des einfachen Sonnenzeichens. Die Richtung der Mauerwand zieht gleichfalls die vielfältigsten Unterscheidungen nach sich.

Die frei stehende Trockenmauer soll in ihrer Erdoberfläche eine leichte Ausmuldung erhalten, damit der Boden hinter den Steinen bis tief hinab zwei- bis dreimal im Jahre kräftig gewässert werden kann. Der Aufbau der Mauern, zwischen deren Steinen natürlich Erdschichten gelagert werden, gleich, ob es sich um Futtermauern oder Trockenmauern handelt, soll nicht steil, sondern ein wenig schräg zurückweichend verlaufen. All diese Gedanken und Erfahrungen sind wichtig für die Grundfrage der Auswertung des ganzen Mauermotivs. Wir glauben, daß der »Mauergarten« vom Norden bis in die Tropen hinab und durch alle Erdteile hin zu immer größerer Bedeutsamkeit gelangt.

Hierbei wird auch die Mauernordseite zu ihrem Rechte kommen und Erstaunliches zu erleben geben. Wenige Gartenfreunde überschauen, was alles schön und dauerhaft an nördlichen Mauerflächen gedeihen kann.

Ein gekonnter Farbendreiklang in Mauerfugen. Das Blau von *Veronica prostata* und das Gelb von *Genista pilosa* vermählt sich mit dem Orangenrot der *Helianthemum-Hybride*.

Ramonda myconi, die Pyrenäenramondie, läßt sich vortrefflich mit Hirschzungen- und Streifenfarnen in Mauerfugen ansiedeln.

In Trockenmauerfugen kommen viele Steingartenpflanzen besonders zur Geltung. Hier eine farblich gelungene Pflanzung von *Hieracium villosum* mit *Dianthus gratianopolitanus* und *Potentilla atrosanguinea*.

Alyssum saxasile, der Frühlingssteinrich, und *Iberis sempervirens*, die Immergrüniberis, beherrschen zur Frühlingszeit mit ihrer Blütenfülle manchen Gartenteil.

Eigentlich müßte man dieser reizvollen Kleinpflanzenwelt der Mauergärten ein ganzes bilderreiches Buch widmen!

Man denke sich kleine Dickichte von Farnen, Gräsern, Walderdbeeren und unzähligen anderen Mauerpflanzen, die Nordseite vertragen, außerdem auch noch leicht durchsponnen von angehefteten Rankzweigen des Winterjasmins oder unterbrochen von den Geranken des Geißblatts und vieler Clematis, also Rankern, die am Fuß von Nordmauern gepflanzt werden dürfen.

Beim Aufbau von Mauern werden reichliche Mengen an Lehm und gut verrottetem Kuhdung zwischen allen Steinen verarbeitet, und zwar sowohl aus Haltbarkeitsgründen als auch im Hinblick auf die Pflanzenernährung.

Wasser im Garten vermag mit passenden Stauden und Gehölzen eine besondere Atmosphäre zu schaffen. Zugleich lassen sich Lurche und Wasserinsekten ansiedeln. Die Pflanzen sollten jedoch immer ökologisch an den Wasserrand passen.

Wassergartenfragen

(Bemerkungen zu den Fragen vorhandener oder zu schaffender stehender und fließender Gewässer, entweder im naturhaften oder im baulichen Stil. Die Pflanzen der Ufer und des Wassers werden Seite 92 und 95 aufgeführt und listenmäßig näher behandelt.)

Der Glanz japanischer Gartenschöpfungen gipfelt in Wassergartengestaltungen. Hier scheinen Wasser und Erde, Oben und Unten, flaches und aufragendes Gestein oder Gewächs zur tiefsten Wechselrede und Harmonie miteinander gelangt zu sein. Unsere Gartengestaltung geht andere Wege, obgleich sie sich von jenen Vorbildern anregen läßt. Die Verwendung der uns zu Gebote stehenden außerordentlich reichen Welt von kleinen und großen Pflanzen, welche Uferpflanzencharakter besitzen, entrückt unsere Wasser- und Ufergärtchen schnell dem japanischen Anklang. Ein reizvolleres Gegen- und Nachbarspiel als ein Pflanzenstilleben des Wassers kann man dem Leben der Steingartenpflanzen und ihrer vertikalen Raumbezirke gar nicht verschaffen.

Bei fließendem Gewässer sind durch größere Steine ein windungsreicher Verlauf und eine Stauung kleiner Wasserflächen zu ermöglichen. Graswuchs und perennierendes Unkraut werden an den Rändern völlig beseitigt, damit die Ufer mit den passenden Wildstauden im Charakter der Ufervegetation besetzt werden können.

Ein schmaler, gewundener Uferweg grenzt dann solchen wilden Uferwuchs gut gegen anliegende Grasflächen oder Strauchwerk ab. Sowohl Gräser in naturhaftem als in baulichem Stil sollten so gestaltet sein, daß die Uferpflanzen möglichst dicht an die Wasserfläche gesetzt werden – mit Ausnahme vorbedachter, mit Stein befestigter Randstellen zum nahen Herantreten ans Wasser. Man sieht so häufig Wasserbecken, die mit viel zu breiten Randsteinen die Pflanzen vom Wasser abdrängen oder nur den Übergang zum Rasen bilden. Beides wird oft sinnlos und reizlos gestaltet; die Randsteine sollen fast handbreit über die Wasserfläche hinausgreifen.

Die Wände der Wasserbecken läßt man zum Schutz gegen Frostschäden im Winkel von etwa 120 Grad schräg nach unten hin verlaufen. In den meisten Fällen ist es besser, auch den Boden des Wasserbeckens zu betonieren, ohne ihn dann mit Erde zu bedecken, damit alle Wasserpflanzen in Gefäße gesetzt werden, was viele Vorteile bietet, ganz abgesehen davon, daß hierdurch eine Bändigung der Wucherstauden möglich ist. Jedes Wasserbecken sollte unbedingt einen Ausstieg für Lurche und sogar für den Igel aufweisen. Becken ohne diesen Ausstieg werden meist zu tödlichen Fallen für unsere Gartennützlinge.

Will man auch auf große Wasserrosen nicht verzichten, die ja in zu kleinen Gefäßen nicht gedeihen, sondern schon solche von der Größe einer Regentonne brauchen – im Gegensatz zum später erwähnten besten Gedeihen der vielen Zwergwasserrosen in Kübeln von 30 bis 40 cm Höhe und Breite –, so sorgt man durch den Einbau einiger mäßig großer Vertiefungen im Boden des Beckens, die man mit Erde füllt, für die nötige Ernährung und Pflanztiefe der genannten großen Arten. Die Ansprüche auch der großen Wasserrosen sind keineswegs so groß, wie ihre Pracht vermuten läßt. Marliac, einer der bekannten Seerosenzüchter, kultivierte sie ausschließlich in Regentonnen, deren oberstes Viertel abgesägt wurde.

Wichtig ist vor dem Aufbringen der Betonbodendecke die Unterschotterung und Stampfung des Wasserbeckenbodens.

Neben Betonbecken ist noch an den Dachpappenbau der Becken zu erinnern, deren Fugen »gudronisiert« werden. Dieses Verfahren hat sich durch lange Jahrzehnte hindurch bewährt, wie wir es in einem Nachbargarten staunend feststellen konnten. Es eignet sich auch für große Schwimmbassins. Die Haltbarkeit und Festigkeit war sogar so groß, daß die Bassins im Winter zu Eislaufbahnen benutzt wurden. Das Teerpappenverfahren ist deshalb tatsächlich ein großes Ereignis in der Entwicklung der Wasser- und Ufergärten. Ein bewährtes Verfahren ist auch die Verwendung von Folien und Plastmaterialien. Dabei ist es vorteilhaft, sich vom Fachmann beraten zu lassen.

Größere architektonische Steingartenanlagen mit eingelagertem Wasserbecken

Viele Menschen sind ihrem Wesen nach abgeneigt, architektonischen Steingartenanlagen größeren Stils Raum zu geben, obwohl sie die denkbar größte Vorliebe für die zugehörigen Pflanzen hegen.

Die Bepflanzung eines nicht abgebildeten Gartens war nach dem Einwachsen von sehr großer Wirkung, wobei der Kontrast der festen Architekturrahmen mit den gartenfernsten Wildnispflanzen zu seinem Rechte kam. Einmal besuchte ich jenen vor Jahren von mir bepflanzten Garten gerade in einer Nachmittagsstunde, als der Inhaber eine Schar von Gästen durch die Beete führte. Die Ausrufe und Fragen der Besucher, die von solcher Wildgartenschöpfung unglaublich angesprochen waren, gingen immer wieder dahin: »Hat sich denn das alles überwiegend wild-zufällig aus Sämlingen hier angesiedelt, oder ist es in voller Berechnung gepflanzt worden?« Das freudige Interesse der vielen, zum Teil noch gartenfremden Menschen an dieser dressierten und disziplinierten, dabei doch ganz zwanglosen Schönheitswildnis war so erstaunlich, daß man daraus deutlich ersah, in welchem Maße auch solch architektonisch-regelmäßiger Steingarten die Steinpflanzenfreude zahlloser Neulinge weckt.

Das versenkte, heckenumgebene Steingartenkabinett der Kostbarkeiten

Man kann aus einem zimmergroßen, von einer Hecke umgebenen Raum eine vielfach größere Fläche und Lebensmöglichkeit für Pflanzen schaffen, indem man sozusagen einen regelmäßigen Mäanderweg anlegt, der in jeder Ecke mit einer Beet- und Wegstufe abfällt und schließlich am tiefsten Grunde in ein kleines Ruheplätzchen an einem Wasserbecken mündet. Die Plätze für die Steingartenpflanzen bestehen aus schmalen, übereinandergebauten Terrassen und kleinen, die Erde stützenden, etwas schräg gehaltenen Futtermauern. Solch eine kleine Anlage paßt auch etwa für ein Vorfrühlings- oder Spätherbstgärtchen, in dem man gern mit Pflanzen zusammen an windgeschützter Stelle »frühe oder späte Sonne trinkt« – wobei diese von jenen Blumen auf wunderbare Weise kredenzt wird –, oder für ein Gärtchen mit kleineren Dauerblühern oder aller blauen Blüher, mit ein paar raffinierten Gegenfarben bepflanzt. Überall in den kleinen Terrassenwegen sorgt man noch für Sitzplätze, durch Steinlagerungen auch für gesonderte Pflanzenplätze.

In diesem Steingartenkabinett finden alle jene Pflanzenkostbarkeiten Platz, die man der leichteren Pflege wegen gern nebeneinander sehen möchte. Beglückend sind Blütenfeste, und man kann in Miniatur einen Hochgebirgsfrühling träumerisch erleben. Denn geradezu ideal ist ein solches Kabinett für viele Saxifraga- und Primelarten, Soldanellen und viele andere.

Steingärten innerhalb von Balkons, Hausterrassen, Dachgärten, Höfen, äußeren Fenstersimsen, Kübeln, Kästen, Trögen, großen frostsicheren, sockelgetragenen Schalen

Alle diese Angelegenheiten stecken immer noch in ihren Kinderschuhen, obgleich wir heute schon weiter sind und Wissen über die entsprechenden Pflanzen besitzen, um weitere Kreise zu solchen Pflanzengestaltungen anzuregen, damit wir unserem Gartenleben mit jenen Pflanzen auch die Möglichkeit winziger und winzigster Gärtchen hinzufügen.

Das Pflanzenmaterial, das sich in solchen nicht zu flachen und nicht zu tiefen, vom Druck gefrorener Erdmassen nicht zerstörbaren Schalen auf die Dauer gut halten würde, ist sehr reichhaltig. Diese »Puppengärtchenschalen« könnten etwa mit einer durch die Mitte aufsteigenden schmiedeeisernen Achse so konstruiert sein, daß sie über sich noch eine zweite kleinere Schale – in genügender Höhenentfernung von der ersten, unteren – tragen, welche die Kleingewächse dem staunenden Auge noch näher bringt. Solche tragbaren Kleingärten können überall aufgestellt werden. Auch für Schatten können die Pflanzen ausgewählt sein. Die Auswahl kleiner, unverwüstlicher Stauden ist sehr groß. Eng hängen diese Fragen mit der Konstruktion von Freilandgärtchen vor den Fenstersimsen zusammen, die bequem und sicher zu befestigen sind.

Für die Haltung der Kleinpflanzen in Balkonkästen verwendet man gern imprägniertes Holz. *Auch Kunststoffe haben ihre Bewältigungsprobe bestanden. Sie sind auch haltbarer und leichter.* Wir beobachteten im Großstadtinnern Blumenzwiebeln sieben Jahre lang nach dem Legen, wie Zwergtulpen, kleinere Narzissen, Muscari, Schneeglöckchen, Schneestolz, Märzbecher, Scilla, Hyazinthen. Sie blühten aus gewöhnlichen Kästen ausreichend ohne jedes Umlegen.

Zur Aufstellung von Balkonkästen mit Kleinpflanzen gibt es auf Balkons unterhalb der gewöhnlichen Kästen für die eigentlichen Farben-

Gypsophila repens ›Rosea‹ paßt vorzüglich in Steintröge zu *Semperivivum*- und *Festuca*-Arten.

blumen noch mancherlei Anbringungsmöglichkeiten. Niemand wird es bereuen, der sich auf diese Dinge einläßt. Zwergnadelgehölze, die wir in ziemlich flachen Kästen vor zwölf Jahren in 15 cm Höhenentwicklung pflanzten, haben heute die Höhe von 50 cm erreicht. Eine Welt von Balkonpflanzenfreuden blieb bisher unausgeschöpft!

Es gibt Dachgärten, die man mit kräftigen Erdschichten belasten darf, deren Gewicht einschließlich Wassergewicht ungefähr feststeht. Hier kann man fast normale Steingärten errichten. Aus Gewichtsgründen nimmt man Tuffsteine. Andere Dachgärten wiederum lassen sich nur durch große Kästen mit Kübel und Schalen bepflanzen. Auch auf diesem Wege ist Erstaunliches zu erreichen, wie Florenz und Rom beweisen. Beide Städte sind Dachgartenparadiese. Man staunt über die Erfindungskraft dieser südlichen Dachgärtner, die es allerdings mit der sonstigen Sukkulenten-Pflanzenwelt in ihren Kästen und Kübeln viel leichter haben als wir. Sie haben oben auf Dächern sogar schattige Kakteenlauben. Aber auch bei uns steht diese Angelegenheit nicht still. Neue Düngemittel haben sehr viele Pflanzen, so etwa die Dahlien, zu lohnenden Kübelpflanzen gemacht, weil vorzeitiges Ermüden des Flors völlig vermieden werden kann. Mit heutigen Hilfsmitteln und heutigem passendem Pflanzenmaterial sind erstaunlich günstige Erfahrungen in solchen Kästenbepflanzungen zu machen. Es ist traurig und lächerlich, daß noch heute so viele pflanzenhungrige, gartenlose Balkon- oder Dachgartenbesitzer keine Ahnung von all diesen Dingen haben. Wohnungen und Städte stecken überhaupt voll größerer Pflanzenmöglichkeiten, als irgend jemand ahnt. Jüngst fanden wir einen städtischen Hinterhof ganz im Dahlienflor, aus Kübeln blühend, zwar nicht überreich, doch ganz ausreichend.

Um Dauergewächse auf Balkons und Terrassen leichter halten zu können, hat man inzwischen auch leichte Eternitkästen und -kübel geschaffen. Selbstverständlich soll hier nichts gegen die großen Farbpflanzen des Balkons gesagt werden, deren Sonnen- oder Schattenbedürfnis ja ebenfalls lächerlich wenig ausgenutzt wird. Es handelt sich aber, wie im Garten, so auch hier auf dem Balkon, um das Wechselspiel zwischen stillem Pflanzenleben und lauten Farbenwirkungen. Eine zweite Garnitur von Balkonkästen findet auch oft am Boden unter den anderen Platz. Mit Zwiebeln besetzte Kästen können in ihrer Ruhezeit nach dem Vergilben von Frühsommer bis September trocken an der Balkonhauswand übereinandergestellt werden – aber durch Holzklötze getrennt –, so daß die Kästen von Anfang September an wieder bequem zu gießen sind. Zwei bis drei durchdringende Wassergaben genügen den Blumenkübelstauden, um voll zu wurzeln und über den Herbst zu kommen; bis zum Vorfrühling bleiben sie so stehen und werden dann an wirksame Plätze gerückt.

Steingarten und Grabbepflanzung

Großblättriger Efeu ist ein allzu gedankenarmer Notbehelf. Er sollte auf Gräbern möglichst vermieden werden. Kleinblättriger Efeu wirkt zärtlich und warm und tut dieselben Dienste wie der große. Außerdem weist er nach schweren Frösten keine Schäden auf. Die Zahl der immergrünen Laub- und Nadelgehölze und Polsterstauden, die für schattige oder sonnige Gräber geringer oder größerer Pflegemöglichkeit passen, ist unendlich groß. In erster Linie kommen unter den Kleinstauden die Immergrünen, die Langeblüher und Remontierer, und schließlich unter den Zwerggehölzen die Zwergnadelgehölze und die immergrünen Zwerggehölze in Frage.

Der Zwang, die Bepflanzung nur durch Friedhofsgärtner vornehmen zu lassen, der so oft ausgeübt wird und eine Art unbarmherziger Kälte in sich haben kann, ist nicht ausdrücklich genug abzulehnen. Den Nachteilen, die aus der Durchbrechung dieser Bestimmung kommen können, ist verhältnismäßig leicht und sicher vorzubeugen. Die geplante Gestaltung und Bepflanzung der Ruhestätte muß eben der Gartendirektion des Friedhofs im Plan vorgelegt und von ihr gutgeheißen werden. Also »Freiheit mit Grenzen«!

Cytisus decumbens, der Frühlingszwergginster, kommt vorzüglich vor der dunklen Kulisse von *Pinus mugo* ssp. *mugo*, der Latschenkiefer, mit *Viola-Cornuta-Hybriden*, Hornveilchen, zur Geltung.

Pflanzzeiten und Erfahrungen im Jahreslauf für das ganze Steingarten-Pflanzenreich

Die Hauptpflanz- und damit Hauptversandzeit liegt im Frühjahr, je nach Witterung, zwischen Ende Februar und Ende Mai; im Herbst, je nach Witterung, zwischen Ende August und Ende November.

Es gibt günstige und ungünstige Boden-, Gartenpflanz- und Klimaverhältnisse, worüber man – über nachfolgende Angaben hinaus – Erfahrene befragen möge. Je größer die Luftfeuchtigkeit, desto gutmütiger hilft die Natur. Etwa in den ersten und letzten vierzehn Tagen der angegebenen Pflanzzeiten können Hitze- oder Kälteperioden, die ja in diesen Übergangszeiten nie zu lange dauern, Anlaß zum Vertagen der Pflanzung werden, bis geeignetes Wetter kommt.

In kühleren deutschen Gegenden, wie z. B. Oberbayern, verschieben sich mitunter die Frühlingspflanzzeiten weit nach vorn und hören später auf.

Die Witterungsverhältnisse sind in jedem Jahre anders, auch die der Wochen vor dem Versand. Man überlasse also in Zweifelsfragen den richtigen Zeitpunkt in solchen Fällen den verantwortlichen Lieferfirmen.

Die immer mehr sich ausdehnende Anzucht von Stauden und Gehölzen in Plantainer gestattet es, die Pflanzzeit fast über das ganze Jahr auszudehnen.

Schutzdecken für den ersten Winter nach der Pflanzung müssen im Frühjahr rechtzeitig entfernt werden, damit die neugesetzten Pflanzen, die stets verschieden austreiben, nicht ersticken oder faulen. Dabei ist besonders darauf zu achten, daß immergrüne Pflanzen, seien es Stauden oder Gehölze, gegebenenfalls einigen Sonnenschutz noch etwas länger behalten. Auch Pflanzen, die unter der Decke schon ausgetrieben sind, müssen bei Frostgefahr in den ersten Tagen nach dem Abdecken noch leichten Schutz erhalten.

Bei der Pflanzung ist es stets richtig, sofort kräftig anzugießen, was besonders mit Gehölzen und Ballenpflanzen geschehen muß, und je nach dem Feuchtigkeitsgehalt des Bodens oder nach klimatischen Verhältnissen ist dieses Gießen zuweilen bis zur festen Einwurzelung fortzusetzen, wenn die Gefahr besteht, daß der Boden über die normale Feuchtigkeit hinaus zu trocken wird. Starkes Wässern vor dem Winter, besonders der Gehölze aller Art, ist eine der besten Frostschutzmaßnahmen.

Laubabwerfende Gehölze ohne Ballen sollten beim Pflanzen stets kräftig, unter Umständen um wenigstens ein Drittel der normalen Trieblänge, zurückgeschnitten werden, im übrigen, je nach Wuchs und Zweck, von Fall zu Fall mehr oder weniger. *Ausnahmen bilden: Hamamelis, Fothergilla, Acer, Magnolia u. a., die niemals zurückgeschnitten werden dürfen.* Halbsträucher wie z. B. *Iberis sempervirens* bedürfen einen Rückschnitt zur Verjüngung nach der Blüte. Diese Rückschnitterfahrungen und -forderungen stoßen beim weniger Erfahrenen auf Gefühlswiderstände; *in Zweifelsfällen sollte man sich beim Kauf beraten lassen.* Rückschnitt sichert und beschleunigt aber das Anwachsen und die Üppigkeit des Neuaufbaus. Wichtig ist, daß Pflanzen möglichst nie lange Zeit mit offener Wurzel an der Luft liegen. Sonnenlicht und Wind sind »Wurzelgift«.

Manche Angelegenheit sieht harmlos und richtig aus und bedarf doch der Vorsicht. So sicher unzählige Zwergnadelgehölze mit schönen, festen Erdballen einwachsen, so müssen doch andere nach der Pflanzung, wie z. B. Zwergfächerzypressen und Säulenwacholder, bei heißem Frühlingswetter erstens öfters kräftig durchgefeuchtet und zweitens mit etwas Bastmatten gegen heißen Sonnenwind geschützt werden. Wenn man bedenkt, daß diese alt werdenden Pflanzen noch viel mehr Frühlinge zu sehen bekommen als der Pflanzende, dann kann man während dieser allerersten Gefahren den künftigen Zeitriesen ihren Anfangsstart wohl etwas erleichtern.

Alle Blumenzwiebeln werden, allgemein gesehen, dreimal so tief gelegt, als die Zwiebel stark ist, jedoch die kleinsten nicht unter 5 cm, die größten nicht über 20 cm tief, in schweren Böden etwas flacher. Wichtiger ist, besonders bei Lilien, daß der Wurzelboden der Zwiebeln und Knollen lokker und sehr durchlässig ist. Eine kleine Zugabe frischen Sandes ins Pflanzloch begünstigt das Anwurzeln sehr. Leichter Winterschutz kommt nur bei spätem Legen der Zwiebeln und Knollen in Frage. Sie sollen neben sich und im Boden darunter *nährstoffreiches* Erdreich vorfinden.

Pflanzzeiten für Gehölze, Stauden und Blumenzwiebeln

Gehölze

Die Gehölze mit festem Ballen, soweit es Zwerggehölze sind, werden gewöhnlich im März, April, Mai oder September/Oktober gesetzt. Man kann sie aber auch zu anderen Zeiten pflanzen, wenn besonderer Anlaß dazu besteht. Bei Herbst- oder Winterpflanzung bedeckt man den Boden mit Dung oder verrottetem Laub, das durch Fichtenreisig oder anderes Stielwerk oder Zweigmaterial festgehalten wird. Belegung mit Dünger vertragen aber manche Nadelgehölze nicht; Mulch ist besser.

Gehölze ohne Ballen werden von März bis gewöhnlich Ende April, schließlich auch noch Anfang Mai gesetzt und von Mitte September bis tief in den November hinein. Auch die härtesten empfangen hier im ersten Winter den gleichen Schutz wie die Ballengehölze. Was in Ballen vorrätig ist und was nicht oder was in beiden Formen, ist jeweils aus den Katalogen der Gärtnereien ersichtlich.

Salix reticulata, die Netzweide, bedarf einiger Sorgfalt im Steingarten. Gut gedeiht sie in einem feuchten, steinig-humosen Boden in absonniger Lage.

Von allen *Primula-marginata*-Sorten dürfte ›Linda Pope‹ wohl die bekannteste sein.

Stauden

Auch hier muß man Pflanzen mit loser Wurzel und Ballenstauden, zum großen Teil Topfballenstauden, unterscheiden. Es werden immer mehr Steingartenpflanzen in Töpfen *und anderen Pflanzengefäßen* vorrätig gehalten. Sie können jederzeit gepflanzt werden, wenn der Boden offen ist, sollen aber auch im ersten Winter nach der Pflanzung den kleinen Nadelholzreisigbelag erhalten. Stauden mit loser Wurzel werden von März bis Mitte Mai, Mitte August bis Mitte November gesetzt.

Je mehr es üblich wird, ungezählte Staudenarten zwecks schnellen, sicheren Anwachsens mit festen Wurzelballen aus Töpfen zu pflanzen, um so mehr sei hier noch einmal an eine versteckte kleine Nebengefahr erinnert, nämlich an das Versäumen der kräftigen Aufrauhung und Auflockerung des festen äußeren Wurzelfilzes. Wir machten hier die früher genannte Vergleichsprobe mit zwei Topfexemplaren von *Sedum sieboldii,* das eine aufgerauht und das andere nicht. Das nicht aufgerauhte Exemplar kümmerte neben dem üppig gewachsenen, aufgerauhten vier Jahre lang. Dies gilt von trockenen Böden noch in höherem Maße als von feuchten.

Das Pflanzen aus Töpfen bewirkt bei sehr vielen Stauden, besonders bei Kleinstauden, ein sicheres und beschleunigtes Wachsen.

Eine Trockenmauer wurde durch eine kleine Rabatte ergänzt. Je nach Wunsch lassen sich besondere Aspekte, wie hier mit Narzissen, schaffen.

Blumenzwiebeln

Kleinere Frühlings-Blumenzwiebelstauden werden von Mitte August bis Anfang November gelegt. Frühes Leben macht nur geringen Winterschutz im ersten Winter nötig, in späteren Wintern wird überhaupt nicht mehr geschützt. Das erwähnte Einbetten in feuchten Sand bei späterem Legen beschleunigt die Wurzelbildung tiefgreifend. Starker Laubbelag auf neugepflanzte Kleinknollen im ersten Winter hat den Nachteil, Mäusespuren zu verwischen; es ist also besser, mit einem Material zu decken, das man zur Kontrolle mal hochnehmen kann, denn Mäusefraß, der besonders für Gartenkrokus, *weniger* für Vorläuferkrokusarten in Frage kommt, schadet frisch gelegten Knöllchen viel mehr als alteingewachsenen. Auch aus diesem Grund ist frühzeitige Pflanzung vorteilhaft, läßt sich aber nicht immer leicht durchführen. Also muß man auch mit späterer rechnen. Tulpe, Narzisse und Hyazinthe vertragen das Legen der Knollen sogar bis Anfang Dezember; sind sind überhaupt von erstaunlicher Unempfindlichkeit.

Herbstblühende Blumenzwiebelstauden. Die herrlichen, dauerhaften und wirklich zum schönsten Gartengut gehörenden Herbstkrokusse und Herbstzeitlosen sowie Sternbergien werden, wie gesagt, im Juli und August gelegt. Aber auch später innerhalb der Blütezeit ist Pflanzung möglich und führt zum Dauererfolg. Die Härte und Widerstandskraft dieser schönen Gestalten des Herbstes ist groß. Man decke nur im ersten Winter mit Fichtenreisig.

Zwiebelstauden sonstiger Blütezeiten, die zu Steingärten gehören: Feuerlilien in zwergigen Sorten und auch alle übrigen Lilien feinerer Art, die in Steingärten passen, wie *Lilium chalcedonicum*, *L. hansonii*, auch wohl *L. martagon* mit seinen Veredelungen und Blendlingen, finden in manchen Steingartenplätzen verständnisvolle Umgebung, die sie auf Gartenbeeten oft vermissen. Die Legezeiten der Zwiebeln gehen von Oktober bis Ende April. In milden Winterzeiten kann ohne weiteres gelegt werden. Manche Lilienzwiebeln werden auch schon früher im Herbst legereif, aber die Züchtereien sind meist etwas späteren Versand gewohnt; nur nebenbei sei hier an die Kaprice der weißen Madonnenlilie, die ja nichts mit Stein- und Wildgarten zu tun hat, erinnert, ihre Lieblingspflanzzeit ist der August!

Spätsommer ist auch die Zeit der Pflanzung winterharter Gladiolen, die vorzüglich in Steingärten und auch an die Ränder von kleinen Wasserbecken passen. Diese ebenso unverwüstlichen wie edlen Pflanzen würden ganz wie Edelherbstzeitlose und Herbstkrokus sich schon größter Verbreitung erfreuen, wenn sie nicht solch eine seltsame Pflanzzeit nötig hätten.

Alpenveilchen der Blütezeiten im frühen und späten Herbst werden etwas später als die Vorfrühlingsalpenveilchen, nämlich ab Augustende, gepflanzt.

Alle Blumenzwiebeln des Frühlings, Sommers und Herbstes können natürlich, in Töpfen vorkultiviert, mit festen Erdballen zu allen möglichen Zeiten gesetzt werden.

Es sind zu pflanzen:

Gehölze

Zwerglaubgehölze ohne Ballen, wie Hypericum, Potentilla, Lavendel: Mitte September bis Ende November, Mitte März bis Anfang Mai, nur bedingt im Winter bei offenem Boden. Schutz wie bei den immergrünen Laubgehölzen.

Laubabwerfende Laubgehölze mit Erdballen, wie Azaleen und Magnolien: Ende August bis Ende November, Mitte März bis Mitte Mai, im Winter bedingt bei offenem Boden oder mit Frostballen, Erdscheibe, Schutz wie bei den immergrünen Laubgehölzen.

Immergrüne Laubgehölze und Zwerglaubgehölze mit Ballen, wie Rhododendron, Azaleen, Andromeda: Ende August bis Ende Oktober, Mitte März bis Ende Mai, mit Ausnahmen auch länger. Im Winter bei offenem Boden ausnahmsweise. Erdscheibe im ersten Winter nach Herbstpflanzung eindecken und außerdem die Kronen Ausgang Winter bis etwa Ende März gegen starken Sonnen- und Frostwechsel mit Nadelholzzweigen, Schilf oder anderen Schattenstoffen schützen.

Zwergnadelgehölze mit Erdballen, wie Zwergfächerzypresse, Zwergwacholder, Zwergtanne: Jederzeit, außer bei starkem Frostwetter, pflanzbar. Vom Schutz im ersten Winter nach Herbstpflanzung gilt dasselbe wie bei den immergrünen Laubgehölzen.

Stauden

Steingarten- und Polsterstauden ohne festen Erdballen, wie Teppichschleierkraut, Teppichphlox, Gräser: Mitte August bis Mitte November, Mitte März bis Mitte Mai. Im ersten Winter nach später Pflanzung trockener, luftiger Schutz erforderlich.

Steingarten- und Polsterstauden mit Topf- oder festem Erdballen, wie Aubrieta, Saxifraga, Glockenblumen (unbedingt Wurzelpelz aufrauhen!): Jederzeit von Mitte März bis Mitte November, ausgenommen Hitzezeiten. Im Winter bei offenem Boden mit Ausnahme weniger Arten. Trockener luftiger Schutz im ersten Winter nach später Pflanzung. Laubschutz nur um die Pflanzen herum, und zwar festgehalten durch alte Staudenstengel oder Gräserreste. Alle Immergrünen dürfen keine Laubdecke von oben erhalten, sondern nur eine Decke aus trockenem, luftigem Material.

Blumenzwiebeln

Frühlingblühende große Zwiebelgewächse, wie Tulpe, Hyazinthe, Narzisse: Mitte August bis Ende November, mit etwas Blütezeitverschiebung auch noch später bei offenem Boden.

Frühlingblühende kleine Zwiebelgewächse, wie Krokus, Eranthis, Schneeglöckchen und Scilla: Mitte August bis Anfang November, bedingt auch noch später.

Frühlingblühende kleine Zwiebelgewächse mit Topfballen: Nicht nur Mitte August bis Anfang November, sondern auch im ganzen Winter bei offenem Boden und im Frühling bis kurz vor der Blüte.

Frühsommer- und sommerblühende große Zwiebelstauden, wie verschiedene Lilien, *Galtonia candicans:* Je nach Blütezeit Anfang August bis Mitte Mai, außer bei starken Bodenfrösten im Spätherbst, wenn man nicht die Pflanzplätze im Steingarten vorher gut mit Fichtenreisig abgedeckt hat.

Lilien, die meisten Arten und Sorten: Ende September bis Ende November, bei offenem Boden ab März bis Mitte April. Die Madonnenlilie darf nur im August wegen des sich entwickelnden Blattschopfes gepflanzt werden.

Frühsommer- und sommerblühende große Zwiebelstauden mit Topfballen: Jederzeit durchs ganze Jahr, ausgenommen bei starken Bodenfrösten.

Herbstblühende Zwiebelstauden, wie Herbstzeitlose, Herbstkrokus, Sternbergia: Am besten im Juli. Sonst notfalls von Anfang August bis Ende Oktober, Pflanztiefe der Herbstzeitlosen 20 cm, der Herbstkrokusse 10 cm.

Sumpfpflanzen

Sumpfpflanzen und solche Stauden, die in Sumpfpartien gesetzt werden sollen: Anfang April bis Anfang Oktober jederzeit, ausgenommen bei Hitzeperioden.

Seerosen und Wasserpflanzen

Seerosen und Wasserpflanzen: Ende April bis Mitte August. Vorher und nachher sind die Wassertemperaturen zu niedrig, um ein sicheres Anwachsen zu gewährleisten. Winterschutz bei Seerosen ist nur nötig, wenn das Wasser abgelassen wird.

Zeitpunkt und Methode der Bepflanzung von Trockenmauern und Felsspalten

Die beste Zeit ist der März/April, soweit es sich nicht um Zwiebel- und Knollengewächse handelt, die im Herbst gepflanzt bzw. gelegt werden. Am schönsten ist es natürlich, mit Topfballen pflanzen zu können. Auch hier sei wieder daran erinnert, daß die pelzige Wurzelhaut, die den Ballen umzieht, gut aufgelockert werden muß. Unterlassung zieht jahrelange Folgen mit langsamem Wachstum nach sich, was wir an Vergleichspflanzen staunend feststellten.

Man macht im Fugenerdreich der Mauer an den durch Lücken bestimmten Plätzen mit einem Eisen Löcher schräg nach unten, soweit dies möglich ist, füllt Erde voraus, drückt den Ballen in Form und bestopft ihn nach der Pflanzung mit guter Erde, die etwas lehmig sein soll, und gießt schon Wasser zu, ehe das Loch völlig mit Erde nachgefüllt ist. In vielen Fällen hämmert man nach Beendigung der Pflanzung ein paar Klemmsteine in die Fuge.

Bei Pflanzung in der warmen Jahreszeit hängt man ein wenig Nadelholzreisig über die Pflanzstellen, dem man durch ein in die Fuge eingeschlagenes Hölzchen Halt gibt. Wenn möglich, soll man schon beim Legen der Steine einer Mauer- oder Felsanlage die Pflanzen gleich mitsetzen; doch ist dies manchmal schwer durchführbar. Um so wichtiger bleibt die Vorbereitung der Lehmerdelager und Kuhdüngerschichten schon während der Steinarbeit. Zum Nachgießen in Fällen schwierigen Anwachsens, die selten genug sind, braucht man ein Stäbchen, um schräge Gießlöcher zu stechen.

Zur Feuchthaltung des Erdreiches in Trockenmauern, an denen man auch solche Pflanzen haben möchte, die im allgemeinen etwas mehr Feuchtigkeit brauchen, als solche Trockenmauer sie gewährt, läßt man in Meterabständen ein paar Drainröhren senkrecht ein, die man in trockensten Zeiten manchmal mit Wasser nachfüllt. Ihre Öffnungen sind durch Pflanzenwuchs verdeckt.

Einschlag von Steingartenpflanzen

Kann aus irgendeinem Grunde nicht gleich gepflanzt werden, so schlägt man die Steingartenstauden nicht in der schlimmen üblichen Weise »halbschräg« in Massen ein, sondern pflanzt sie lieber ganz eng, so daß jeder Wurzelhals ringsum genug Erde erhält. Der Verzicht auf sofortige Pflanzung bringt schon durch die später erneute Umpflanzung nicht unwesentliche Schwächung mit sich, so daß man wenigstens von den mörderischen Formen des »Einschlags« absehen soll. Merkwürdigerweise reklamieren sowohl Gartenfreunde als auch Wiederverkäufer die durch diese doppelte Belastungsprobe dann etwa verlorenen Pflanzen ganz munter ohne einen entsprechenden Hinweis, als seien es Verluste bei normaler Behandlung. Dennoch möge im allgemeinen den Gärtnern viel Entgegenkommen bei Reklamationen empfohlen werden, weil »der Kunde« ein erstaunliches, über Jahrzehnte gehendes Gedächtnis für solche Einzelheiten hat. Dies Gedächtnis ist eine unverwüstliche Perenne; niemand hat ein besseres Gedächtnis als der Kunde!

Aubrieta-Hybriden bilden in wenigen Jahren mächtige Polster. Deshalb dürfen sie nie zu eng gepflanzt werden. Auch sind die von schwachwüchsigen Nachbarn, wie im Bild von *Daphne arbuscula*, dem Felsenseidelbast, abzurücken.

Pflege des Steingartens

Im Steingarten sind Pflanzen und Steine zu einer Einheit verwoben. Die überaus einfühlsame Steinlagerung und die kontrastreiche Pflanzung strahlt Ausgewogenheit aus.

Betont wurden *Sempervivum*-Arten und deren Hybriden mit *Saponaria × olivana*, der Olivasaponarie und Zwergnelkenarten verwendet.

Vorausbemerkungen zur Steingartenpflege

Je besser und erfahrener ein Steingarten aufgebaut ist, desto bequemer ist seine Pflege. Die Hauptsache ist, wie gesagt, Vermeidung schräger Erdflächen und eine einigermaßen biologisch bedachte richtige Bepflanzung. Wozu viel Pflegepusselei nötig ist, da sind Grundanlage und Grundpflanzung schon falsch. Pflanzen, die sich gegenseitig nicht im Gleichgewicht halten, sondern einander überwachsen, sind zu eng zusammengepflanzt. Andere Gewächse können zu nah in den Wurzelbereich der Zwerggehölze gesetzt sein, ohne daß man nach japanischer Gewohnheit eine senkrechte, dünne Steinplatte eingeschaltet hatte, welche die Wurzel abgesperrt und doch die Ausnützung jenes Platzes, vielleicht auch seiner Schattenwirkung, ermöglicht.

Die Freude an der Pflege der Kleinstauden wächst. Je länger wir erfahren, wie unglaublich dankbar gerade diese anspruchslose Steingartenwelt dafür ist; etwa ebenso dankbar wie unser Organismus für die vielartige Bewegung im engsten Pflegeumgang mit dem Steingarten selbst. Die Pflanze antwortet mit einem Schmelze und imponierenden Üppigkeit der Entfaltung, einer Lust zum Länger- und zum wiederholten Blühen auf all die kleinen Wohltaten der Pflege, daß hierdurch all die winzigen Einzelmühen neu belebt werden und ihre Lästigkeit verlieren.

»Mit dieser Pflanze habe ich kein Glück gehabt«, hört man öfters einen Gartenfreund klagen. Daß die Sache umgekehrt liegt, ahnt er ebensowenig wie bei anderen Dingen, mit denen er »kein Glück gehabt hat«.

Die verschiedenen Auffassungen, ob nämlich ein Staudengarten oder Steingarten verhältnismäßig viel oder unverhältnismäßig wenig Pflege nötig hat, werden nie ganz ausgeglichen werden. Dennoch verschiebt sich das Ganze deutlich nach der Richtung eines immer glücklicheren Verhältnisses von Wartung und Dauererfolg durch die Steigerung und Festigung der zugehörigen Pflanzenwelt in jeder Richtung. Tatsächlich fallen *bei richtiger Anlage und sachgemäßer Pflanzenwahl* immer häufiger Pflegeeingriffe hierdurch fort, und auch die Dringlichkeit der bleibend notwendigen wird zusehends geringer.

Dryas octopetala, der Silberwurz, bildet im Steingarten große, flache, immergrüne Teppiche. Sie sollten von Zeit zu Zeit mit sandig-humoser Erde eingeschüttet werden.

Bewässerung

Wenn der Steingarten richtig gestaltet ist, so daß das Wasser möglichst wenig Gelegenheit hat, an schrägen Erdflächen wegzulaufen, dann ist seine Bewässerung ebenso bequem und nachwirkend wie die gewöhnlicher Gartenbeete. Am schönsten ist das Aufstellen eines *Regners mit Nebeldüsen*, die das Wasser sehr fein verteilen. Dies hat neben der Rücksicht auf die Lockerhaltung des Bodens auch den Vorteil besserer Vorerwärmung durch die Luft. Viele Steingartenfreunde können und wollen aber nur mit der Gießkanne wässern und legen sich auch deswegen schon gern einen kleinen Wasserpfuhl an – der am Fuße solcher Anlagen oder irgendwie in sie gebettet ist –, damit sie nicht mit kaltem Wasser zu gießen brauchen.

Je mehr der Gartenfreund Anfänger ist, desto ängstlicher ist er auf das Wässern bedacht. Er endet bei viel seltenerem und dann sehr gründlichem Wässern und lockert dafür lieber öfter einmal den Boden durch *vorsichtiges, ganz flaches* Hacken. Eins ist besonders ernst zu nehmen: das seltene, aber durch Mulden unterstützte, nach-

Polygonatum commutatum, der Große Salomonsiegel, bildet nach Jahren einen elegant wirkenden Horst.

haltige Wässern alt gewordener Exemplare, in deren untere trockene Wurzelpartien man sonst mit gewöhnlichem Wässern nicht mehr hineinreicht. So behandelte Exemplare unterscheiden sich unter anderem oft schon recht bald augenfällig von gleich alten, niemals durchdringend gewässerten Pflanzen der Nachbarschaft dadurch, daß sie in reichen Nachflor treten, so zum Beispiel sehr alte Karpatenglockenblumen oder Rittersporne. Dies alles ist nicht etwa häufig nötig; aber die Erfahrung sei hier weitergegeben.

Neu bewurzelte immergrüne Pflanzen sollen nach sehr trockenem Herbst gründlich gewässert werden und mit durchfeuchtetem Wurzelballen, also mit prallen Saftzellen, in den Winter gehen.

Wenn man von all diesen Pflegefragen spricht, so scheint immer viel mehr Mühe und Aufmerksamkeit notwendig, als wirklich bei auch nur mäßiger Erfahrung erforderlich ist, vorausgesetzt, daß einigermaßen richtig gestaltet, plaziert und gepflanzt wurde.

Düngung

Das Beste, was man Stauden an Düngung und Ernährung nachträglich zuführen kann, ist verrotteter, erdiger Düngerbelag des Bodens. Er hat auch die überraschende und nicht ganz erklärliche Wirkung einer milden Feuchthaltung des Erdreichs.

Fugenpflanzen sind erstaunlich dankbar für verdünnte Jauchegüsse. Dabei wird diese in schräg nach unten gerichtete Locheinstiche oberhalb der Wurzelstellen eingegossen. *Gleiche Wirkung wird auch mit sorgfältig aufgelöstem Volldünger von höchstens 1 g/l Wasser erzielt. Nachträgliches Abbrausen der Pflanzen ist erforderlich.*

Nach Juli *darf* im Steingarten *nicht mehr gedüngt* werden; aber vorher bedeutet diese Form der seltenen Nachhilfe für alte Exemplare ungezählter Steingartenpflanzen eine Stärkung, die wir vergleichsweise leicht nachprüfen können.

Frischer oder noch nicht genügend verrotteter Dünger hat im Steingarten nichts zu suchen. Das gleiche gilt von frischer Jauche. Wenn der Dünger schon reif zum Gebrauch, aber als Bodendecke natürlich noch nicht gerade dekorativ ist, kann man dies durch leichtes Ausharken abmildern. An Pflanzen aber, die erst im Anwachsen sind, läßt man solche Erddüngerdecke nicht zu nahe heran, da sie hierdurch manchmal, ebenso wie von Torfmull, geschädigt werden können. Ist der Steingarten erst zusammengewachsen und gibt nach Jahren Anlaß zur Nachdüngung, so kann man hierzu die Polster am Rande aufheben.

In Heidegärten schüttet man eine Mischung von käuflichen Kultursubstrat nach.

Unkrautbekämpfung

Die Hauptsache ist eine sorgfältige Reinhaltung des Steingartens von *perennierenden* Unkräutern, weil sie sich so gern in den Schutz der Steine begeben und von dort aus weiterwuchern. Wer das Unkraut durch vorzeitige Bekämpfung am Saatwerfen hindert, wird nach Ablauf gewisser Zeiten über die Geringfügigkeit des Unkrautwuchses staunen. Unkrautärger gehört also meistens nur zu den Kinderkrankheiten der ersten Jahre des Steingartens – meistens, aber nicht immer, da es ja unbeeinflußbare Quellen neuen Anflugs geben kann.

Belag mit Steinen, Steinplatten oder *Schotter* bleibt ein sehr beachtenswertes Mittel, den Pflanzen Unkraut vom Leibe zu halten. Gleichzeitig bleibt der Boden feuchter. Vielfach überzieht man als vorbeugende Maßregel den Boden mit festen grünen Teppichen, die in kleinen, billigen Teilstücken geliefert werden. Es geschieht dies auch aus Gründen der Ersparnis. Man läßt die Oasen blühender Gewächse von ruhigen, neutralen Teppichen unterbrechen. In langer Erfahrung stellt sich heraus, daß manche dieser Teppiche einen wundervollen Schutz gegen Unkrautbeflug bilden, während andere wahre Unkrautfänger sind. Seitdem wir die erstaunliche unkrautausschließende Kraft der Mauermiere (*Paronychia kapela*) und des immergrünen Portugalthymians (*Th. villosus*) ganz kennengelernt haben, sind wir von dem Sternmoos (*Sagina subulata*) etwas abgerückt, ohne es deswegen missen zu wollen. Wie man sich aber auch die Pflege des Steingartens erleichtert, so ist und bleibt es eine der wichtigsten Fragen, Steingärten reichlich mit Treppenstufen und Tretsteinen zu durchsetzen. Letztere müssen mit Ziegeln oder Steintrümmern so unterlegt werden, daß sie mindestens 5 cm über die Erde ragen, sonst verschwinden und vererden sie allmählich.

Winterschutz für Kleinstauden

Nach der Herbstpflanzung brauchen besonders die Stauden – nicht aber die frühzeitig im Herbst gelegten Blumenzwiebelstauden – für den Fall schwerster schneeloser Fröste einen Schutz für den ersten Winter. Laubstreu, festgehalten durch trockenes, luftiges Stengelmaterial, *noch besser locker gelegtes Nadelholzreisig*, ist das beste.

Alle frischgepflanzten Immergrünen dagegen wollen keine Laubschüttung, sondern nur Bedekkung mit Nadelholzreisig oder anderem trockenen, luftigen Deckmaterial. Sie wollen meist genügend volle Sonne, um völlig schadlos zu durchwintern. Auf Nahschatten antworten sie oft mit Teilschäden, auf Fernschatten oft mit Blütenlosigkeit.

Nicht genug kann betont werden, daß es überall im Bereich solcher Gattungen, die in schweren Wintern versagen, auch Arten, Abarten und Sorten gibt, die alles aushalten! Sogar im Reich der *Arabis caucasica*, die im Frühling vom schwersten Winter zerzaust und ausgelöscht dasteht, sind schon die neuen Sorten zur Stelle, die sich auch in und nach Polarwintern tadellos benehmen!

Kleinere Blumenzwiebeln, die etwas spät im Herbst gelegt werden, schützt man im ersten Winter mit Fichtenreisigbelag; Tulpen, Hyazinthen und große Narzissen haben dies meist nicht nötig. *Jedoch kann in rauher Lage ein lockerer Winterschutz ratsam sein.* Beim Tieflegen der Zwiebeln (12 bis 15 cm) soll die Erde darunter nährkräftig sein.

Manchmal – wenn auch sehr selten – bringt der Oktober schon kräftige Fröste und spielt frischgepflanzten, besonders empfindlichen Stauden übel mit, während er die altgepflanzten nicht berührt. Man muß also bei im Herbst frisch gepflanzten Stauden frühzeitig etwas Schutzmaterial für Ausnahmefälle parat haben.

Umherfliegendes Laub, das in einem Winkel zusammengeweht ist, in dem *Aubrieta-Hybriden* und *Arabis*-Sorten oder andere immergrüne Kleinstauden stehen, kann zu deren Tötung genügen.

Primeln der *Juliae*-Gruppe sind völlig ausreichend winterhart und sehr nachhaltig in Kraft

Primula auricula, die Aurikel, war schon vor 400 Jahren an der Entstehung von *Primula × pubescens*, dem Gartenaurikel, beteiligt.

und Blütenfülle. Bei Herbstpflanzung Fichtenreisigdecke. *Primula vulgaris* deckt man, obwohl sie wintergrün sind, mit leichter, gut festgehaltener Laubschüttung, wenn schneelosen Polarwintern begegnet werden soll. Frischgepflanzte Primeln sind empfindlicher gegen zu starke Laubdecken als alteingewurzelte!

Bei *Primula-Elatior-Hybriden* weiß man vor älteren, ungeschützten Pflanzungen zuweilen nicht, ob der Frost oder zu langes Stehen am alten Platz sie gelähmt hat. Bodenwechsel ist anzuraten mit Neupflanzung der alten Stücke und Ergänzung durch neu herangezogenes Material. Aber sie leisten jahrelang Außerordentliches! *Primula auricula* und *Primula × pubescens sowie andere immergrüne Hochgebirgsprimeln sind winterhart* und verabscheuen Laubdecken. *P. saxatilis, P. sieboldii, P. florindae* und *P. sikkimensis* sind hart ohne jede Decke. *P. rosea* ›Grandiflora‹ ist in lichter Beschattung und bei genügender Bodenfeuchtigkeit dauerhaft gut ohne Deckung. *P. denticulata* liebt Reisigbelag, doch braucht sie ihn nicht unbedingt. *P. japonica, P. beesiana, P. bulleyana, P × bulleesiana, P. pulverulenta* und *P. burmanica* wollen alljährlich Fichtenreisigbelag, *was für Ausnahmewinter stets ratsam ist; sie vertragen keine stauende Winternässe.*

Gräser sollten besser nur im Frühherbst gepflanzt werden, damit sie gut eingewurzelt in den Winter gehen können. Eine Abdeckung ist meist schädlich, und ein Verstocken mit Pilzbefall ist die Folge. Empfindlich dafür sind besonders immergrüne Carex- und Festuca-Arten. Überhaupt vertragen spät gepflanzte Gräser unsere Winter schlecht; besonders wenn sich Frost und Wärme abwechseln.

Farne bekommen für den ersten Winter nach Herbstpflanzung etwas Laubschutz. Nur immergrüne Farne erhalten im ersten Winter etwas trokkene Bedeckung, also kein Laub.

Allerlei bewährte Bepflanzungsprogramme für den Steingarten nach den sieben Jahreszeiten mit den dazugehörigen Pflanzenlisten

(Erfahrungsanregungen für Steingärten und Naturgartenpartien nach jahreszeitlichen Häufungen und Zusammenfassungen, Pflanzenarten, Farbenklängen, vorhandenen oder naheliegenden Naturmotiven oder sonstigen naturgegebenen Eigenarten des Gartenplatzes)

Allgemeines zum Steingarten der sieben Jahreszeiten

(Die Listen dienen der Gliederung des Jahreszeitenflors)

Der »Steingarten der sieben Jahreszeiten« – diese Wendung klingt nicht nur sehr schön, sondern besteht auch zu Recht. Wir nannten ihn das »Sekundenblatt« der Jahreszeitenuhr. Hier folgen noch die meisten Gewächse unbeeinflußt von Umzüchtungsarbeiten ihren *natürlichen* Blütezeiten. Auch vereinigt der Steingarten das früheste »Schon« und das späteste »Noch« und nimmt auch die Winterblüher auf.

Von großem Reiz ist hier das Doppelspiel in Prallsonne und an absonniger Stelle. Der großen Parole des Erdenlebens: »Erhalte den Überfluß« kann man hier schon durch Verteilung von ein paar Pflanzen gleicher Art an den Süd- und Nordplatz eines Steins nachkommen. Das fällt ganz besonders im Vorfrühling auf. Die Licht- und Wär-

Das schöne, blaublühende Zwerggehölz *Moltkia petraea*, verschiedene Nelkenarten und Reiherschnabel zeigen die sorgfältige Pflanzenauswahl für einen vollsonnigen Pflanzplatz.

meempfänglichkeit dieses ganzen kleinen Kalendergetriebes sowohl gegen Ortseinflüsse innerhalb des gleichen Steingartens als auch gegen Jahres- und Klimaunterschiede verleiht natürlich den Zahlenangaben ihre Bedingtheiten. Aber die Hauptsache ist ja, zu wissen, was miteinander blüht, und dafür genügen die Zahlen, wenn auch das Miteinander *nicht in allen Jahren* ganz gleichmäßig verläuft.

Sehr fühlbar ist im Steingartenpflanzenbereich auch das erstaunliche Spiel der Blütezeiten, der Gang des aufsteigenden, ermüdenden und dann an folgenden Tagen, etwa zu bestimmter Abendzeit, wieder aufflammenden Flors – sein volles, scheinbar endgültiges Absinken – und dann plötzlich nach einiger Zeit wieder der Vollbeginn einer noch viel längeren neuen Blüteperiode in späten Wochen und Monaten, die man jenem Flor gar nicht zutraute. Man denke an die niedrige, *großblütige* weiße Texasnachtkerze, die immer plötzlich vor Sonnenuntergang aus herrlich geformten Knospen breite, duftende Blütenschalen an überraschende Plätze legt, welche sie sich durch unterirdische Ausläufer erwucherte, oder an die ständigen Überraschungen, mit denen uns verblühte blaue Flachsbüsche durch plötzlich wieder eingetretenen Vollflor beschenken. Was hat die Pflanze denn plötzlich wieder dazu getrieben, alle Lichter aufzustecken: Wetter? Tagesstunde, verborgener Rhythmus des inneren Getriebes? Nach langen Hitzezeiten nun plötzlich wieder die blaue Wolke! Auch die große zitronengelbe Missourinachtkerze folgt der verwickelten Bahn ihres Zeitgesetzes über den Frühsommer und Spätsommer hinweg und legt uns mit leichter Gebärde und freigebig immer wieder die neugeborenen großen Blütengeschenke hin, mitten zwischen vertanzte Seidengewänder vergangener Blütentage.

Wer es nicht selbst erlebt, der ahnt nicht, wie geheimnisvoll sich unter Steingarteneinflüssen Zeiträume von Stunden, Wochen und Monaten zu weiten vermögen. Die violette Waldsalbei dort in der Zwergkiefernecke hat mit ihrem sammetbraunen Farbenpartner der *Helenium-Hybride* ›Moerheim Beauty‹ oder der Gaillardie ›Burgunder‹ gemeinsame Blütezeit im aufsteigendem Sommer. Ein zweites Mal geraten die Pflanzen, dankbar für das Wegschneiden blauer und brauner Blütenreste, im Nachsommer wieder in gemeinsames »behagliches«, endloses Weiterblühen.

Solch langer, den Sommer ausschöpfender Nachflor, nun auch noch im anderen Licht und Schmetterlingsbeflug des Spätsommers betrachtet, steht im Dienst einer Sommer- und Sonnensättigung, die früher in Gärten nicht erlebt wurde. Der Pflanzenfreund pflegt hier immer noch anderes; alles verwandelt sich kontrapunktisch in unvermutet Neues. Welcher Wein wird gekeltert? Wir wissen es nicht. Welch schönen Sturm braut solche Stille?

Braune Sonnenröschen und blaue Karpatenglockenblumen und noch viele andere »Farbenehepaare« aus Frühsommer- und Frühlingszeiten erwachen zur zweiten Jugend, die oft länger dauert als die erste. (Siehe Liste der remontierenden Kleinstauden Seite 110 f.)

Aber nicht nur durch Nachspiele, sondern auch durch Vorspiele scheint das Pflanzenleben des Steingartens die Fesseln der Jahreszeiten zu lokkern. Noch im Schnee und Eis des Vorfrühlings tauchen Zeitlose und Schneeheideflor auf, wimmelt es von Frühlingsvorläufern. Was reckt sich da zur Fastnachtszeit mit kleinen braunen Stulpenstiefeln an den Blütenbeinen aus dem winternassen Boden? Eine Frühlingszeitlose, *die Lichtblume*, ist erstanden, die wie ein später Zecher im ersten Morgengrauen selber nicht recht zu wissen scheint, ob es noch spät oder schon früh ist. In diesem Frühlingsweben wird, wie in einem großen Hotel, schon während der Karnevals- und Fastnachtzeiten sehr ungleich früh »aufgestanden«.

Und im Herbst scheint's oft umgekehrt. Im Oktober tauchen, von Altweibersommerfäden umsponnen, am Fuß *moosbewachsener* Steine wochenlang Frühlingsgesichter der Krokusse und Enziane auf und verblühen im Herbstveilchenduft neben Vorläuferschneerosen, die noch im Oktober von Schmetterlingen umgaukelt und von Bienen umsummt werden.

Aber auch solche Spiele, die Monate vorwegnehmen, zaubert uns der Steingarten vor, wenn er nicht selber schon in Bergeshöhen liegt: den Vorgeschmack des Bergfrühlings, die sich in Alpenhöhen tief in den Frühsommer und Sommer hineinstreckt, wodurch uns der Frühling zweimal im Jahr geschenkt wird. Alle paar hundert Meter steigt man dann in den Alpen um eine Woche zurück, also langsam in den Vorfrühling empor.

Der Vorfrühlingssteingarten

Wie der Juwelier kostbare Kleinodien in Goldgehänge, Ketten und Kronen faßt, so brauchen wir gern zur Sammlung, Festigung und wirkungsvollen Fassung der unabsehbaren Juwelenwelt des Vorfrühlings natürliche oder regelmäßige Steingartenpartien. Ich habe Gründe, mich ein wenig als Schutzpatron des Gartenvorfrühlings zu fühlen. Bevor ich anfing, viele Hunderte von Arten und Sorten unter dem Gesichtswinkel der Zugehörigkeit zu einer neu zu schaffenden und auszugestaltenden Gartenjahreszeit zusammenzusuchen, sie auf ihre Zähigkeit hin zu erproben und all diesen Pflanzen mannigfache zusammenfassende Stätten im Garten zu erdenken, lag das alles in Deutschland noch zerstreut und im Ungewissen – war nicht über ganz kleine Anfänge hinausgekommen und in seiner Fülle und Frühblütigkeit noch ganz ungekannt und ungesammelt – blühte ohne die zugehörigen Gartenstätten und wurde fast mehr als Kuriosum behandelt, das man eben in dieser angeblich fußkalten Jahresfrühe noch nicht recht ernst nahm.

Die botanischen Gärten hatten ihre frühesten Blütengewächse verstreut in alle möglichen zugehörigen Winkel der großen Bezirke eingeordnet. Im größten zählte ich einmal im März siebzehn sehr weit voneinander entfernt liegende Orte, an denen jene Pflanzen standen. Meine Methode, diese Gewächse nach Monatshälften des Erblühens von Ende Februar bis Ende April zusammenzufassen, gleichzeitig auch aufzuzeigen, welche Pflanzen zusammengehören und benachbart werden müssen, war ein Novum. Die Vorschläge, wie all diese Stauden, Knollenstauden, Zwerggehölze, Kleingehölze, Mittelgehölze, frühgrünen und immergrünen Stauden, die Gräser, Farne und Blütensträucher auf steingestützten Hohlwegterrassen in regelmäßigem oder natürlichem Stil zusammenzufassen seien, fielen auf fruchtbaren Boden.

Heute ist der Vorfrühling eine Gartenzeit, deren volle Ausschöpfung wahre Gartenfreunde nur ungern missen, zumal sie wissen, daß in uns selbst Frühling nur dann zum Sommer, Sommer nur zum Herbst und Herbst nur zum Winter wahrhaft durchreift, wenn wir das junge Jahr schon in den ersten Anfängen und Präludien der langen, wechselreichen Frühlingswochen durchleben.

Der Vorfrühlingsgartenkultus von heute ist also für das Runden unseres Jahreserlebnisses von einer merkwürdigen Unersetzlichkeit, die man eben auch erlebt haben muß, um sie ganz zu verstehen. Deshalb bringen wir hier die Listen. Doch müssen die Kenner des Gartenvorfrühlings weiter die europäischen Zucht- und Sammelstätten scharf unter Augen halten, wenn sie nicht ins Hintertreffen geraten wollen; denn unter den Frühblühern gibt es alljährlich viel Neues und Erregendes.

Eranthis hyemalis, der Winterling, ist absolut dauerhaft. Er trotzt Schnee und Kälte. Nach Jahren bildet er üppige Blütenteppiche.

Man findet auch im Steingarten neue Methoden, durch die Wahl oder den Bau eines windgeschützten und warmen Ortes die Pflanzen immer früher aus dem Boden zu locken, und zwar oft schon vor ihrer normalen Blütezeit, so daß diese erst beginnt, wenn die Blumen in den bevorzugten kleinen klimatischen Glückswinkeln und Rivieraplätzchen schon wieder im Abblühen sind. Liebe Freunde, es ist dies ein unglaublicher Spaß, und dereinst wird es zu einem Wetteifer ohnegleichen von einem Garten zum anderen werden! Es gibt einfach keine Worte, um recht von diesen Vorfrühlingsspielen mit all ihren tausendfältigen zauberischen Gebärden wie auch ihrer Verbundenheit mit den atmosphärischen Herrlichkeiten jener ersten acht Wochen des jungen Jahres zu berichten.
(Näheres in den folgenden Listen.)

Gegen Ende Februar

Stauden

Adonis amurensis
Helleborus niger ssp. *macranthus*
– – ›Maximus‹
– *odorus*
– *orientalis* ssp. *abchasicus*
Petasites fragrans
Primula vulgaris ssp. *sibthorpii*
Saxifraga burseriana ›Major‹
– *kellerei* ›Johann Kellerer‹

Blumenzwiebeln

Crocus angustifolius
– *biflorus*
– *imperati*
– *sieberi*
– *tommasinianus*
Cyclamen coum
– – ›Album‹
Eranthis hyemalis
Galanthus caucasicus
– – *elwesii*
– – *ikariae*
– – *nivalis*
Narcissus asturiensis

Blütensträucher

Cornus officinalis, Grstr. bis Kleinb.
Corylus avellana, Grstr.
Daphne mezereum, Zwergstr.
– – ›Alba‹, Zwergstr.
Erica herbacea (syn. E. carnea) ›Winterbeauty‹, Zwergstr.
Hamamelis japonica, Mstr. bis Grstr.
– – ›Ruby Glow‹ (›Adonis‹)
– *mollis,* Mstr. bis Grstr.
Jasminum nudiflorum, Klstr.
Rhododendron dauricum, Mstr.
– *mucronulatum,* Mstr.
– × *praecox,* Klstr.

Erste Märzhälfte

Stauden

Adonis amurensis ›Pleniflora‹
Helleborus-Hybriden in Sorten
Hepatica transsylvanica (syn. H. angulosa)
Primula vulgaris in Sorten
Pulmonaria rubra
Saxifraga × *apiculata* ›Gregor Mendel‹
– × *elisabethae* ›Carmen‹
– × *eudoxiana* ›Haagii‹
– × *irwingii* ›Jenkinsae‹
Viola odorata ›Augusta‹

Blumenzwiebeln

Anemone blanda in Farben
Bulbocodium vernum
Chionodoxa luciliae
Crocus chrysanthus in frühen Sorten
– *etruscus*
– *flavus*
– *fleischeri*
– *korolkowii*
– × *stellaris*
– *tommasinianus* in Sorten
– *versicolor*
Cyclamen coum. ssp. *caucasicum*
Eranthis cilicica
Galanthus plicatus
Iris bakeriana
– *danfordiae*
– *histrio* var. *aitabensis* (auch früher)
– *histrioides* ›Major‹ (auch früher)
– *reticulata* in Sorten
Leucojum vernum
– – ssp. *carpaticum*
Muscari azureum
– – ›Alba‹
Scilla bifolia
– *mischtschenkoana* (syn. S. tubergeniana)

Frühgrünende Blütensträucher und Bäume

Cornus mas, Grstr. bis Kleinb.
Corylopsis pauciflora, Zwergstr.
Lonicera × *purpusii,* Klstr. (auch früher)
Salix caprea ›Mas‹, Grstr.

Blütensträucher

Abeliophyllum distichum, Klstr.
Lonicera standishii, Mstr.
Prunus mandshurica, Grstr. bis Kleinb.
Sorbaria sorbifolia, Klstr.

Auch Nachwinter beeinträchtigen
nicht die Blüte von *Muscari azurea*.

Pulsatilla halleri, ssp. *slavica*, gilt zu Recht als ein sicherer Vorfrühlingsblüher. Auffallend wirken bereits die »bepelzten« Knospen. Die fedrigen Fruchtstände erinnern uns an die frühe Blüte im März.

Zweite Märzhälfte

Stauden

Adonis vernalis
Brunnera macrophylla
Draba aizoides
Helleborus lividus ssp. *corsicus*
– späte Hybriden
Iberis saxatilis
Lathyrus vernus
– – ›Alboroseus‹
Primula denticulata in Farben und Sorten
– *juliae*
– *Juliae-Hybriden* in frühen Sorten
Pulsatilla halleri ssp. *slavica*
Saxifraga grisebachii
– × *arco-valleyi* ›Arco‹
– × *irvingii* ›Rubella‹
– *kelleri* ›Suendermanni Major‹
– *marginata* var. *rocheliana*
Synthyris stellata
Viola odorata in Sorten

Blumenzwiebeln

Anemone nemorosa in Sorten
Corydalis solida ›Transsilvanica‹
Crocus vernus in frühen Gartensorten
Eranthis × *tubergenii*
Erythronium dens-canis in frühen Sorten
Iris bucharica
– *willmottiana*
Leucojum vernum
– – ssp. *carpaticum*
Muscari in Arten und Formen
Narcissus cyclamineus
– × *johnstonii* (›Queen of Spain‹)
Scilla siberica var. *taurica*
Tulipa kaufmanniana in frühen Sorten
– *Kaufmanniana-Hybriden* in frühen Sorten

Blütensträucher und Bäume

Acer rubrum, B.
Betula platyphylla, B.
Cornus mas, Grstr. bis Kleinb.
Rhododendron × *praecox*, Klstr.
Salix aegyptiaca, Grstr.
– *hastata* ›Wehrhahnii‹, Klstr.

Frühgrünende Sträucher

Caragana arborescens, Grstr.
Lonicera × *heckrotti*, Ranker
Malus baccata var. *mandshurica*, Grstr.
Paeonia suffruticosa, Klstr. bis Mstr.
Prunus padus var. *commutata*, Grstr.
Ribes orientale, Mstr.

Erste Aprilhälfte

Stauden

Alyssum montanum
Arabis caucasica in Sorten
– *procurrens*
Bergenia in Arten und Sorten
Caltha palustris var. *alba*
Carex fraseri
– *montana*
– *morrowii* ›Variegata‹
– *plantaginea*
Dentaria pentaphyllos (syn. Cardamine pentaphyllos)
Doronicum orientale in Sorten
Draba in Arten und Sorten
Iberis saxatilis
Omphalodes verna
– – ›Alba‹
Podophyllum hexandrum ›Majus‹ (syn. P. emodi)
Primula-Juliae-Hybriden in Sorten
– *marginata*, auch Sorten
– *rosea* ›Gigas‹
– – ›Grandiflora‹
Pulmonaria angustifolia ›Azurea‹
– *rubra*
– *saccharata* (syn. P. picta) ›Mrs. Moon‹
Pulsatilla vulgaris in Farben
Saxifraga juniperifolia ssp. *sancta*
Sesleria heufleriana
Soldanella montana
Uvularia grandiflora
Vinca minor in 3 Farben
Viola gracilis ›Juwel von Eisenach‹
– *odorata* ›Charlotte‹
– – ›Triumph‹

Blumenzwiebeln

Anemone apennina in Farben
– *ranunculoides*
Erythronium dens-canis in späten Sorten
Fritillaria imperialis in Sorten
– *meleagris* in Sorten
– *pallidiflora*
– *raddeana*
Hyacinthus orientalis in Sorten
Iris aucheri (syn. I. sindjarensis)
– *sind-pers*
Muscari in späten Arten
Narcissus bulbocodium
Narcissus-Cyclamineus-Hybriden
– × *incomparabilis* (Großschalige Narzissen), frühe Sorten
– *pseudonarcissus* (Trompetennarzissen)
– ›King Alfred‹ und andere frühe Sorten
Scilla siberica in Sorten
Trillium sessile
– – ›Rubrum‹
Tulipa (einfache, frühe Gartentulpen)
– *fosteriana* ›Red Emperor‹
– *greigii* ›Aurea‹
– *Greigii-Hybriden* in Sorten
– *turkestanica*

Frühblühende Blütensträucher

Daphne blagayana, Zwergstr.
Magnolia stellata, Mstr.
Mahonia aquifolium ›Moseri‹, Klstr.
Pieris floribunda, Klstr.
– *japonica*, Klstr.
Prunus cerasifera ›Atropurpurea‹, Grstr.
– – ›Woodii‹, Grstr.
– *padus*, meist Grstr.
– *subhirtella*, Grstr.
– *tenella*, Klstr.
– – ›Alba‹, Klstr.
– *triloba*, Mstr.
Rhododendron canadense, Klstr.
– *Kaempferi-Hybriden*
– *Kurume-Hybriden* (winterharte Sorten)
– *Repens-Hybriden*, alle frühen Sorten
Viburnum × *burkwoodii*, Grstr.

Zweite Aprilhälfte

Stauden

Ajuga in Arten und Sorten
Alyssum saxatile in Sorten
Androsace in Arten und Sorten
Arabis caucasica ›Plena‹
Arnebia pulchra (syn. A. echioides)
Aubrieta-Hybriden in Sorten
Caltha palustris ›Multiplex‹
Cardamine in Arten
Corydalis cava
– *cheilanthifolia*
– *lutea*
Doronicum columnae (syn. D. cordifolium)
Draba sibirica
Epimedium in Arten und Sorten
Euphorbia polychroma (syn. E. epithymoides)
Gentiana-Acaulis-Hybriden
Hutchinsia alpina ssp. *auerswaldii*
Iris pumila in Sorten
Mertensia primuloides
Phlox subulata in Sorten
Plagiorhegma dubium (syn. Jeffersonia dubia)
Potentilla neumanniana ›Nana‹
Primula auricula
– *elatior* in Farbensorten
– × *pubescens,* auch alte Sorten
Symphytum grandiflorum
Tiarella cordifolia
Veronica armena
Vitaliana primuliflora (syn. Douglasia vitaliana)
Waldsteinia geoides

Blumenzwiebeln

Anemone nemorosa in späten Sorten
– *ranunculoides* ›Plena‹
Arum maculatum
Erythronium oregonum
– *Revolutum-Hybride* ›White Beauty‹
– *tuolumnense*
Hyacinthus orientalis in einfachen und gefüllten späten Sorten
Narcissus barrii (kleinkronige Narzissen) in Sorten
– × *incomparabilis* (Großschalige Narzissen) in Sorten
– *leedsii* (kleinkronige Narzissen) in Sorten
– × *medio-luteus* (syn. N. × poetaz) (Tazettennarzissen) in Sorten
– *pseudonarcissus* (Trompetennarzissen) in Sorten
Puschkinia scilloides var. *libanotica*
Scilla hispanica in frühen Sorten
Trillium grandiflorum
Tulipa biflora
– *hageri* ›Splendens‹
– *montana* (syn. T. wilsoniana)
– *praestans* in Sorten
– *tarda*

Blütensträucher

Acer in Arten, Grstr. bis B.
Amelanchier canadensis, Grstr.
Berberis thunbergii, Klstr.
Caragana pygmaea, Klstr.
Chaenomeles-Hybriden in Sorten, Mstr. bis Grstr.
– *japonica* var. *alpina*
Clematis alpina, Ranker
Cytisus × *kewensis,* Zwergstr.
– × *praecox,* Mstr.
– *purpureus,* Zwergstr.
Daphne cneorum ›Major‹, Zwergstr.
Deutzia gracilis, Mstr.
Exochorda in Arten, Grstr. bis Kleinb.
Forsythia in Arten und Sorten, Mstr. bis Grstr.
Prunus × *blireana,* Grstr.
– × – ›Moseri‹, Grstr.
– *persica* in Arten, Grstr.
Pyrus in Arten, Grstr.
Rhododendron impeditum in Sorten
– *Kurume-Hybriden* (späte Sorten)
– *racemosum,* Zwergstr.
– – *Repens-Hybriden* (späte Sorten)
Ribes sanguineum ›Atrorubens‹, Mstr.
Spiraea × *arguta,* Grstr.
Viburnum carlesii, Klstr. bis Mstr.
Wisteria sinensis, Ranker

Von den niedrigen Sorten der *Iris-Barbata-Nana-Gruppe* zählt ›Path of Gold‹ zu den wüchsigsten und reichblühendsten.

Der Frühlingssteingarten

Eine Häufung der Blütengestalten des Mai in einer Steingartenpartie oder an einem Wasserbeckenrande ergibt ein Frühlingsbild, das man dem Wonnemond nicht vergessen kann, der seinen Namen schon bekam, als von der ganzen Gartenherrlichkeit unserer Tage fast noch gar nichts da war.

Enziane der *Acaulis-Gruppe* gehören in jeden Steingarten. Sie bieten sich für viele Nachbarn an. Hier wurden sie mit dem immergrünen Zwerggehölz *Polygala charmaebuxus*, der Zwergbuchsblume, vorzüglich vergesellschaftet.

Mai

Stauden

Achillea, alle kleinen Silbergarben
Ajuga reptans in Sorten
Androsace in späteren Arten und Sorten
Anemone × lesseri
– *narcissiflora*
– *sylvestris*
Aquilegia in Arten und Sorten
Arenaria in Arten
Armeria maritima in Sorten
Aster alpinus in Sorten
– *tongolensis*
Buglossoides purpurocaerulea
Campanula cochleariifolia ›Miranda Bellardii‹
– *portenschlagiana*
– ›Birch Hybrid‹
– *pulla*
Cardamine trifolia
Centaurea montana in Farben
Cerastium in Arten
Convallaria majalis
Cypripedium calceolus
– – var. *pubescens*
Dianthus gratianopolitanus in Sorten
– *microlepis*
– *plumarius*
Dicentra eximia
– – ›Alba‹
Dodecatheon in Arten und Sorten
Doronicum columnae
Erodium in Arten
Euphorbia myrsinites
Galium odoratum
Gentiana-Acaulis-Hybriden
– *dinarica*
Geum coccineum ›Borisii‹
– × *heldreichii* ›Luteum‹
– *rivale* ›Leonard‹
Gypsophila repens
Haberlea rhodopensis
Hemerocallis in frühen Arten und Sorten
Heuchera in Arten und Sorten
× *Heucherella tiarelloides*
Iberis sempervirens ›Schneeflocke‹
Iris germanica (Barbata-Media-Gruppe) in Sorten
– – (Barbata-Nana-Gruppe) in frühen Sorten
– *humilis*
Linum narbonense
– – ›Six Hills Var.‹
Lysimachia nummularia
– – ›Aurea‹
Maianthemum bifolium
Matricaria oreades
Menyanthes trifoliata
Mertensia paniculata
Moehringia muscosa
Myosotis palustris ›Thüringen‹
– *rehsteineri* (syn. M. caespitosa ssp. rehsteineri)
Paeonia mascula
– *mlokosewitschii*
– *peregrina*
– *tenuifolia*
– *wittmanniana*
Paradisea liliastrum
Phlox divaricata
– – ›Schneeteppich‹
– *Douglasii-Hybriden*
– *subulata* in Sorten
Polemonium × richardsonii in Sorten
Polygonatum commutatum
Polygonum sericeum
Potentilla aurea
– ssp. *chrysocraspeda* (syn. P. ternata)
– *fragiformis*
– *pyrenaica*
Primula alpicola
– *frondosa*
– × *pubescens*
– *sieboldii* in Sorten
Ramonda myconi in Farben
Ranunculus aconitifolius
– *acris* ›Multiplex‹
– *bulbosus* ›Pleniflorus‹
Salvia × superba ›Mainacht‹
Saponaria caespitosa
Saxifraga-Arendsii-Hybriden in Sorten
– *callosa* ssp. *callosa* (syn. S. lingulata) ›Superba‹
– *cotyledon* ›Pyramidalis‹
– *muscoides* ›Findling‹
– *paniculata* (syn. S. aizoon) in Formen
Sedum krajinae
Sisyrinchium angustifolium
Thalictrum aquilegifolium
Tiarella wherryi
Trollius-Hybriden in niedrigen Sorten
Veronica austriaca ssp. *teucrium* (syn. V. teucrium) in Sorten
– *prostrata* in Sorten
Viola cornuta in Sorten
– *labradorica*
– *sororia* (syn. V. papilionacea) ›Immaculata‹

Blumenzwiebeln

Allium cyaneum
– *karataviense*
– *moly*
– *neapolitanum*
Arum in Arten
Camassia in Sorten
Gladiolus communis
Muscari in späten Arten und Sorten
Narcissus poeticus in Sorten
Ornithogalum montanum
– *umbellatum*
Scilla hispanica in Sorten
Tulipa sprengeri

Blütensträucher

Berberis candidula, Zwergstr.
– *empetrifolia,* Zwergstr.
– × *stenophylla*
– *thunbergii,* auch Sorten
– *verruculosa,* Zwergstr.
Cotoneaster dammeri, Zwergstr.
– – var. *radicans,* Zwergstr. (dichte Matte!)
– *microphyllus,* Zwergstr.
Cytisus decumbens, Zwergstr.
Deutzia gracilis, Kleinstr.
Exochorda racemosa, Grstr., auch andere Arten
Genista sylvestris var. *pungens* (syn. G. dalmatica), Zwergstr.
Helianthemum nummularium, Zwergstr.
Kalmia latifolia, Zwergstr.
Paeonia suffruticosa (syn. P. arborea), Grstr.
Potentilla fruticosa in frühen Sorten, Zwerg- bis Mstr.
Rhododendron hippophaeoides, Zwergstr.
– *kaempferi* (syn. R. obtusum var. kaempferi), Zwerg- bis Klstr.
– *obtusum,* Zwerg- bis Klstr.
– *Repens-Hybriden* in Sorten
– *vaseyi,* Klstr.
– *yakusimanum,* Klstr.
Rosa hugonis, Grstr.
– *pimpinellifolia,* Klstr., auch Sorten
– *willmottiae,* Grstr.
Zenobia pulverulenta, Mstr.

◀ *Geum coccineum* ›Borisii‹ sollte mit seinem anhaltenden Blütenflor in keinem Garten fehlen.

Frühsommer im Steingarten

Frühsommer ist etwas ganz anderes als Frühling oder Sommer; eine sonnige Lehne des Steingartens, mit Frühsommerblühern besetzt, bringt Stimmungen hervor, wie man sie in keiner anderen Jahreszeit erlebt. Es ist unglaubhaft, mit welcher Zauberfülle uns jetzt eine Böschung unseres Gartens beschenken kann, auf der sich Blütengewächse aus unwahrscheinlichen Wildnisfernen heimisch machten und im Nachmittagssonnenlicht schwelgen.

Auch ist der Frühsommer eine der Zeiten des Gartens, in der die blauen Blumen ihre mannigfachen Farbtönungen entfalten.

Große »Gartengötter«, wie Rittersporn, weiße Margeriten und andere, entlaufen gern einmal dem Zwange der alten Gartenbeete, um hier wieder in möglichst wildblumenhaften Edelgestalten zur Wildnis und Felsennähe zurückzukehren.

Anfang Juni bis Anfang Juli

Stauden

Achillea ageratifolia
– *Taygetea-Hybride* ›Schwefelblüte‹
– *tomentosa*
Aethionema grandiflorum
Alyssum rostratum
– – ›Eburneum‹
Antennaria dioica ›Rubra‹
Anthemis marschalliana (syn. A. biebersteiniana)
Artemisia in Arten
Aster × alpellus
– *tongolensis* in Sorten
Astilbe-Japonica-Hybriden in frühen niedrigen Sorten
– *Simplicifolia-Hybriden* in frühen Sorten
Astrantia carniolica
– *major*
Athamanta turbith ssp. *haynaldii* (syn. A. matthioli)
Campanula carpatica in Sorten
– – var. *turbinata* in Sorten
– *cochleariifolia* in Sorten
– *garganica* in Sorten
– *glomerata* ›Superba‹, auch weitere Sorten
– *persicifolia* in Sorten
– *portenschlagiana*
– – ›Birch Hybrid‹
Cardamine trifolia
Carlina acaulis ssp. *simplex* (syn. C. acaulis var. caulescens)
– – – – ›Bronze‹
Centaurea pulcherrima
Chrysanthemum maximum in niedrigen Sorten
Delphinium grandiflorum (blau und weiß)
– – *Hybridum* (Belladonna-Gruppe) in Sorten
– – (Elatum-Gruppe) in niedrigen Sorten
Dianthus carthusianorum
– *cruentus*
– *deltoides* in Sorten
– *microlepis*
– *pavonius* (syn. D. neglectus)
– *plumarius* in Sorten
– *spiculifolius*
– *strictus* var. *integer*
Eryngium alpinum, auch Sorten
Filipendula vulgaris
Gaillardia-Hybriden in Zwergsorten
Gentiana freyniana
– *septemfida*
– – var. *lagodechiana*
– – – – ›Doeringiana‹
Geranium in Arten und Sorten
Geum coccineum ›Borisii‹
– – *Hybridum* ›Georgenberg‹
– *montanum* ›Olivanum‹
Gillenia trifoliata
Globularia cordifolia
– *trichosantha* (auch noch später blühend)
Gypsophila-Repens-Hybride ›Rosenschleier‹
Heuchera sanguinea ›Splendens‹
– – *Hybridum* in Sorten (auch noch später blühend)
Hieracium × *rubrum*
Leontopodium in Arten
Lewisia-Cotyledon-Hybriden
Lysimachia in Arten
Marrubium supinum
Meconopsis betonicifolia
Meum athamanticum
Minuartia laricifolia
Nepeta in Arten
Oenothera in Arten
Origanum vulgare ›Compactum‹
Oxalis adenophylla
Papaver alpinum
Patrinia triloba
Penstemon in Arten
Phlox-Arendsii-Hybriden in niedrigen Sorten
Pimpinella saxifraga ›Rosea‹
Polygonum affine ›Superbum‹
– *bistorta* ›Superbum‹
Potentilla atrosanguinea ›Gibsons Scarlet‹
– *nepalensis* ›Miss Willmott‹
– – ›Roxana‹
– *recta* ›Warrenii‹
Primula beesiana
– *bulleyana*
– *burmanica*
– *florindae*
– *japonica* in Sorten
– *sikkimensis*
Prunella in Arten und Sorten
Salvia × *superba* ›Mainacht‹, auch andere Sorten
Santolina in Arten
Saponaria × *olivana*
Saxifraga cotyledon ›Pyramidalis‹
Scabiosa caucasica in Sorten
Scutellaria alpina
Sedum der mittleren Zeitgruppe
Sempervivum in Arten, Hybriden, Sorten
Silene alpestris
Stachys byzantina (syn. St. olympica)
Thymus in Arten und Sorten
Trollius chinensis ›Golden Queen‹
– *pumilus*
Verbascum-Hybriden
Veronica prostrata
– *spicata* in Sorten
Yucca filamentosa in Sorten

Blumenzwiebeln

Allium in späten Arten
Gladiolus communis
Lilium bulbiferum ssp. *croceum*
– *cernuum*
– *hansonii*
– *Hansonii-Hybriden*
– *Hollandicum-Hybriden*
– *martagon* in Farben
– *pardalinum*
– *pumilum*

Zwerglaubgehölze

Bruckenthalia spiculifolia, Zwergstr.
Cotoneaster congestus, Zwergstr., auch Sorten
Dryas octopetala, Zwergstr.
Erica vagans in Sorten, Zwergstr.
Fuchsia magellanica ›Gracilis‹, Zwergstr.
– – ›Riccartonii‹, Zwergstr.
Genista tinctoria ›Plena‹
Helianthemum in Arten, Sorten, Zwergstr.
Moltkia petraea, Zwergstr.
Spiraea-Bumalda-Hybriden, Zwerg- bis Klstr.

Polygonum bistorta ›Superbum‹, der Bergwiesenknöterich, breitet sich, einmal eingewachsen, sehr aus. Man geselle zu ihm nur starkwüchsige Nachbarn.

Der Steingarten der Sommersaison

Kurorte und Bäder, die in den Bergen, am Strande, in Heidegegenden oder sonst in schöner Naturlage liegen, können ihren Gästen durch Steingärten voller Dünen-, Berg- oder Heideflor die Natur so erschließen, als ob ihnen die zugehörige Wildnis hier schon einen Willkommensgruß bis dicht vor die Türe entgegengesandt hätte. Das prägt sich tief ein und verbindet sich irgendwie mit dem ganzen Erlebnis der Erholungszeiten. Alles, was in den großen Reisezeiten zwischen Julianfang und Septembermitte blüht, wird von so vielen Augen gesehen und bewundert, wie dies bei den meisten Blumen des ganzen übrigen Jahres kaum der Fall ist. Wochenendgärten, die nicht viel Pflege erfahren können, sind wie geschaffen für den Wildflor unverwüstlicher Sommergewächse des Steingartens. Hier spielen die »Langspielplatten« unseres Buches eine Hauptrolle.

Reicher Sommerflor im Steingarten ist eine verhältnismäßig neue Schönheitsprovinz unserer Gärten; es ist von größter Wichtigkeit, daß der Sommer- und Herbstflor im Steingarten nicht nachläßt. Es gilt, die Bergfrische auch in die Hitzezeiten hinüberzuleiten und hierdurch das Steingartenleben auch an diejenigen Menschen herantragen, die es nur in diesen Urlaubs- und Ferienzeiten irgendwie und irgendwann erleben können, um es dann für immer liebzugewinnen. Es gilt überhaupt, während des ganzen Jahres die Steingartenfreuden auch in Vorfreuden und Knospenverheißungen einzubetten, wenn man die Heiterkeitskräfte dieses großen Steingartengetriebes voll auf den Menschen richten will. Und wer auch noch keinen Platz in seinem Steingarten für diesen erst so wenig bekannten Fortgang des Blühens von Juli bis Ende Oktober hat, soll dennoch schon drum wissen, wobei es dann schließlich nicht bleiben wird.

Campanula carpatica var. *turbinata* vererbt ihre Schalenform der Blüte in die Karpatenglockenblumensorten.

Gentiana septemfida var. *cordifolia*, der Julibüschelenzian, sollte als Sommerblüher in keinem Steingarten fehlen.

Wulfenia carinthiaca, die Wappenblume Kärntens, ist durch ihre späte Blüte im Juli im Steingarten willkommen.

Anfang Juli bis Ende August

Stauden

Acantholimon glumaceum
Acanthus in Arten
Adenophora in Arten
Anaphalis triplinervis
Anemone vitifolia ›Robustissima‹
Artemisia vallesiaca
Aster amellus in Sorten
– *ptarmicoides* ›Major‹
– *sedifolius* ›Nanus‹
– – ›Nanus Roseus‹
Astilbe-Simplicifolia-Hybriden in späten Sorten
Astragalus in Arten
Campanula carpatica in späten Sorten
– – var. *turbinata*
– *pulla*
Coreopsis verticillata ›Grandiflora‹
Deschampsia cespitosa in Sorten
Dianthus carthusianorum
– *knappii*
– *sylvestris*
Eryngium planum in Sorten
– × *zabelii* ›Violetta‹
Gentiana asclepiadea
– *cruciata*
– – ssp. *phlogifolia*
– *dahurica*
– *septemfida*
Gypsophila-Repens-Hybride ›Rosenschleier‹
Hosta in niedrigen Arten
Inula ensifolia ›Compacta‹
Liatris elegans
Limonium in kleinen Arten
Linum flavum ›Compactum‹
Morina longifolia
Opuntia in Arten und Sorten
Phuopsis stylosa ›Rubra‹
Platycodon grandiflorus ›Apoyama‹
– – ›Mariesii‹
– – ›Perlmutterschale‹
Potentilla atrosanguinea ›Gibsons Scarlet‹
Rosularia chrysantha
Scutellaria baicalensis
Sedum der Blütezeitgruppe
× *Solidaster luteus*
Stachys grandiflora ›Superba‹
Veronica longifolia in Sorten
– *spicata* ssp. *incana*

Blumenzwiebeln

Allium in späten Arten
Colchicum der frühen Zeitgruppe
Crocus der frühen Herbstgruppe
Cyclamen purpurascens (syn. C. europaeum)
Scilla autumnalis

Blütensträucher

Calluna vulgaris in Sorten, Zwergstr.
Caryopteris × *clandonensis*, Klstr.
Daboecia cantabrica in Formen, Zwergstr.
Hypericum forrestii, Klstr.
Lavandula angustifolia, Klstr.
Perovskia abrotanoides, Klstr.

Herbst im Steingarten

Auch der Herbst ist eine große und volle Jahreszeit des Steingartens geworden, und sein Flor gehört bereits zum Schönsten, was man in Gärten haben kann. Er enthält eine verklingende, absteigende Linie und gleichzeitig eine ansteigende voll seltsamer Frühlingsauferstehung. Die eigentliche Herbstsättigung bringen die Bergastern und die Zwergastern in ihren lila, weißen und rosa Tönen sowie die beerentragenden Zwerggehölze hervor. Die aufsteigenden Klänge aber kommen von den Duftveilchen, *der Sorte ›Charlotte‹*, den Japananemonen, den Chinaanemonen und den niedrigen *westchinesischen Herbstenzianen* sowie den vielen Arten und Züchtungen des Herbstkrokus und der Herbstzeitlosen. Auch solche blühenden Schmuckäpfel und Schmuckkirschen, die neuerlich eine Hauptflorzeit im Herbst haben und in Steingartenhintergründe passen, gehören dazu. Das Zusammenwirken von herbstlichem Steingartenflor mit den übrigen oktoberlichen Blüten- und Laubschönheiten des Gartens ergibt wunderschöne wochenlange herbstliche Festklänge, von denen unsere Voreltern noch keinerlei Ahnungen gehabt haben.

Sedum spectabile, die Große Japanfetthenne, bringt zum Sommerausklang nochmals die karminrote Farbe in den Garten. Die Blütendolden sind ein »Schmetterlingsmagnet« ersten Ranges!

Anfang September bis Ende Oktober

Stauden

Anemone hupehensis ›Spendens‹
Arum maculatum (Beerenschmuck)
Aster amellus in Sorten
– *Dumosus-Hybriden* in Sorten
– *linosyris*
Ceratostigma plumbaginoides
Chrysanthemum arcticum
– – ›Roseum‹
Gentiana farreri
– *sino-ornata*
– – ›Praecox‹
Helleborus niger ›Praecox‹
Pennisetum alopecuroides (syn. P. compressum) Pennisetum
Saxifraga cortusifolia var. *fortunei*
– – – – ›Rubrifolia‹
Sedum cauticolum
– – ›Robustum‹
– *sieboldii*
Solidago in späten niedrigen Arten und Sorten
Tricyrtis macropoda
Uniola latifolia
Viola odorata ›Charlotte‹, 2. Blüte

Blumenzwiebeln

Colchicum in Arten und Sorten
Crocus in Arten und Sorten
Cyclamen hederifolium (syn. C. neapolitanum)
– – ›Album‹
Sternbergia lutea

Laubgehölze

Caryopteris incana
Lespedeza thunbergii, Klstr. bis Mstr.
Perovskia atriplicifolia, Klstr.

Crocus ochroleucus, der Oktoberkrokus, kann bei milder Witterung noch im Dezember blühen.

Crocus medius, der Rivieraherbstkrokus, blüht alljährlich zuverlässig. Leider ist er nicht so bestockungswillig wie z. B. *Crocus speciosus*.

Ebenso reichblütig ist die *Colchicum-Hybride* ›Autumn Queen‹ mit schwacher Würfelzeichnung.

Colchicum byzantinum, die Sternherbstzeitlose, ist eine enorm bestockungswillige und reichblütige Art.

Gentiana sino-ornata, der Oktoberenzian, braucht zum Gedeihen unbedingt sauren, aber durchlässigen Boden.

Spätherbst im Steingarten

Der November ist im Steingarten noch und schon Schneerosenmonat, aber auch noch die Zeit des langen Weiterflors der gefüllten Herbstzeitlosen. Viele Primeln blinzeln noch einmal vor dem weißen Schlaf, und glühendes Herbstlaub flammt noch überall zwischen herrlich frischen, immergrünen Pflanzenpolstern. November im Steingarten kann Stunden von unglaublichem Reiz bringen.

Der bekannte feierliche »Hochgebirgssonnenschein des sich neigenden Tages« fährt auch im Tiefland abends stundenweise in die Horste der immergrünen Pflanzen, die jetzt von Kraft strotzen.

Gärten von heute können Helfer dafür sein, den Menschen auch im Alter oder Spätherbst von verkehrten Aschermittwochsgefühlen absteigenden Lebens zu lösen und der aufsteigenden Sendung dieser Jahres- und Lebensepochen zuzuwenden.

Die frühestblühende aller Christrosen ist *Helleborus niger* ›Praecox‹, die Vorläuferschneerose. Sie trotzt mancher Wetterunbill im Spätherbst.

Anfang November bis in den Dezember

Stauden

Aster-Dumosus-Hybriden in späten Sorten
– *ericoides* ›Novembermyrte‹
Chrysanthemum-Indicum-Hybriden in späten Sorten
Helleborus niger
– – ›Praecox‹
– – var. *altifolius*
Saxifraga cortusifolia var. *fortunei*

Blumenzwiebeln

Colchicum in spätesten Arten und Sorten
Crocus in spätesten Arten und Sorten

Blütensträucher

Calluna vulgaris in Spätherbstsorten
Cornus mas, Grstr., Beerenschmuck
Cotoneaster horizontalis, Beerenschmuck
– andere Arten mit schönem Beerenschmuck
Daphne mezereum, Beerenschmuck
– *atropurpureum,* Beerenschmuck
Empetrum nigrum, Beerenschmuck
Erica erigena ›Silberschmelze‹ (syn. E. mediterranea)
Euonymus nanus, Beerenschmuck
Helianthemum in Arten und Sorten, Nachflor
Mahonia aquifolium ›Moseri‹, Laubschmuck
Skimmia japonica, Beerenschmuck
Vaccinium oxycoccos, Beerenschmuck
– *vitis-idaea,* Beerenschmuck
Viburnum farreri, Spätherbstflor, Grstr.
– *opulus* ›Nanum‹, Laubfärbung

Berberis vernae – eine der reichblühendsten und reichfruchtendsten Berberis-Arten. Bei diesem sommergrünen, gelbblühenden, etwa 1,50 m hoch werdenden Gehölz haften die traubig angeordneten Früchte bis tief in den Winter.

Der winterblühende Steingarten

Jede Einzelheit aus der hier folgenden Liste wird für Gartenfreunde zu überraschendem winterlichem Pflanzenerlebnis und zum Dauerbesitz im Garten werden; doch ist dies Buch auch für wärmere Gegenden Mitteleuropas und den Norden der südlichen Länder geschrieben, läßt aber ungenannt, was nur dort gedeihen würde. In wärmeren deutschen Gebieten, für welche dies Kapitel und seine Listen Bedeutung haben, rücken viele Vorfrühlingsblüher tief in den Winter vor; auch spielt der Flor aller Winterblüher eine größere Rolle, weil er seltener durch Fröste gestört wird. Man kann aber auch im nördlichen Mitteleuropa fast den ganzen Winter hindurch kleine Blütensträuße aus dem Garten ins Haus holen, wenn man es darauf anlegt und sich durch die Pflanzung der zeitlichen Folgearten und -sorten gegen schwere Fröste rückversichert.

Es wird durchgeblüht! Und zwar mit langsam zunehmendem Reichtum! Soll es denn das holde Spiel dieser vielen Winterwunder umsonst auf der Welt geben, das selig-ungeduldige Phosphoreszieren urkräftiger Blütenwelt durch die langen Wintermonate, das von immer erstaunlicherem Spätherbstflor übrigbleibt und immer früherem, bunterem Vorfrühlingsflor entgegenblüht und dabei schönere immergrüne Schutznachbarschaft findet als je?!

Cyclamen coum ssp. *caucasicum* variiert beträchtlich in der Blütenfarbe und in der Blattzeichnung. Manchmal blüht es bereits Ende Januar.

Zwischen Anfang November und Ende Februar

Stauden

Adonis amurensis
Chrysanthemum-Indicum-Hybriden in späten und winterharten Sorten
– *Koreanum-Hybride* ›Innocence‹
Helleborus-Hybriden in Sorten
– *niger*
– – ›Maximus‹
– – ›Praecox‹
– – ssp. *altifolius*
– *odorus*
– *orientalis* ssp. *abchasicus*
Primula vulgaris ssp. *sibthorpii*
Viola odorata ›Triumph‹, an geschützter, warmer Steingartenstelle – und noch manche Pflanzen der Vorfrühlingsliste je nach Wetterlage und Entwicklungszustand.

Blumenzwiebeln

Crocus banaticus
– *hyemalis*
– *laevigatus* var. *fontenayi*
– *longiflorus*
Cyclamen coum
Eranthis cilicia
– *hyemalis*
Galanthus elwesii
– *nivalis*
– – ssp. *cilicicus*
Narcissus asturiensis
Scilla mischtschenkoana (syn. S. tubergeniana)

Blütensträucher

Chimonanthus praecox, Klstr.
Corylus avellana, Grstr.
Daphne mezereum, Klstr.
Erica herbacea in Sorten, Zwergstr.
Hamamelis japonica, Mstr. bis Grstr.
– – ›Ruby Glow‹ (›Adonis‹), Grstr.
– – var. *flavo-purpurascens,* Grstr.
– – var. *zuccariniana,* Grstr.
– *mollis,* Grstr.
– – ›Brevipetala‹, Grstr.
– – ›Feuerzauber‹, Grstr.
Jasminum nudiflorum, Mstr.
Rhododendron dauricum, Mstr.
– *mucronulatum,* Zwergstr.
Viburnum farreri, Mstr.

◀ Immer wieder wird *Adonis amurensis,* das Vorfrühlingsadonisröschen bestaunt, wenn es bereits im Februar seine leuchtenden Blüten entfaltet.

Standortgebundene Pflanzengemeinschaften im Garten mit dazugehörigen Pflanzenlisten

Der Stein- oder Naturgarten des Laubwaldrandes für Frühling und Sommer

Man möchte im Garten doch auch die wichtigsten *Pflanzen unserer heimischen und anderer Floren* in irgendeiner Form um sich haben. Hierfür bieten kleinere Naturgartenpartien oder Steingärten, die leicht anzulegen sind, eine größere Möglichkeit, als meist bekannt ist. Alle hierzu gehörigen »Motive« können schließlich auch ohne Steinverwendung zum Anlaß reizender kleiner Wildnisgartengestaltungen werden. Aber die allerfeinste Wirkung wird man oft nur durch wohlberechnete und einfühlsame Steinlagerung erreichen. Kleine Waldrandpartien, erfüllt mit *unserem* Waldrandfrühling – Veilchen Waldmeister, Maiglöckchen und Primeln –, später mit hohen Glockenblumen, Fingerhut, Astilben, werden durch flache Hohlwege am schönsten aufgeschlossen, denen man besonders bei ihren Windungen einen Halt durch sparsam verteilte, halbvergrabene wilde Steinblöcke gibt.

Stauden

Anemone sylvestris
Aquilegia vulgaris
Aruncus dioicus (syn. A. sylvestris)
Asarum europaeum
Astilbe-Simplicifolia-Hybriden in Sorten
Buglossoides purpurocaerulea
Campanula in hohen Arten und Sorten
Clematis in Arten
Convallaria majalis
Corydalis, alle
Dictamnus albus
– – ›Albiflorus‹
Digitalis grandiflora
– *purpurea* in Sorten (nach der Blüte absterbend, aber sehr reichliche Selbstaussaat)
Epimedium, alle Arten und Sorten
Galium odoratum
Geranium in großen Arten
Hacquetia epipactis
Hepatica nobilis in Farben
– *transsylvanica* (syn. H. angulosa)
Maianthemum bifolium
Melittis melissophyllum
Omphalodes verna ›Alba‹
– – ›Grandiflora‹
Paradisea liliastrum
Polemonium × richardsonii in Farben
Polygonum sericeum
Primula in wildnishaften Arten und Sorten
Pulmonaria in Arten
Salvia × superba
Thalictrum aquilegifolium
Vinca minor in Sorten
Viola odorata in Sorten
Waldsteinia geoides
– *ternata*

Farne

Athyrium filix-femina
Dryopteris austriaca (syn. D. dilatata)
– *carthusiana*
– *filix-mas*
– – ›Barnesii‹
– *pseudo-mas,* auch Sorten
– × *tavelii*
Gymnocarpium dryopteris
– *robertianum*
Osmunda regalis
– – var. *gracilis*
– – ›Purpurascens‹
Phyllitis scolopendrium, auch in Formen
Polypodium vulgare
Polystichum aculeatum
– *setiferum* in Sorten

◀ *Campanula punctata* ›Alba‹ – eine Waldstaude aus dem Fernen Osten – gehört wegen ihrer Wuchshöhe in Randbereiche des Steingartens.

Gräser

Brachypodium sylvaticum
Calamacrostis × acutiflora ›Stricta‹
Carex morrowii
– *pendula*
– *plantaginea*
– *sylvatica*
– *umbrosa*
Deschampsia cespitosa in Sorten
Luzula nivea
– *sylvatica*
– – ›Marginata‹ und andere Sorten
Melica nutans
Molinia caerulea in Sorten
– – ssp. *altissima,* auch Sorten

Blumenzwiebeln

Anemone apennina
– *blanda*
– *nemorosa* in allen Sorten
– *ranunculoides*
Corydalis in Arten
Crocus banaticus
Cyclamen hederifolium (syn. C. neapolitanum)
– *purpurascens*
Eranthis in Arten
Galanthus in Arten, Formen und Sorten
Leucojum vernum
– – ssp. *carpaticum*
Lilium martagon
Ornithogalum in Arten

Blütensträucher und Ranker

Clematis montana, Ranker
– *viticella,* Ranker
Cornus mas, Grstr. bis Kleinb.
– *officinalis,* Grstr. bis Kleinb.
Corylus avellana, Grstr.
Crataegus laevigata, Grstr.
– *monogyna,* Grstr.
Daphne mezereum, Klstr.
Euonymus europaeus, Mstr.
Hedera helix in Sorten, Zwergstr.
Laburnum alpinum, Grstr.
Lonicera caprifolium ›Praecox‹, Ranker
– × *tellmanniana,* Ranker
Prunus padus, B.
Ribes alpinum, Klstr. bis Mstr.
Rosa in Wildarten, Mstr. bis Grstr.
Sorbus, strauchartige Formen, Grstr.
Viburnum in Arten, Klstr. bis Grstr.
Vaccinium myrtillus, Zwergstr.
– *vitis-idaea,* Zwergstr.

Der Kiefernwaldrand und das Heidegärtchen

Die Durchgestaltung eines ursprünglich vorhandenen oder neu entstandenen lichten Kiefernwaldrandes weist nach der Seite der Heidevegetation hin. Hier bietet sich eine geradezu klassische Möglichkeit, um eine Gartenpartie mit gewundenem Hohlweg und Findlingen den Schätzen der Heidevegetation mit ihren endlosen Blütezeiten, auch mit monatelangem Flor der Ginsterarten zwischen Wacholder und entsprechenden Wildrosen, zu widmen. Es ist eine der lohnendsten Aufgaben, solch ein Heidegärtchen zu gestalten. Der Flor setzt vor Januar mit dem Erblühen der Schneeheide, *Erica herbacea* ›Winterbeauty‹, ein und hält bis zum letzten Flor der spätblühenden *Calluna vulgaris*-Sorten im Oktober an. Ein jährlicher Rückschnitt der abgeblühten Blütenstände von *Calluna*- und *Erica*-Sorten muß nach der Blüte erfolgen. Nur so wird ein Verkahlen vermieden. Die Heidekräuter danken diese Pflege mit erneuten Flor im nächsten Jahr. Vorsichtiges Nachschütten von Mulch, Kultursubstrat, Kompost oder Heideerde nach Jahren ist sehr nützlich und notwendig.

Man glaubt nicht, welchen Zauber die Heidegärtchen bei größter Genügsamkeit entfalten; sie können zu Stätten einer fast urweltlichen Geborgenheit und Stille werden und Gartenfarben um unersetzliche Tönungen bereichern. Es sei auch darin erinnert, daß uns Heidegärtchen nicht nur mit der Lüneburger Heide, sondern auch mit mächtigen Zügen des gesamten Vegetationsteppichs der Erde verbinden.

Der in seiner blaugraugrünen Farbe so gut hierher passende *Thymus villosus,* der Portugalthymian, ist der ideale immergrüne Grundierungsfaktor für Heidegärten. Er hält ohne weiteres unverändert jahrzehntelang aus, stört nichts, was man hineinpflanzt, hält Unkraut fern; nur Quecken sind *rechtzeitig gründlich zu entfernen.*

Eine Anzahl schöner blühender Heidegewächse war hier auf Grund von Dauererfahrungen auszuscheiden; eine Fülle von Neuerprobungen wurde in die besondere Auswahl verarbeitet. Auch sei noch gesagt, daß alle gefüllten Callunen mehr als doppelt so lange blühen wie die einfachen.

Der Heidewacholder liebt keinen oder nur lichten Laubschatten, verträgt aber viel Nadelholzschatten. Er ist darin nun mal so eigenartig. Der Säulenwacholder mag auf die Dauer keinen Schatten, am wenigsten Nahschatten.

Schön ist es, an Gruppen verwilderter und zerschlissener Heidewacholder große Findlingssteine zu stellen und mitten in die Gruppen und an den Rand solche Strauch- oder Kletterrosen zu setzen, die dort wie Heiderosen wirken können. Auch solchen Rankenschatten nimmt der Säulenwacholder im Gegensatz zum heimischen Wacholder übel.

Stauden

Acaena in Arten
Adonis vernalis
Ajuga reptans in Sorten
Alyssum saxatile
Anaphalis triplinervis
Antennaria dioica ›Rubra‹
Anthemis marschalliana (syn. A. bieber-steiniana)
Anthyllis montana
Arabis procurrens
Armeria maritima in Sorten
Artemisia vallesiaca
Aster alpinus in Sorten
– *amellus* in niedrigen Sorten
– *Dumosus-Hybriden*
– – *tongolensis* in Sorten
Athamanta turbith ssp. *haynaldii* (syn. A. matthioli)
Campanula carpatica in Sorten
Carlina acaulis ssp. *simplex* (syn. C. acaulis var. caulescens)
– – – – ›Bronze‹
Chrysanthemum arcticum
– – ›Roseum‹
Dianthus gratianopolitanus ›Compactus Eydangeri‹, auch andere Sorten
– *carthusianorum*
– *cruentus*
– *deltoides* in Sorten
– *spiculifolius*
– *sylvestris*
Digitalis grandiflora
– *purpurea* ›Excelsior Hybr.‹
– – ›Gloxiniaeflora‹
Geranium, alle kleinen Arten und Sorten
Globularia cordifolia
Gypsophila-Repens-Hybride ›Rosenschleier‹
Helianthemum in Arten und Sorten
Hieracium × rubrum
Inula ensifolia ›Compacta‹
Limonium in niedrigen Arten
Linum flavum ›Compactum‹
– *narbonense*
Nepeta × faassenii
– × – ›Superba‹
Origanum vulgare ›Compactum‹
Petrorhagia saxifraga ›Rosette‹
Potentilla aurea ›Goldklumpen‹
– *cinerea*
– *neumanniana* ›Nana‹
Salvia × superba ›Mainacht‹ und andere Sorten
Saponaria ocymoides ›Karminkönigin‹
Satureja montana ›Alba Compacta‹
Scabiosa caucasica in Sorten
Scutellaria alpina
Sedum album in Sorten
– *hybridum* ›Immergrünchen‹
– *reflexum*
– – ›Glaucum‹
– *sexangulare*
– *spectabile* in Sorten
– *spurium* in Formen und Sorten
– *telephium* ›Herbstfreude‹
Sempervivum in Arten, Hybriden und Sorten
Thymus, alle aufgeführten
Verbascum-Hybriden in Sorten
Veronica in niedrigen und halbhohen Arten und Sorten
Viola canina
– *odorata* in Sorten

Zwerggehölze

Andromeda polifolia
Arctostaphylos uva-ursi
Berberis × stenophylla
Betula nana
Calluna, alle bei den Zwerggehölzen aufgeführten Arten
Chamaedaphne calyculata ›Nana‹
Cotoneaster adpressus
Cytisus decumbens
– × *kewensis*
– *purpureus*
Empetrum atropurpureum
– *nigrum*
Erica herbacea (syn. E. carnea) in Sorten der Liste
– *vagans* in Sorten der Liste
Genista sylvestris var. *pungens*
– *tinctoria* ›Plena‹
Juniperus sabina
Lavandula angustifolia in Sorten
Picea in Zwergarten und -formen
Pinus in Zwergarten und -formen
Salix repens
Vaccinium vitis-idaea
Viburnum opulus ›Nanum‹

Größere Randgehölze

Acer monspessulanum, Grstr. bis Klb.
– *palmatum,* Klb.
Berberis gagnepainii, Grstr.
– *thunbergii,* Klstr.
– *vulgaris,* Grstr.
– *wilsoniae,* Klstr.
Betula pendula, B.
Clematis viticella, Ranker
Cornus mas, Grstr. bis Kleinb.
– *officinalis,* Grstr. bis Kleinb.
Cytisus × praecox, Mstr.
– × – ›Hollandia‹, Mstr.
Euonymus europaeus, Mstr.
Hippophae rhamnoides, Mstr.
Ilex aquifolium, Grstr.
Juniperus communis, Mstr. bis Grstr.
– – ›Hibernica‹, Mstr. bis Grstr. und andere Sorten
Laburnum × watereri, B.
Larix leptolepis ›Pendula‹, B.
Lonicera caprifolium ›Praecox‹, Ranker
– *periclymenum,* Ranker
– *sempervirens*, Ranker
– × tellmanniana, Ranker
Picea abies, B.
Pinus nigra ssp. *nigra* (syn. P. nigra var. austriaca), B.
– *sylvestris,* B.
Prunus spinosa, Grstr.
Ribes alpinum, Mstr.
Rosa canina, Grstr.
– *hugonis,* Grstr.
– *pimpinellifolia,* Grstr.
– *willmottiae,* Grstr.
Sorbus aucuparia in Heisterform
Taxus in Arten und Formen
Viburnum opulus, Grstr.

Farne

Dryopteris filix-mas
Polypodium vulgare

Gräser

Bouteloua gracilis
Briza media
Calamagrostis × acutiflora ›Stricta‹
– *varia*
Carex humilis
– *montana*
Deschampsia cespitosa in Sorten
Festuca amethystina
– *cinerea* in Sorten
– *tenuifolia*
– *valesiaca* ›Glaucantha‹
Helictotrichon sempervirens
Koeleria glauca
Melica transsilvanica
Molinia caerulea in Sorten
– – ssp. *altissima* in Sorten
Panicum virgatum in Sorten
Sesleria in Arten
Stipa in Arten

Wildnishafter Blütenflor großer und kleiner Stauden wie auch Blumenzwiebelgewächse für Halbschatten und Schatten

Immer stärkere und reichere Farben größerer Gewächse, wie Strauchspiräen, Rosen, Rhododendron, Azaleen, Monarden, Astilben, Phlox, Lupinen, dringen in Halbschattenbereiche der Gärten vor, aber auch manche Knollen- und Zwiebelgewächse, wie vor allem einige Dahlien und fast alle Tulpen, liefern neue Farben für solche Gartenplätze. Zahllose Halbschattenvertragende Kleinstauden und kleinere Zwiebelstauden, schon als »Schattensieger« bekannt, sind um neue Erscheinungen und um ganz neue Blütezeiten bereichert worden. Dies alles erstreckt sich vom Vorfrühling bis in den Spätherbst.

Uvularia grandiflora, die Hängegoldglocke, überrascht uns mit ihrer eindrucksvollen Blüte zur April-Mai-Wende.

Ideal lassen sich die verschiedensten *Astilben*-Sorten, *Hosta*-Arten und *Bergenia*-Sorten zu eindrucksvollen Randbepflanzungen in halbschattigen Lagen vereinen.

Das Ganze ist noch ein Überraschungsreich. Die Fragen des Gartenschattens sind keineswegs schon voll geklärt. Viele Blütenpflanzen benehmen sich dort ganz gegen alle Erwartung und blühen plötzlich wunderbar im Halbschatten und Schatten. Die Lockung zur Durchgestaltung vernachlässigter, trüber Gartenplätze und -plätzchen wird also weiterhin wachsen.

Die Aschenbrödelplätzchen der Gärten haben nun ihren Prinzen gefunden, der sie heimführt, nämlich den modernen Gärtnergeist, der aus jeder Schattennot eine Pflanzentugend macht. Die Zukunft mit ihrer Fülle auch kleiner und mittlerer Gärten wird die Schattenfragen auf alle denkbare Art zu lösen suchen, wobei auch das Kleinstaudenreich erstaunliche Dienste leisten kann.

Dies alles gehört noch zum Neuland der Gartenkultur. Tausende von Gärten sind voller unbenutzter Halbschatten- und Schattenplätze, in denen sich jahraus, jahrein ein Leben und Blühen entfalten könnte, das niemand jemals solchen Plätzen zutraut. In unzähligen Fällen wären solche Plätze mühelos und kostenlos von Anfang an durch die rechte Gehölzwahl noch viel pflanzenfreundlicher für Kleinwuchs zu gestalten und würden dann auch noch eine geringere Vorbereitung und Wartung benötigen.

Neben dem Gehölzschatten gibt es noch »kostbaren« Gebäude- oder Zaunschatten, der gleichfalls meist unbenutzt dahindämmert, weil er als Träger einer Schönheitsfülle unbekannt ist, die sich in solchem Schatten ebensogut wie in der Sonne entfaltet.

Welch ein Helfer ist gerade der Stein in allen möglichen Formen, um auch das Leben der Kleinstauden im Schatten und Halbschatten zu sichern, zu rahmen und deren Schönheit voll ausströmen zu lassen. Ein erstaunlich großer Teil der Welt ist Wald und Waldrand, der sich seine Schattenblüher erzog. Auch erzog er einen großen Teil des Vorfrühlingsflors, der blüht, solange der Wald noch kahl und hell ist. Es besteht also auch ein gewichtiger Anlaß, Schattenpartien durch Vorfrühlingsgärtchen auszunützen und ihnen dann auch den edlen Waldflor, besonders den Bergwaldflor der langen Sommer- und Herbstmonate, zu geben, eingebettet in Waldfarne und Waldgräser.

In manchen Licht- und Wetterstimmungen gehen von den neuen starken Pflanzeneindrücken unserer Gärten Wirkungen aus, die Luft und Himmel und Sonneneinstrahlung und wohlbekannte Plätze und Anblicke so durchdringen, als wären wir hier mit unserer ganzen Nordwelt um eine kleine Zonenbreite in südlichere Fremdartigkeit und Kraft hinübergeglitten. Auch wenn diese Blüten- und Pflanzenwirkungen wieder erloschen sind, haftet noch an Pergola und Steinweg und kleiner Kiefernlichtung etwas von diesem magischen Spuk.

Die Axt erhält nicht nur die Ordnung und den Schmelz des Waldes, sondern auch der Waldgartenpartien und Schattensteingärten im großen und kleinen. Es muß also darüber gewacht werden, daß das Gezweig sich oben nicht zu dunkel entfaltet oder die Wurzeln nicht zu dicht unten gegen die feineren Pflanzen andrängen. Denn man kann nicht einfach sagen: »Schatten«, sondern es handelt sich um die erheblichsten Abstufungen des Schattens und Wurzeldruckes, die über das Gedeihen der Pflanzen entscheiden. Auch das Klima trägt noch Unterscheidungen hinein. In einem »schattigen« Klima wird von sehr vielen Pflanzen an sich weniger Schatten vertragen, aber diese Ungunst gleicht vielfach der mit solchem Klima verbundene größere Feuchtigkeitsgehalt des Bodens und der Luft aus. In kleineren Gartenräumen kann ja schon das Wegnehmen eines kleineren Baumes oder einiger Äste entscheidend günstig wirken. Solche Plätze haben sich erstaunlich bewährt, um etwa einem Kranken einen Fensterblick auf Vorfrühlingsflor, blaue Geranien und Monarden- und Spiräenflor, blaublättrige Funkien, Herbstanemonen und Farne zu ermöglichen. Eingelagerte helle Platten von Solnhofener Stein machen nicht nur das Ganze zugänglich, sondern helfen auch, den Reiz der Farben und Formen herauszuarbeiten.

Überall in Halbschattenpflanzungen spielen kleine und große Farne und Gräser sowie andere Blattschmuckgewächse eine wichtige Rolle, welche den Eindruck von Feuchte und Frische der Halbschattenplätze vermitteln, auch wenn sie gar nicht da ist. Durch ihre Nachbarschaft wird dann auch gewissen langeblühenden Schattengewächsen, wie Fuchsien und Herbstanemonen, weißen und farbigen Hortensien, auch bei Verwendung geringerer Mengen dieser Blütenpflanzen, eine unverhältnismäßig starke Wirkung gesichert und dadurch dem Auge über die gerade blütenflaueren Räume und Zeiten hinweggeholfen. Immer Blüten nur mit Blüten zusammenzustecken ist »Völlerei«. Vergebens warten *viele* ornamentale

Gräser, ungezählte große und kleine zuverlässige Gartenfarne und andere Blattschmuckstauden darauf, Luft und Atempause zwischen das Geblühe zu legen und den Erdboden zu übergrünen, dem Vorfrühlingsflor zur Seite zu stehen, Unordnung liebenswürdig zu entschuldigen oder gar als einen Vorzug zu erklären, kurz, die herzhaften Gartenchancen auch schattiger Partien endlos zu vervielfachen, ja sogar scheinbar unvermeidlich dumpfe Plätze erst mal richtig atmen zu lassen.

Und es warten auch hier der Stein und die Steinplatte darauf, Boden zu überdecken und lichtarme, ungewisse Plätze wenigstens durch Akzente von Ordnung und Kraft aufzuhellen und zu festigen.

Niemand soll vermuten, daß hier irgendwo nur von »größerem Zuschnitt« geredet wird. Alles hat auch irgendwelche Gültigkeit und Bedeutung für alle möglichen kleineren Gartenräume und bescheidene Mittel. Alles ist gleichnishaft. Liebe zu Gärten holt auch aus kleinen Dingen erst heraus, was nicht klein ist. Wir stehen erst im Beginn ihrer Ausschöpfung. Gesetze der Homöopathie, also der Höchstwirkung kleiner Mengen, deuten auf vielartige Weltgeheimnisse. Nicht nur der Teil steht im unergründeten Verhältnis zum Ganzen, sondern auch das Kleine zum Großen.

Pflanzen für halbschattige und schattige Plätze

(viele von ihnen gedeihen außerdem gut bei Sonne und genügender Bodenfrische)

Stauden

Aconitum × arendsii
– *carmichaelii* var. *wilsonii*
Actaea, Arten und Formen
Adonis amurensis
Ajuga reptans in Formen
Alchemilla alpina
Aquilegia alpina ›Superba‹
Arabis procurrens
Aruncus dioicus (syn. A. sylvestris)
Asarum europaeum
Aster divaricatus
Astilbe chinensis var. *pumila*
– höhere Hybriden mit ihren Sorten
Astrantia major ›Rosea‹
Azorella trifurcata
Bergenia in Arten und Sorten
Brunnera macrophylla
Buglossoides purpurocaerulea
Campanula glomerata in Sorten
– *lactiflora* in Sorten
– *persicifolia* in Sorten
– *portenschlagiana* in Sorten
– *poscharskyana* in Sorten
Cardamine in Arten
Ceratostigma plumbaginoides
Chelone obliqua (bedingt)
Chiastophyllum oppositifolium
Cimicifuga acerina
Clematis recta ›Grandiflora‹
Codonopsis clematidea
Convallaria majalis
Cornus canadensis
Cortusa matthioli
Corydalis in Arten
Cotula squalida
Cypripedium in Arten
Dicentra in Arten und Sorten
Dictamnus albus und Formen
Digitalis, alle Arten und Sorten
Dodecatheon meadia und Sorten
Doronicum in Arten und Sorten
Epimedium in Arten und Sorten
Euphorbia polychroma
Galium odoratum
Gentiana asclepiadea
– *cruciata*
Geranium macrorrhizum, auch Sorten
Geum in Arten, Hybriden und Sorten
Gillenia trifoliata
Haberlea rhodopensis
Hacquetia epipactis
Helleborus, alle Arten und Sorten
Hemerocallis, Wildarten
Hepatica in Arten und Formen
Heuchera in Arten und Sorten
Horminum pyrenaicum
Hosta, alle Arten und Sorten
Lathyrus vernus ›Alboroseus‹
Lysimachia nummularia
Lythrum in Arten und Sorten
Maianthemum bifolium
Meconopsis cambrica
Melittis melissophyllum
Mertensia in Arten
Meum athamanticum
Mitella diphylla
Moehringia muscosa
Myosotis palustris ›Thüringen‹
Omphalodes verna ›Grandiflora‹
Oxalis acetosella
Patrinia triloba
Phuopsis stylosa
Phyteuma scheuchzeri
Plagiorhegma dubium
Platycodon grandiflorus in Farben und Sorten
Podophyllum hexandrum ›Majus‹ (syn. P. emodi)
Polemonium reptans
– × *richardsonii* in Formen
Polygonatum multiflorum
– *odoratum*
Polygonum affine und Sorten
Primula, alle mit Ausnahme der Auricula-Gruppe
Pulmonaria in Arten, Formen und Sorten
Ramonda in Arten
Sagina subulata
Sanguinaria canadensis
Saxifraga, Moos- und Schattensteinbrecharten, ihre Hybriden und Sorten
– *cortusifolia* var. *fortunei*
Soldanella montana
Stachys grandiflora ›Superba‹
Symphytum grandiflorum
Synthyris stellata
Thalictrum minus ›Adiantifolium‹
Tiarella cordifolia
– *wherryi*
Tricyrtis hirta
– *macropoda*
Uvularia grandiflora
Vinca minor und Sorten
Viola odorata in Sorten
– *sororia* (syn. V. papilionacea), auch Sorten
Waldsteinia in Arten
Wulfenia carinthiaca

Gräser

Carex fraseri
– *morrowii* ›Variegata‹
– *ornithopoda* ›Variegata‹
– *plantaginea*
– *sylvatica*
– *umbrosa*
Deschampsia cespitosa und Sorten
Festuca gautieri (syn. F. scoparia)
Luzula in Arten und Sorten
Molinia caerulea
– – ›Variegata‹
Sesleria heufleriana (bedingt)

Farne

Alle Arten und Formen, mit Ausnahme von *Ceterach officinarum* und *Thelypteroides thelypteroides*

Blumenzwiebeln

Allium neapolitanum
Anemone in Arten, Formen und Sorten
Arum in Arten
Camassia in Arten
Chionodoxa in Arten
Corydalis in Arten
Crocus in Arten (bedingt)
– *banaticus* (unbedingt)
Cyclamen in Arten, Formen und Sorten
Eranthis in Arten und Hybriden
Erythronium in Arten und Sorten
Fritillaria camtschatcensis
Galanthus nivalis
Hyacinthus orientalis (bedingt)
Leucojum vernum
– – ssp. *carpaticum*
Muscari in Arten, Formen und Sorten
Narcissus cyclamineus
Narcissus-Cyclamineus-Hybriden in Sorten, teilweise sehr unterschiedliches Verhalten
Ornithogalum in Arten (bedingt)
Puschkinia scilloides
Scilla in Arten, Formen umd Sorten
Trillium in Arten

Der Dünengarten

Neben Schmuckanlagen und Nutzanlagen gibt es in den Gärten und Anlagen am Strande doch fast immer Räume und Plätze, die eine Gartengestaltung und Bepflanzung im Naturstile denkbar lockend und lohnend machen. Unzählige steife Hotel- und Badeanlagen in der Strandzone, mit Winden und Schwierigkeiten kämpfend, wären aufs leichteste in kleıne wilde Strandvegetationsparadiese zu verwandeln, unbeschadet bequemer Wege und Ruheplätze. Aber auch im Binnenlande finden sich mehr als Tausende von »Sandgärten« oder Sandplätzen, die auf alten Dünen liegen und im Naturgartenstil mit dem großen und kleinen Pflanzengeschmeide der Dünen ausgestaltet werden können.

Was entzückt uns in der Pflanzenwelt der Dünen an meisten? Es sind dies die edlen blaugrauen Sträucher des Sanddorns *(Hippophae rhamnoides)* und seiner – wenn man männliche und weibliche Pflanzen setzt – orangefarbenen Beerenmassen inmitten stahlblauen Strandhafers *(Elymus glaucus)*, die zwergigen Strandrosen und flachen Strandginster inmitten des rosa Hauhechels. Dazu gehören aber auch der blaue Strandflieder und die blaue Stranddistel, daneben Heidekraut zwischen Wacholder und Zwergkiefern. Alles ist durchwirkt mit zierlichen Gräsern, *besonders* mit verschiedenen blauen Schwingelarten. Welche Farbwirkungen bringen allein schon Massen von zwergigen Strandweiden zwischen den roten und weißen Strandnelken hervor *(Armeria maritima)*, in deren Polster die Möwen so gern ihre Eier legen.

Als Strandbüsche werden am häufigsten Sanddorn, Alpenjohannisbeere, Wildrose und Eberesche gesetzt. Die Weißbuche hat hier oft auch Strauchcharakter. Schlehdorn, Wacholder und Zwergkiefern sind mit Geißblatt und Waldrebe durchrankt. Sie schützen und beschatten reizende kleine Dinge der Dünen, wie Engelsüßfarn, Salomonssiegel und die Wald- und Hundsveilchen. In der Nachbarschaft solcher Gehölze bewacht man das auf die Dauer eintretende Weiterwuchern des Sanddorns und Schlehdorns durch Ausgraben der *Ausläufer*. Vergessen sind noch die blaue Meerstrandbinse *(Juncus inflexus)*, das im Osten verwilderte Schleierkraut und außerdem noch mancherlei andere Schätze.

Alle genannten Pflanzen sind kinderleicht zu kultivieren, bis auf wenige, die nur in einem besonders für sie gewählten oder beschaffenen Boden gut wachsen und bequeme Pfleglinge werden.

Wer etwa an einer trockenen Böschung solchen Versuch mit der Ansiedlung edelster Strandvegetationen machen will, die sich nachher möglichst selber überlassen bleiben soll (Unkrautbewachung), wählt natürlich die unverwüstlichsten Arten aus. Es ist erlaubt, in kleinen Räumen den so wichtigen blauen Strandhafer, *Elymus glaucus*, der stark wuchert, durch den Blaustrahlhafer, *Helictotrichon sempervirens* (syn. Avena sempervirens), zu ersetzen, welcher gar nicht wuchert. Auch aus ihm kann man den Sanddorn herauswachsen lassen, bei dessen Ansiedlung, wie gesagt, männliche und weibliche Exemplare gemischt werden. Sanddorn muß bei der Pflanzung wie eine Kletterrose auf 20 cm zurückgeschnitten werden. An größeren

Stellen kann man statt des Strandhafers auch noch den viel wirksameren blauen Riesenstrandhafer, *Elymus giganteus* ›Glaucus‹, verwenden, den man in kleinen Räumen – etwa durch das Hineinsetzen in ein kleines versenktes Gefäß – bändigen und am Wuchern hindern kann. Bei der Pflanzung von Kiefern wählt man Latschenkiefern, *Pinus mugo, mit ihren verschiedenen Wuchsformen*. Auch Schwarzkiefern, *Pinus nigra*, sind erlaubt. Die Zwergweiden, *Salix repens*, und die Bibernellrosen, *Rosa pimpinellifolia*, sollte man durcheinanderquirlen. Strandnelkenteppiche läßt man aus der neueren schönen Form *Armeria maritima* ›Düsseldorfer Stolz‹ entstehen, die öfter blüht, und sprengt die weiße Sorte ›Alba‹ dazwischen. Unter den Gräsern sind Blauschwingel-Arten, wie *Festuca cinera, F. ovina, F. valesiaca* ›Glaucantha‹ und der grüne hohe Atlasschwingel, *Festuca mairei*, und an den untersten Plätzen die blaue Meerbinse, *Juncus maritimus*, mit sicheren und tiefen Wirkungen zu verwenden. Die Stranddistel, *Eryngium maritimum*, ersetzt man oft aus Bequemlichkeitsgründen durch blauen Mannstreu, *Erynqium × zabelii* ›Violetta‹ oder *Eryngium bourgatii*. Zu all diesen Pflanzen wird Strandflieder in den Arten *Limonium vulgare, L. latifolium* und *L. latifolium* ›Violetta‹ gesetzt. Hintergründe bilden Latschenkiefern, Sanddorn und Besenginster, *Cytisus scoparius*, dem

Größere Ginsterarten benötigen viel Platz. Sie sprengen leicht die räumlichen Proportionen im kleinen Steingarten. Deshalb pflanze man sie in Randbereiche.

sicher durch eine unermüdbare Dauerselektion absolute Winterhärte beizubringen wäre.

Es gibt außerdem flachere unverwüstliche Zwergginster, wie *Cytisus decumbens*, den Frühlingszwergginster, *Cytisus purpureus*, den Rosenginster, *Genista tinctoria* ›Plena‹, den Sommerzwergginster, und andere mehr, die noch gar nicht recht für Stein- und Naturgärten verwendet wurden; auch sie gehören in die Strandgärten als Pflanzen derber Konstitution, die ohne besondere Voraussetzungen gedeihen. Wer Lust hat, all diesen Dingen nachzugehen, unternehme Versuche im kleinen und scheue nicht vor der scheinbar unabsehbaren Menge des Pflanzenmaterials zurück. Auch kleine Flächen schlucken diese Vielheit spielend auf.

Man braucht nicht unbedingt dabei stehenzubleiben, nur die Edelsteine unserer heimischen Meeresstrandvegetationen zu verwenden. Andere Strände der Nordzone haben uns noch mancherlei Dinge geschenkt, die man in das Heimatgewebe hineinsticken kann.

Alle Pflanzungen unseres Gartens, welche wir im obigen Sinne Pflanzen großer Naturszenen verwenden, helfen ja, unsere Verbindung mit der Natur immer lebendiger zu gestalten, auch wenn unser bisheriger Garten noch ein ziemlich beengtes und kleines Ding ist.

Selbstverständlich müssen die Proportionen und Stimmungen des Gartens entscheiden, in welcher Art kleinere oder größere Naturgartengestaltungen gewagt werden können.

Stauden

Armeria maritima
Crambe cordifolia
– *maritima*
Eryngium bourgatii
– *maritimum*
– × *zabelii* ›Violetta‹
Gypsophila in Arten, Hybriden und Formen
Limonium latifolium
– *vulgare*
Ononis spinosa
Polygonatum commutatum
Veronica longifolia
Viola canina
– *sororia* (syn. V. papilionacea)
– – ›Alba‹

Nicht wuchernde Staudengräser

Bouteloua gracilis
Carex morrowii
– – ›Variegata‹
– *pendula*
Festuca amethystina
– *cinerea* in Sorten
– *mairei*
– *ovina* in Sorten
– *valesiaca* ›Glaucantha‹
Helictotrichon sempervirens (syn. Avena sempervirens)
Juncus inflexus
Koeleria glauca

Wuchernde Staudengräser

Elymus giganteus ›Glaucus‹

Gehölze

Calluna vulgaris in Edelsorten, Zwergstr.
Cytisus decumbens, Zwergstr.
– *purpureus*, Zwergstr.
Genista pilosa, Zwergstr.
– *tinctoria* ›Plena‹, Zwergstr.
Hippophae rhamnoides, Grstr.
Juniperus communis, Mstr. bis Grstr.
Lonicera caprifolium ›Praecox‹, Ranker
Pinus mugo ssp. *mugo*, Mstr. bis Grstr.
– – ssp. *pumilio*
– *nigra*, B.
– *pumila*, Grstr.
– *sylvestris*, B., auch Zwergformen
Prunus spinosa, Mstr.
Ribes alpinum, Klstr.
Rosa canina, Grst.
– *pimpinellifolia*, Klstr., auch Sorten
– *rubiginosa*
– *rugosa*, auch Sorten
Salix repens, Zwergstr.
Vaccinium vitis-idaea, Zwergstr.

Kleine und größere Ufergärten

Wichtig ist für die Ufergartenpflanzungen vor allem das Wissen um die kleinen und größeren Stauden vom Charakter der Ufervegetation, sofern sie keine besondere Feuchtigkeit des Bodens verlangen. Diesen gilt unsere Liste.

In baulich regelmäßigen Wasser- und Ufergärten darf man auch die von der züchterischen Arbeit gesteigerten Gestalten verwenden, während man sich in naturhaften Ufergärten auf die stilleren, wildnishaften Erscheinungen beschränkt.

Wie man in Steingärten natürlichen Stils dem flach lagernden Stein einen steilragenden zur Seite gibt, so benachbart man wohl im kleinen und großen flacher lagernde Stauden gern mit schmaleren, höher ragenden Gewächsen – zum Beispiel *Lysimachia nummularia* mit *Trollius-Hybriden* oder *Tradescantia-Andersoniana-Hybriden*, Funkien mit höheren Gräsern – Gräseriris mit

Die *Trollius-Hybride* ›Goldquelle‹ zeichnet sich durch Reichblütigkeit und einen sehr langen Flor ab Ende Mai aus.

Kaukasusvergißmeinnicht, *Ligularia* × *hessei* mit Rodgersien.

Wer die Ufer eines natürlichen Weihers bepflanzt, verzichtet möglichst auf das wuchernde, Unordnung bringende Schilf und ersetzt es durch Riesenmiscanthus und Feinstrahlmiscanthus (*Miscanthus floridulus* und *M. sinensis* ›Gracillimus‹). Falls aber Schilfbewuchs eine Staudenpflanzung hindert, kann man vom Weiherrand her einen schmalen, vertieften Wasserkanal in einen anliegenden Rasenplatz führen und ihn am Ende zu einem vertieften Wasserbecken erweitern, wobei Kanal und Becken mit Ufergärten umgeben und gesäumt werden und in ihren Wasserflächen die eigentlichen Wasserstauden aufnehmen.

Wer die Ufer eines Baches oder Wasserlaufes bepflanzen will, entfernt zuvor an den Pflanzstellen ausdauerndes Unkraut oder Graswuchs. Gradlinige Wasserläufe können ein wenig in Windungen und Terrassen gelegt werden, wenn Steine beschaffbar sind. Bachbegleitende Wege geben Anlaß, den Zwischenraum völlig vom Grase zu befreien und mit Ufer- und Teppichstauden zu besetzen, wobei auch »Bachfelsen« zuweilen in der Pflanzung hervortreten können.

Uferpflanzen

Kleinstauden

Astilbe chinensis ›Pumila‹
Brunnera macrophylla
Caltha palustris
– – var. *alba*
Doronicum orientale in Sorten
Hosta, alle kleineren Arten und Sorten
Lysimachia nummularia
Myosotis palustris ›Thüringen‹
Primula denticulata
– *florindae*
– *japonica*, in Sorten
– *Juliae-Hybriden*
– *rosea*
– *sikkimensis*

Blumenzwiebeln

Gladiolus communis
– *palustris*

Mittelhohe bis hohe Stauden von Ufercharakter ohne sonderliche Feuchtigkeitsansprüche

Astilbe-Arendsii-Hybriden in Sorten
– *Simplicifolia-Hybriden* in Sorten
– *Thunbergii-Hybriden* in Sorten
Euphorbia palustris
Filipendula palmata
– *ruba* ›Venusta‹
– ulmaria
Hemerocallis, alle Arten, Hybriden und Sorten
Hosta, alle höheren Arten und Sorten
Iris kaempferi in Sorten
– *laevigata* in Sorten
– *ochroleuca*
– *sanguinea* in Sorten
– *sibirica* in Sorten
Ligularia × *hessei*
Lysimachia punctata
Lythrum salicaria ›Rakete‹
Rodgersia in Arten (Halbschatten)
Thalictrum aquilegifolium, auch Sorten
Tradescantia-Andersoniana-Hybriden in Sorten
Trollius-Hybride ›Goldquelle‹
– – ›Lemon Queen‹
– *chinensis* ›Golden Queen‹, auch andere Sorten

Gräser

von Ufercharakter, aber nicht wuchernd!
Carex grayi
– – *morrowii* ›Variegata‹
– – *muskingumensis*
– – *pendula*
– – *pseudocyperus*
Fargesia murielae
– *nitida*
(Beide Arten waren früher unter dem Gattungsnamen Sinarundinaria bekannt.)
Glyceria spectabilis ›Variegata‹ (wuchert etwas)
Juncus inflexus
Miscanthus floridulus
– *sinensis* ›Gracillimus‹
– – ›Silberfeder‹

Farne

alle größeren Arten und Formen

Kleine, geschickt angelegte Wasserbecken bieten im Garten für viele Tiere ein Refugium. Hier bildet die Bepflanzung mit *Nymphaea odorata* ›Rosennymphe‹ den Glanzpunkt.

Staudenpflanzung im Wasser

Wer in einem künstlichen Wasserbecken die großen Seerosen pflanzen will, muß dieses Becken entweder sehr tief anlegen (mindestens 70 cm) oder für einzelne Pflanzstellen vertiefte Plätze vorsehen. Die gleichfalls prachtvollen Zwergseerosen brauchen dagegen nur 15 bis 30 cm Wasserhöhe über der Pflanzstelle; sie bieten noch den Vorteil, daß sie im Gegensatz zu den großen Nymphaeen nur eine kleine Wasserfläche mit ihren Blättern bedecken. Man setzt sie gewöhnlich in Gefäße und unterbaut diese, wenn nötig, mit ein paar Steinen. Sie blühen in sonniger Lage etwa fünf Jahre lang; dann muß die Erde einmal erneuert werden. Große Wasserrosen lieben bei Gefäßpflanzung genügend große Gefäße, etwa eine halbierte Regentonne. Wird im Winter das Wasser abgelassen, so sorgt man für einen dicken Laubschutz der Seerosen, deren Gefäße dann auf den Boden des Beckens gesetzt werden. Ein Wasserbecken mit einer Schrägung von 120°, etwa 30 m² groß, hielt sich an meinem Hause ohne Eingriff 15 Jahre lang in gutem Wasser- und Pflanzenzustande. Die rechte Bepflanzung hält zusammen mit Goldfischen oder Goldorfen das Wasser eines solchen kleinen Teiches klar, da Pflanze und Tier für den nötigen »Kreislauf« sorgen. Auch wird durch einen schon kleinen Besatz mit Fischen die Mückenplage völlig gebannt. Gegen die braune Alge, die das Wasser braun färbt, hilft Einschüttung von Moorerde erstaunlich schnell und nachhaltig.

Alle wuchernden Stauden setzt man am besten in Gefäße; Wucherer und Nichtwucherer dürfen nicht in das gleiche Gefäß gesetzt werden. Die Erde soll nährstoffreich sein und, wenn möglich, mit Lehmzusatz verbessert werden. Es gibt breite, niedrige Weidenkörbe, die man mit Dachpappe auslegt und dort kleine Wasserlandschaften hineinpflanzt. Perforierte Plastgefäße erfüllen den gleichen Zweck und sind meist auch haltbarer. Allerdings sollten diese in den Farben zurückhaltend sein. 10 cm Wasserhöhe über der Erdfläche sind erwünscht.

In die Nachbarschaft von Seerosen setzt man gern schmale, hochragende Gewächse, wie die Schwanenblume (*Butomus umbellatus*).

Wer Staudenvergißmeinnicht (*Myosotis palustris*) pflanzt, wähle genügend große Gefäße und setze etwa Blutweiderich oder Binsen dazu, an denen dies dauerblühende Vergißmeinnicht seine Triebe emporspreizen kann, während andere Zweige flach im Wasser blühen. In Gefäßen von zu geringer Größe hören jene wuchsfreudigen Gewächse schon nach Monaten auf, einen rechten Flor zu entwickeln. Man braucht also größere Kübel. Der schöne niedrige Weiderich (*Lythrum virgatum* ›Rose Queen‹) verträgt eine solche Wasserpflanzung nicht!

Mancher wuchernden Wasserstaude traut man im ersten Jahr ihre Wuchereigenschaft nicht zu und spürt erst später die Gefahr, wenn man sie in den freien Grund statt in Gefäße setzte. Plötzlich sind 4 m² durchwuchert! Das Pfeilkraut (*Sagittaria sagittifolia*) überwintert in kleinen Knollen und taucht dann im Frühjahr an unerwarteten Stellen auf, ist aber leicht einzuschränken. Wassergräser tun am Ufer und im Wasser gute nachbarliche Wirkungen.

Pflanzen der Wasserfläche

Die Zentimeterangabe bedeutet die etwaige Wasserhöhe über dem Pflanzplatz. W. = Wucherer, deshalb besser Kübelpflanzung! Die Zahlen geben die Blütenmonate an.

Stauden

Acorus calamus ›Variegatus‹, Weißgestreifter Kalmus, bis 10 cm, über knh., 5/6
Alisma plantago-aquatica, Froschlöffel, 20 cm, knh., 7/9
Butomus umbellatus, Schwanenblume, 20 bis 40 cm, tschh., 6/8
Calla palustris, Sumpfcalla, 5 bis 15 cm, sph., 6/7, W.
Caltha palustris, Sumpfdotterblume, bis 5 cm, fßh., 4/5
Euphorbia palustris, Wasserwolfsmilch, 5 bis 30 cm, knh. bis tschh., 5/6
Hippuris vulgaris, Tannenwedel, 10 bis 30 cm, knh., 6/8, W.
Hottonia palustris, Wasserfeder, 5 bis 20 cm, über fßh., 5/7, W.
Hydrocharis morsus-ranae, Froschbiß, bis 10 cm, schwimmend, 7/8
Iris kaempferi, Japanschwertlilie, 5 bis 10 cm, knh. Viele Sorten. Ab August trocken stellen. 6/7
– *laevigata*, Ostasiatische Sumpfschwertlilie, 5 bis 10 cm, feuchten Stand wünschend, knh., mehrere schöne Sorten
– *pseudacorus*, heimische Sumpfschwertlilie, bis 10 cm, knh. bis hfth., 6
– *versicolor*, Vielfarbene Schwertlilie, bis 15 cm, hfth., 6
Lysichitum americanum, Amerikanische Scheincalla, 5 bis 15 cm, gelb, knh., 4/5
– *camtschatcense*, Kamtschatkascheincalla, 5 bis 15 cm, weiß, knh., 5/6
Lythrum salicaria ›Rakete‹, Weiderich, bis 5 cm, hfth., 6/8
Mentha aquatica, Bachminze, 1 cm, fßh., 7/8, W.
Menyanthes trifoliata, Fieberklee, Ufer und Flachwasser, fßh., 5/6
Myosotis palustris ›Thüringen‹, Sumpfvergißmeinnicht, bis 5 cm, fßh., 5/10
Nuphar lutea, heimische Mummel, 40 bis 70 cm, schwimmend, 6/8
Nymphaea-Hybriden, alle schwimmend, die unterschiedliche Pflanztiefe im Wasser beachten! Alle 6/9 blühend
– – ›Aurora‹, 20 bis 40 cm, kupfrigrosa
– – ›Col. A. I. Welsh‹, 40 bis 60 cm, schwefelgelb
– – ›Ellisana‹, leuchtend rot, 40 bis 60 cm
– – ›Escarboucle‹, karminrot, 40 bis 60 cm
– – ›Froebeli‹, dunkelkarmin, 20 bis 40 cm
– – ›iga Erfurt‹, orange, 40 bis 60 cm
– – ›James Brydon‹, scharlachkarmin, 40 bis 60 cm
– – ›Laydekeri Lilacea‹, rosa in karmesinrot übergehend, 20 bis 40 cm
– – ›Laydekeri Purpurata‹, tief karminrot, 20 bis 40 cm
– – ›Laydekeri Rosea‹, rosaviolett, 20 bis 40 cm
– – ›Marliacea Albida Rosea‹, zartrosa, 40 bis 80 cm
– – ›Marliacea Chromotella‹, hellgelb, 40 bis 80 cm, auch darüber
– – ›Marliacea Colossea‹, fleischfarbenrosa, 40 bis 80 cm
– – ›Maurice Laydeker‹, purpurrot, noch bis 15 cm, Zwergform
– – ›Rene Gerard‹, dunkelkarminrot, 80 bis 100 cm
– – ›Sioux‹, anfangs gelb, später kupferrosa, 20 bis 80 cm
– *odorata* ›Rosennymphe‹, dunkelrosa, später lichtrosa, 40 bis 80 cm, 6/9
– – ›Sulphurea‹, zartschwefelgelb, 20 bis 40 cm, 6/9
– *pygmaea* ›Alba‹, Zwergseerose, weiß, nur 5 bis 15 cm, 6/9
– – ›Rosarot‹, rosarot, nur 5 bis 15 cm, 6/9
– *tuberosa*, Duftende Seerose, weiß, Blüten über dem Wasser stehend, auch Sorten sind bekannt, 6/9
Nymphoides peltata, Seekanne, gelb, 10 bis 70 cm, schwimmend, 7/8, W.
Orontium aquaticum, Goldkeule, 10 bis 30 cm, fßh., 4/6
Ranunculus aquatilis, Wasserhahnenfuß, 20 bis 50 cm, flach über dem Wasser blühend, 6/8
– *lingua*, Sumpfhahnenfuß, 5 bis 30 cm, hfth., 6/8, W.
Sagittaria sagittifolia, Pfeilkraut, 15 bis 30 cm, knh., 6/7, W.
– – var. *leucopetala*, reinweiß blühend, 15 bis 30 cm, knh., 6/7, W.
Sparganium erectum, Igelkolben, 30 cm, knh., 6/7
Stratiotes aloides, Wasseraloe, freischwimmend, 30 bis 100 cm, sph., 7/8, W.
Trapa natans, Wassernuß, schöne Blattrosetten, schwimmend, 10 bis 20 cm, 6/8, W. (Wird in ein sehr breites, flaches, mit Erde gefülltes Gefäß – fast in Wasserhöhe – gesetzt, damit die jungen Sprosse, die im Herbst absinken, möglichst beisammen bleiben.)
Typha laxmannii, kleiner Rohrkolben, 20 bis 40 cm, brsth., Kolben 15 cm lang, 7/8, W.
– *minima*, Zwergrohrkolben, 10 bis 20 cm, fast knh., Kolben 5 bis 10 cm lang, 6/7, W.

Gräser

Carex grayi, Morgensternsegge, bis 10 cm, knh., 6/8
– *lasiocarpa*, Wasserfadensegge, bis 15 cm, brsth., 5/6
– *pseudocyperus*, Scheinzypergrassegge, 5 cm, hfth., 6/7
Glyceria maxima ›Variegata‹, Buntes Schwadengras, bis 20 cm, knh., 7/8
Juncus inflexus, Blaubinse, 10 bis 20 cm, knh., 6/8
Schoenoplectus lacustris, Teichsimse, 5 bis 50 cm, brsth., 6/9, W.
– *tabernaemontani* ›Zebrinus‹, Zebrasimse, 5 bis 30 cm, hfth., 6/7

Farne

Thelypteris thelypteroides, Sumpffarn, 5 bis 10 cm, bis knh., W.

Der Steingarten der äußersten Trockenheit

Im Steingartenpflanzenreich wimmelt es von »Durstkünstlern«, die, an entsprechenden Plätzen gesammelt, noch lange nicht genug als solche verwendet werden. Sie ergeben untereinander oft erstaunliche Harmonien und Wechselgespräche und machen aus der Wassernot eine Tugend. Dazu gehören auch die jeweiligen Zwerg- und Kleinsträucher. Die meisten Gartenfreunde und Gärtner ahnen nicht, um welche Freuden sie sich und andere bringen, wenn sie eine trockene Böschung einplanieren und der Pflanzenwelt diese wundersame Schönheits- und Kraftentfaltung versagen. Es ist eine so saubere, widerstandsfähige und dabei erdenleichte Art von Schönheit, die diesen Trockenheitssiegern anhaftet. Man muß aber die Pflanzen an sandiger, trockener Böschung, die keinerlei Düngung und Bodenverbesserung erfährt, von der Liste derjenigen unterscheiden, die wohl dürsten können, aber nicht zugleich nach kräftiger Erdnahrung hungern wollen, deren Pflanzstätten also trotz aller Trokkenheit gut aufgelockert und mit Nährstoffen und gut verrottetem, unkrautsamenfreiem Humus angereichert werden müssen.

Trockenheitssteingarten

Acaena in Arten
Achillea in Arten
Aethionema grandiflorum
Alyssum, alle
Anaphalis triplinervis
Androsace sarmentosa
Anntennaria dioica ›Rubra‹
Anthemis marschalliana (syn. A. biebersteiniana)
– *nobilis* ›Plena‹
Arabis procurrens
Armeria in Arten
Artemisia in Arten
Asarum europaeum (Schatten!)
Aster amellus, alle Sorten
– *Dumosus-Hybriden,* alle Sorten
Athamanta turbith ssp. *haynaldii* (syn. A. matthioli)
Aubrieta-Hybriden in Sorten
Bergenia in Arten und Sorten
Buglossoides purpurocaerulea
Campanula carpatica in Sorten
– *cochleariifolia* in Sorten
– *portenschlagiana* in Sorten
– *poscharskyana* in Sorten
Carlina acaulis ssp. *simplex* (syn. C. acaulis var. caulescens)
– – – – ›Bronze‹
Centaurea, alle
Cerastium, alle
Chrysanthemum arcticum und Sorten
Cirsium acaule
Coreopsis verticillata ›Grandiflora‹
Corydalis lutea (Schatten)
– *ochroleuca* (Schatten)
Dianthus carthusianorum
– *deltoides,* auch Sorten
– *gratianopolitanus* ›Compactus Eydangeri‹
– *plumarius* ›Blaureif‹
Draba in Arten
Epimedium, gelbblühende Arten und deren Hybriden (Schatten)
Eryngium, alle Arten
Euphorbia, die meisten Arten
Geranium, alle Arten
Globularia cordifolia
Gypsophila, alle Arten, Hybriden und Sorten
Helianthemum-Hybriden in Sorten
– *nummularium*
Helleborus foetidus
Hieracium × rubrum
Hypericum olympicum
Iberis, alle Arten und Sorten
Inula ensifolia ›Compacta‹
Iris pumila, alle Sorten
Jovibarba in Arten
Leontopodium in Arten und Sorten
Liatris in Arten und Sorten
Limonium, alle Arten
Linum flavum ›Compactum‹
– *narbonense*
Minuartia laricifolia
Nepeta in Arten und Formen
Oenothera, alle Arten und Sorten
Onosma in Arten
Opuntia in Arten und Formen
Origanum vulgare ›Compactum‹
Orostachys spinosus
Paradisea liliastrum
Paronychia serpyllifolia
Petrorhagia saxifraga (syn. Tunica saxifraga, Kohlrauschia saxifraga)
Phuopsis stylosa ›Rubra‹ (syn. Crucianella stylosa)
Polygonum affine ›Superbum‹
Potentilla argentea var. *calabra*
– *cinerea*
– *neumanniana*
– – ›Nana‹
Prunella grandiflora und Sorten
– *incisa*
Salvia × superba in Sorten
Satureja montana
– – ›Lilacina‹
Scutellaria alpina
– *baicalensis*
Sedum, alle Arten und Sorten
Sempervivum, alle Arten, Hybriden und Sorten
Silene maritima ›Weißkehlchen‹
Solidago, Zwergarten und -formen
× *Solidaster luteus*
Stachys byzantina (syn. St. olympica)
– – ›Silberteppich‹
Thymus, alle Arten
Verbascum, alle Arten und Sorten
Veronica, alle Arten und Sorten
Viola odorata, alle Sorten (Halbschatten)
Yucca filamentosa, auch Sorten

Gräser

Bouteloua gracilis
Carex grayi
– *montana*
Festuca amethystina
– *cinerea* in Sorten
– *mairei*
– *ovina* in Sorten
– *punctoria*
– *tenuifolia*
– *valesiaca* ›Glaucantha‹
Helictotrichon sempervirens (syn. Avena sempervirens)
Koeleria glauca
Pennisetum alopecuroides (syn. Pennisetum compressum), auch Sorten

Zwergnadelgehölze

Alle Arten und Formen, wenn fest eingewachsen (s. Liste Seite 148).

Zwerglaubgehölze

Die allermeisten Arten, wenn fest eingewachsen (s. Liste Seite 145 f.).

Scutellaria alpina, das Alpenhelmkraut, wurde, wie die Abbildung zeigt, naturhaft meisterlich verwendet.

Steingarten der winterharten Sukkulenten und anderer winterharter Exoten

Mit diesem Kapitel rühren wir nicht nur an eine reizvolle neuere Provinz unseres Steingartens, sondern auch an ein Pflanzenreich, das nach Süden hin bis in die Tropen zum Hauptbeherrscher der Steingärten wird. Kurzum, der sukkulente Steingarten – nicht vom Standpunkt unserer Nordlandzone, sondern von dem aller Zonen her gesehen – stellt die südlichere Hemisphäre des ganzen Steingartenwesens der Erde dar, so daß wir den Zipfel des Pflanzenreichs jener Welthälfte, den wir im winterharten sukkulenten Steingarten in Händen halten, in Anbetracht des großen Hintergrundes besonders hoch einschätzen. Es handelt sich hier um winterharte Kakteen, Wolfsmilch-Arten, um *Semperviven* aller Art, besonders um die riesenrosettigen, um *Sedum, Orostachys* und *Yucca.* In solche Steingärten dürfen auch noch manche bizarren Nordgestalten hineinspielen. Das Spiel muß natürlich von »organischer Phantasie« geleitet sein.

Die Bedeutung des sukkulenten Steingartens bleibt auch deshalb immer im Zunehmen, weil die Pflege dieser Pflanzengattungen in den Wohnungen von wachsenden Menschenkreisen betrieben wird. Ihnen bietet der sukkulente Steingarten im Freien nebenbei auch endlich die Möglichkeit eines wirkungsvollen Übersommerungsplatzes für viele Sukkulenten. Dieses Einfügen nicht genügend wetterharter Sukkulenten ins Gartenleben der mildesten Jahreszeiten reicht auch weit in die sukkulenten Freilandsteingärten des nördlichen Italien und der Riviera.

Wir Freunde des deutschen winterharten Gartens, Liebhaber auch stillster Pflanzenreize, sind ganz besonders für die Gartenrolle der Sukkulenten vorgestimmt. Von hier bis zur winterlichen Wohnungspflege der Sukkulenten ist es nur ein Schritt. Immer neu empfängt uns der geheime Zauber dieses Pflanzenreiches. Welche seltsame Farbigkeit wird hier verwaltet, unbekannt der übrigen Welt. Welch ein Reichtum verblüffender Einfälle der Natur von »grandioser Simplizität« und »Würde«, ja von Monumentalität ist an diese Gebilde verschwendet! Die Sukkulenten sind die Hauptträger der Steingartenfreuden in subtropischen und tropischen Zonen. Man ahnt nicht die enorme Ausbreitung dieser Pflanzengattungen in unermessenen Landstrichen Süd-, Nord- und Mittelamerikas, wo wilde Kakteen die Hauptrolle spielen. Auch bestaunt man die Verschiedenheit der Lebensbedingungen, unter denen sie gedeihen, und ahnt nicht die Größe der Wahrscheinlichkeit, daß unserem winterharten sukkulenten Steingarten weiterhin ganz neue Urgestalten zuwachsen werden.

Wir lassen hier die Liste der erprobten Pflanzen folgen. Die Steinnachbarschaft spielt dabei eine besonders wichtige Rolle. Kalkstein wirkt befremdend, aber roter Sandstein, gelber Travertin oder Tropfstein, »Lavagestein«, kommen der Sache schon näher. Der Platz muß sehr sonnig sein, denn diese Pflanzen wollen braten, um ganz frosthart zu werden. Windgeschützter Platz ist natürlich von Vorteil. Die Freilandopuntien werden im Winter mit ein paar Fichtenzweigen geschützt. Wer also an sonniger, leidlich trockener Stelle einen Versuch machen will, schichte ein flaches, mit Hilfe einiger Steine gestaltreich gehaltenes Hügelchen auf, wobei zu schwerer oder zu leichter Boden eine Beimischung entgegengesetzter Erdarten erhält.

Jovibarba heuffelii, der Jadewirbelsteinwurz, braucht wie *Sedum dasyphyllum*, der Zapfensedum, vollsonnige und unbedingt durchlässige Pflanzplätze.

Kleine Tuffblöcke bieten hier farblich kontrastierenden *Sempervivum*-Arten und Hybriden optimale Pflanzplätze für viele Jahre.

Sukkulente Pflanzen

Jovibarba, alle Arten, Formen und Sorten
Lewisia-Cotyledon-Hybriden (aber absonnig)
Opuntia, alle winterharten Arten und Formen
Rosularia pallida
Sedum, alle Arten, Formen und Sorten
Sempervivum in Arten, Hybriden und Sorten
Umbilicus spinosus (absonnig)
Yucca filamentosa in Sorten

Passende Partner

Stauden

Acantholimon in Arten
Acanthus in Arten
Artemisia in Arten
Asphodeline in Arten
Astragalus angustifolius
Chrysanthemum haradjanii
Eriophyllum lanatum
Eryngium in Arten und Sorten
Euphorbia capitulata
– *myrsinites*
Marrubium supinum
Morina longifolia
Oenothera missouriensis
Origanum vulgare ›Compactum‹
Stachys byzantina (syn. St. olympica)
Thymus villosus

Blumenzwiebeln

Allium (s. Blumenzwiebelliste Seite 128)
Eremurus, alle Arten und Formen
Galtonia candicans (nicht winterhart!)

Gräser

Bouteloua gracilis
Festuca amethystina
– *cinerea* in Sorten
– *mairei*
– *ovina* in Sorten
– *punctoria*
– *tenuifolia*
– *valesiaca* ›Glaucantha‹
Helictotrichon sempervirens

Zwerggehölze

Caragana pygmaea
Caryopteris ᑫ *clandonensis*
Ephedra distachya var. *helvetica*
Genista radiata
– *sagittalis*
Helianthemum in einfachblühenden Sorten
Lavandula angustifolia, auch Sorten
Moltkia petraea
Perovskia atriplicifolia
Santolina chamaecyparissus

Pflanzungen von Stauden, Blumenzwiebeln und Gehölzen nach Farbklängen mit dem Ziel: vom Ton zum Klang

Die Verwendung der Stauden und ihrer wachsenden Fülle ist weit über alle Steingartenfragen hinausgegangen; sie stellt uns auch vor lauter neue Aufgaben, bei denen Steine keine Rolle spielen, abgesehen von der wichtigen Rolle der Tretsteine. Der neue Reichtum lockt zu mannigfachen Gartengestaltungen, unter denen die breiten Vorpflanzungsstreifen vor Staudenrabatten eine der naheliegendsten Möglichkeiten darstellen.

Die neuen und starken Farben locken zu sinnvollen Zusammenstellungen. Es tut sich hier im sogenannten »Kleinen« eine Unendlichkeit von Aufgaben und Problemen auf.

Wir nennen im folgenden Farbendreiklänge und geben hinzugehörig die Farbenlisten der jeweiligen besten Farbenträger aus dem gesamten Reich der Kleinstauden, der kleinen Blumenzwiebeln, der Gräser, einiger Großstauden und Zwerggehölze, und zwar für die ganze Zeit vom Vorfrühling bis zum Spätherbst.

Der Dreiklang der Farben bringt das Auge zur Ruhe, wenn er recht gewählt ist. Jede Farbe lebt im tiefsten von gewissen Nachbarfarben. Eine neue Welt tut sich auch in kleinen Gartenräumen auf. Es ist noch nicht lange her, daß alle diese Pflanzenarten und -sorten in unser Leben traten. Man sollte das alles mit mehr kindlicher, staunender

Hier verwendete man großflächig verschiedene Sorten von Polster-phlox mit der weißblühenden Immergrüniberis. In kleineren Gärten sollten unbedingt solche Pflanzungen die Ausnahme bilden.

Freude empfinden, anstatt es dumpf und neugierlos, halb wie im Schlaf hinzunehmen.

Eine Menge jener hier genannten Farben *ist erst durch unermüdlichen Züchterfleiß geschaffen worden*, denn sie gab es vor nicht sehr langen Zeiten für uns überhaupt noch nicht. Völlig neue Farbenprovinzen sind erschlossen und bereit, neuartiger Verwendung zu dienen.

Einige Dreiklänge:

Silbergrau mit reinem Blau und warmem Rot, Weiß, Orange und Hell- bis Mittelblau, Blaugrün, Rotbraun und Gelb, Rosa, Weiß und Dunkellila, Buntlaubig mit Gräserblau und Nelkenpolsterblau.

Campanula cochleariifolia, die Zwergglocke, und *Sempervivum arachnoideum*, der Spinnwebsteinwurz, blühen zur gleichen Zeit. Sie halten sich jahrelang in ihrem Ausbreitungsdrang die Waage.

Silbergrau mit reinem Blau und warmem Rot

Silbergrau

Stauden (Laub)

Achillea serbica
– *clavennae*
– *umbellata*
Anaphalis triplinervis
Antennaria dioica ›Rubra‹
Anthemis marschalliana (syn. A. biebersteiniana)
Artemisia nitida
– *schmidtiana* ›Nana‹
Cerastium tomentosum var. *columnae*
Lavandula angustifolia
Leontopodium in Arten
Marrubium supinum
Potentilla argentea var. *calabra*
Saxifraga callosa ssp. *callosa* var. *lantoscana*
– *cochlearis*
– *cotyledon* ›Pyramidalis‹
– *hostii* in Formen
– *paniculata*
Sempervivum arachnoideum ssp. *tomentosum*
Stachys byzantina (syn. St. olympica)
– – ›Silberteppich‹ (›Silver Carpet‹)
Veronica incana ›Argentea‹

Reines Blau

Stauden

Brunnera macrophylla ›Blaukuppel‹
Buglossoides purpurocaerulea
Ceratostigma plumbaginoides
Delphinium grandiflorum
– *-Hybride* ›Piccolo‹
– – ›Völkerfrieden‹
Gentiana-Acaulis-Hybriden
– *cordifolia*
– *freyniana*
– *phlogifolia*
– *septemfida*
– – var. *lagodechiana* ›Doeringiana‹
Geranium himalayense
Globularia-Arten
Linum narbonense ›Havelsee‹
Mertensia primuloides
– *virginica*
Myosotis palustris ›Thüringen‹
Omphalodes verna ›Grandiflora‹
Pulmonaria angustifolia ›Azurea‹
Veronica austriaca ssp. *teucrium* ›Knallblau‹
– – – – ›True Blue‹
– *prostrata* ›Caerulea‹

Blumenzwiebeln

Allium cyaneum
Anemone nemorosa ›Royal Blue‹
Chionodoxa luciliae
– *sardensis*
Crocus speciosus var. *aitchisonii*
– – ›Cassiope‹
Iris histrioides ›Major‹
– *Reticulata-Hybride* ›Blue Veil‹
– – – ›Cantab‹
– – – ›Harmony‹
Muscari armeniacum
– *aucheri*
– *azureum*
– *botryoides*
– *racemosum*
– – ssp. *neglectum*
Scilla bifolia
– *hispanica* ›Blue Queen‹
– *siberica*
– – ›Spring-Beauty‹

Zwerggehölze

Moltkita petraea

Warmes Rot

Stauden

Androsace carnea var. *laggeri*
Armeria maritima ›Düsseldorfer Stolz‹
Dianthus cruentus
Geum coccineum
Helianthemum-Hybride ›Feuerbrand‹
– – ›Rubin‹
– – ›Supreme‹
Heuchera-Hybride ›Feuerregen‹
– – ›Schellenbaum‹
Potentilla atrosanguinea ›Gibsons Scarlet‹
Primula-Elatior-Hybriden in roten Farben
– *Juliae-Hybride* ›Frühlingsglut‹
– *rosea* ›Gigas‹
Saxifraga-Arendsii-Hybride ›Farbenteppich‹
– – – ›Triumph‹
Sedum cauticolum
– – ›Robustum‹
– *spurium* ›Purpurteppich‹

Blumenzwiebeln

Tulipa ›Duc van Tol Scharlach‹
– *Kaufmanniana-Hybriden* in reinroten frühen und späten Sorten
– *praestans*, auch Sorten
– *sprengeri*

Zwerggehölze

Fuchsia magellanica ›Riccartonii‹
Rhododendron ferrugineum
– *Repens-Hybriden*

Weiß, Orange und Hell bis Mittelblau

Weiß

Stauden

Achillea serbica
– *clavennae*
– *ptarmica* ›Nana Compacta‹
– *umbellata*
Anaphalis triplinervis
Anemone narcissiflora
– *sylvestris*
Arabis procurrens
Armeria caespitosa ›Alba‹
– *maritima* ›Alba‹
Aster alpinus ›Albus‹
– *Dumosus-Hybride* ›Kristina‹
Astilbe-Simplicifolia-Hybride ›Praecox Alba‹
Athamanta turbith ssp. *haynaldii* (syn. A. matthioli)
Campanula carpatica ›Zwergmöve‹
– – var. *turbinata* ›Alba‹
– *cochleariifolia* ›Alba‹
Cardamine trifolia
Chrysanthemum arcticum
Convallaria majalis
Delphinium grandiflorum ›Album‹
Dicentra eximia ›Alba‹
Dodecatheon meadia ›Hermes‹
Epimedium grandiflorum
– × *youngianum* ›Niveum‹
Geranium dalmaticum ›Album‹
– *sanguineum* ›Album‹
Gypsophila-Repens-Hybride ›Monstrosa‹
Helleborus niger
– – var. *altifolius*
– – ssp. *macranthus*
– – ›Praecox‹
Helianthemum-Hybride ›Eisbär‹
Hepatica nobilis ›Alba‹
– *transsylvanica* (syn. H. angulosa) ›Alba‹
Heuchera-Hybride ›Silberregen‹
Heuchera sanguinea ›Alba‹
Hutchinsia alpina ssp. *auerswaldii*
Iberis saxatilis
– *sempervirens* ›Weißer Zwerg‹
Iris barbata in Sorten (Barbata-Nana-Gruppe)
Leontopodium in Arten
Matricaria oreades
Minuartia larifolia
Oenothera speciosa
Omphalodes verna ›Alba‹
Phlox subulata ›Maischnee‹
– *Arendsii-Hybride* ›Susanne‹
Primula denticulata ›Alba‹
– *Elatior-Hybriden* in weißen Farben
– *Juliae-Hybride* ›Schneeriesin‹
Ranunculus aconitifolius ›Plena‹
Sagina subulata
Sanguinaria canadensis
– – ›Plena‹
Satureja montana ›Alba Compacta‹
Saxifraga-Arendsii-Hybride ›Schneeteppich‹
– *callosa* ›*Superba*‹
– *cochlearis*
– *cotyledon* ›Pyramidalis‹
– *muscoides* ›Findling‹
– *paniculata* ›Altissima‹
– *trifurcata Sedum album*
– *spurium* ›Album Superbum‹
Silene maritima ›Weißkehlchen‹
Tiarella cordifolia
– *wherryi*

Blumenzwiebeln

Allium neapolitanum
– *odorum*
Anemone apennina ›Alba‹
– *blanda* ›White Splendour‹
– *nemorosa* ›Grandiflora‹
– – ›Alba Plena‹
Chionodoxa luciliae ›Alba‹
Colchicum autumnale ›Album Plenum‹
– *speciosum* ›Album‹
Corydalis cava ›Alba‹
Crocus biflorus ›White Lady‹
– *fleischeri*
– *kotschyanus* ›Albus‹
– *speciosus* ›Albus‹
– *vernus* ›Blizzard‹
– – ›Kathleen Parlow‹
– – ›King of the Whites‹
– – ›L'Innocence‹
Cyclamen coum ›Album‹
– *hederifolium* (syn. C. neapolitanum) ›Album‹
Erythronium dens-canis ›Album‹
– – ›White Splendour‹
Fritillaria meleagris ›Alba‹
– – ›Aphrodite‹
Galanthus caucasicus
– *elwesii*
– *nivalis*
– – ›Hortensis‹
– – ssp. *cilicicus*
Hyacinthus orientalis ›La Grandesse‹
– – ›L'Innocence‹
Leucojum vernum
– – ssp. *carpaticum*
Muscari azurea ›Alba‹
– *botryoides* ›Album‹
Narcissus poeticus
Ornithogalum montanum
– *narbonense*
Scilla hispanica ›La Grandesse‹
– *sibirica* ›Alba‹
Trilium grandiflorum
– *nivale*
Tulipa stellata
– *turkestanica*

Zwerggehölze

Calluna vulgaris ›Alba Plena‹
Daphne blagayana
– *mezereum* ›Alba‹
Deutzia gracilis
Erica herbacea (syn. E. carnea) ›Alba‹
– *vagans* ›Alba‹
– – ›Lyonesse‹
Philadelphus-Lemonei-Hybride ›Manteau d'Hermine‹
Rhododendron mucronatum
Spiraea decumbens

Orange

Stauden

Geum coccineum ›Borisii‹
– × *heldreichii* ›Splendens‹
Hieracium × *rubrum*
Potentilla aurea ssp. *chrysocraspeda* (syn. P. ternata)
– *nepalensis* ›Roxana‹
Primula-Elatior-Hybriden in orangen Farben

Blumenzwiebeln

Fritillaria imperialis ›Orange Brillant‹
Lilium pensylvanicum (syn. Lilium dahuricum)
Tulipa kaufmanniana ›Fritz Kreisler‹
– – ›Orange Boy‹

Zwerggehölze

Chaenomeles japonica

Farblich harmonieren hervorragend *Arabis caucasica, Alyssum saxatile, Iberis sempervirens* mit der graulaubigen *Stachys byzantina* und einer blaublühenden *Aubrieta-Hybride*. Betont wird das ›Feuerwerk‹ außerdem durch die Gartentulpen.

Hell- bis Mittelblau

Stauden

Aster-Dumosus-Hybride ›Lady in Blue‹
– – – ›Prof. Anton Kippenberg‹
Aubrieta-Hybride ›Lobelia‹
Campanula carpatica ›Blaumeise‹
– *cochleariifolia* ›Miranda Bellardii‹
Gentiana farreri
Iris germanica (Barbata-Nana-Gruppe) ›Blauer Pfeil‹
– – ›Caerulea‹
– – ›Ragusa‹
Primula vulgaris ›Caerulea‹
Veronica armena

Blumenzwiebeln

Allium caeruleum
– *cyaneum*
Anemone apennina
– *nemorosa* ›Allenii‹
– – ›Blue Beauty‹
– – ›Celestial‹
Crocus serotinus ssp. *salzmannii*
– *tommasinianus*
– *vernus* ›Queen of the Blues‹
Hyacinthus orientalis ›Myosotis‹
– – ›Queen of the Blues‹
Iris-Reticulata-Hybride ›Cantab‹
Muscari azurea (syn. Hyacinthella azurea)
Scilla hispanica ›Myosotis‹
– *mischtschenkoana* (syn. S. tubergeniana)

Blaugrün, Rotbraun und Gelb

Blaugrün

Laub- und Nadelschmuck

Stauden

Acaena buchananii
Aethionema grandiflorum
Dianthus gratianopolitanus
– – ›Blaureif‹
– – ›Compactus Eydangeri‹
Eryngium × zabelii ›Violetta‹
Euphorbia myrsinites
Hosta sieboldiana ›Glauca‹
Sedum anacampseros
– *cauticolum*
– *ewersii* ›Nanum‹
– – var. *homophyllum*
– *forsteranum* ssp. *elegans*
– *sieboldii*
– *spectabile*

Gräser

Festuca cinerea in Sorten
– *ovina* in Sorten
– *valesiaca* ›Glaucantha‹
Helictotrichon sempervirens ›Pendula‹

Blumenzwiebeln

Allium karataviense

Zwerggehölze

Juniperus horizontalis ›Glauca‹
Picea abies ›Pumila Glauca‹
– *pungens* ›Glauca Procumbens‹

Rotbraun

Laubschmuck

Stauden

Ajuga reptans ›Purpurea‹
– – ›Multicolor‹
Sedum album ›Murale‹
– *kamtschaticum* var. *middendorffianum*
– *spurium* ›Purpurteppich‹
Sempervivum-Hybride ›Alpha‹
– – ›Gamma‹
– – ›Metallicum Giganteum‹
– – ›Rubin‹
– – ›Zirkon‹
– *marmoreum* ›Mahagonistern‹
– *tectorum* ssp. *tectorum* ›Triste‹

Zwerggehölze

Berberis thunbergii ›Nana‹

Gelb

Stauden

Achillea tomentosa
Adonis amurensis
– *vernalis*
Alyssum montanum
– *saxatile*
– – ›Citrinum‹
– – ›Compactum‹
Anthemis marschalliana (syn. A. biebersteiniana)
Coreopsis verticillata ›Grandiflora‹
Corydalis lutea
Doronicum orientale ›Goldkranz‹
– – ›Lichtspiegel‹
Draba aizoides
– *sibirica*
Eriophyllum lanatum (syn. E. caespitosum)
Euphorbia palustris
Geum-Hybride ›Georgenberg‹
– *montanum* ›Olivanum‹
Helianthemum-Hybride ›Gelbe Perle‹
– – ›Gelber Findling‹
– – ›Golden Queen‹
– – ›Wisley Primrose‹
Hypericum olympicum
Iris germanica (Barbata-Nana-Gruppe) in Sorten
Inula ensifolia ›Compacta‹
Linum flavum ›Compactum‹
Lotus corniculatus ›Peniflorus‹
Oenothera missouriensis
– *tetragona*
Potentilla aurea
– – ›Goldklumpen‹
– *cinerea* (syn. P. arenaria)
– *fragiformis*
– *pyrenaica*
– *recta* ›Warrenii‹
Primula-Elatior-Hybriden in gelben Farben
– *florindae*
– *sikkimensis*
– *vulgaris*
Saxifrage × apiculata ›Gregor Mendel‹
– × *elisabethae* ›Ochrolenca‹
– × *endoxiana* ›Haagii‹
– *juniperifolia* ssp. *sancta*
Sedum forsteranum ssp. *elegans*
– *kamtschaticum* ›Variegatum‹
– – var. *middendorffianum*
– – – – ›Diffusum‹
– *krajinae*
– *ochroleucum*
– *selskianum*
– *sexangulare*
Trollius-Arten, auch Hybriden

Blumenzwiebeln

Allium flavum
Anemone ranunculoides
– – ›Plena‹
– – ›Superba‹
Crocus candidus var. *subflavus*
– *chrysanthus*
– – ›Cream Beauty‹
– – ›E. P. Bowles‹
– *flavus*
– – ›Dutch Yellow‹
– – var. *sulphureus* ›Concolor‹
– × *stellaris*
Eranthis cilicica
– *hyemalis*
– × *tubergenii* ›Glory‹
– × – *›Guinea Gold‹*
Erythronium tuolumnense
Fritillaria imperialis ›Lutea‹
– – ›Yellow King‹
– *pallidiflora*
Hyacinthus orientalis ›City of Haarlem‹
– – ›Yellow Hammer‹
– – ›King of the Yellows‹
– – ›Prinz Heinrich‹
Iris danfordiae

Zwerggehölze

Cytisus decumbens
– × *kewensis*
Genista tinctoria ›Plena‹
Hypericum hookerianum ›Hidcote‹
Potentilla fruticosa ›Farreri‹
– – ›Friesengold‹
– – ›Purdomii‹

Rosa, Weiß und Dunkellila

Rosa

Stauden

Aethionema grandiflorum
Androsace sarmentosa
Anemone hupehensis ›Praecox‹
– – ›Splendens‹
Antennaria dioica ›Rubra‹
Arabis × *arendsii* ›Rosabella‹
Armeria maritima ›Rosea Compacta‹
Aster-Dumosus-Hybride ›Herbstgruß vom Bresserhof‹
– – – ›Judith‹
– *amellus* ›Rosa Vollendung‹
Astilbe-Japonica-Hybride ›Bronzelaub‹
– – – ›Europa‹
Aubrieta-Hybride ›BS Havelberg‹
Centaurea pulcherrima
Chrysanthemum arcticum ›Roseum‹
Dianthus carthusianorum
– *deltoides*
– *gratianopolitanus* ›Blaureif‹
– – ›Compactus Eydangeri‹
– *plumarius* ›Altrosa‹
Dicentra eximia
Dodecatheon meadia
Geranium sanguineum var. *prostratum*
Gypsophila repens ›Rosea‹
– *Repens-Hybride* ›Rosenschleier‹
Helianthemum-Hybride ›Lawrensons Pink‹
Hepatica nobilis ›Rosea‹
Lathyrus vernus ›Alboroseus‹
Lychnis viscaria ›Plena‹
Petrorhagia saxifraga (syn. Tunica saxifraga) ›Rosette‹
Phlox subulata ›Atropurpurea‹
– – ›Ronsdorfer Schöne‹
Platycodon grandiflorus ›Perlmutterschale‹
Primula-Elatior-Hybriden in rosa Farben
– *japonica* ›Rosea‹
– *marginata* ›Rosea‹
– *saxatilis*
– *vulgaris* ssp. *sibthorpii*
Sedum album ›Murale‹
– *spurium* ›Roseum Superbum‹
– – ›Salmoneum‹
Thymus serpyllum ›Major‹
Veronica prostrata ›Rosea‹
– *spicata* ›Erika‹
– – ›Heidekind‹

Blumenzwiebeln

Allium narcissiflorum
– *oreophilum*
Anemone apennina ›Purpurea‹
– *blanda* ›Charmer‹
Chionodoxa luciliae ›Pink Giant‹
Colchicum autumnale ›Plenum‹
– *Hybride* ›Waterlily‹
Cyclamen coum
– *hederifolium* (syn. C. neapolitanum)
– *purpurascens*
Erythronium dens-canis ›Pink Perfection‹
– – ›Rose Beauty‹
Hyacinthus orientalis ›Gertrude‹
– – ›Pink Pearl‹
– – ›Queen of the Pinks‹
Scilla hispanica ›Rose Queen‹
Tulipa-Kaufmanniana-Hybriden (rosa Sorten)

Zwerggehölze

Calluna vulgaris ›H. E. Beale‹
– – ›J. H. Hamilton‹
Cytisus purpureus
Daphne cneorum ›Major‹
– *mezereum*
Erica herbacea (syn. E. carnea) ›Winterbeauty‹
Rhododendron-Arendsii-Hybride ›Ennepe‹
– *Gandavense-Hybriden* (rosa Sorten)
– *hirsutum*
– *Mollis-Hybriden*
– *mucronulatum*
– *racemosum*

Weiß

siehe Liste der Seite 104

Dunkellila

Stauden

Ajuga reptans ›Atropurpurea‹
Aquilegia alpina ›Superba‹
Aster × *alpellus* ›Triumph‹
– *alpinus* ›Sabine‹
– *amellus* ›Festgeschenk‹
– – ›Glücksfund‹
– – ›Veilchenkönigin‹
– *dumosus* ›Herbstpurzel‹
– – ›Prof. Anton Kippenberg‹
– – ›Silberblaukissen‹
– *tongolensis* ›Leuchtenburg‹
Aubrieta-Hybride ›Blue Emperor‹
– – ›Dr. Mules‹
– – ›Tauricola‹
Campanula carpatica ›Spechtmeise‹
– *portenschlagiana*
– – ›Birch Hybrid‹
– – *poscharskyana* ›Stella‹
– *pulla*
– × *pulloides*
Geranium wallchianum ›Buxtons Blue‹
Iris germanica (Barbata-Nana-Gruppe) ›Atroviolacea‹
Limonium latifolium ›Violetta‹
Phlox-Arendsii-Hybride ›Inge‹
– *subulata* ›G. F. Wilson‹
Phyteuma scheuchzeri
Polemonium × *richardsonii* ›Superbum‹
Primula-Juliae-Hybride ›Märzfreude‹
– *marginata*
– – ›Hyacinthina‹
– × *wockei*
Prunella grandiflora ›Loveliness‹
Pulsatilla halleri ssp. *slavica*
– *vulgaris*
Salvia × *superba*
– × ›Mainacht‹
Satureja montana ›Lilacina Compacta‹
Scabiosa caucasica ›Lavendelblaue Riesen‹
Scutellaria alpina
– *baicalensis*
– *scordifolia*
Veronica incana ›Argentea‹
– *longifolia*
– – ›Blauriesin‹
– *spicata*
– – ›Romely Purple‹
Vinca minor
– – ›Bowles Varietät‹
Viola cornuta ›Blaues Wunder‹
– *gracilis* ›Lord Nelson‹
– *odorata* ›Triumph‹

Blumenzwiebeln

Anemone apennina
– *blanda*
– *nemorosa* ›Royal Blue‹
Crocus banaticus
– *imperati*
– *nudiflorus*
– *sieberi*
– *speciosus* ›Oxonian‹
– – ›Pollux‹
– *tommasinianus* ›Barr's Purple‹
– – ›Whitewell Purple‹
– *vernus* ›Blue Flagg‹
– – ›Purpureus Grandiflorus‹
– – ›Remembrance‹
– – ›Uncle Tom‹
– – ›Zulu‹
Hyacinthus orientalis ›Purple King‹
Iris-Reticulata-Hybride ›J. S. Dijt‹
– – – ›Pauline‹
Muscari armeniacum

- *botryoides*
- *moschatum*
- *racemosum*

Scilla hispanica ›Sky Blue‹

Zwerggehölze

Lavandula angustifolia ›Hidcote Blue‹
Perovskia atriplicifolia
Rhododendron impeditum ›Moerheimii‹

Buntlaubig mit Gräserblau und Nelkenpolsterblau

Stauden

Ajuga reptans ›Atropurpurea‹
– – ›Multicolor‹
– – ›Variegata‹
Arabis caucasica ›Variegata‹
Euphorbia polychroma (syn. E. epithymoides) (Blüte)
Hosta fortunei ›Aurea‹
– – ›Semperaurea‹
sieboldiana ›Aureomarginata‹
Lysimachia nummularia ›Aurea‹
Saxifraga umbrosa ›Aureopunctata‹
Sedum kamtschaticum ›Variegatum‹
– – var. *middendorffianum*
Vinca minor ›Variegata‹

Gräser

Alopecurus pratensis ›Variegatus‹
Arrhenatherum elatius ssp. *bulbosum* ›Variegatum‹
Carex morrowii ›Variegata‹
– *ornithopoda* ›Variegata‹
Glyceria maxima ›Variegata‹
Luzula sylvatica ›Marginata‹

Zwerggehölze

Euonymus fortunei var. *radicans* ›Variegata‹

Verschiedene Nelkenarten, die Alpenaster, der Goldtropfen und der Blutstorchschnabel blühen ab Ende Mai mit überquellendem, langanhaltendem Flor.

Dauer- und Langeblüher sowie Remontierer des Steingartens

Der Versuch, die Dauer- und Langeblüher des Steingartens in Jahreszeitenlisten und auch mit Benachbarungsvorschlägen aufzuführen, wurde in reichstem Maße im Buche »Garten als Zauberschlüssel« unternommen. Andere Leute haben sich niemals mit diesem wichtigen Thema abgegeben; denn diese Listen locken unzählige Anfänger in die Blütenlabyrinthe des Steingartens. Sie geben darüber hinaus auch Hinweise für Steingartenpflanzungen an Plätzen, an denen ein möglichst langes Blühen besonders erwünscht ist, weil eine Art Stilverstoß darin gefunden werden könnte, wenn dort zu viele Pflanzen über lange Zeit hinweg nur in schweigsamem Grün stehen. Hinzu kommt noch, daß Pflanzen von sehr langer Blütezeit leichter wirkungsvoll mit anderen gleichfalls lange blühenden zu benachbaren sind. Ferner wird die Wichtigkeit des Wissens um die ausgesprochenen Lange- und Dauerblüher offenbar, wenn man Steingärten nach Jahreszeiten bepflanzt und nun solche, einer besonderen Jahreszeit gewidmeten Räume auch für die langen, blütelosen Zeiten vorher und nachher wirksam mit einem Blütenmaterial beleben will, das nicht mehr viel Raum beanspruchen darf.

Das Zustandekommen dieser Liste hatte sehr lange Beobachtungszeiten zur Voraussetzung; sie enthält daher noch lange nicht alles, was hineingehört, ganz abgesehen davon, daß ihr Stoff sich alljährlich nicht unwesentlich bereichert. Von unerwarteten Richtungen her kommt immer neuer Zuwachs. Größere Wildstauden bringen durch Kreuzung oder Sämlingszufälle ganz niedrige, gedrungene Exemplare von der gleichen langen Blütezeit hervor. So entstanden die neue frühblühende, niedrigere Form der Waldsalbei, *Salvia* × superba ›Mainacht‹, die kaum fußhohe *Gaillardia-Hybride* ›Kobold‹, das fußhohe gefüllte rosa Schleierkraut ›Rosenschleier‹ und andere mehr.

»Langspielplatten«

(Dauerblüher, Langeblüher, Öfterblüher des Kleinstaudenreiches. Die Zahlen geben die Blütenmonate an).

Achillea ptarmica ›Nana Compacta‹ 6/8
Aethionema grandiflorum 6/7
Anaphalis triplinervis 7/10
Anemone hupehensis ›Splendens‹ 8/10
Anthemis nobilis ›Plena‹ 6/9
Aster amellus ›Veilchenkönigin‹ 9/10
Aubrieta-Hybride ›Blue Emperor‹ 4/5
– – ›BS Blauer Schatz‹ 4/5
– – ›BS Havelberg‹ 4/6
– – ›Rubinkissen‹ 4/6
Brunnera macrophylla 3/5
– – ›Blaukuppel‹ 3/5
Calluna, alle gefüllten Sorten, 7/9
Campanula cochleariifolia ›Miranda Bellardii‹ 6/8
– *portenschlagiana* 6/9
– – ›Birch Hybrid‹ 6/8
– *poscharskyana* 6/8
– – ›E. H. Frost‹ 6/9
– – ›Glandore‹ 6/8
– – ›Lisduggan‹ 6/8
– – ›Lynchmere‹ 6/8
– – ›Stella‹ 5/8
Carlina acaulis ssp. *simplex* 6/10
– – – – ›Bronze‹ 6/10
Chrysanthemum arcticum, auch Sorten, 9/10
Coreopsis verticillata ›Grandiflora‹ 7/9
Corydalis lutea 4/11 – *ochroleuca* 4/11
Dianthus carthusianorum 6/9
Dicentra eximia 5/7
– – ›Alba‹ 5/7
Dryas octopetala 5/7
– × *suendermannii* 5/7
Erica herbacea (syn. E. carnea) ›Alba‹ 3/5
– – ›Vivellii‹ 3/5
– – ›Winterbeauty‹ 12/4
– *vagans* ›Lyonesse‹ 7/8
– – ›Mrs. D. F. Maxwell‹ 8/9
– – ›St. Keverne‹ 7/9
Erodium manescavii 6/9
– *petraeum* ssp. *glandulosum* (syn. E. macradenum) 6/8
Gaillardia-Hybride ›Kobold‹ 7/9
Gentiana × *macaulayi* ›Wells Var.‹ 6/8
– *sino-ornata* 9/11
Geranium dalmaticum ›Album‹ 7/8
– *endressii* 7/8
– *farreri* 6/8
– *sanguineum* ›Album‹ 6/7
– – var. *prostratum* 6/7
– *subcaulescens* ›Splendens‹ 5/8
Geum coccineum ›Borisii‹ 5/9
– – ›Feuermeer‹ 5/9
– × *heldreichii* ›Splendens‹ 6/7
– – *Hybriden* in Sorten 6/8
Gypsophila-Repens-Hybride ›Monstrosa‹ 5/9
– – – ›Rosenschleier‹ mit Rückschnitt 6/9
Helianthemum, alle Arten und Sorten der Grundliste, 6/9 (besonders die Sorten ›Gelbe Perle‹ und ›Rubin‹)
Helleborus niger ›Praecox‹ 10/12
– – ssp. *macranthus* 12/3
Heuchera, alle Arten und Sorten der Grundliste, 6/8
Hieracium × *rubrum* 6/8
Hutchinsia alpina 5/6, auch früher
– – ssp. *auerswaldii* 4/6, auch früher

Leontopodium alpinum 6/8
– *palibinianum* 6/7
– *souliei* 6/8
Limonium latifolium ›Violetta‹ 6/8
Linum flavum ›Compactum‹ 6/9
– *narbonense* in Sorten 5/7
– *perenne* 6/9
Myosotis palustris ›Thüringen‹ 5/9
Nepeta × *faassenii* 6/10
– × – ›Blauknirps‹ 6/9
Oenothera fruticosa ›Yellow River‹ 6/9
– *missouriensis* 6/10
– *tetragona* ›*BS Goldschale*‹ 6/8
Phuopsis stylosa ›Rubra‹ 5/7
Polemonium × *richardsonii* 5/6 und 9
– × – ›Album‹ 5/6 und 9
– × – ›Superbum‹ 5/6 und 9
Polygonum affine ›Superbum‹ 6/10
– *amplexicaule* 6/10
Potentilla atrosanguinea ›Gibsons Scarlet‹ 7/9
– *nepalensis* ›Flammenspiel‹ 6/8
– – ›Mill Willmott‹ 7/9
– – ›Roxana‹ 7/9
– *recta* ›Warrenii‹ 6/9
Prunella grandiflora in Sorten 6/9
Salvia × *superba* ›Mainacht‹ 5/6 nach Rückschnitt bis 9
Scutellaria alpina 6/8
– – ›Alba‹ 6/8
– – ›Rosea‹ 6/8
– *baicalensis* 7/9
– *orientalis* var. *pinnatifida* 6/8
Sedum spurium in Sorten 6/9
– *telephium* ›Herbstfreude‹ 9/10
Silene maritima ›Weißkehlchen‹ 6/8
Tiarella wherryi 5/6 und 8/9
Veronica spicata in Sorten der Grundliste 6/7
Viola cornuta ›Blaues Wunder‹ 5/9
– – ›Hansa‹ 5/9
– – ›W. H. Woodgate‹ 5/9
– *gracilis* ›Lord Nelson‹ 5/7
– – ›Juwel von Eisenach‹ 5/7
– *odorata* ›Königin Charlotte‹ 3/4 und 9/10

Ein sonniger Hang mit *Aethionema grandiflora*, dem Steintäschelkraut, *Hieracium villosum*, dem Silberhaarhabichtskraut und den beiden *Helianthemum-Hybriden*, den Sonnenröschenhybriden, blüht wochenlang.

Der immergrüne Steingarten

Es ist für unseren Steingarten wie auch für andere Gartenteile recht wichtig, daß wir die immergrünen Polsterstauden, Farne und Gräser, Zwerglaubgehölze und Zwergnadelgehölze kennen, die im Winter, ja auch noch bis tief in den Frühling hinein von größter Schönheit sind und bleiben und nur bei schweren Frösten und nach Schneeüberlagerungen schließlich unansehnlich werden. Bei Nadelgehölzen kommen winterliche Störungen überhaupt nicht vor; doch sind auch hier Arten und Sorten herauszuheben, die dem winterlichen Bilde einen besonderen Reiz verleihen.

Die Bepflanzung der Steingärten mit recht vielen kleinen immergrünen Gewächsen hat schon manchen Gartenfreund zu einem so leidenschaftlichen Liebhaber auch der ganzen großen immergrünen Gehölzwelt werden lassen, daß sein Garten selbst im Winter gleichsam ein Gefühl der Behaglichkeit und Wärme ausströmt. So ist der Steingarten bis in seine kleinsten Abarten hinein (die sogenannten »Puppensteingärten«) dafür geeignet, Geschick und Mut zur Bewältigung größerer Gartenaufgaben auszubilden.

Die folgende Extraktliste denkbar leicht wachsender immergrüner Stauden und Zwerglaubgewächse, die – Ausnahmewinter abgerechnet – strahlend schön den Frost, Schneedruck und Spätfrost überstehen (an die sich auch die *meisten* Zwergnadelgehölze reihen), ist ein Novum und verlangte jahrelange Vergleichsbeobachtung eines riesigen Materials.

Gartenfreunde und Gartengestalter mögen mit dieser Liste arbeiten, um ihre Tragweite zu erfahren. Auch in flächiger Pflanzung, selbst ohne Steine, bringen diese Gewächse oft ganz überraschend schöne Wirkungen in die bisher an solchen Pflanzenfreuden noch armen Gartenzeiten.

Liste der Immergrünen

Stauden

Acantholimon glumaceum
Achillea serbica
– *umbellata*
Androsace sarmentosa
Antennaria dioica ›Rubra‹
Arabis × arendsii ›Rosabella‹
– *procurrens*
Arenaria tetraquetra
Armeria, alle Arten
Asarum europaeum
Aubrieta-Hybriden in Sorten
Azorella trifurcata
Campanula persicifolia ssp. *sessiliflora* (syn. C. grandis)
– *portenschlagiana*
Cyclamen hederifolium (syn. C. neapolitanum)
Dianthus gratianopolitanus ›Blaureif‹
– – ›Compactus Eydangeri‹
Draba aizoides
– *bruniifolia*
Geranium macrorrhizum
Globularia in Arten
Haberlea rhodopensis
Helianthemum, alle Arten
Helleborus foetidus
– *Hybriden,* auch Sorten
– *niger*
– – var. *altifolius*
– – ›Maximus‹
– – ›Praecox‹
– *lividus* ssp. *corsicus*
Heuchera-Hybriden in Sorten
– *sanguinea* ›Splendens‹
× *Heucherella tiarelloides*
Hieracium × rubrum
Horminium pyrenaicum
Hutchinsia alpina ssp. *auerswaldii*
Iberis, alle
Matricaria oreades

Von *Vinca minor*, dem Immergrün, wurden zahlreiche Sorten selektiert. Die abgebildete ›Bowles Varietät‹ ist wohl die schönste blaue Sorte.

Paronychia serpyllifolia
Ramonda myconi
– *nathaliae*
Saxifraga, alle (außer *S. cortusifolia* var. *fortunei* und Sorten)
Sedum album
– – ›Murale‹
– *divergens* ›Atropurpureum‹
– *hybridum* ›Immergrünchen‹
– *reflexum*
– – ›Viride‹
– *sexangulare*
– *spathulifolium*
– – ›Cape Blanca‹
– – ›Purpureum‹
Sempervivum, alle Arten, Hybriden und Sorten
Thymus serpyllum in Sorten
– *villosus*
Wulfenia carinthiaca

Zwerglaubgehölze

Arctostaphylos nevadensis
– *uva-ursi*
Berberis candidula
– *empetrifolia*
– *hookeri*
– × *stenophylla*
– *verruculosa*
Buxus microphylla
– *sempervirens* ›Globosa‹
Calluna vulgaris, alle Sorten
Cotoneaster adpressus
– *congestus*
– *conspicuus*
– *dammeri*
– – var. *radicans*
– *horizontalis* ›Saxatilis‹
– *microphyllus* ›Cochleatus‹
Cytisus, alle Arten
Daphne arbuscula
– *blagayana*
– × *burkwoodii*
– *cneorum*
Dryas octopetala
– × *suendermannii*
Empetrum atropurpureum
– *nigrum*
Erica herbacea (syn. E. carnea) in Sorten
– *tetralix* in Sorten
– *vagans* in Sorten
Euonymus fortunei ›Coloratus‹
– – ›Gracilis‹
– – ›Minimus‹
– – var. *radicans*
– – – *vegetus*
Gaultheria procumbens
Hedera helix ›Conglomerata‹
– – ›Minima‹
Hypericum calycinum
Helianthemum, alle Arten und Hybriden
Iberis saxatilis
– *sempervirens*
Kalmia latifolia
Lavandula angustifolia in Sorten
Ligustrum vulgare ›Lodense‹
Mahonia aquifolium ›Moseri‹
Pachysandra terminalis
– – ›Green Carpet‹
Polygala chamaebuxus
Potentilla fruticosa in Sorten
Prunus laurocerasus ›Compactus‹
Rhododendron (s. Liste Seite 150 ff.)
Vaccinium vitis-idaea

Kleine und mittelgroße immergrüne Staudengräser

Carex firma
– *morrowii* ›Variegata‹
– *pendula*
– *plantaginea*
Festuca cinerea in Sorten
– *gautieri*
– *tenuifolia*
– *valesiaca* ›Glaucantha‹
Juncus inflexus (syn. J. glaucus)
Luzula sylvatica in Sorten

Immergrüne Farne

Asplenium ruta-muraria
– *septemtrionale*
– *trichomanes*
Blechnum penna-marina
– *spicant*
Ceterach officinarum (bedingt)
Polypodium interjectum ›Cornubiense‹
– *vulgare*
Polystichum aculeatum
– *lonchitis*

Bei Schattenlage wintergrüne Farne:

Phyllitis scolopendrium und Formen
Polystichum setiferum ›Herrenhausen‹
– – ›Plumosum Densum‹
– – ›Proliferum‹
– – ›Wollastonii‹

Die Zwergnadelgehölze sind in einer besonderen Liste aufgeführt (s. Seite 148 f.).

Dianthus superbus, die Prachtnelke, duftet köstlich. Sie verlangt aber einen nicht zu trockenen Standort.

Der Duftsteingarten

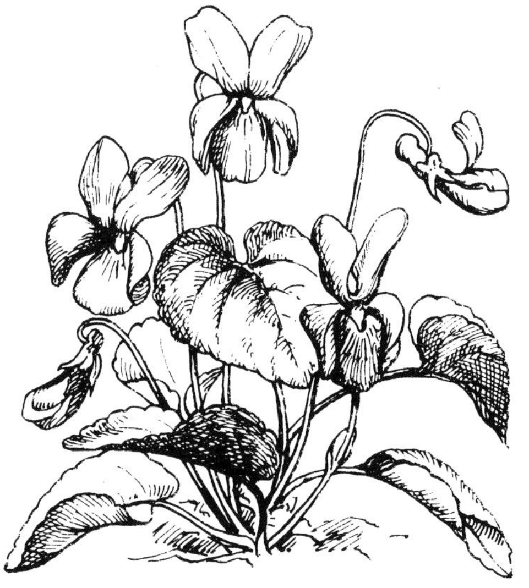

Die unermessenen duftenden Stätten und Grenzreiche der wilden Natur, der viele Pflanzen dieses Buches entstammen, erstrecken sich weit um den Globus. Wenn man alle diese würzreichen Heimatlande der Kleinstauden mit Linien verbände, würde man staunen, in welchen Duftnetzen der Erdball hängt. Die Heimatplätze sind erfüllt vom wilden Ruch, vom Atem der Schneeschmelze und Bergesfrische oder vom Nebelduft der Wälder und Wiesen, der Meeresstrande und Moore, von brandigen Würzgerüchen der Heiden, waldlosen Macchias und Steppen oder Felseninseln, auf denen die Südsonne ungeahnte Luftaromen kocht, und vom tausendfältigen anderen Gebräu der Lüfte aller möglichen menschenfernen Einsamkeiten zwischen Tropenbergen und Arktis, Strand und Gletscher.

Wer in stillen Gegenden unserer etwas stark domestizierten Natur lebt, hat zwar auch in Landschaft und Garten das ganze Jahr hindurch an festlichen Lüften oder leisen Würzen herumzuschnuppern, ahnt aber meist nicht, welcher Duftstrom Tag und Nacht über vielen Gefilden der Erde liegt, aus denen unsere duftenden Steingartengewächse stammen.

Je stärker ein Geruch, desto wandlungsfähiger mischt er sich mit all dem wilden Ruch und dessen Wetter- und Tageswechsel ringsumher.

In Düften und Würzen verströmt die Pflanze ihre Liebesbedürftig- und Liebenswürdigkeit und greift mit stiller Zauberkraft weit umher. Sie will kein Einsiedler sein und sendet auch Botschaften in ganz andere Sphären.

Duft- und Würzgeruchliste der Steingartenpflanzen

Bl. = Blüte Lb. = Laub

Stauden

Achillea umbellata, Lb.
Aethionema grandiflorum, Bl.
Alyssum montanum, Bl.
– *saxatilis,* Bl.
Anthemis nobilis ›Plena‹, Lb.
Arabis caucasica in Sorten, Bl.
Aster amellus in Sorten, Bl.
Codonopsis clematidea, Bl.
Convallaria majalis, Bl.
– – ›Rosea‹, Bl.
Dianthus alpinus, Bl.
– *carthusianorum,* Bl.
– *cruentus,* Bl.
– *deltoides* in Sorten, Bl.
– *gratianopolitanus,* Bl.
– *plumarius* in Sorten, Bl.
– *sylvestris,* Bl.
– *superbus,* Bl.
Dictamnus albus, Bl.
Dodecatheon meadia, Bl.
Galium odoratum, Bl.
Geranium macrorrhizum in Sorten, Lb.
Helleborus niger, Bl.
– *odorus,* Bl.
Hemerocallis citrina, Bl.
Hemerocallis-Hybriden, je nach Eltern, Bl.
– *middendorffii,* Bl.
– *minor,* Bl.
Hosta plantaginea, Bl.
Iberis sempervirens, auch Sorten, Bl.
Iris germanica (Barbata-Elatior-Gruppe), sehr unterschiedlicher Blütenduft, Bl.
– – (Barbata-Media-Gruppe), viele Sorten, Bl.
– – (Barbata-Nana-Gruppe), viele Sorten, Bl.
– *humilis,* Bl.
– *pumila,* Bl.
Melittis melissophyllum, Bl.
Nepeta × faassenii, auch Sorten, Lb.
Nuphar lutea, Bl.
Nymphaea-Hybriden, Bl.
Oenothera missouriensis, Bl.
Origanum vulgare ›Compactum‹, Bl.
Paradisea liliastrum, Bl.
Petasites fragrans, Bl.
Phlox-Arendsii-Hybriden, Bl.
– *divaricata,* Bl.
Phuopsis stylosa ›Rubra‹, Bl.
Polemonium × richardsonii, Bl.
Primula auricula, Bl.
– *beesiana,* Bl.
– *bulleyana,* Bl.
– *Elatior-Hybriden,* Bl.
– *florindae,* Bl.
– *× pubescens,* Bl.
– *sikkimensis,* Bl.
– *vulgaris,* Bl.
Salvia × superba, in Sorten, Bl., Lb.
Santolina chamaecyparissus, Lb.
Satureja montana in Sorten, Lb.
Thymus serpyllum in Sorten, Lb.
Viola odorata in Sorten, Bl.

Blumenzwiebeln (alle Bl.)

Colchicum autumnale
– *speciosum* var. *bornmuelleri*
– *Hybriden,* je nach Eltern
Crocus flavus
– *longiflorus*
– *medius*
– *vernus,* in Sorten
– *vernus* ssp. *vernus*
Cyclamen purpurascens
Fritillaria imperialis
Galanthus nivalis

Hyacinthus orientalis, in Sorten
Iris danfordiae
– *histrioides* ›Major‹
– *reticulata*
– *Reticulata-Hybriden*
– *xiphoides* (Wildart)
Lilium hansonii
– *Hybriden,* je nach Eltern (besonders *Hansonii-Hybriden*)
– *martagon*
– *pyrenaicum*
– *regale*
Muscari comosum
– *racemosum*
– *neglectum*
Narcissus, sehr unterschiedlicher Duft
Tulipa greigii
– *tarda*
Tulipa (Gartentulpen), sehr unterschiedlich

Gehölze

Abeliophyllum distichum, Bl.
Calycanthus floridus, Bl.
Caryopteris × clandonensis, Bl.
– *incana,* Bl.
Chimonanthus praecox, Bl.
Chionanthus virginicus, Bl.
Corylopsis pauciflora, Bl.
Daphne blagayana, Bl.
– *cneorum* ›Major‹, Bl.
– *mezereum,* Bl.
Gaultheria procumbens, Lb.
Hamamelis mollis, Bl.
Ledum palustre, Lb.
Lonicera × purpusii, Bl.
Magnolia stellata, Bl.
Mahonia aquifolium ›Moseri‹, Bl.
Perovskia atriplicifolia, Lb.
Philadelphus-Lemonei-Hybriden, Bl.
Rhododendron flavum, Bl.
– *hirsutum,* Bl.
– *impeditum,* Lb.
– *prinophyllum* (syn. Rh. roseum), Bl.
– *vaseyi,* Bl.
Rosa rubiginosa, Bl.
– *spinosissima,* in Sorten, Bl.
Skimmia japonica, Bl.
Viburnum × bodnantense, Bl.
– *× burkwoodi,* Bl.
– *× carlcephalum,* Bl.
– *carlesii,* Bl.
– *farreri* (syn. V. fragrans), Bl.

Cyclamen purpurascens ist das Duftalpenveilchen.
Es sät sich an durchlässigen, nicht zu feuchten, aber etwas kalkhaltigen Standort selbst aus!

Gräser, Farne, Blumenzwiebeln und Gehölze des Steingartens mit den dazugehörigen Pflanzenlisten

Gräser im schattigen und sonnigen Steingarten

Ebenso wie im übrigen Garten hat man auch in Steingärten die zugehörigen kleinen und mittelgroßen Staudengräser bisher wenig verwendet, obgleich diese in den Alpen eine so große Rolle spielen und zuweilen mit erstaunlichen Kletterkünsten den Felsenfugen und Bändern hoher Bergmassive, so zum Beispiel der Benediktenwand, mit der *Carex firma* ihren Stempel aufdrükken. Es gibt aber auch sehr viele andere Anregungen und Lockungen, Gräser in Steingärten zu verwenden. Und hier, unter dem Zeichen der Wald- und Steppen-, Dünen- und Heide- sowie Ufergräser, lebt sich Gräserschönheit im Steingarten und Naturgarten, am Rande von Steingartengewässern und im Wasser selber am tiefsten und reichsten aus. Umherwucherer sind hier ausgeschlossen, weil man der Unordnung bringenden Sprossen nicht Herr werden könnte. Die edelsten Gräser mit ihren erstaunlichen Farbenreizen und Wildniszaubern stellen auch im Steingarten eine kleine Rückversicherung gegen Fehler dar, über die sie mit ihrer Mittlerrolle vielfältig hinweghelfen wie das Klavierpedal dem Musikschüler.

Gräser sind von starker Wirkung und oft von wuchtigen Wachstumskräften. So muß man einige Jahre nach der Pflanzung oft feststellen, daß sie ein wenig sparsamer zu verwenden sind. Sie leisten erstaunliche Schönheitsdienste, ja, ihre herzhafte Nachbarschaft bändigt sogar manches Wuchergewächs, wie etwa *Oenothera speciosa* oder Günsel, denen es selbst den *großen Ausbreitungsdrang* ein wenig aus den Segeln nimmt. Unabsehbar ist die Zukunftsrolle der Gräser auch im Schatten. Manche passen in die Nähe von Farnen, andere wieder nicht. Wieviel Blüten- und Blattschmuckstauden werden erst durch das *Zusammenspiel* mit benachbarten Gräsern zu ganz neuen Äußerungen gebracht! Auch das Fangballspiel der Reize zwischen Gräsern und Blattgewächsen muß hier zu seinem Recht kommen.

Die herrliche, weitverbreitete Blaubinse, *Juncus inflexus,* kann man mit Vergißmeinnicht zusammen ins Wasser setzen; daneben steht sie in der Ufererde zwischen *Tradescantia-Andersoniana-Hybriden* spreizt aber auch noch höher, um Steingartenpflanzen Gesellschaft zu leisten und alle möglichen passenden Nachbarn zu finden und zu beglücken. Für viele kleine Gräserstauden gibt's überhaupt gar keine anderen Stätten als den Steingarten. Wunderbar, daß uns mit diesen urweltlichen Lebenspionieren so unabsehbare Geflechte erlesener und ruhevoller Beziehungen verbinden. Welch einen Reiz an nettem Steingartenplatz schon ein einziges Exemplar darstellt, merken wir oft ganz, wenn es weggenommen wird.

In Gärten kennt man fast nur die Schönheit geschorenen Grases, die ja zauberhaft genug ist oder sein kann, uns aber so wenig von der Schönheitsentfaltung der Gräser ahnen läßt, wie kurz geschorenes Frauenhaar uns Begriffe von den Zauberwelten üppiger Haarentfaltung ermöglicht. Haarfreude ist ein Riesenkapitel unseres Weltbehagens – Schmuckgräserfreude könnte sich im Garten zu einer ähnlichen Rolle ausbilden.

Eine der leichtstgedeihendsten Wildtulpen ist die mittelasiatische *Tulipa linifolia*. Ihre leuchtend roten Blüten öffnen sich weit in der Sonne.

Im Heidegarten, dieser Stätte allerstillster Gartenfarben, haben die farbigen Gräser wieder eine andere Sendung. Sie tragen ganz besonders passende Gegenfarben hinein, und auch ihre Struktur steht nach Halt und Kraft in eigenartiger Kontrapunktik zur Heidevegetation zwischen den großen Findlingssteinen. Schön, wenn eine stahlblaue *Helictotrichon sempervirens* (Avena sempervirens), genannt Blaustrahlhafer, halb unter einem alten Granitstein hervorbirst und ihre betauten blauen Fächer hinter eine Kissenaster hält, die wiederum aus silbergrau umwachsener rosa Heide aufsteigt. Die grauen Flechten bildet man aus »Katzenpfötchen«, der *Antennaria dioica*, nach. Auch hier ist das Arbeiten mit einigen Gräsern für den Anfänger ermutigend. Sie sind Rettungsgürtel beim Schwimmenlernen in den Fluten der Naturgartenwagnisse. Die Blütezeiten der Gräser ziehen sich je nach Art vom März bis zum Oktober hin. Viele Vorfrühlingsgräser blühen fast schwarz, manche Berggräser blühen weiß, andere wehen in silbergrauen Fahnen oder in blaßgelben Ähren; manche blühen kurze Wochen hindurch, andere monatelang. Viele liefern bezaubernde Trockensträuße, die sich jahrelang unverändert in ihrer Linienschönheit und zarten Vieltönigkeit der Farbe erhalten.

Die nachfolgende Liste enthält manche unausgeschöpfte Gräsergestalten für vielerlei Verwendungszwecke im schattigen und sonnigen Steingarten. Die erste Zahl meint die Halmhöhe, die zweite die Blütenstielhöhe in Zentimetern.

Die Erklärung der verwendeten Zeichen und Abkürzungen findet man auf Seite 156.

Mittelhohe, oft hochherausblühende Gräser, Seggen, Binsen und Simsen

Knie- bis hüfthoch; 50 bis 90 cm, die vereinzelt an manchen Randplätzen im Steingarten oder mit sonstiger Kleinstaudennachbarschaft bedeutsam wirken können.

Achnatherum calamagrostis, Silberährengras 50/70 cm, ○ ⊥ ✂

Agropyron magellanicum, Magellanblaugras, 40/80 cm, in Randbezirke pflanzen, ○ ≃ ⊥

Bouteloua gracilis, Haarschotengras, 30/50 cm, ○ bis ○○ ≃ ✂ ♣ ⊍

Briza media, Herzzittergras, 30/50 cm, ○ bis ○○ ✂ ♣

Carex grayi, Morgensternsegge, 60/80 cm, ○ bis ◐ ≌ ⊔ ✂ ♣ ⌖

– *morrowii* ›Variegata‹, Weißbunte Japansegge, 30/50 cm, ◐ bis ● ≃ ▭ Y ♁ ⌖ ⊍

Eriophorum latifolium, Breitblättriges Wollgras, 30/60 cm, ○ ⊖ ≌ ⊔ ᨓ ✂ ♣ ♧

– *vaginatum,* Schleppenwollgras, 30/60 cm, ○ ⊖ ≌ ⊔ ᨓ ✂ ♣ ♧

Helictotrichon sempervirens (Avena sempervirens), auch die Sorte ›Pendula‹, Blaustrahlhafer, 40 bis 120 cm, in Randbezirke pflanzen, ○ bis ○○ ⊕ ⊥ ⌖

Hystrix patula, Flaschenbürstengras, 30/60 cm, ○ ⊥ ✂ ♣

Juncus inflexus, Blaubinse, 50/50 cm, ○ bis ◐ ≃ ⌓ ⊥ ⊔ ᨓ ⌖

Luzula nivea, Schneemarbel, 30/50 cm, ◐ ≃ ‖ Y ✂ ♣ ⌖

Melica transsilvanica, Siebenbürgener Perlgras, 50 bis 100 cm, ○ bis ○○○ ⊕ ‖ ⊥ ✂ ♣

Molinia caerulea mit Sorten, Besenried, 40/80 cm, ○ bis ◐ ⊖ ≃ ⊥ Y ⊔ ✂ ♠

Molinia caerulea ssp. *altissima,* Riesenpfeifengras, 60/180 cm, in Randbezirke pflanzen, ○ bis ◐ ⊖ ≃ ⊥ Y ⊔ ✂ ♠

Pennisetum alopecuroides (Pennisetum compressum), Australisches Lampenputzergras, 50/80 cm, ○ ≃ ⌓ ⦙ ⊥ ⊔ ✂ ♣

– *orientale,* Orientlampenputzergras, 50/80 cm, ○ ≃ ⦙ ⊥ ✂ ♣

Sesleria heufleriana, Grünes Kopfgras, 30/50 cm, ○ ≃ ⦙ ⊥ ✂ ⌖

– *nitida,* Nestkopfgras, 50/70 cm, ○ bis ○○ ⊕ ⌓ ⊥ ✂ ⌖

Stipa barbata, Reiherfedergras, 40/80 cm, ○ bis ○○ ⊕ ⊥ ✂ ♣ ⊍

– *capillata,* Büschelfedergras, 80/130 cm, ○ bis ○○ ⊕ ⊥ ⊍

– *pennata,* Flauschfedergras, 30/80 cm, ○ bis ○○ ⊕ ⊥ ✂ ♣ ⊍

– *pulcherrima,* Prachtfedergras, 50/100 cm, ○ bis ○○ ⊕ ⊥ ✂ ♣ ⊍

– *stenophylla,* Roßschweiffedergras, 30/80 cm, ○ bis ○○ ⊕ ⊥ ✂ ♣ ⊍

Gräser, wie hier *Festuca cinera,* der Blauschwingel, vermag gut zwischen den gelbblühenden Ginster und rotblühenden Nelken zu vermitteln.

Niedrige Gräser, Seggen, Binsen und Simsen

Spann- bis fußhoch und darunter; 20 bis 30 cm

Arrhenatherum elatius subsp. *bulbosum* ›Variegatum‹, Weißbunter Knollenglatthafer, 30/50 cm, ○ ⋙ ♁
Carex baldensis, Sommerschneesegge, 15/20 cm, ○ bis ☼ ⊕ ⦙ ⊽ ⊽
– *firma,* Zwergpolstersegge, 10/15 cm, ○ bis ☼ ⊕ ⊽ ⯭ ⦙ ⊽
– *fraseri,* Frühlingsschneesegge, 25/40 cm, ◐ bis ● ⊝ ≃ ▭ Y ♁ ⯭
– *humilis,* Erdsegge, 10/15 cm, ○ bis ○○ ⊕ ⦙ ⊽
– *montana,* Bergsegge, 20/30 cm, ○ bis ○○ ⊕ ▭ ⋙ Y ♠
– *ornithopoda* ›Variegata‹, Weißbunte Vogelfußsegge, 15/20 cm, ◐ ≃ ⌓ Y ♁ (Λ) ⊽
– *plantaginea,* Breitblattsegge, 30/50 cm, ◐ bis ● ⊝ ≃ ▭ Y ♁ ⯭ ⊽
– *Carex umbrosa,* Schattensegge, 20/40 cm, ◐ bis ● ⊝ ▭ Y ⯭
– *Festuca alpina,* Alpenschwingel, 20/30 cm, ○ ⊕ ≃ ⦙ ⌓ ⯭
– *amethystina,* Regenbogenschwingel, 20/40 cm, ○ bis ○○ ‖ ⌓ ⯭
– *cinerea* mit Sorten, Blauschwingel, 20/30 cm, ○ bis ○○○ ⌓ ⯭
– *glacialis,* Gletscherschwingel, 10/15 cm, ○ bis ☼ ≃ ‖ ⯭
– *punctoria,* Stachelschwingel, 15/20 cm, ○○○ ⊕ ‖ ⌓ ⊽ ⯭
– *gautieri,* Bärenfellschwingel, 10/20 cm, ☼ ≃ ▭ ⦙ ⯭ ⊽
– *tenuifolia,* Feinhaarschwingel, 10/20 cm, ○ bis ○○ ‖ ▭ ⦙ ⯭
– *valesiaca* ›Glaucantha‹, Zwergblauschwingel, 10/15 cm, ○ bis ○○○ ‖ ⌓ ⊽ ⯭
Juncus effusus ›Spiralis‹, Spiralbinse, 30/35 cm, ○ bis ◐ ⊝ ≌ ⊔ ⩘
– *tenuis,* Zwergbinse, 20/30 cm, ○ bis ◐ ⊝ ≌ ⊔ ⩘
Koeleria glauca, Blaugrüne Kammschmiele, 20/40 cm, ○ bis ○○○ ‖ ⊽
Luzula pilosa, Immergrüne Zwergmarbel, 15/30 cm, ◐ bis ● ⊝ ≃ ▭ Y ⯭
– *sylvatica* mit Sorten, Waldmarbel, 20/40 cm, ◐ bis ● ⊝ ≃ ▭ Y ⯭
Melica ciliata, Wimperperlgras, 30/60 cm, ◐ ⊕ ▭ Y
– *nutans,* Nickendes Perlgras, 30/50 cm, ◐ ⊕ ▭ Y
Poa caesia, Hechtblaues Rispengras, 15/20 cm, ○ ≃ ‖ ⊽ ♁
Sesleria autumnalis, Herbstkopfgras, 30/40 cm, ○ bis ○○ ≃
– *varia,* Blaues Kopfgras, 20/40 cm, ○ bis ○○○ ⊕ ‖ ⯭

Farne im Steingarten

Der Steingarten und *besonders* der Naturgarten sind die eigentliche Gartenheimat der Farne. Hier kommen sie zu ihrem wahren Lebensrecht und entfalten ihre geselligen Fähigkeiten im Verein mit Stauden, Gehölzen und Gräsern. Hier treten sie aus ihrer urweltlichen Schweigsamkeit heraus.

Das unversiegbare Reich der Farnfreuden liegt im schattigen oder leicht beschatteten Steingarten, im Vorfrühlings- oder Waldrandgarten, am Bachufer und *teilweise* an sonnigen Steingartenplätzen, die einigermaßen bodenfrisch sind oder erhalten werden. Langsam dringt das Farnleben auch mit immer mehr Arten und Formen in die Sonne vor. Es gibt winzige und mächtige Farne, solche für *trockenere Steinfugen* und andere, die jahrelang im Wasser wachsen können. Fast alle Gartenfarne stammen aus der nördlich-gemäßigten Zone. Nur einige wenige, wie zum Beispiel der Feuerlandrippenfarn *(Blechnum pennamarina)* mit seinem prachtvollen, bodenbedeckenden, dunkelgrünen Kissen, entstammen anderen Gefilden. Es gibt aufrechte und lagernde, grausilberne und smaragdgrüne oder tiefrötlich austreibende, derbmächtige oder unsäglich zierliche Farnarten, die alle ihren Nachbarpflanzen neue Seiten und neue Reize abzugewinnen verstehen.

Polypodium lonchitis, der Lanzenschildfarn, gedeiht am besten in Geröllfugen.

Adiantum pedatum, der Pfauenradfarn, ist trotz seiner Höhe bis 60 cm ein idealer Steingartenfarn.

Kein Mensch kann dieses große Gartenreich rätselvoller feuchter Schönheit und unbegreiflicher Rhythmik unbeachtet lassen, ohne daß eine Art Lücke in seinem Naturleben klafft. Hier verhilft Schatten dem Garten zu fast unersetzlichen Wirkungen, welche die Blumen in ihre Waldstimmungen hineinziehen. Die hier aufgestellten Farnlisten in ihrer Beschränkung fassen die unbedingt leicht wachsenden Arten und Formen unter den besten und verschiedenartigsten Kleinfarnen zusammen.

Farnfreude im Garten führt eine ganze Welt abliegenden Lebens auch in unsere Blumenbeziehungen hinein. Eigentlich erst durch Farne verschreibt man sich der letzten und vollsten Bejahung des Gartenschattens; und mit ihrem Waldeinsamkeitsreize wird unzähligen Schattenblühern erst ihre wahre Atmosphäre bereitet. In tausend Ländern menschenferner Wildeinsamkeit der Erde, durch unausdenkbare Unzugänglichkeiten hin, Menschenaugen entrückt – zumal den Augen der Europäer –, liegen rings um den Globus die Wildvorkommen dieses träumerischen Lebens, das irgendwie in lautloser Abgeschiedenheit vom Pulsschlag unseres wachen Zeitgefühls dämmert und dauert, als herrsche noch der Gang versunkener Zeitalter über ihrem Leben. Ergreifend sind die Grundtatsachen der geographischen Verbreitung aller Farne. Es wimmelt von Überraschungen; wir bestaunen die ungeheure Weltwanderschaft vieler für den Garten geeigneter Farne durch die gemäßigte Zone der Nordhalbkugel, aber auch die wunderliche, kapriziöse Verteilung ihrer Ursprungsherde und Heimatländer auf verhältnismäßig kleine Länderstrecken. Mancherlei Farne wachsen in beiden Zonen, der subtropischen und der gemäßigten, viele andere haben ihre Vertreter zirkumpolar angesiedelt, während die Vielzahl der Arten tropischen und subtropischen Regionen angehört. Bis auf einige englische Gartenbezirke, in denen die Farne schon eine große Rolle spielen, ist dies edle ornamentale Blattpflanzenreich alles in allem ein Neuling in unseren Gärten. Wachsendes Zutrauen in ihre unverwüstliche Dienstbereitschaft wird am ehesten Wandel schaffen.

Die beiden nachfolgenden Farnlisten bieten für alle Gartenbegeisterten viele Möglichkeiten, mit diesen Schätzen allerlei Wagnisse an vielen Gartenplätzen des Steingartens, wie in Gesteins- und Mauerfugen, in absonniger oder lichtschattiger Lage im Verein mit Laub- und Nadelgehölzen zu unternehmen. Die Höhen sind in Zentimetern angegeben.

Polystichum setiferum ›Plumosum Densum‹, der Flaumfeder-filigranfarn, entwickelt auffällige immergrüne Wedel.

Kleine Farne

Spann- bis fußhoch; etwa 20 bis 30 cm

Adiantum pedatum ›Imbricatum‹, Zwergpfauenradfarn, 20 cm, ☼ bis ◐ ⊖ ≌ ▭ ʍʍ› Y ⤫
– *venustum,* Himalajafrauenhaarfarn, 25 cm, ☼ bis ◐ ⊖ ≌ ▭ ʍʍ› Y ⤫ ♠ ∧
Asplenium ruta-muraria, Mauerraute, 5 cm, ☼ ⊕ ‖ 丰
– *septentrionale,* Nördlicher Streifenfarn, 15 cm, ☼ ⊖ ‖ 丰
trichomanes, Braunstieliger Streifenfarn, 15 cm, ☼ bis ◐ ‖ 丰
– *viride,* Grünstieliger Streifenfarn, 15 cm, ☼ bis ◐ ⊕ ≃ ‖
Athyrium filix-femina ›Erosum Minus‹, Elfenfrauenfarn, 30 cm, ◐, auch ● ⊖ ≌ Y
– – – ›Minutissima‹, Zwergfrauenfarn, 30 cm, ◐, auch ● ⊖ ≌ Y
Blechnum penna-marina, Feuerlandrippenfarn, 10 cm, ● ⊖ ≌ Y 丰 (∧)
Ceterach officinarum, Schriftfarn, 10 cm, ○ auch ☼ ⊕ ‖ ⛁ ♁ 丰 ∧
Cystopteris fragilis, Felsenblasenfarn, 25 cm, ○ bis ◐ ≃ ‖ Y
Gymnocarpium dryopteris, Eichenfarn, 25 cm, ◐ bis ● ⊕ ≃ ʍʍ› Y
– *robertianum,* Ruprechtsfarn, 25 cm, ◐ bis ● ⊕ ≃ ʍʍ› Y
Phegopteris connectilis, Buchenfarn, 20 cm, ◐ bis ● ≌ ʍʍ›
Phyllitis scolopendrium ›Cristata‹, Hahnenkammhirschzungenfarn, 30 cm, alle Hirschzungenfarn-Sorten ☼ bis ● ≃ ‖ Y ⛁ 丰
– – ›Marginata‹, Geränderter Hirschzungenfarn, 30 cm
– – ›Undulata‹, Zwergwellenhirschzungenfarn, 25 cm
Polypodium vulgare, Tüpfelfarn, 20 cm, ☼ bis ● ≃ ‖ Y 丰
– *interjectum* ›Cornubiense‹, Federtüpfelfarn, 30 cm, ☼ bis ● ≃ ‖ ʍʍ› Y (丰)
Polystichum lonchitis, Lanzenschildfarn, etwa 25 cm, ☼ bis ● ≃ ‖ Y ⛁
Thelypteris decursive-pinnata, Ostasiatischer Lappenfarn, 40 cm, ◐ bis ● ≃ ʍʍ› Y
Woodsia alpina, Alpenwimperfarn, 10 cm, ☼ ≃ ‖ ⛁
– *ilvensis,* Rostbrauner Wimperfarn, 20 cm, ☼ ≃ ‖ ⛁
– *obtusa,* Großer Wimperfarn, 30 cm, ☼ ≃ ‖ ⛁

Mittelgroße Farne

Knie- bis hüfthoch; etwa 40 bis 90 cm

Adiantum pedatum, Pfauenradfarn, 60 cm, ☼ bis ● ≃ ▭ ʍʍ› Y ⤫
Athyrium filix-femina ›Fieldiae‹, Omorikafrauenfarn, etwa 40 cm
Athyrium filix-femina ›Fritzelliae‹, Halbmondfrauenfarn, etwa 40 cm
– – – ›Oligophlebium‹, Schmalwedelfrauenfarn, 40 cm
– – – ›Victoriae‹, Harpunenfrauenfarn, 50 cm
Alle *Athyrium*-Formen ◐ bis ● ≃ Y ⊔
Athyrium niponicum ›Metallicum‹, Brokatfarn, 30 cm, ☼ bis ● ≃ ‖ Y
Blechnum spicant, Rippenfarn, etwa 30 cm, ◐ bis ● ⊖ ≃ 丰
Cystopteris bulbifera, Brutknospenblasenfarn, etwa 40 cm, ◐ bis ● ⊖ ≃ ʍʍ› Y
Dryopteris erythrosora, Rotschleierfarn, 80 cm, ☼ bis ● ≃ ⊥ Y ⊔
Onoclea sensibilis, Perlfarn, 40 cm, ◐ bis ● ≌ Y ⊔ ʍʍ›
– – ›Rotstiel‹, rotstielige Form des Perlfarns, 40 cm
Osmunda regalis var. *gracilis,* Zwergkönigsfarn, 60 cm, ◐ bis ● ≌ ⊥ Y ⊔ ʌʌʌ
Phyllitis scolopendrium, Hirschzungenfarn, 40 bis 50 cm
Auch die folgende Sorte ☼ bis ● ≃ ‖ Y ⛁ 丰
– – ›Crispa‹, Wellenhirschzungenfarn, 40 cm
Polystichum arostichoides, Weihnachtsfarn, 80 cm, ◐ bis ● ≌ Y ⤫
– *polyblepharum* ›Bornim‹, Vielgewimperter Schildfarn, 50 cm, auch höher, ◐ bis ● ≌ ⊥ Y
– *setiferum,* alle Formen, Filigranfarn, etwa bis 60 cm, ☼ bis ● ≃ ⊥ Y
Thelypteris hexagonoptera, Flügelfarn, 30 cm, ◐ bis ● ≃ ʍʍ› Y
– *thelypteroides,* Sumpffarn, bis 80 cm, ☼ bis ◐ ≌ ▭ ʍʍ› ⊔ ʌʌʌ ⩫

Phyllitis scolopendrium, die Hirschzunge,
gilt zu Recht als willig wachsender Fugenfarn.

Von *Tulipa kaufmanniana* gibt es Sorten in den verschiedensten Farbkombinationen. Hier wurde die Sorte ›Cesar Frank‹ meisterhaft mit anderen Frühjahrsblühern benachbart.

Blumenzwiebeln im Flor ihrer winterharten Dauerarten

Auch hier, im Blumenzwiebelreiche, haben wir es mit einem Doppelstrom von Pflanzengestalten zu tun, deren einer mit glanzvollen und lauten Farben in regelmäßige und architektonische Gartenpartien fließt, während der andere sich in die Bezirke der Wildnis-Gartenkunst, also auch der entsprechenden Steingärten, ergießt.

Die Bedeutung der Blumenzwiebeln für diese stilleren und intimeren Regionen der Gartengestaltung – und zwar ihre Fähigkeit, nicht nur den Frühling und Vorfrühling, sondern alle Gartenmonate zu erfüllen – ist den meisten Gartenfreunden eine noch etwas verworrene, zumal in ihren Schönheitsgipfeln unbekannte Angelegenheit.

Es wird immer Grenzfragen geben, ob eine Pflanzenart und ihre Sorten für den Natur- oder Steingarten, in diesem Falle auch für den Steingarten natürlichen Stils, nicht zu prächtig und gartenhaft sind. Die feine Linie, die hier richtig und unrichtig voneinander scheidet, führt oft mitten durch eine Pflanzenart hindurch. So gibt es fraglos eine Menge von Narzissen- und Tulpensorten und -arten und ebenso von genügend »mager« gewordenen Hyazinthen von vollkommener Eignung für den Natursteingarten, während überall Nachbarsorten in künstlerisch unsicheres Gebiet locken. Der Abstand vom Richtigen bis zum Lächerlichen ist hier oft sehr klein. Es ist vielfach gar nicht immer die Pracht oder der »Haustiercharakter« einer Pflanze, die sie hier von der Verwendung ausschließt. So kann man in einem architektonischen Terrassenhohlweg des Vorfrühlings, dessen Terrassenbeete und Mäuerchen im natürlichen Stil bepflanzt wurden, ohne weiters edelste Kaiserkronen-Sorten verwenden, während viele gartenhafte Tulpenarten den Charakter des Platzes stören würden.

Das ganze vorliegende Buch ist voll von Hinweisen über die Notwendigkeit oder Erlaubtheit solcher Unterscheidungen und behandelt den erweiterten Möglichkeitskreis des architektonischen Steingartens gegenüber dem natürlichen mit größter Sorgfalt.

Unabsehbar in jeder Richtung sind die Gartendienste, welche der Pflanze Steine zu leisten vermögen. Eine besondere Bedeutung der Steinnachbarschaft und Steinfassung besteht für die Blumenzwiebelstauden darin, daß der Stein oft das Leben dieser während langer Jahreszeiten unsichtbaren Pflanzen im Boden schützt und ihre Plätze sichert. Dies gilt natürlich besonders für das Leben der Kleinzwiebeln, das kräftiger Rahmen und Sicherungen bedarf.

Was hält nun das Blumenzwiebelreich in jedem Monat von Ende Februar bis Ende Oktober für den Stein- und Naturgarten an Überraschungen bereit?

März: März ist für die Naturgärten die Zeit der frühen und späten Krokusse, Anemonen und ihrer kleinen allerfrühesten Vorläufer – der allerfrühesten Perlhyazinthen und der frühen und späten *Eranthis,* der ganz frühen *Scilla* und *Chionodoxa, Bulbocodium vernum, Crocus, Cyclamen,* Schneeglöckchen, Märzbecher, Hundszahne – der frühen und späten Vorfrühlingsschwertlilien, der märzblühenden Narzissen, des an warmen Stellen beginnenden Hyazinthenflors und der Märztulpen.

April: April gehört den Hyazinthen, zahllosen kleinen und großen Wildtulpen, allen möglichen naturhaften Narzissen, den Perlhyazinthen, weißen, blaßblauen und rosa Buschwindröschen und Apenninanemonen, dem Aronstab und den glänzenden wie den bescheideneren Fritillarien in vielerlei Arten weißer, roter, gelber Farbe sowie den frühen Milchsternen und den letzten späten Krokussen.

Mai: Der Wildtulpenflor geht weiter, und auch die Wildnarzissenblüte reicht noch in diesen Monat, der auch das Leben der Glockenscilla und späteren Perlhyazinthen umschließt, ebenso wie das der frühen *Allium*-Arten.

Juni: Im Juni melden zwergige Feuerlilien und neue frühblühende Lilienhybriden ihre Anwartschaft auf den Steingarten an, werden zunächst als viel zu prächtig entrüstet zurückgewiesen, machen aber geltend, daß ihre Eltern teilweise von Bergwiesen stammen. Im Juni geht es mit den letzten Wildtulpen weiter und vorwärts mit vielen *Allium*-Arten. Wir führten von letzteren die meisten erstmalig dem deutschen Pflanzenhandel zu. Wenig bekannt ist noch die Dauer ihrer Blütezeit von Ende April bis tief in den August hinein und die Auseinanderfaltung ihrer Schönheit und Eigenart in Zwerge und brusthohe Gestalten, in Kugeln und Spritzraketen, Beleuchtungskörper und Paukenschläger, in gelbe, rotviolette, leuchtend amethystfarbene, tief purpurrote, blaue und weiße Farben. Juni ist der Monat der Lilien und der späten Zwiebeliris.

Juli: Alles vom Juni Gesagte gilt auch für diesen Monat. Selbstverständlich sollen hier dem stillen Garten nicht zu laute Gestalten zugemutet werden; dennoch gibt es auch unter den Glanzfamilien der Blumenzwiebeln dieser Monate genug stille und intime Gestalten.

Außerdem gilt es, auch hier immer wieder der besonderen Provinz des Steingartens zu gedenken, die man den »architektonischen Steingarten« nennt, der ja bekanntlich Freibriefe für allerlei Wagnisse auch mit prächtigeren Blumen erteilt. Die winterharten Gladiolen sind schlicht genug, um an alle möglichen dafür bestimmten Stein- und Naturgartenplätze zu passen.

August: Ende August beginnt der Herbstzeitlosenflor und schon früher an warmen Stellen die Montbretienblüte, auch der Lilienflor geht weiter. Montbretien können in gebauten Ufergärten merkwürdig »natürlich« wirken. Die frühen Herbstzeitlosen gesellt man gern den europäischen Bergastern und allerlei Gräsern zu.

September/Oktober sind die Monate der Edelherbstzeitlosen- und der Herbstkrokusarten sowie der Sternbergien. Es gibt zwei Zeitgruppen des Herbstzeitlosenflors; wobei die gefüllten Sorten bis in den November reichen. Bei den verschiedenen Herbstkrokussen ebenso wie bei den Herbstzeitlosen handelt es sich um unverwüstliche Gestalten, die mit niedrigen *Aster dumosus*- und *Aster amellus*-Sorten, zwergigen Beerenschmuckgehölzen, herbstblühenden Sedum und Oktobersteinbrech, mit Oktoberschneerosen, der blauen Bleiwurz und mannigfachem kleinem Nachflor eine neue Glanzzeit der Natur- und Steingärten eingeleitet haben.

Die wichtigsten Blumenzwiebeln

Allium · Lauch · Liliengewächse
○ bis ○○○ ⊕ △ Y ✂ ⬡

Frühe Lauche des Mai

Allium aflatunense · Persischer Kugellauch ✿
Etwa tschh., purpurrot bis lilafarben, Nordiran.

– *atropurpureum* · Roter Kugellauch
Etwa tschh., weinrot, Südosteuropa bis Mittelasien.

– *karataviense* · Blauzungenlauch ♁ ✿
Sph., grauweiße, manchmal zartrosa überlaufene Kugelblüten, Alataugebirge in Kasachistan.

– *neapolitanum* · Weißer Neapellauch
Fußhohe nickende, wohlriechende Blütenköpfe, reinweiß, Mittelmeergebiet, in Südtirol verwildert, in rauhen Lagen Winterschutz ratsam.

Mittelspäte Lauche des Juni

Allium caeruleum · Enzianlauch
Knh., tiefkornblumenblau, in der Farbe manchmal etwas variierend, gute Schnittblume, Südosteuropa bis Sibirien.

– *cristophii* · Spritzraketenlauch ✿
Knh., glänzende amethystfarbene, elegante Kugelblüten, gute Schnittblume für Trockensträuße, schön im Sedumteppich, Winterschutz ratsam, Nordiran.

– *cyaneum* · Chinesischer Enzianlauch ‖ ⛉
Fßh., leuchtend blau, Westchina.

– *kansuense* · Zwergenzianlauch ‖ ⛉
Kaum sph., blau oder violettblau, nickende Doldenblüten, Geröllhalden in Kansu (Westchina).

– *moly* · Goldlauch ◐
Sph., leuchtend gelb, Südeuropa.

– *narcissiflorum* · Narzissenblütiger Lauch
○ bis ✹ ‖ ⛉
Knapp sph., rosarote große nickende Glockenblüten, wunderschön, doch vorsorglich behandeln, Geröllhalden der Südwestalpen.

– *oreophilum* (syn. A. ostrowskianum). Zwergrosenlauch
Kaum sph., karminrosa, Kaukasus, Turkmenistan.

– – ›Zwanenburg‹
Wertvolle Verbesserung der Stammart mit tiefkarminrosafarbenen Blüten.

Späte Lauche des Juli und August

Allium carinatum ssp. *pulchellum* (syn. Allium pulchellum). Violetter Hängelauch ‖ ⛉
Knapp knh., ähnlich dem Schwefellauch, violett, manchmal auch rosafarben, Voralpengebiet bis Südeuropa.

– – ›Album‹
Schneeweiß, sonst die gleichen Eigenschaften wie die Stammart.

– *flavum* · Gelber Hängelauch ‖ ⛉
Auch Schwefellauch (wegen seiner Blütenfarbe), reichlich sph., Südosteuropa.

Allium oreophilum, der Zwergrosenlauch, gilt unter den niedrigen Blütenstauden als eine der schönsten Arten.

Anemone apennina, die Strahlenanemone, bildet nach Jahren geschlosssene Horste.

– *stipitatum* · Turkestankugellauch ❦ Tschh., rosalila, duftend, im Frühherbst einziehend, leider noch wenig verbreitet, absolut winterhart und dauerhaft. Mittelasien.

Anemone · Anemone · Ranunkelgewächse
◐ ≃ ⺌ Y ✂ ⬡

Blütezeitgruppe: etwa Ende Februar bis in den März erblühend

Anemone blanda · Balkanmärzanemone ∧ Sph., azurblau, Winterschutz ratsam, Südbulgarien, Griechenland.
– – ›Alba‹, weißblühende Form.
– – ›Atrocaerulea‹, dunkelviolette Form.
– – ›Charmer‹, dunkelrosa Sorte, Verbesserung der *A. blanda* ›Rosea‹.
– – ›Radar‹, leuchtend Karminrot mit weißer Mitte.
– – ›White Splendour‹, schneeweiß, lange blühend, großblumig.

Blütezeitgruppe: etwa Mitte März bis in den April erblühend

Anemone nemorosa · Buschwindröschen ⺌ Allbekannter heimischer Frühlingsbote, sph.
– – ›Grandiflora‹, großblumig, reinweiß, starkwachsend.
– – ›Leeds Variety‹, großblumig, weiß, mit überlappenden Kronenblättern.
– – ›Robinsoniana‹, lavendelfarben, sehr aparte Schalenform.
– – ›Royal Blue‹, tiefblau, einzigste in diesem Farbton, noch wenig verbreitet.

Blütezeitgruppe: etwa Mitte April blühend

Anemone × *lipsiensis* (A. ranunculoides × A. nemorosa), schwefelgelb und großblumig. ⺌
– *nemorosa* ›Alba Plena‹, gefüllte weiße Form, sehr spät blühend.
– – ›Blue Bonnet‹, hell lavendelblau, innen karmesinrot getönt.
– – ›Celestial‹, spätes hellblaues Buschwindröschen.
– – ›Vestal‹, reinweiß, riesenblumig.
– *ranunculoides* · Goldwindröschen ⺌ Sph., heimisch, Europa, Kaukasus bis nach Sibirien.
– – ›Plena‹, gefüllte Form, etwas kleinblumiger als die Stammart.
– – ›Superba‹, bronzeblättriges Goldwindröschen, dunkelgelb, großblumig.

Blütezeitgruppe: etwa Mitte April bis in den Mai erblühend

Anemone apennina · Strahlenanemone ⺌ Sph., Apenninen, Südeuropa.
– – ›Alba‹, weiße Form, außen blaßblau.
– – ›Plena‹, gefüllte blaue Form.
– – ›Purpurea‹, purpurrosa Form.

Arum · Aronstab · Aronstabgewächse
◐ bis ● ⊕ ≃ △ Y ♁ ☘

Alle April bis Mai blühend, im Herbst rote Beerenkeulen.

– *italicum* · Südeuropäischer Aronstab ∧ bis ∧∧ Größer als *A. maculatum*, etwa bis knh., Blattaustrieb bereits im Herbst; deshalb Winterschutz ratsam, Blütenscheide innen grünlich weiß, am Rande rötlich, Blätter dunkelgrün pfeilförmig, im Sommer einziehend.
– – ›Marmoratum‹, Blattspreite marmoriert, Nerven weiß, sonst wie die Art.
– *maculatum* · Gefleckter Aronstab Reichlich sph., heimisch, winterhart, Blütenscheide callaartig, innen weißlichgrün, rötlich gefleckt, Blätter teilweise schwarzgefleckt, verbreitet sich durch Selbstaussaat.

Bulbocodium · Lichtblume · Liliengewächse
○ bis ○○ ≃ △ Y

– *vernum* · Frühlingslichtblume Violettrosa, sternförmig, büschelig, am Boden sitzend, ähnlich einer Zeitlose blühend, liebt frischen Boden, halbsph., März/April. Pyrenäen, West- und Zentralalpen, z. T. auch Österreich.

Camassia · Präriekerze · Liliengewächse
○ ≃ Y ✂

Alle Juni blühend und aus Nordamerika.

– *cusickii* · Oregonpräriekerze Fuß- bis kniehohe hellblaue Rispentraube, bis hundertblütig, frühestblühende Art, Winterschutz ratsam. Oregon.
– *leichtlinii* Diese Präriekerze variiert in der Blüte weiß, creme, blau bis violett, bis brsth., schönste Art, Kalifornien bis Britisch-Columbia.
– *quamash* · Indianerpräriekerze, bis knh., blau, variierend, auch weiß. Westliches

Camassia cusickii, die Oregonpräriekerze, verdient mit ihren hellblauen Rispentrauben mehr Beachtung.

Chionodoxa luciliae, der Schneestolz, versamt sich an zusagenden Gartenplätzen reichlich.

Corydalis solida ›Transsilvanica‹ ist eine rotvariierende Form des Fingerlerchensporns.

Nordamerika (Kalifornien, Utah bis British-Columbia).

Chionodoxa · Schneestolz · Liliengewächse
○ bis ◐ Y ✂ ⬡

- *luciliae* · Schneestolz
  Sph., leuchtend blau mit deutlich weißer Mitte, starkwüchsig, Selbstaussaat. Ebenfalls Ende März/Anfang April blühend. Westtürkei.
- – ›Alba‹
  Schneeweiße edle Form der Stammart.
- – ›Gigantea‹ · Großer Schneestolz
  Sph., große hellblaue Blüten mit winzigem weißen Auge, Ende März/Anfang April. Gartenform, selektiert aus Ch. lucilae.
- – ›Pink Giant‹
  Große hellrosa Blüten, schwachwüchsiger.
- *sardensis* · Enzianschneestolz
  Zwergig, warm enzianblau, schmaler weißer Ring im Zentrum. Ende März. Kleinasien.
- *siehei* (syn. Ch. tmolusii) · Zwergschneestolz Zwergig, strahlendes Blau, Blütenmitte weiß, erst im April blühend. Ebenfalls Kleinasien.

Colchicum · Herbstzeitlose · Liliengewächse
○ bis ○○ ⊕ ≃ Y ✂ ⬡ ⛉
Blütezeitgruppe: Frühherbst (Ende August/Mitte September)

Colchicum autumnale
Herbstzeitlose unserer Bergwiesen, bis 1400 m, schwachwüchsiger als die kleinasiatischen herbstblühenden Zeitlosen, rosaviolett, ohne Würfelmuster, früheste Art.

- – ›Album‹ · Schneeherbstzeitlose
  Weiße Form der Stammart, jedoch kleinblütiger.
- *speciosum* var. *bornmuelleri* · Riesenherbstzeitlose

Zartfliederrosa, sehr großblütig, schöne Kelchform. Kleinasien.
- *byzantinum* · Sternherbstzeitlose
Mattrosalila, sehr reichblumig und bestockungswillig, unverwüstlich! Türkei.
- – *Hybride* ›Autumn Queen‹
Frühe Sorte, tiefpurpurviolett, weiße Mitte.
- – – ›Prinzess Astrid‹
Ebenfalls früh, hellrosa-violett.
- *neapolitanum* · Neapolitanische Herbstzeitlose
Rosalila mit weißem Grunde, Massenblüher. Italien.

Blütezeitgruppe: Spätherbst (Mitte September/Ende Oktober und bis in den November hinein)

Colchicum agrippinum · Frühe Schachbrettherbstzeitlose
Purpurfarbig, weißgefleckte kleine Blüten. Heimat umstritten, vermutlich Kleinasien, oder sie ist eine Hybride.
- *autumnale* ›Album Plenum‹
Schneeweiße gefüllte Herbstzeitlose, schwachwüchsig.
- – ›Plenum‹
Dicht gefüllt, lilarosa, lange, aber sehr spät blühend, schwachwüchsig.
- *byzantinum* var. *cilicium* · Cilicische Sternblumenzeitlose
Petunia-purpurfarben, dunkler als *C. byzantinum*, duftend! Türkei.
- – *Hybride* ›Conquest‹
Dunkelpurpurviolett, Würfelmuster, spät.
- – ›Lilac Wonder‹
Zartfliederfarben, sehr mattes Würfelmuster, reichblühend.
- – ›The Giant‹
Helles Malvenlila, ausgeprägter weißer Schlund, mattes Würfelmuster, sehr spät.
- – – ›Waterlily‹
Warm-rosalila, gefüllt, großblumig, spät.
- *sibthorpii* · Balkanische Herbstzeitlose
Sie wird neuerdings zu *C. bivonae* gestellt. Hellmalvenfarbig, gesprenkelt mit Würfelmuster, großblumig, Südbulgarien, Nordgriechenland, Türkei.
- *speciosum* · Kaukasusherbstzeitlose
Hellviolett variierend, heller Schlund, dauerhaft. Kaukasus, Türkei.
- – ›Album‹ · Riesenschneeherbstzeitlose
Reinweiß. Herrlich neben Gräsern.
- *variegatum* · Späte Schachbrettherbstzeitlose
Rosalila, scharf ausgeprägtes dunkles Würfelmuster, sehr spät. Griechenland.

Corydalis · Lerchensporn · Mohngewächse

Knollenlerchensporne, aufgeführt nach Blütenzeiten
◐ bis ● ⊕ ≃ Y ⬡ ♕

Blütezeitgruppe: Anfang März/April erblühend

Corydalis angustifolia · Vorfrühlingslerchensporn
Sph., weiß. Kaukasus bis Nordiran.
- *bracteata* · Altailerchensporn
Fast sph., hellgelb. Altai.
- *pumila*
Purpurrosa Zwerglerchensporn, nur halbsph. Von Nord- bis Osteuropa, auch teilweise Mitteleuropa.
- *solida* · Fingerlerchensporn
Stumpf purpurfarbig, teilweise auch weiß, reichlich sph.
Sät sich selbst aus. Heimisch.
- – ›Transsilvanica‹
Schöne Wildform mit orangeroten Blüten.

Blütezeitgruppe: April/Mai erblühend

Corydalis cava · Hohler Lerchensporn
Ebenfalls stumpfrötlich, auch weiß, fßh., Süd- und Mitteleuropa heimisch.
- *caucasica* · Kaukasuswaldlerchensporn
Rotviolett, fßh., Kaukasus.

Crocus · Krokus (Safran) · Schwertliliengewächse

○ bis ◐ ⊕ ≃ Y ⬡ ♕

Blütezeitgruppe: Ende Februar/Anfang März erblühend, alle etwa halbsph.

Crocus angustifolius (syn. C. susianus) · Goldlackkrokus
Satt goldgelb, außen bronzefarbig gestreift. Südkrim, Ukraine und Armenien.
- *balansae* · Vorfrühlingsgoldkrokus
Leuchtend satt goldorange. Westliches Kleinasien.
- *biflorus*
Weißlila bis braunlila gestreifter Vorfrühlingskrokus. Italien, Südosteuropa, Kleinasien.
- – var. *weldenii* ›Fairy‹
Reinweiß, außen graublau schattiert.
- *etruscus* · Rosenkrokus
Außen rötlichgelb, innen hellila variierend. Westitalien.
- *fleischeri* · Streifenkrokus
Weiß, an der Basis purpurn gestreift. Kleinasien.
- *imperati* · Teufelskrokus (/\)
Innen lila, außen braungelb und purpurn gestreift. Italien.
- *sieberi* · Griechischer Zwergkrokus
Zartblau, goldgelber Schlund. Griechenland.

Crocus biflorus, var. *argenteus* blüht mit auffälliger Zeichnung der äußeren Blütenblätter im Vorfrühling.

Crocus sieberi ›Hubert Edelsten‹ besticht schon Anfang März mit eindrucksvollen Blüten.

– – ›Hubert Edelsten‹
Wunderschöne Sorte, tiefpurpurfarben, Blütenblätter je ein weißes Querband.
– *tommasinianus* · Elfenkrokus
Zartlila, starkwüchsig. Dalmatien bis Mittelbulgarien.
– – ›Barr's Purple‹
Lila, große Blüten.
– – ›Whitewell Purple‹
Tiefdunkellila, kraftvoll und zäh, ebenso bestockungswillig wie die Stammart.
– *vernus* ssp. *vernus* (syn. C. heuffelianus) · Rumänischer Vorfrühlingskrokus
Transparent violett mit dunkler Querstreifung. Karpatenraum.

Blütezeitgruppe: Mitte bis Ende März erblühend

Crocus ancyrensis · Kleinasiatischer Goldkrokus
Tieforangegelb, orangerote Narbe. Kleinasien.
– *candidus* var. *subflavus* · Bronzeelfenbeinkrokus
Bernsteingelb, außen bronzegetönt. Kleinasien.
– *chrysanthus* · Balkankrokus
Der Krokus mit vielen schönen verschiedenfarbigen und gefederten Sorten, Art gelb. Bulgarien, Griechenland, Kleinasien.
– – ›Advance‹, innen gelb, außen violett.
– – ›Blue Bird‹, innen reinweiß, außen graublau.
– – ›Blue Peter‹, innen zartblau, außen warm purpurblau.
– – ›Cream Beauty‹, zart mattgelb.
– – ›E. P. Bowles‹, dunkelgelb, außen purpurfarbig gefedert.
– – ›Lady Killer‹, außen purpur mit weißen Rändern, innen weiß.
– – ›Snow Bunting‹, reinweiß, außen purpurrötlich gefedert.
– – ›Zwanenburg Bronze‹, goldgelb, außen dunkelbronzefarben schattiert.
– *flavus* (syn. C. aureus) · Goldkrokus
Leuchtend tiefdunkelorange. Balkanländer, Westtürkei.
– – ›Dutch Yellow‹ · Großer Gelber
Der große Goldkrokus des Frühlings! Keinen Samen bildend (sicher eine Hybride).
– × *stellaris* · Gestreifter Goldkrokus
Orange, außen schmal schwarz gestreift, nicht so wüchsig wie *C. flavus,* vermutlich eine Hybride. Herkunft unbekannt.
– *vernus* ›Vanguard‹
Innen hellviolettblau, außen silbergraublau, blüht zur gleichen Zeit wie die Sorte ›Dutch Yellow‹ (Großer Gelber).
– *versicolor* ›Picturatus‹ · Silberlackkrokus
Erst Ende März, weiß, außen mit ausgeprägten violetten Längsnerven.

Blütezeitgruppe: Ende März/Anfang und Mitte April erblühende großblütige Gartenkrokussorten von *Crocus neapolitanus*

Frühe
›Early Perfection‹, blauviolett mit dunklem Rand
›Purpureus Grandiflorus‹, satt blauviolett mit silbrigem Schimmer.
›Queen of the Blues‹, hellblau.
›Remembrance‹, purpurviolett.
›Striped Beauty‹, lilaweiß gestreift.
›Zulu‹, schwarzblau.

Mittelfrühe
›King of the Blues‹, blitzend blau.
›Peter Pan‹, elfenbeinweiß.
›Twinborn‹, weiß mit dunkelvioletten Streifen.

Späte
›Kathleen Parlow‹, weiß, orangefarbene Narbe!
›Snowstorm‹, reinweiß, großblumig.
›The Bishop‹, dunkelviolettblau.

Herbstkrokus
Die im Spätherbst und im Winter blühende Gruppe bedarf in ungünstigen Lagen Winterschutzes mit lockerem Nadelreisig. Alle Arten und Sorten sph.

Blütezeitgruppe: August/September

Crocus kotschyanus · Ringkrokus
Rosalila, innen gelber Kelch mit rotem Ring, Kleinasien.
– – ›Albus‹, weiße, dauerhafte Form des Ringkrokus.
– – *speciosus* · Prachtherbstkrokus
Stahlblau, lebensstark. Kleinasien, Kaukasus.
– – ›Albus‹
Schneeweiße, zuverlässige wüchsige Form des Prachtherbstkrokus.
– – ›Artabir‹, blaßblaue Sorte mit dunklen Nerven, großblütig.
– – ›Oxonian‹
Tiefviolette schöne blüte, nicht so starkwüchsig wie andere Sorten.
– – ›Pollux‹, hellviolett, außen silbergrau, großblütig.

Blütezeitgruppe: September/Oktober bis November

Crocus banaticus (syn. C. iridiflorus) · Siebenbürgener Herbstkrokus
Meist violett variierend. Rumänien (Siebenbürgen).
– *cancellatus* · Gitterherbstkrokus
Lilafarben, Griechenland, Kleinasien.
– *longiflorus* · Duftherbstkrokus
Purpurlila, lebensstark, duftend! Süditalien.
– *medius* · Rivieraherbstkrokus
Purpurlila. Südküste Frankreichs.
– *nudiflorus* · Pyrenäenherbstkrokus
Violett, großblütig, lebensstark. Nordspanien, Pyrenäen.
– *pulchellus* · Rosenherbstkrokus
Lavendelblau, violette Nerven. Südbulgarien, Kleinasien.
– – ›Zephyr‹
Weiß, außen perlgrau getönt, eine zuverlässige Sorte.
– *sativus* · Safran (∧)
Lilablau, je nach Herkunft unterschiedlich blühwillig. Von Südeuropa bis östliche Türkei.
– *serotinus* ssp. *salzmannii* · Marokkoherbstkrokus
Lilafarben, großblütig, Südspanien, Marokko.
– *speciosus* ›Aitchisonii‹
Zartblaßblauer Prachtherbstkrokus.
– – ›Cassiope‹
Hellblauer riesenblumiger Prachtherbstkrokus.

Blütezeitgruppe: Spätherbst und Winter

Crocus boryi · Novemberkrokus (∧)
Cremefarben, außen schwarz gefedert, Griechenland, Kreta.
– *hyemalis* · Winterkrokus (∧)
Weiß, purpurn geadert, bis in den Januar blühend, Vorderasien (Syrien, Palästina).
– *ochroleucus* · Oktoberkrokus (∧)
Weiß, bis in den Dezember blühend, Vorderasien (Libanon, Nordpalästina).
– *tournefortii* · Griechischer Herbstkrokus (∧)
Strahlend lilablau, wetterbeständig, Griechische Inseln.

Cyclamen · Alpenveilchen · Primelgewächse
Lockerer Winterschutz in rauhen Lagen ratsam, alle etwa halbsph.
☼ bis ◐ ⊕ Y ✂ ♡

Blütezeitgruppe: Mitte Februar/Ende März

Cyclamen coum · Februaralpenveilchen
Karminrosa, dunkles Auge. Südbulgarien, Kleinasien, Krim.
– – ›Album‹, weiße Form
– – ssp. *caucasicum* · Kaukasusalpenveilchen
Ähnlich der Art, aber auffallende Silberzeichnung auf den Blattoberseiten. Subalpine Regionen des Kaukasus und der Türkei.

Blütezeitgruppe: April/Mai

Cyclamen pseudoibericum · Frühlingsalpenveilchen
Karminrot, Blätter oberseits marmoriert, Ränder oft gekerbt oder gebuchtet, Winterschutz! Besser im kalten Kasten überwintern. Kleinasien.

Fritillaria pallidiflora – eine mittelasiatische Art, die sich nur allmählich bestockt.

Fritillaria meleagris, die Schachbrettblume, wünscht humusreichen, frischen Boden. Ihr besonderer Reiz geht von der unterschiedlichen Färbung und Zeichnung der Blüten aus.

– – ›Aphrodite‹, reinweiß, großblumig
– – ›Artemis‹, grau-purpurrötlich
– – ›Charon‹, stumpf-dunkelpurpur
– – ›Orion‹, purpurviolett-lila
– *pontica* · Pontische Schachbrettblume
Ungewöhnliche gelblichgrün variierende Blütenfarbe mit bräunlichpurpurner Bereifung. Der fast kniehohe Schaft trägt meist nur eine glockenförmige nickende Blüte. Türkei bis Nordwestgriechenland, Bulgarien.
– *pyrenaica* · Pyrenäenschachbrettblume
Weinrot, innen rot, außen grün gefleckt, fßh. Pyrenäen, Nordspanien.
– *tubiformis* · Südalpenschachbrettblume
Dunkelpurpur, großblütig, nur sph. Seealpen bis Südtirol.

Blütezeitgruppe: Mitte Mai/Juni erblühend

Fritillaria camtschatcensis · Schattenschachbrettblume ◐ ⊖
Schwarzrot, fast schwarz, lichten Schatten und kühlen Boden liebend, fßh., Kamtschatka, Alaska bis Oregon.

Große Fritillarien: Kaiserkronen
○ bis ○○ ≃ ⊥ Y ✂ ♁ D

Blütezeitgruppe: Anfang April erblühend

Fritillaria imperialis · Kaiserkrone
Orangefarben, etwa brsth., Südostiran bis Kaschmir.
– – ›Aurora‹, leuchtend orangerot.
– – ›Lutea Maxima‹, lebensstarke, hohe gelbblühende Sorte.
– – ›Orange Brillant‹, orangebraune große Blüten.
– – ›Rubra Maxima‹, rotorange, rot geflammt.
– *raddeana* · Zwergkaiserkrone
Strohgelb, etwa knh., Nordiran, Turkmenistan.

Galanthus · Schneeglöckchen, Amaryllisgewächse
Alle Arten: ☀ bis ● ⊕ ≃ Y ✂ ⬡ ♡

Blütezeitgruppe: Dezember bis Februar erblühend

Galanthus caucasicus · Kaukasusschneeglöckchen
Größere weiße Blüten als *G. nivalis*, Kaukasus.
– *elwesii* · Riesenschneeglöckchen
Großblumig, je nach Herkunft, unbedingt sonnig pflanzen, hochgestielt, sph., Kleinasien, Bulgarien, Griechenland.

Fritillaria imperialis ›Lutea Maxima‹ bezaubert durch die leuchtenden gelben Blüten.

Iris histrioides ›Major‹ ist das blaublühende Irisjuwel im Vorfrühling.

– *nivalis* · Kleines Schneeglöckchen
Unser Lenzbote der Kinder, meist ab Mitte Februar.
– – ›ssp. *cilicicus* · Winterschneeglöckchen
Blüht schon ab Dezember, sonnig und geschützt pflanzen. Türkei.
– – ›Atkinsii‹
Sehr zeitig blühende Sorte mit großen etwas rundlichen Blüten.

Blütezeitgruppe: ab 1. Märzhälfte erblühend

Galanthus nivalis ›Hortensis‹
Gefülltblühend und niedrig.
– *plicatus* · Kugelschneeglöckchen
Großblütig, etwas schwachwachsend, Krim und südliches Moldawien.

Gladiolus · Gladiole, Schwertel · Schwertliliengewächse
Alle winterhart und spät austreibend:
○ bis ○○ ≌ Y ✂

Gladiolus communis · Siegwurz
Rosalila, fast tschh., Juni/Juli, Mittelmeergebiet, bei uns verwildert.
– *imbricatus* · Wiesensiegwurz
Dunkelpurpur, knh. bis tschh., Juni/Juli, von den Westalpen bis Westsibirien, auch Kaukasus und Südosteuropa.
– *palustris* · Sumpfsiegwurz
Purpurrosa, etwa knh., sät sich an zusagendem Standort selbst aus, Juni/Juli, Mitteleuropa, Balkanländer.

Hyacinthus · Hyazinthe · Liliengewächse
○ bis ○○○ ⊕ ✂ ⊓ D

– *orientalis*
Benötigen im Sommer Trockenheit, um im folgenden Jahr zu blühen. Besser ist es, sie herauszunehmen und im Herbst zu pflanzen.

Blütezeitgruppe: Anfang bis Mitte April erblühend

›Anne Marie‹, reinrosa
›Amsterdam‹, tieflachsrosa
›Delft Blau‹, dunkelporzellanblau
›Gertrude‹, warmes Hellrosa
›Jan Bos‹, karminrot
›King of the Blues‹, tiefdunkelblau
›L'Innnocence‹, reinweiß
›Mary‹, dunkelblau
›Ostara‹, hellblau
›Pink Pearl‹, dunkelrosa
›Yellow Hammer‹, leuchtend gelb

Blütezeitgruppe: gegen Ende April erblühend

›Carnegia‹, reinweiß
›City of Haarlem‹, zartgelb
›King of the Yellows‹, tiefgelb
›La Victoire‹, karminrot
›Myosotis‹, vergißmeinnichtblau
›Prinz Heinrich‹, klargelb
›Purple King‹, purpurviolett
›Queen of the Blues‹, zarthimmelblau
›Queen of the Pinks‹, nelkenrosa
›Tubergen's Scarlet‹, blutrot

Blütezeitgruppe: Ende April/Mai

Alle Sorten gefüllt:
›Chestnut Flower‹, zartrosa
›General Kohler‹, klarblau
›Hollyhock‹, karmesinrot
›Mad. Haubensak‹, zartrosa
›Mad. Sophie‹, reinweiß
›Victory Day‹, leuchtend karminrot

Iris · Schwertlilie ·Schwertliliengewächse
Zwiebeliris, fast alle sph. bis fßh.:
○ bis ○○ ⊕ Y ✂ ⊓ ⬡ ♉ D

Blütezeitgruppe: Februar/März erblühend

Iris bakeriana · Euphratiris
Blauviolett, braucht warme geschützte Lage, Euphratgebiet.
– *danfordiae* · Bergsteppeniris
Zitronengelb mit braunen Tupfen, duftend, Türkei.
– – *histrio* var. *aintabensis*
Lichtblaue Zwergiris, lebensstärker als die Art, Südtürkei.

Blütezeitgruppe: etwa Mitte März

Iris histrioides ›Major‹
Kleine Zwergiris, leuchtend blau mit

Iris xiphioides, die englische Iris, braucht, wie an ihrem Naturstandort auf den Bergwiesen der Pyrenäen, einen feuchten, sonnigen Standort im Garten.

Leucojum vernum, der Märzbecher, sollte im Garten mehr angepflanzt werden.

gelben Tupfen, lebensstark. Stammart: Zentraltürkei.
– *reticulata* · Netzblattiris
Dunkelviolettblau. Iran, Kaukasus bis Irak.

Iris-Reticulata-Hybriden
(Kreuzungen mit *I. histrioides* und vielleicht auch *I. bakeriana*)
– – – ›Blue Veil‹, strahlend himmelblau, Neuheit mit großer Zukunft.
– – – ›Cantab‹, wasserblau.
– – – ›Harmony‹, himmelblau, gelber Mittelstreifen auf den unteren Blütenblättern.
– – – ›J. S. Dijt‹, rötlichpurpur.
– – – ›Pauline‹, purpurviolett.
– – – ›Violet Beauty‹, samtig violett, dabei untere Blütenblätter etwas dunkler.

Blütezeitgruppe: Anfang bis Mitte April erblühend
Etwa fßh. und höher:

Iris bucharica · Bucharairis
Winterharte, ausdauernde Bucharairis des Steingartens, 5 bis 7 Blüten an einem Schaft, cremefarben, untere Blütenblätter mit großem gelbem Fleck, Tienschan.
– *graeberiana*
Einheitlich lichtblau, ebenfalls mehrblütig, Usbekistan.
– *magnifica*
Hellavendelblau, bis 7 Blüten an einem Schaft, untere Blütenblätter mit orangefarbenem Fleck, lebensstark, Tienschan auf steinigen Berghängen.

– × *warlsind* (I. warleyensis × I. aucheri)
Reichblühende winterharte Hybride, obere Blütenblätter blau, untere gelb und blaugerändert. Der Name wurde aus den Eltern Iris warleyensis und Iris sindjarensis (jetzt *I. aucheri* genannt) gebildet.

Blütezeitgruppe: Juni/Juli

Iris latifolia (syn. I. anglica) · Englische Iris
≃ bis ≌
Dauerhafte Zwiebeliris, liebt nicht zu trockenen Stand, mehrere Jahre im Boden belassen, Zwiebeln nicht lange trokken lagern, Stammart sattdunkelblau, knh., feuchte Bergwiesen der mittleren und westlichen Pyrenäen.
Meist nur in Mischung erhältlich. Nachfolgend bewährte Sorten.
– – ›Almona‹
Hellviolett, großblütig.
– – ›Blue Giant‹
Dunkelblau mit weißem Auge.
– – ›De Lamartine‹
Weiß, karminrosa geflammt.
– – ›King of the Blues‹
Leuchtend dunkelblau mit dunkler Zeichnung.
– – ›Mirabeau‹
Purpurblau.
– – ›Mont Blanc‹
Reinweiß.

Leucojum · Märzbecher · Amaryllisgewächse
Alle Arten und Sorten unbedingt feuchten Boden: ☼ bis ● Ỵ ⋉

Blütezeitgruppe: Ende Februar/Anfang März erblühend

Leucojum vernum · Märzbecher
Unser Märzbecher, grüngespitzt, Europa.
– – ssp. *carpaticum* · Karpatenmärzbecher
Gelbgespitzt, höher, oft zweiblütig, Karpatenraum.

Blütezeitgruppe: Etwa Mai/Juni erblühend

Leucojum aestivum · Sommerknotenblume
Fast 50 cm hoch werdend, stets mehrblütig, meist 4 bis 8 Blüten, Europa, Kleinasien.
– – ›Gravetye Giant‹
Größere Blüten und reichblühender als die Art. Die Sorte und Art gedeihen nur in feuchten, nicht austrocknenden Beeten.

Lilium · Lilie · Liliengewächse
○ bis ◐ ≃ ⊥ Ỵ

Blütezeitgruppe: Juni/Juli

Lilium amabile · Lieblicher Türkenbund
Orangerot, bis hfth., Korea.
– *bulbiferum* · Feuerlilie ○
Orangegelbe Schalenblüten, bis brsth.,

früher auf Bergwiesen der Mittelgebirge in Mitteleuropa, Ostfrankreich bis Kroatien, Korsika.

– – ssp. *croceum*
Dunkelorange, knh. bis brsth., hauptsächlich Südalpen.

– *carniolicum* · Krainer Lilie ○ ⊕
Rotorange Türkenbundblüten, bis hfth., Krainer Gebiet bis Rumänien.

– *cernuum* · Fliederfarbener Türkenbund
Sehr zierlich, seltene violette Farbe, dunkel gepunktet und gesprenkelt, nur bis knh., Nordkorea und Ussurigebiet.

– *chalcedonicum* · Scharlachtürkenbund
○○ ⊕
Lackrot, 100 cm, Griechenland, nicht überall zuverlässig gedeihend.

– – *hansonii* · Koreanischer Türkenbund
◐
Orangegelb, gesprenkelt, sehr früh, bis hfth. werdend, Korea.

– *Hansonii-Hybriden* · Vielfarbige Türkenbunde
Orange bis gelb, gesprenkelt, brsth. ◐

– *Maculatum-Hybriden* · Kerzenleuchterlilien
Viele Sorten, Farbenspiel von aprikosenfarben, gelb, orange bis tiefrot, z. T. bis hfth., ausdauernd und ziemlich anspruchslos.

– *martagon* · Türkenbundlilie
◐ nicht ✂, unter Naturschutz, Rosaviolett, tschh. und höher.

– – ›Album‹
Herrliche weiße Form, tschh. und höher.

– – ›Cattaniae‹
Dunkelweinrote Form, ungesprenkelt, tschh. und höher.

– *monadelphum* · Gelbe Nordkaukasuslilie
○ bis ◐ ♒
Reingelb, türkenbundähnlich, etwas empfindlich für zu spätes Verpflanzen im Herbst, bis brsth., Nordkaukasus, auf Wiesen, auch in Buchenwäldern.

– *pensylvanicum* (L. dauricum) · Ostasiatische Feuerlilie
Orangerot, gestrichelt, 50 cm, Ostasien.

– *pomponium* · Seealpentürkenbund
○ bis ○○ ⊕
Mennigrot, leider selten in Kultur, liebt durchlässigen Kalkboden! Bis tschh., Französische Seealpen.

– *pumilum* · Feinblattürkenbund
Korallenrot, fast knh., Ostsibirien bis Nordkorea.

– *pyrenaicum* · Pyrenäentürkenbund
○ bis ◐ nicht ✂
Gelb, etwa brsth., schon ab Ende Mai, Pyrenäen.

– *szovitsianum* · Gelbe Transkaukasuslilie
○ bis ◐ ♒
Hellgelb, lange ungestört lassen, bis über brsth., West- und Südtranskaukasus.

Muscari · Perlhyazinthe · Liliengewächse
Alle Arten und Sorten: ○ bis ◐ Y ✂ ⊜ ⬡ D

Blütezeitgruppe: Februar/März-Wende erblühend

Muscari azurea var. *amphibolis*
Blaßblau, früher blühend als die Art, starkwüchsig.

– *pulchellum* · Griechische Perlhyazinthe
Blauviolett, allerfrüheste am warmen Standort!

Blütezeitgruppe: Etwa Ende März erblühend

Muscari armeniacum
Tiefkobaltblaue Perlhyazinthe.

Puschkinia scilloides var. *libanotica* erblüht zur März-April-Wende mit zartblauen Blüten.

– – ›Blue Spike‹
Ein dichtgefüllter Sport, zartblau, lange blühend.
– – ›Cantab‹
Matteres Blau und kürzere Stengel.
– *aucheri* · Türkisperlhyazinthe
Oben hellblau, unten dunkelblau blühend, auch bis Mitte April, Nordwest-iran.
– *azurea* (syn. Hyacinthella azurea) · Azurperlhyazinthe
Hellazurblau, Selbstaussaat, Kleinasien.
– – ›Album‹, reinweiße Form.
– *botryoides* · Traubenperlhyazinthe
Blau, Europa, Kleinasien.
– – ›Album‹
Weiße Form der Traubenhyazinthe, schon lange in Gärten bekannt!

Blütezeitgruppe: 2. Aprilhälfte und später erblühend

Muscari argaei ›Album‹
Fußhohe weiße späteste Perlhyazinthe.
– *comosum*
Großtraubige kuriose dunkelblaue Perlhyazinthe, Mai bis Juni, Mittelmeerländer, Vorderasien.
– – ›Plumosum‹ · Federbuschperlhyazinthe
Violett, spät!
– *latifolium*
Fußhohe phrygische Perlhyazinthe des Mai, stumpf-tiefdunkelblau, bestockt sich wenig.
– *macrocarpum*
Gelbblühende Perlhyazinthe, unten hellgelb, oben bläulichpurpur, nickende Einzelblütchen, will nach der Blüte trokken stehen, Südgriechenland.
– *moschatum* · Moschusperlhyazinthe
Stark duftend, trüb-rötlichviolett, Kleinasien.
– *racemosum*
Dunkelblaue Perlhyazinthe, Pflaumenduft! Europa, Vorderasien, häufig in Weinbergen.

Narcissus · Narzisse · Rittersterngewächse

Wildnarzissen, alle Arten und Sorten:
○ bis (◐) ≃ Ɏ ⋈ D

Blütezeitgruppe: Etwa Mitte Februar bis Anfang März erblühend

Narcissus asturiensis (syn. N. minimus) ⋀
Zartgelbe Trompetennarzisse, Bergland in Nordspanien.
– *minor*
Zweifarbige Zwergnarzisse, schwefelgelb mit dunkelgelber Nebenkrone, aus Spanien und Portugal, duftend.

Blütezeitgruppe: Etwa im März erblühend

Narcissus cyclamineus ◐ ⊖
Kleine reingelbe Alpenveilchennarzisse sph., aus Spanien und Portugal, liebt feuchte Plätze; dauerhafter sind die im April blühenden Sorten der Cyclamineus-Gruppe.
– × johnstonii ›Queen of Spain‹
Wildbastard der wilden spanischen Trompetennarzisse *(N. pseudo-narcissus)* und der Triangelnarzisse *(N. triandrus)*.

Blütezeitgruppe: März/April-Wende

Narcissus × odorus
Fußhohe orangegelbe Duftnarzisse, Mittelmeerländer.
– *pseudonarcissus* ssp. *moschatus*
Spannhohe Moschusnarzisse in Schwefelgelb, der Zuwachs ist bei dieser Unterart gering. Spanien und Südfrankreich.
– *triandrus*
Fußhohe weiße »Engeltränennarzisse«, leichten Winterschutz liebend! Spanien.
– – var. *albus*, reinweiße Varietät.
– – var. *concolor*, matt-goldgelbe Varietät.

Blütezeitgruppe: Um die April/Mai-Wende erblühend

Narcissus bulbocodium (syn. Corbularia bulbocodium) ·
Reifrocknarzisse ○ bis ○○ ≃ Ɏ ⋈ (⋀)
Kaum sph., gelb variierend je nach Varietät. Es ist eine Anzahl von Unterarten bekannt, die nach ihren Heimatvorkommen unterschiedlich hart sind.
Für Freilandkultur scheiden alle weißblühenden Varietäten aus. Sie stammen aus Südspanien und Marokko, außerdem blühen sie sehr früh. Unseren Nachwintern sind sie selbst mit Winterschutzmaßnahmen nicht gewachsen.
Das binsenartige Laub entwickelt sich schon im Spätherbst. Deshalb ist Winterschutz mit Laubeinschüttung und Reisigschutz ratsam. Portugal, Spanien, Marokko.
– var. *citrinus*, blaßzitronengelb, auch großblumig.
– var. *conspicuus*, dunkelgelb, am meisten verbreitet und dauerhaft, großblumig.
– ssp. *obesus*, sattgelb und breitkroniger blühend als die vorigen Varietäten. Laub niederliegend. Obwohl auch im Atlasgebirge Marokkos vorkommend, doch recht hart.
– *poeticus*
Allbekannte weiße Dichternarzisse, fßh., Südeuropa.
– – ›Actaea‹
Schneeweiße, rotgeäugte Dichternarzisse.
Auch Sorten, wenn sie nicht zu sehr gartenhaft wirken. Gartennarzissen des April, alle Arten und Sorten, soweit sie nicht allzu gartenhaft sind. Man ziehe die Kataloge zu Rate.

Narcissus pseudonarcissus
Nur spannhoch werdende gelbe Osterglocke in verschiedenen Formen.
Hierher gehören alle in den Steingarten passenden, nicht zu gartenhaften und nicht zu großblütigen Sorten der verschiedenen Klassen, die auch nach Jahren langlebig, bestockungs- und blühwillig sind. Die registrierten Sorten sind Legion. Auf eine Aufzählung muß hier verzichtet werden.

Ornithogalum · Milchstern · Liliengewächse

Alle Arten: ○ bis ○○ ≃ Ɏ ⋈ ⊕

Blütezeitgruppe: Etwa April/Mai erblühend

Ornithogalum balansae · Kleinasiatischer Zwergmilchstern
Weiß, außen mit grünen Streifen in den Dolden, manchmal schon März, nur 10 bis 15 cm, Anatolien. Leider wird dieser Frühblüher wenig beachtet.
– *nutans*
Nickender grünweißer Milchstern, fßh. bis knh., Südeuropa, im übrigen Europa stellen weise verwildert, wo diese Art besonders alte Weinberge erobert hat.

Blütezeitgruppe: Etwa Mai/Juni erblühend

Ornithogalum montanum · Zwergmilchstern
Innen weiß, außen grün mit weißem Saum, geborener Steingartenbewohner, sph., Balkan, Vorderasien.
– *umbellatum*
»Stern von Bethlehem«, »Elfuhrblume« (blüht nur zwischen 11 und 3 Uhr!), weißgrün, fßh., Süd- und Mitteleuropa, Kaukasus, Vorderasien, Nordafrika, vermehrt sich an zusagenden Plätzen stark. Nicht zu schwach wachsenden Nachbarn pflanzen.

Blütezeitgruppe: Etwa Juni/Juli erblühend

Ornithogalum narbonense · Narbonner Milchstern
Reichblüher! 30 bis 40 cm, Mittelmeergebiet.
– *pyramidale* · Pyramidenmilchstern
60 cm, trägt fast 50 Blüten an einer Dolde. Südeuropa, Vorderasien und Iran.
– *pyrenaicum* · Pyrenäenmilchstern
Fßh. bis tschh., innen grünlich-gelb, außen grün, kleinblumig, Europa, Kleinasien bis Kaukasus.

Puschkinia · Scheinscilla · Liliengewächse

○ bis ◐ ⊕ Ɏ ⬡

– *scilloides* var. *libanotica*
Blaßblaue kleine März/April-Blüherin, Kleinasien, Kaukasus.

– – ›Alba‹, schneeweiße Scheinscilla.

Scilla · Blaustern · Liliengewächse
Alle Arten und Sorten:
○ bis ● ≃ Y ✂ ⛁ ⬡ ♕

Blütezeitgruppe: Etwa 1. Märzhälfte erblühend

Scilla bifolia
Ganz niedriger Blaustern, sät sich willig unter lichtschattigen Gehölzen aus; leuchtend blau. Alpen, Kleinasien, Kaukasus.
– – ›Alba‹, reinweißer früher Schneestern.
– *mischtschenkoana* (syn. S. tubergeniana)
Reizvollste der Frühen, hellblau mit dunkleren Streifen, ungewöhnlich starkwüchsig, jedoch nicht häufig aussamend! Diese *Scilla*-Art liebt von der Frühlingssonne erwärmte Pflanzplätze. Sph., Nordiran

Blütezeitgruppe: Etwa 1. Märzhälfte erblühend

Scilla hohenackeri · Transkaukasischer Blaustern
Frühe hellblaue, 10 bis 15 cm hohe Art, Nordiran, Transkaukasus.

Blütezeitgruppe: Etwa Anfang April erblühend

Scilla siberica
Tiefblauer Blaustern, sät sich sehr stark aus und bildet nach Jahren blaue Teppiche, sph., Transkaukasus, Nordiran.
– – ›Alba‹, schneeweiße Form.
– – ›Spring Beauty‹ (›Frühlingsschöne‹), tiefblaue, großblütige Form.
– – var. *taurica*
Sph., matteres Blau als die Stammart *S. siberica*. Früher als die Art, jedoch leider fast aus der Kultur verschwunden , Krim.

Blütezeitgruppe: Etwa Ende April/Anfang Mai erblühend

Scilla amoena · Byzantinischer Blaustern
Niedrig, tiefblau, 15 cm.
– *hispanica* (syn. S. campanulata)
Blauer Vogel, tiefblaue Glockenscilla, fßh., Mai, sehr gut auch noch im Halbschatten unter Bäumen gedeihend und sich durch Samen verbreitend, Spanien, Portugal, Südfrankreich.
– – ›Blue Queen‹, leuchtend himmelblau.
– – ›Excelsior‹, tiefbau, großglockig.
– – ›La Grandesse‹, weiß.
– – ›Myosotis‹, reinblau.
– – ›Rose Queen‹, zartrosa.
– – ›Sky Blue‹, dunkelblau, spät.
– *litardierei* (syn. S. pratensis)
Blauvioletter später Wiesenblaustern, knh., Mai/Juni. Bulgarien, Südserbien, Makedonien, Dalmatien.

Blütezeitgruppe: Im Spätsommer bis Herbst erblühend

Scilla autumnalis
Rötlichlilablauer Herbstblaustern, sph., Juli/September, Reichblüher. Nordwesteuropa, westliche Mittelmeerländer.

Sternbergia · Sternbergie · Rittersterngewächse
○ Y ✂ ∧ bis ∧∧ (unbedingt)

– *lutea*
Leuchtend gelber herbstlicher »Goldkrokus«, oft schon im September mit der Blüte beginnend, nur für geschützte Lagen, da die Blätter schon im Herbst erscheinen. Sizilien, Mittelmeerländer bis Mittelasien.

Trillium · Dreiblatt · Liliengewächse
◐ bis ● ≃ Y ✂ ♕

– *albidum* · Kalifornisches Dreiblatt
Weiß, Bergwälder Kaliforniens.
– *catesbaei* (syn. T. stylosum) · Rosendreiblatt Fßh., südöstliches Nordamerika.
– *cernuum* · Nickendes Dreiblatt
Weiß oder trübrosa, knh., dunkelrote Beeren. Kanada, nordöstliches Nordamerika.
– *erectum* · Braunrotes Dreiblatt
Dunkelrot, rotbeerig, fßh., Nordöstliches Nordamerika.
– – var. *album*, weiße Abart.
– *grandiflorum* · Großblütiges Dreiblatt
Wohl schönste Art, etwa 40 cm, reinweiß, weißbeerig, östliches Nordamerika.
– *recurvatum*
Aufrechter Zipfeldreier, dunkelrot, fßh., Mississippiwälder.
– *sessile* · Tiefrotes Dreiblatt
Fßh., östliches Nordamerika.
– *undulatum* · Wellendreiblatt
Östliches Nordamerika, weiß, purpurn gezeichnet, Blätter am Rande gewellt.

Tulipa · Tulpe · Liliengewächse
○ bis ○○○ ⊕ ✂ ⛁ ⬡ ♕
Wildtulpen nebst Gartenveredlungen

Blütezeitgruppe: Etwa Ende März erblühend

Tulipa kaufmanniana
Hellgelbe Märztulpe, fßh., außen rot gestreift, 15 bis 20 cm, Usbekistan.
– – ›Aurea‹
Goldgelbe, rot gezeichnete Märztulpe, 15 cm
– – ›Brillant‹
Warmes Karminscharlach mit gelber Mitte, 20 cm.
– – ›Coccinea‹
Scharlachrot, 15 cm.
– – ›Elliot‹
Weiß, außen leuchtend rot, großblumig, 20 cm.
– – ›Fritz Kreisler‹
Große lachsrosa Blüten, 20 cm.
– – ›Gaiety‹
Cremeweiß, riesenblumig, kurzstielig.
– – ›Orange Boy‹
Strahlend orange, gelbe Mitte, 15 cm.
– – ›Scarlet Elegance‹
Mehrere scharlachrote Blüten aus einer Zwiebel, 15 cm, früh.
– – ›Shakespeare‹
Lachsaprikosenfarben, 15 cm.
– – ›The First‹
Reinweiß, außen karmesinrotes Band, sehr früh, 20 cm.
– *violacea* (syn. T. pulchella var. violacea)
Hellpurpurviolett, schwarze Mitte, sehr früh, in Knospe nickend, Nordiran.

Blütezeitgruppe: Etwa 1. Aprilhälfte erblühend

Tulipa australis
Kleine gelbe Wildtulpe, rot getupft, Westfrankreich, Spanien. Wird meist als Unterart zu *T. sylvestris* gestellt.
– *batalinii*
Kleine zartgelbe Zwergtulpe Usbekistans.
– *biflora*
Kleine Milchsterntulpe, Makedonien, Transkaukasus, Mittelasien.
– *clusiana*
Weißviolette Sterntulpe, knh., Mittelmeergebiet bis Iran und Afghanistan.
– – var. *chrysantha*
Goldgelbe persische Wildtulpe, fßh. bis knh., außen orangebraun.
– *eichleri*
Blitzend rot mit schwarzgelbem Kelch, Transkaukasien.
– *fosteriana* ›Cantata‹
Scharlachroter großblumiger Zwerg mit schwarzem Kelch. Usbekistan.
– *greigii*
Orangescharlach gefärbte Tigertulpe, schwarzer Kelch, Usbekistan.
– – ›Aurea‹, goldgelbe Form.
– *hageri*
Rote griechische Tulpe, breitglockig, sph.,
Südbulgarien, Griechenland.
– *kolpakowskiana*
Fußhohe gelbe Wildtulpe, außen rot überlaufen, Tienschan.
– *praestans*
Glühend orangerot bis rot, mehrere Blüten an einem Stengel, besonders bei den Sorten. Art meist einblütig, sph., Tienschan.
– *tarda*
Goldweiße Zwergsterntulpe, drei bis fünf Blatt am Stiel, Mittelasien.
– *turkestanica*
Kleine weiße Gnomentulpe mit gelbem

Diese Pflanzung vermittelt das Wissen um die Ansprüche der verwendeten Pflanzen. Die weißblühende *Trillium grandiflorum*, das Großblütige Dreiblatt wurde mit anderen *Trillium*, -Arten, *Erythronium dens-canis*, Farnen und *Rhododendron impeditum* benachbart.

Besonders reizvoll wirkt die Wildtulpensorte von *Tulipa batalinii* ›Bronce Charme‹.

Auge. Eine der dauerhaftesten Wildtulpen! Mittelasien.

Blütezeitgruppe: Etwa 2. Aprilhälfte erblühend

Tulipa armena
Blutrote armenische Tulpe mit schwarzen, gelbgerandeten Kelchflecken.
– *linifolia*
Kleine Buchareitulpe in prächtigem Karminrot mit schwarzem Kelch, fßh.
– *ostrowskiana*
Orangerot, große Blüten, sph., Tienschan.
– *stellata*
Weiße Sterntulpe mit blauem Kelch und roten Außenseiten, in der Sonne sich zu großen Schalen öffnend, Afghanistan bis Westhimalaja.

Blütezeitgruppe: Etwa 1. Maihälfte erblühend

Tulipa acuminata
Gelbe und rotweiße Wildtulpe unbekannter Herkunft, fßh.
– *maximowiczii*
Hellrote Zwergtulpe, ähnlich *T. linifolia*, Usbekistan.
– *montana* (syn. T. wilsoniana)
Scharlachrote Zwergtulpe mit lackschwarzem Kelch, offenglockig, sph., Bergland Irans.
– *sylvestris* ›Täbris‹
Eine wild gefundene Standortform, die nach ihrem Fundort benannt wurde. Bei diesem Typ nicken die Knospen ebenso wie bei der Art, und die außen grünen und innen hellgelben Blüten sind größer. Etwa sph.

Blütezeitgruppe: Etwa Mai/Juni erblühend

Tulipa sprengeri
Späteste aller Tulpen, sehr fein, einfarbig scharlachrot, Nordwesttürkei.

Gartentulpen

Blütezeitgruppe: Etwa Anfang bis Mitte April erblühend

Gruppe der *einfachen Tulpen* in frühen Sorten.

Blütezeitgruppe: Etwa 2. Aprilhälfte erblühend

Größere Gartentulpen in niedrigen Namensorten.

Blütezeitgruppe: Etwa Ende Mai, Anfang Juni

Lilientulpen für Naturgartenpartien in Sorten.

Tulipa ostrowskiana variiert am Naturstandort in Blütenfarbe und in der Zeichnung im Blüteninnern beträchtlich.

Tulipa tarda überrascht uns auch noch nach Jahren am alten Pflanzplatz.

Zwerglaubgehölze im Steingarten

Die hier vorliegende Zwerggehölzliste ist mit all ihren Zusammenfassungen und vielen Weglassungen, mit ihren oft erstmaligen deutschen getauften Namen neuartig und mußte erst geschaffen werden. Bei der Namensgebung dachte der Autor lebhaft auch an die eine Hälfte der Menschheit, nämlich die Frauenwelt, und ebenso an die Millionen von Gartenanfängern und Kleingärtnern sowie an die Dorfgarten- oder Laubengartenbesitzer.

Das gewaltige Reich der Zwerggehölze, deren Zeitriesentum und Raumzwergentum uns einst im Laufe der nächsten Jahrzehnte überschaubar werden wird, ist den meisten Gartenfreunden bis heute noch kein wesentlicher Begriff.

Uns Verehrern gerade dieser Pflanzengruppe scheint es, als ob dem Naturgefühl ihrer Nichtkenner irgendein feines Knochenwerk fehle, ein Wissen um ein unendlich geschmeidiges, sieghaft zähes Zwischenreich von unersetzlicher Vermittlungskraft zwischen kleinsten und größten Dingen im Garten.

Die Wildheimat dieser Dauergestalten liegt in lauter Grenzreichen der Natur. Es ist nachgerade an der Zeit, daß der Mensch diese Scharen, deren raumbildende und maßstabkrönende Kräfte geradezu auf den Garten zu warten scheinen, in seine Umgebung aufnimmt. Innerhalb dieses Reiches bauen sich wieder unbegreiflich reiche Maßstabsstockwerke übereinander, deren Endgültigkeit wir aber noch lange nicht ganz zu überschauen vermögen, weil dies alles noch durchkreuzt wird von Schnelligkeitsgraden des Wachstums mancher Pflanzen und ihren überraschenden Kurven im Hochalter.

Das soll uns nicht abhalten, die nötigen Größenordnungen aufzustellen, um die Raumordnung im Steingarten nicht zu gefährden. Es bleiben ja Raumüberraschungen auf Schritt und Tritt.

Unzählige Steingartenfreunde halten ihren Blick viel zu ausschließlich auf die zugehörigen Stauden gerichtet, anstatt die beiden Reiche in jedem Falle immer untrennbar miteinander verknüpft zu sehen. Wer den Reichtum, die Schönheit und Seltsamkeit der Zwerggehölze zu überblicken beginnt, wird meist von vornherein die Ausmaße seines Steingartens etwas größer anlegen.

Hier gibt es alle möglichen Arten der Schmuckwirkung durch alle Jahreszeiten hin. An der Spitze stehen die Naturzwerge im Nadelholzreich mit ihren unabsehbaren Reizen auch in den angeblich ärmeren Jahreszeiten und dem noch viel zu wenig gefeierten Frühlingszauber ihres Jungtriebs. Dann kommen die beerentragenden Zwerge mit »Liniengedichten« des beerengeschmückten Zweigwerk für Sommer oder Herbst, ja auch für den ganzen Winter, wie etwa viele Felsenmispeln.

Ihnen folgen die Blütengehölze voll unerschöpflich neuer Eigenschaften auch für Kenner; sie wurden früher im Steingarten etwas zu groß, haben aber allgemach Zwergformen hervorgebracht, in denen man sie in seinen Steingarten nehmen kann.

Das ganze Gebiet ist durch Umzüchtung, Vitalitätssteigerung, bedeutsame Blütezeitverschiebung, Einfügung neuer Arten und Sorten, durch Erkenntnis und Ausschöpfung unerwarteter Anpassungsfähigkeiten in Fluß geraten wie noch nie. Kein Mensch kann das alles voll übersehen, denn diese anschwellende Reichtumslawine hat bisher nur bedingte Kenner. Und wer irgendwie glaubt, daß er sich auf seinen Zwergahornsortimenten, Ginsterschatzkenntnissen oder Zwergrhododendronsammlungen zur Ruhe setzen kann, wird hier ebenso oft durch völlig neuartigen Zustrom edelster Gestalten aufgeschreckt wie auf allen übrigen Gebieten des Steingartens.

Clematis alpina, die Alpenclematis, mit ihren blauen oder purpurvioletten, selten weißen Blüten ist eines der schönsten kleineren Klettergehölze.

Die wichtigsten Zwerglaubgehölze

Acer japonicum ›Aureum‹, Goldzwergahorn, knh. ○ bis ◐ ≃ ⊥ ⊔ ♁ ♠
– *palmatum* var. *dissectum,* Schlitzblattzwergahorn, knh. ○ bis ◐ ≃ ⊥ ⊔ ♁ ♠
– – – – ›Ornatum‹, Roter Schlitzblattzwergahorn, knh. ○ bis ◐ ≃ ⊥ ⊔ ♁ ♠
Andromeda polifolia var. *glauca,* Blaublättrige Rosmarinheide, fßh. bis knh. ○ bis ◐ ≌ Υ ♁ 丰
– – ›Minima‹, kaum sph., blaßrosa ○ bis ◐ ≌ Υ ♁ 丰
– – ›Nana‹, dicht belaubt, sph. bis knh. ◐ ≌ Υ ♁ 丰
Arctostaphylos nevadensis, Nevadabärentraube, sph. ○ ≃ ⋙ Υ 丰
– *uva-ursi,* Bärentraube, sph. bis fßh. ○ ≃ ⋙ Υ 丰
Berberis candidula, Silberzwergberberitze, gelb, fßh. ✺ bis ◐ ≃ ⊥ ⬡ ♧ 丰
– *empetrifolia,* Rotholzzwergberberitze, gelb, fßh. bis knh. ✺ bis ◐ ≃ ⊥ ⬡ ♧ 丰 (∧)
– *hookeri* ›Compacta‹, Himalajazwergberberitze, gelb, tschh. ✺ bis ◐ ≃ ⊥ ⬡ ♧ 丰
– × *stenophylla* ›Irwinii‹, niedrigste Berberitzenform, hellgelb ○ bis ◐ ≃ ⊥ ⬡ ♧ 丰
– *thunbergii* ›Atropurpurea Nana‹, Blutzwergberberitze, gelb, kaum knh. ○ ≃ ⦙ ⬡ ♠
– – ›Minor‹, Japanische Zwergberberitze, gelb, knh., rote Beeren im Herbst.
– *verruculosa,* Blaublattzwergberberitze, goldgelb, knh. u. höher ○ bis ◐ ≃ ⦙ ⊥ ⬡ 丰
Betula nana, Zwergbirke, tschh. ○ ≃ ⊥ ⊔ ♁
Buxus microphylla var. *sinica,* Chinazwergbuchs, knh. ○ bis ◐ ⦙ Υ 丰
Calluna vulgaris, Heidekraut, sph. bis fßh., rosa.
Im Spätwinter immer braungefärbte Blätter ○ ⊖ ▭ ⦙ ⤫ ⬡ 丰 ♆
– – ›Alba Plena‹, weiß gefüllt
– – ›Alportii‹, rot
– – ›C. W. Nix‹, dunkelviolett
– – ›Cuprea‹, Kupferheidekraut, hellrosa
– – ›H. E. Beale‹, schönste, gefüllte Sorte, silberrosa.
Caragana pygmaea, Zwergerbsenstrauch, gelb, knh. ○ bis ○○○ ⬡
Clematis alpina, rankende Alpenclematis, violett ○ bis ✺ ⊕ ≃ ⊥
Cotoneaster adpressus, rosa Zwergfelsenmispel, fßh. ○ bis ◐ ⦙ ⬡ ♧
– *congestus,* Kissenfelsenmispel, fßh. ○ bis ◐ ⋙ Υ ⬡ ♧ 丰
– *dammeri,* Teppichfelsenmispel, sph. ○ bis ◐ ▭ ⋙ Υ ⬡ ♧ 丰
– – var. *radicans,* starkwachsende Form voriger
– *horizontalis,* Fächerfelsenmispel, knh. ○ bis ◐ ▭ ⊥ ⬡ ♠ ♧
– – ›Saxatilis‹, zwergige Fächerfelsenmispel, rosa fßh.
– *microphyllus,* ›Cochleatus‹, Chinafelsenmispel, weiß, schwarz gesternt, fßh. ○ bis ◐ ∥ ▭ ⊥ ⬡ ♧ 丰
Cytisus × *beanii,* Duftkriechginster, hellgelb, fßh. ○ bis ○○ ⊕ ⬡ 丰 D
– *decumbens,* Frühlingszwergginster, gelb, sph. ○ bis ○○○ ⊕ ⬡ 丰 D
– × *kewensis,* Zwergelfenbeinginster, elfenbeingelb, fßh. ○ bis ○○○ ⊕ ⬡ 丰 D
– *purpureus,* Rosenginster, rosa, knh. ○ bis ○○○ ⊕ ⋙ ⬡ 丰 D
– – ›Atropurpureus‹, dunkelrote Blüten.
Daphne arbuscula, Felsenseidelbast, rosa, fßh. ○ bis ✺ ⊕ ≃ ∥ ♁ 丰
– *blagayana,* weißdoldiger Zwergseidelbast, fßh. ○ bis ✺ ⊕ ∥ ⋙ ♁ 丰
– × *burkwoodii,* zartrosa Duftseidelbast, tschh. ○ ⊕ Υ D
– *cneorum* ›Major‹, Rosmarinseidelbast, lachsrosa, fßh. ○ bis ◐ ⊕ ≃ ∥ ⊥ ⬡ 丰 D
– *mezereum,* karminroter Seidelbast, knh. bis brsth. ○ bis ◐ ⊕ ≃ ⊥ ⬡ ♧ D
– – ›Album‹, Weißer Seidelbast, knh. bis brsth.
Deutzia discolor, Rosa Zwergdeutzie, tschh. bis brsth.
– *gracilis,* Weiße Zwergdeutzie, knh. bis hfth. ○ bis ◐ ⦙
Dryas octopetala, Silberwurz, kaum sph., weiß ○ ⊕ ▭ ⋙ ♧ 丰
– × *suendermannii,* noch schöner immergrüner als vorige, cremegelb ○ ⊕ ▭ ⋙ ♁ ♧ 丰
Empetrum atropurpureum, Rotfrüchtige Krähenbeere, fßh. ○ bis ◐ ⊖ ▭ ⋙ ♧ 丰
– *nigrum,* Schwarze Rauschbeere, fßh. ○ bis ◐ ⊖ ▭ ⋙ ♧ 丰
Erica erigena (syn. E. mediterranea) ›Silberschmelze‹, weiße Winterschneeheide ○ ⊖ ▭ Υ ⤫ ⬡ 丰
– *herbacea* (syn. E. carnea), Märzheide, rosa, sph. bis fßh. ○ bis ✺ ▭ Υ ⤫ ⬡ 丰
– – ›Alba‹, weiße Märzheide
– – ›Cecilia M. Beale‹, weiße Langrispenheide
– – ›James Backhouse‹, hellrosa, spät
– – ›Vivelli‹, Rubinmärzheide
– – ›Winterbeauty‹, rosa Winterheide
– *tetralix,* Glockenheide, rosa, fßh. ○ bis ✺ ⊖ ≃ ▭ Υ ⤫ ⬡ 丰
– *vagans,* Mittsommerheide, rosa, sph. ○ bis ✺ ⊖ ≃ ▭ Υ ⤫ ⬡ 丰 ∧
– – ›Alba‹, weiße Form
– – ›F. D. Maxwell‹, dunkellachsfarben
– – ›Lyonesse‹, rahmweiß
– – ›St. Keverne‹, hellachsfarben
Euonymus fortunei ›Coloratus‹, Purpurteppichspindel, sph. ○ bis ◐ ≃ ▭ ⋙ ♁ 丰
– – ›Gracilis‹, Silberspindel, kletternd, sph.
– – ›Minimus‹, Teppichspindel, fßh.
– – var. *radicans,* kletternde Zwergspindel, fßh.
– – var. *vegetus,* Schwingspindel, fßh. bis knh.
Fuchsia magellanica ›Riccartonii‹, rotblaue Zwergfuchsie, knh. ◐ ⊖ ≃ ⦙ Υ ∧ bis ∧∧
Gaultheria procumbens, weiß bis hellrosa, kaum sph., kugelige leuchtendrote Früchte im Spätherbst ○ bis ◐ ⊖ ⋙ ▭ 丰
Genista pilosa, Teppichsandginster, goldgelb ○ bis ○○ ▭ ⊥ Υ 丰
– *radiata,* Strahlenginster, gelb, knh. ○ bis ○○○ ▭ ⊥ Υ 丰 ∧
– *sylvestris* var. *pungens* (syn. G. dalmatica), Dornenteppichginster, gelb, fßh. ○ bis ○○○ ▭ ⊥ Υ 丰 ∧
– *tinctoria,* Goldkugelginster, goldgelb, tschh. ○ bis ○○ ⊕ ▭ ⊥ 丰
– – ›Plena‹, gefüllte Form des Goldkugelginsters, gelb, fßh.
Hedera helix ›Conglomerata‹, Kugelzwergefeu, fßh. ◐ bis ● ▭ ⋙ Υ ♁ 丰
– – ›Minima‹, Zwergefeu, fßh. bis knh.
Helianthemum-Hybriden
Diese und alle folgenden Sorten:
○ ⊕ ▭ ⦙ ⬡ ♁ 丰 ∧ (besser), alle sph.
– – ›Blutströpfchen‹, blutrot
– – ›Chamois‹, Elfenbein und rosa
– – ›Citronella‹, zitronengelb
– – ›Eisbär‹, weiß
– – ›Feuerbrand‹, feurig rot
– – ›Gelber Findling‹, gelb, goldgelb, geschecktes Laub im Frühling
– – ›Golden Queen‹, goldgelb
– – ›Gelbe Perle‹, gelb gefüllt
– – ›Lawrensons Pink‹, rosa
– – ›Rubin‹, leuchtend rot, gefüllt
– – ›Snow Queen‹, weiß
– – ›Supreme‹, dunkelkarminrot
– – ›Wisley Primrose‹, blaßgelb, großblumig, silbergraues Laub
– *nummularium* (syn. H. chamaecistus), tieferes Gelb, 8 cm, früheste im Mai ○ ▭ ⦙ ⬡ ♁ 丰
– *oelandicum* ssp. *alpestre* (syn. H. alpestre), Alpensonnenröschen, 5 cm, gelb ○ ▭ ⦙ ⛀ ♁ 丰
Hypericum calycinum, goldgelb, großblütig, fßh. ○ bis ● ≃ ▭ ⋙ Υ ♁
– *forrestii,* sehr großblumig, goldgelb, hfth. ○ bis ◐ ≃ ⊥ ♁
– *hookerianum* ›Hidcote‹, herrliche goldgelbe Blume auf rötlichem Holz, hart!, hfth. ○ bis ◐ ≃ ⊥
Iberis → Stauden Seite 191 f.
Kalmia angustifolia ›Pumila‹, Schmallaubige Zwerglorbeerrose, rosa, fßh. ◐ bis ● ⊖ ≌ ▭ Υ ♁ 丰
– *polifolia,* Moorlorbeerrose, lilapurpurn, fßh. ● ⊖ ≌ ▭ Υ ♁ 丰
Lavandula angustifolia, Duftlavendel, in Sorten von unterschiedlicher Höhe, meist bis knh., wintergrün ○ bis ○○○ ⊕ ▭ ∥ ⬡ ⚘ D

Leiophyllum buxifolium, Sandmyrte, sph. bis knh. ◐ ⊝ ≃ ▭ Y ♁ 丰
Ligustrum vulgare ›Lodense‹, Weißer Zwergliguster, fßh., Winterbronze!
○ bis ◐ ⦙ ♁
Mahonia aquifolium ›Moseri‹, Rotlaubmahonie, gelb, tschh.
○ bis ● ▭ ⦙ Y ⬡ ♁ ♧ 丰
– *repens*, Zwergmahonie, kriechend, gelb, fßh. ○ bis ● ▭ ⋙ Y ⬡ ♁ ♧
Moltkia petraea, Moltkia, leuchtend blau, knh., Sommerblüher!
○ bis ○○○ ▭ ⦙ ⬡
Pachysandra procumbens, Bronzeblattysander, fßh. ◐ bis ● ≃ ▭ ⋙ Y
– *terminalis*, Immergrünysander, fßh.
◐ bis ● ≃ ▭ ⋙ Y 丰
Pernettya mucronata, Rotbeerige Torfmyrte, weiß, fßh. bis knh.
☼ bis ◐ ≌ ▭ Y ♁ ♧ 丰
– – ›Alba‹, Weißbeerige Torfmyrte, fßh. bis knh.
– – ›Bells Seedling‹, karminrotbeerig
Perovskia atriplicifolia, Blauraute, knh.
○ bis ○○○ ▭ ⊥ ♁ D
Philadelphus-Lemoinei-Hybride ›Fimbricatus‹, Zwergjasmin, weiß, tschh.
Diese und die folgende Sorte:
○ bis ◐ ⦙ ⊥ ✂ ⬡ D
– – – ›Manteau d'Hermine‹, halb- bis ganzgefüllter weißer Zwergjasmin, tschh. und höher
– *microphyllus*, zierlichster Zwergjasmin, weiß, tschh. und höher
○ bis ◐ ⦙ ⊥ ✂ ⬡ D
Polygala chamaebuxus, Zwergbuchsblume, reingelb oder bräunlich, sph.
○ bis ☼ ⊕ ≃ ‖ ⋙ ♁ 丰
Potentilla fructicosa ›Friesengold‹, goldgelber Zwergfingerstrauch, tschh. ○ ▭ ⦙ ⊥ ⬡
– – var. *mandshurica*, Zwergfingerstrauch, weiß, knh. ○ ▭ ⦙ ⊥ ⬡
– – ›Purdomii‹, blaßgelb, straffer Wuchs, tschh. ○ ▭ ⦙ ⊥ ⬡
Prunus laurocrerasus ›Schipkaensis Compacta‹, Zwergkirschlorbeer, tschh., weißblühend ◐ bis ● ≃ ▭ ⦙ ⊥ Y ♁ 丰
– *tenella*, rosa Zwergmandel, tschh., durch unterirdische Ausläufer sich ausbreitend, aber nicht wuchernd
○ bis ○○ ▭ ⋙ ✂ ⬡ ♧
– – ›Alba‹, Schneezwergmandel
Rhamnus pumilus, Alpenzwergkreuzdorn, sph. ○ bis ☼ ≃ ‖ ⋙ ⊍ ♁
– *saxatilis*, Felsenkreuzdorn, knh. bis tschh. ○ bis ◐ ⊕ ▭ ⊥
Rhododendron → Sonderliste Seite 150
Ribes alpinum ›Pumilum‹, Zwergalpenjohannisbeere, gelb, knh.
Salixcaesia, Zwergweide, hellgelb, bis brsth. ○ ≃ ⊥
– *hastata* ›Wehrhahnii‹, Silberzwergweide, tschh. bis brsth. ○ ≃ ⊥ ⬡
– *helvetica*, Schweizer Weide, bis brsth.
○ ≃ ⊥ ⬡ ♁
– *purpura* ›Nana‹, Purpurweide, knh.
○ ≃ ⦙ ⊥ ⬡
– *repens*, Zwergweide, Kriechweide, gelb, fßh. ○ ▭ ⋙ ⦙
– *reticulata*, Netzweide, kriechend, kaum sph. ○ bis ☼ ⊕ ≃ ‖ ⋙ ⊍ ♁
– *retusa*, Stumpfblättrige Weide, gelb, sph. ○ ≃ ‖ ⋙ ⊍ ♁
– *serpyllifolia*, Quendelblättrige Weide, gelb, sph. ○ ≃ ‖ ⊍ ♁
Spiraea bullata, Zwergspierstrauch, dunkelrosa, fßh. ○ bis ◐ ⦙ ⊥
– *decumbens*, Zwergspierstrauch, weiß, fßh. ○ ⊕ ▭
Vaccinium myrtillus, Heidelbeere, weißblühend, sph. bis fßh.
○ bis ◐ ⊝ ▭ ⋙ Y ⬡ ♁ ♧
– *vitis-idaea*, Preißelbeere, weißblühend, sph. bis fßh.
○ bis ◐ ⊝ ▭ ⋙ Y ⬡ ♁ ♧ 丰

Zwergnadelgehölze im Steingarten

Es gibt viele Steingärten, in denen sich die Zwergnadelgehölze so mächtig ausgebreitet haben, daß man schließlich nichts anderes mehr sieht und sehr häufig der Verlockung unterlag, zu viel pflanzen zu wollen. Manchmal wirkt es wunderschön und stehen da in allen Farben: Blaugrün, Goldgrün, Tiefdunkelgrün, leuchtend Smaragdgrün – breit gelagert, aufrecht emporsteigend oder kaskadenartig herunterhängend wie bei dem Tamariskensadebaum und schließlich wieder überwachsen und verdrückt an mancher Stelle von dem immer zu groß werdenden *Juniperus chinensis* ›Pfitzeriana‹. Vergessen wird leicht, daß es von unzähligen dieser auf die Dauer etwas zu wuchtigen Zwerggehölzen, die ja an die Steingartenränder gehören, immer noch wieder kleinere, schwächer wachsende Arten gibt, die gerade in die rechten Steingartenräume hineinpassen. Die japanische Zwergfächerscheinzypresse (*Chamaecyparis obtusa* ›Nana Gracilis‹) sehen wir in Exemplaren, die in zwanzig Jahren nur 50 bis 60 cm hoch geworden waren, und in ebenso alten Stükken der *Chamaecyparis obtusa* ›Nana‹, die schon 200 cm hoch wurden und entsprechend wuchtige Breiten zeigten. Man glaubt überhaupt nicht, wie wichtig diese ganzen Steigerungen »zwergig«, »zwergiger«, »am zwergigsten« im Steingarten sind und was für grundlegende Wachstumsunterschiede sie oft in nahverwandten Pflanzenarten festlegen. Wir müssen also drei Grade der Entfaltung mit dem kleinen Vermerk: »langsamstes Wachstum« – »mittleres Wachstum« – »wuchtigstes Wachstum« unterscheiden. Die wuchtigste Klasse gehört eben nur in die Hintergründe und in die Vermittlungszone zu größeren Gehölzen hinüber.

Schon Vorhandenes, was sich zu breit macht, kann man vielfach durch Schnitt bändigen und lenken. Die Überbesetzung mit Zwergnadelgehölzen ist aber nicht nur aus Gründen des oberirdischen Verhaltens schädlich, sondern auch wegen der zu starken Durchwurzelung des Bodens. Man macht sich kaum eine Vorstellung von der Energie dieses Wurzelwuchses. Vielfach haben wir zur Gewinnung wurzelfreier Partien große, dünne Steinplatten gegen die Wurzelmenge eingelassen – nach alter ostasiatischer Sitte –, um Gleichgewicht besonders in jungen Zuständen zwischen Schwach und Stark herzustellen.

Ein Schnitt der Nadelgehölze kann große unerwartete Reize hervorbringen.

Erfreulich ist auch eine Benachbarung hochstrebender Zwerggehölze mit flachgelagerten. Man kann in engster Benachbarung noch viel mehr wagen und sollte manchmal eine Gruppe verschiedenartigster Zwerggehölze immergrüner und laubabwerfender, blaugrüner und rotbraunblättriger fast in der gleichen Anordnung beinahe ins gleiche Pflanzloch stecken, wie sie im Versandkorbe zu erstaunlichstem Reiz beisammenstehen.

Nur Mut, liebe Freunde, die Natur wartet auf Wagnisse, auf Entkrampfung, auf Tollheiten, die zuerst übertrieben scheinen und nachher von Zeit und Natur abgemildert und ausgebaut werden! Wenn du einen Hängewacholder auf einen flachen Platz pflanzt, läßt du sozusagen einen Wasserfall im Sande verrinnseln und nimmst ihm obendrein noch seine Winterchancen. Wer nicht den Chinesischen Zwergwachholder (*Juniperus squamata* ›Meyeri‹) farblich durch verwandte und Gegenfarben ausschöpft, bringt dieses stahlblaue Kleinod um sein Bestes. Gewöhnliche Krummholzkiefer (*Pinus mugo* ssp. *mugo;* früher mughus) auf kleinen Raum zu pflanzen statt der Zwergform *Pinus mugo* ssp. *mugo* ›Slavinii‹ führt leicht zu Zerstörung der Proportionen. Viele Enttäuschungen bei den Zwergnadelgehölzen, viel verlorene Zeit haben wir auch durch Weglassung nicht völlig harter oder schlechtwüchsiger oder einfach nur wesenloser Arten und Sorten erspart.

Übrigens melden sich aus aller Welt noch immer neue Zwerge, *schlimm genug,* daß man sie noch nicht heranzog und sie in ihren besonderen Fähigkeiten und Schönheitskräften feierte. Viele sind schon als alte Exemplare in Deutschland älter als unser ganzes Steingartenwesen und beginnen eigentlich erst seit jüngeren Zeiten auf Gartenbühnen ihre feinste Rolle zu spielen. Viele standen als Kuriosa in Baumschulen herum, manche kommen aus Bergwildnissen – Abkömmlinge uralter, geduckter Gestalten aus wenig zugänglichen

Picea abies ›Procumbens‹, die Kissenzwergfichte, bildet mit ihrer gelblich-grünen Färbung einen effektvollen Hintergrund zu dem bepflanzten, hellen Tuffstein.

Höhen, so die Hudsonbalsamtanne *(Abies balsamea* var. *hudsoniana),* die erst nach fünfzigjährigem Wachstum tischhohe Gestalten bildet.

Das ganze Reich der Zwergnadelgehölze ist ein Labyrinth bizarrer und tiefgründiger Schönheiten, in dessen Gängen und Bereichen sich noch niemand ganz auskennt. Immer wieder muß darauf hingewiesen werden, daß doch unser europäisches Gartenleben allgemach Millionen kleinen Gärten entgegengeht, in denen das Kleingewächs und das kleine Gehölz eine Rolle spielen werden, von deren Bedeutung und Tragweite wir uns kaum Begriffe machen können. Gerade das Zwergnadelgehölz statuiert oft eine wunderbare »Würde« des kleinen Raums – macht sozusagen aus der Kleinheit ein Fest, aus der Beengtheit eine Gebärde königlicher Anpassung. Wenn die gipfel- und kernbildende Rolle der Zwergnadelgehölze stärker bekannt wäre, dann würden viele steingartenscheue Menschen ein größeres Draufgängertum aufbringen und die kleinen Gartenbilder, die sie aufbauen, viel sicherer vom bloßen Nebeneinander ungefähr gleichgeordneter Pflanzen erlösen, denen die dominierende Rolle übergeordneter Gewächse fehlt.

Wir müssen uns bei allen Gedanken auch an Kleingewächse und bei allen Mühen um ihre Sichtung und Verbreitung immer als Pioniere neuer Lebens- und Gartenentwicklungen fühlen, welche in die ungeheure Zukunft des Menschenwesens hinausreichen; dürfen also hierbei nicht vergessen, daß alle diese kleinen edlen Gestalten dereinst vielleicht eine außerordentliche Volkstümlichkeit erlangen werden.

Noch kein Mensch hat ausgesprochen, welche Kräfte der Weitung von Zeit und Raum im modernen Zwergpflanzenreich für uns beschlossen liegen. Wir ertasten so recht eigentlich erst jetzt die ersten Umrisse und Eigenschaftskomplexe all dieses herrlich fremden, herrlich verschiedenartigen Pflanzenlebens, das in seiner treuen Dienstbereitschaft fähig ist, uns in wenigen Jahren auf wunderliche und unerwartete Weise selbst mit dem kleinsten Garten zu verketten.

Die hier in einer Extraktliste zusammengefaßten Arten und Sorten stellen nur etwa einen *Bruchteil* der im neueren Schrifttum bereits aufgeführten und genau geschriebenen Arten und Sorten dar. Es handelt sich hierbei nicht um bloße Mannigfaltigkeiten, sondern überall auch um eingesprenkelte Hochqualitäten der Schönheit, die leider noch immer wenig bekannt sind. Legen wir also unserer Weltneugier nirgends zu straffe Zügel an!

Die wichtigsten Zwergnadelgehölze

Abies balsamea var. *hudsoniana*, Hudsonbalsamtanne, Naturform, tischhoch, rundlich kissenförmig, schwarzgrün.
– – ›Nana‹, Zwergbalsamtanne, reichlich tisch- hoch, flachkugelig, dunkelgrün.
Chamaecyparis lawsoniana ›Forsteckensis‹, Zwergfächerscheinzypresse, bis brusthoch, langsam wachsend, dicht, breitkegelförmig, graublau.
– *lawsoniana* ›Globosa‹, Kugelzwergfächerscheinzypresse, tischhoch, flachkugelig, hellgrün.
– *obtusa* ›Nana Gracilis‹, Zwergmuschelscheinzypresse, nach vielen Jahren 1,5 m hoch, unregelmäßig kegelförmig, glänzend dunkelgrün.
– *psifera* ›Nana‹, Zwergsawarasscheinzypresse, reichlich spannhoch, flachkugelig, blaugrün.
– – ›Plumosa Compressa‹, Zwergfederscheinzypresse, kniehoch, flachkugelig, dicht, gelblichgrün bis bläulichgrün.
Ephedra distachya, Meerträubel, kniehoch, flach niederliegend, tiefgrün.
– *gerardiana* var. *sikkimensis*, knapp spannhoch, steif aufrecht, dunkelgrün.
Juniperus chinensis ›Blaauw's Varietät‹, Blauer Zwergwacholder, bis knapp mannshoch, strauchig aufstrebend, graublau.
– *communis* ›Compressa‹, Liliputsäulenwacholder, äußerst langsamwüchsig, im hohen Alter brusthoch, schmal säulenförmig, hellgrün, nicht für rauhe Lagen!
– – var. *depressa*, Zwergwacholder, selten bis brusthoch, flach aufstrebend, kriechend, hellgrün.
– – – – ›Aurea‹, Goldzwergwacholder, reichlich spannhoch, strauchig, kriechend, hellgrün, goldgelbe Triebspitzen.
– – ›Hornibrookii‹, Teppichwacholder, polsterartig flachkugelig, kriechend, hellgrün.
– – *var-hemisphaerica.* Zwergkissenwacholder, spannhoch, niederliegend, Nadeln oberseits mit kreideweißen Streifen.
– *horizontalis*, Tafelwacholder, spannhoch bis fußhoch, flach kriechend, bläulichgrün.
– – ›Alpina‹, Blauer Kriechwacholder, reichlich spannhoch, langsam wachsend, im Alter einzelne Zweige aufrecht, bläulichgrün, im Winter purpurfarben.
– – ›Glauca‹, blaue Form des Tafelwacholders, spannhoch, langsam wachsend, flach, intensiv blau.
– – ›Humilis‹, Teppichwacholder, reichlich hoch, mattenartig aufrecht, grün.
– *sabina* ›Tamariscifolia‹, Tamariskensadebaum, reichlich fußhoch, erst im Alter brusthoch, niederliegend flach, dunkelgrün.
– – ›Nana Compacta‹, Zwergrotzederwacholder, tischhoch, grünlichblau.
Microbiota decussata, Microbiota, noch wenig bekannte südostsibirische Neuheit, nur etwa 20 cm hoch, flach kissenartig, an Kriechwacholder erinnernd, trockenheits- und hitzeverträglich, frischgrün, bei Kälte kupferfarben.
Picea abies ›Compressa‹, Zwergfichte, tischhoch, breitkegelförmig, ähnlich der Zuckerhutfichte, dunkelgrün.
– – ›Echiniformis‹, Igelzwergfichte, kniehoch bis tischhoch, langsam wachsend, dicht kugelförmig, dunkelgrün.

– – ›Gregoryana‹, Gregorzwergfichte, fußhoch bis kniehoch, kissenförmig, später kugelig, graugrün.
– – ›Maxwellii‹, Kugelzwergfichte, bis brusthoch, flach kugelig, hellgrün.
– – ›Nidiformis‹, Nestzwergfichte, kniehoch, gleichmäßig rund, in der Mitte nestartig vertieft, graugrün.
– – ›Procumbens‹, Kissenzwergfichte, kniehoch, flach kissenförmig, gelblichgrün.
– – ›Pumila Glauca‹, Blaunadelzwergfichte, tischhoch, flach kugelig, tiefdunkelgrün, nur unterseits etwas blaugrün.
– – ›Pygmaea‹, Gnomenfichte, bis brusthoch, aber sehr langsam wachsend, stumpf kegelförmig, dunkelgrün.
– – ›Tabulaeformis‹, Tafelzwergfichte, kniehoch bis tischhoch, niederliegend, gelbgrün.
– *glauca* ›Alberta Globe‹, Zwergzuckerhutfichte, nur doppelt spannhoch!, kugelförmig, grün.
– – ›Conica‹, Zuckerhutfichte, im Alter bis mannshoch, spitz kegelig, hellgrün.
– *pungens* ›Glauca Globosa‹, Kugelstechfichte, bis brusthoch, flach kugelig, intensiv blau.
Pinus mugo ssp. *mugo* (syn. P. mugo var. mughus), Zwerglatschenkiefer, bis 2 m, anfangs dicht, später locker, dunkelgrün.
– – ssp. *pumilio*, Zwergkiefer, bis brusthoch, niederliegend, dicht, dunkelgrün.
– – ›Slavinii‹, zwergige Form der Latschenkiefer, nur etwa kniehoch, mattenförmig, bläulichgrün.
– *pumila*, Ostasiatische Kriechkiefer, etwas übermannshoch, schwachwachsend, flach kriechend, dunkelgrün.
– *sylvestris* ›Argentea Compacta‹, Silberzwergkiefer, etwa mannshoch, kugel- bis kegelförmig, silbergrau.
– – ›Nana‹, Zwergwaldkiefer, kniehoch, kugel- bis säulenförmig, blaugrün.
– – ›Pumila‹, Kugelwaldkiefer, meist im Alter mannshoch, kugelförmig, blaugrün.
Taxus baccata ›Compacta‹, Kugelzwergeibe, bis brusthoch, kugelig, glänzend dunkelgrün.
– – ›Prostrata‹, Teppichzwergeibe, reichlich spannhoch, kriechend, dunkelgrün.
– – ›Repandens‹, Zwergeibe, kniehoch, kriechend, glänzend dunkelgrün.
– *cuspidata* ›Minima‹, Japanische Zwergeibe, spannhoch, etwas locker, buschig, glänzend dunkelgrün.
Tsuga canadensis ›Jeddeloh‹, Nestzwerghemlockstanne, etwa tischoch, interessante Form mit nestartigem, überhängendem Wuchs, glänzend hellgrün.
– – ›Nana‹, Zwerghemlockstanne, kaum meterhoch werdend im Alter, flach kugelig überhängend, hellgrün.

Höhere Nadelgehölze für Randpflanzungen im Steingarten

(Bevorzugt für Randpflanzungen und auch zu Kleinstauden ohne Stein passend)

Abies koreana, Koreatanne, bei uns selten über 5 m hoch, langsamwüchsig, dicht pyramidal, sehr schön und hart, glänzend dunkelgrün.
Chamaecyparis lawsoniana ›Ellwoodii‹, Blaue Fächerscheinzypresse, bis 2,50 m, schmal säulenförmig, blaugrün.
– *psifera* ›Squarrosa‹, Silberscheinzypresse, bis 8 m, schöne Pyramiden bildend, silbergrau.
Juniperus chinensis ›Pfitzeriana‹, Chinesischer Prachtwacholder, bis 4 m, breit trichterförmig, stark wachsend, hellgrün.
– *communis* ›Kmetsch‹, bis 1,5 m, langsamwachsend, dichte Säulen, graugrün.
– – ›Stricta‹, Irländischer Säulenwacholder, bis 4 m, dichte, schmale Säulen, blaugrün.
– – ›Suecica‹, Skandinavischer Säulenwacholder, bis 10 m im Alter, doch meist niedriger, etwas breitere Säulen als vorige Sorte, Triebspitzen überhängend! Hellgrün.
– *rigida*, Dschunkenwacholder, im Alter bis 8 m, lockerer, überhängender, malerischer, breitbuschiger Wuchs, dunkelgrün.
– *virginiana* ›Burkii‹, Kegelrotzederwacholder, bis 3 m, kegelförmig, gegen Winter blaugrün, später bei Kälte purpurrot verfärbend.
– – ›Canaertii‹, Säulenrotzederwacholder, bis 5 m, locker aufrecht wachsend, dunkelgrün.
– – ›Glauca‹, Blauer Säulenrotzederwacholder, 7 m, selten bis 10 m, pyramidenförmig, stahlblau.
Picea abies ›Acrocona‹, Zapfenfichte, bis 4 m, breit kegelförmig, Zapfen schon an Jungpflanzen, dunkelgrün.
– *breweriana*, Mähnenfichte, bis 20 m, aber langsam wachsend, Äste waagerecht abstehend und Zweige meist herabhängend, prachtvoll!, dunkelgraugrün.
Pinus aristata, Grannenkiefer oder Fuchsschwanzkiefer, sehr langsamwüchsig, erst nach Jahren 2 m und höher werdend, buschig, Nadeln pinselartig in Büscheln, dunkelgrün.
– *cembra*, Arve oder Zirbelkiefer, ideales, langsamwachsendes schönes Nadelgehölz, nicht beengt pflanzen, muß völlig frei stehen, meist nur 10 m, dunkelgrün mit bläulichweißem Schimmer.
– – *koraiensis*, Koreakiefer, bis 15 m, doch langsamwüchsig, ähnlich der Zirbelkiefer, bläulichgrün.
– *parviflora* ›Glauca‹, Mädchenkiefer, meist nur 5 m hoch, früher und reicher Zapfenansatz, feinnadelig, schön blaugrün.
– *sibirica*, Sibirische Zirbelkiefer, wüchsiger, etwas kurznadeliger als *P. cembra*, über 10 m.
Taxus baccata, Eibe, sehr langsamwüchsig, in der Jugend mehr buschig, verträgt schonenden Rückschnitt, nicht für zugige Lagen, Nadeln oberseits tiefdunkelgrün glänzend, unterseits matt hellgrün.
– – ›Aurea‹, Goldeibe, Austrieb goldgelb, strauchig, Nadeln später teilweise gold oder gelb gestreift.
– – ›Dovastoniana‹, Schmuckeibe, aufrecht bis strauchig, Zweige hängen am Ende über, dunkelgrün.
– – ›Dovastoniana Aureovariegata‹, Goldschmuckeibe, schwach- und flachwachsend, Nadeln gelbgrün mit gelbem Rand.
– ›Fastigiata‹, Irländische Säuleneibe, bis 5 m, streng säulenförmig, aber etwas lokker, mit mehreren Haupttrieben, nicht für zu rauhe Lagen.
– *cuspidata*, Japanische Straucheibe, strauchig und gedrungen, ebenfalls langsamwüchsig, absolut frosthart, dunkelgrün.

Rhododendron im Steingarten

Die hier folgenden »schwerwiegenden« Listen der allerhärtesten Arten und Sorten – der Wildsorten und Namensorten – beruhen auf jahrzehntelangen Beobachtungen, die an vielen Orten gesammelt wurden und auch das Verhalten nach schwersten, schneelosen Frösten mit berücksichtigen. Die Erfahrungen unterscheiden vier Kategorien der Frosthärte nach den Zahlen 1, 2, 3 und 4.

Die hier folgenden Listen beschränken sich auf die absolut harten, also der Kategorie 1 zugehörigen Wildarten und Züchtungen. Die kleineren Wildarten sind Glanzpunkte der Steingärten, die großen Sorten passen vereinzelt in größere Steingärten als Nachbarn der genannten Nadel- und immergrünen Laubgehölze.

Für Nachbarn sorge man auch bei Massenverwendung in lichten Gehölzpartien größerer, auch städtischer Anlagen, rücke die Rhododendren und anderen strauchigen immergrünen Gehölze nahe an die Wege, benachbare größere und kleinere Exemplare und überziehe den Boden mit immergrünen Schattengräsern, wie Waldmarbel, Waldschmiele, Riesen-, Japan- und Bogensegge und auch Farnen sowie den übrigen schattenvertragenden und bodenbedeckenden Kleinstauden. Als Gehölznachbarn lieben sie Berggehölze, also gibt man ihnen in kleineren und mittleren Räumen die Gesellschaft der auf Seiten 145 f. genannten, mit Ausnahme von *Juniperus*-Arten.

Harte Rhododendronarten

1. Zwergige und bis etwa 80 cm hoch wachsende Arten

Rhododendron atlanticum, weiß, 60 cm, Mai
- *calostrotum* ssp. *keleticum*, purpurrot, 15 cm, Mai ‡
- *camtschaticum*, purpurrot, 10 cm, Mai, häufig September nachblühend.
- *canadense*, lilaviolett, 60 cm, April.
- *capitatum*, purpurrot, 50 cm, Ende Mai ‡
- *fastigiatum*, purpurlila, 50 cm, Vorfrühling ‡
- *ferrugineum*, dunkelpurpurrot, 50 bis 80 cm, Mitte Mai ‡
- *forrestii* (syn. R. repens), scharlachrot, bis 15 cm, April, ‡ in Blühwilligkeit von Hybriden übertroffen.
- *hippophaeoides*, lilarosa, April ‡
- *hirsutum*, karminrosa, 50 bis 80 cm, Juni ‡
- *impeditum*, purpurviolett, 40 cm, April/Mai ‡
- *myrtifolium* (syn. R. kotschyi), dunkelrosa, 50 cm, Mai ‡
- *obtusum*, rot, 70 cm, Mai ‡
- *parviflorum*, purpurrosa, 50 cm, Anfang April.
- *russatum*, tief purpurblau, 60 bis 80 cm, Mai ‡
- *scintillans*, lila bis blau, 50 cm, April/Mai ‡
- *williamsianum*, rosa, 50 cm, halbkugeliger Wuchs, April, ‡ von seinen Hybriden im Blütenreichtum übertroffen.
- *yakushimanum*, je nach Herkunft hellrosa, karmin, auch weiß, schwachwüchsig, selten bis 1 m Höhe, Mai ‡

2. Halbhohe, 80 bis etwa 150 cm hoch wachsende Arten

Rhododendron ambiguum, gelb mit grünen Flecken, duftend, 100 bis 150 cm, April/Mai ‡
- *calendulaceum*, gelb oder orange, bis scharlach, 100 bis 150 cm, Juni.
- *dauricum*, lilarosa, sehr harte sibirische Art, bis 150 cm, selten bis 200 cm, bei mildem Wetter im Januar blühend, sonst bis März.
- *japonicum*, lachsrosa bis orange mit großem orangem Fleck, meist nur bis 150 cm, selten 200 cm hoch, April/Mai.
- *micranthum*, milchweiß, 80 bis 150 cm, Mai/Juni ‡
- *mucronatum*, reinweiß und duftend, bis 150 cm, Mai ‡
- *mucronulatum*, purpurrosa, bis 150 cm, sehr früh, bei mildem Wetter schon ab Januar blühend, unbedingt geschützt pflanzen!
- *occidentale*, weiß bis hellrosa mit gelbem Fleck, süß duftend, bis 150 cm, manchmal auch bis 200 cm hoch, Juni.
- *periclymenoides* (syn. R. nudiflorum), rosa oder hellrosa, etwa 100 cm, selten bis 200 cm hoch, Ende April/Mai.
- *viscosum*, weiß, stark duftend, 150 cm, Juli.

3. Hohe, über etwa 150 cm hoch wachsende Arten

Rhododendron albrechtii, hell- bis purpurrot, bis 200 cm, April/Mai.
- *arborescens*, weiß, auch rosa getönt, bis 300 cm, Juni.
- *brachycarpum*, rahmweiß, manchmal rosa mit grünen Flecken, 200 bis 300 cm, Juni/Juli ‡
- *catawbiense*, purpurlila mit grünlichen Flecken, bis 400 cm, Ende Mai, meist nicht in Kultur, durch seine Hybriden übertroffen ‡
- *luteum*, goldgelb, stark duftend, bis 200 cm, Mai.
- *prinophyllum* (syn. R. roseum), rosa, bis 300 cm, Mai.
- *reticulatum*, purpurrot, 200 cm, Mai.
- *schlippenbachii*, reinrosa, 200 cm, April/Mai.
- *smirnowii*, rosa, im Farbton variierend, 100 bis 300 cm, Mai/Juni ‡
- *ungernii*, hellrosa, bis 200 cm, Juli ‡
- *vaseyi*, rosa, rot gefleckt, bis 200 cm, April/Mai.
- *yakushimanum* ssp. *makinoi*, zartrosa, bis 200 cm, Mitte Mai/Juni ‡

Wichtige, völlig frostharte Rhododendronhybriden

Immergrüne Hybriden in Sorten

In dieser Gruppe sind sowohl niedrig als auch sehr hoch wachsende Sorten erhalten. Die Hybridengruppen sind, nach Blütezeiten untergliedert, aufgeführt.

März/April

Rhododendron × *praecox* (R. ciliatum × R. dauricum)
Vorfrühlingsalpenrose, tief karminrosa, 100 bis 150 cm, buschig bis kompakt, schon ab März, geschützt pflanzen! ≢

Ende April

Caucasicum-Hybride ›Jacksonii‹
Zartrosa, außen dunkler gestreift, dichtkugelig.
Impeditum-Hybride ›Blue Wonder‹
Dunkelblau, kugelig-kompakt.
Repens-Hybride ‹Elisabeth Hobbie‹
Transparentes dunkles Scharlachrot, Spitzensorte, kräftiger, breiter Wuchs.
Williamsianum-Hybride ›Jackwill‹
Zartrosa, Wuchs mehr breit als hoch.

Anfang Mai

Catawbiense-Hybride ›Cunningham's White‹
Weiß, gelbe Zeichnung, außen schwachrosa Rippen, Standardsorte, starker, kugeliger Wuchs.
Impeditum-Hybride ›Moerheim‹
Violett, rundlich-kompakt, wüchsiger als die Art.
Repens-Hybride ›Baden-Baden‹
Scharlachrot, kräftiger, breiter Wuchs.

Mitte Mai

Catawbiense-Hybride ›Daisy‹
Hellkarminrot, niedriger Wuchs.
– – ›Gudrun‹
Reinweiß mit zartlila Rand und dunkler Zeichnung, hoher Wuchs.
Caucasicum-Hybride ›Boule de Neige‹
Weiß, gelbliche Zeichnung, Wuchs dicht.
Impeditum-Hybride ›Blue Tit‹
Leuchtend himmelblau (Typ Hobbie), rundlich-kissenförmiger Wuchs.
Metternichii-Hybride ›Eidam‹
Weiß, mit rosa Anflug, hoher Wuchs.
Repens-Hybride ›Aksel Olsen‹
Blutrot, Wuchs mehr breit als hoch.
Williamsianum-Hybride ›Lissabon‹Karminrot, rundkugelig.
– – ›Oudyk's Sensation‹
Rosa, breitbuschig.
– – ›Rödhätte‹
Blutrot, kalktolerante Sorte, breiter Wuchs.

Ende Mai

Catawbiense-Hybride ›Alfred‹
Dunkellila, gekräuselt, hoher Wuchs.
– – ›Allah‹
Hellpurpurrosa mit gelber Zeichnung, kompakter, mittelstarker Wuchs.
– – ›Caractacus‹
Purpurrot, kräftig, aufrechtwachsend.
– – ›Charles Dickens‹
Rubinrot, gefleckt, Wuchs etwas unregelmäßig und mittelstark.
– – ›Dietrich‹
Hellpurpurrot, gedrungener Wuchs.
– – ›Everestianum‹
Hellpurpurviolett, breiter, gedrungener Wuchs.
– – ›Holger‹
Blaßviolett mit großem dunkelgrünem Spiegel, mittelstarker Wuchs.
– – ›Humboldt‹
Hellpurpurviolett mit dunkelrotem Fleck, breit-kompakter Wuchs.
– – ›Catharine van Tol‹
Reinrosa, mittelstark wachsend, gedrungener Wuchs.
– – ›Leopold‹
Dunkelpurpurviolett mit brauner Zeichnung, hoher starker Wuchs.
– – ›Madame Carvalho‹
Reinweiß mit gelbem Fleck, kräftiger, gedrungener Wuchs.
– – ›Mexiko‹
Rubinrot mit dunklem Fleck, mittelhoher Wuchs.
– – ›Oldewig‹
Hellkarminrot mit hellerer Mitte, mittelhoher Wuchs.
– – ›Old Port‹
Tiefviolettrot, mehr breiter als hoher Wuchs.
– – ›Omega‹
Rubinrot, hoher Wuchs.
– – ›Parson's Gloriosum‹
Hellilarosa, kräftiger, aufrechter Wuchs.

Wintergrüne Hybriden (Japanazaleen) in Sorten

Es sind besonders reichblühende, winterharte Abkömmlinge japanischer Wildarten. Sie lieben absonnige bis halbschattige Lage und sauren, genügend feuchten Boden. Schutz vor Wintersonne ist empfehlenswert. Man vermeide zugige Pflanzplätze. Im Wuchs sind sie alle locker, manchmal etwas sparrig. Die Wuchshöhe ist je nach der Hybridengruppe und den Sorten unterschiedlich. *Arendsii-Hybriden* erreichen nach Jahren 50 bis 120 cm, *Kaempferi-Hybriden* 80 bis 140 cm und *Kurume-Hybriden* teilweise bis 100 cm. Leider werden die »Japanazaleen« bevorzugt von Rehen verbissen.

Ende April

Kaempferi-Hybride ›Orange Beauty‹
Orangerot mit scharlachener Tönung.

Anfang Mai

Arendsii-Hybride ›Agger‹
Zartlila.
– – ›Diemel‹
Hellachs.
– – ›Lister‹
Rot.
– – ›Sorpe‹
Violett, Wuchs gedrungen.
Kaempferi-Hybride ›Betty‹
Rosa mit hellroter Zeichnung.
– – ›Gretchen‹
Dunkellila mit violettem Fleck.
– – ›Pink Treasure‹
Reinrosa mit etwas rotbrauner Zeichnung.
Kurume-Hybride ›Aladdin‹
Orangerot.
– – ›Hatsugiri‹
Purpurkarmin.
– – ›Helena‹
Reinrosa.
– – ›Hinodegiri‹
Leuchtendes Karminrot.
– – ›Hinomayo‹
Zartrosa, innen schwach rot punktiert.

Mitte Mai

Kaempferi-Hybride ›Alice‹
Karmin mit rotbrauner Zeichnung.
– – ›Jeanette‹
Dunkelrosa mit braunroter Zeichnung.
– – ›Kathleen‹
Dunkelrosa mit schwacher rotbrauner Zeichnung.

Mai/Juni

Arendsii-Hybride ›Bever‹
Lila, großblumig.
– – ›Eder‹
Lachsrosa.
– – ›Ennepe‹
Kräftiges Rosa.
– – ›Lingese‹
Orangerot.
– – ›Ülfe‹
Purpur.

Juni

Arendsii-Hybride ›Volme‹
Lilarosa, großblumig.

Rhododendron impeditum ›Moerheim‹ zeichnet sich durch absolute Frosthärte aus. Das verträgliche Blau ist bei Rhododendron selten.

Sommergrüne, großblumige Hybriden (Sommerazaleen) in Sorten

In dieser Gruppe werden die allbekannten »Sommerazaleen« in Hybriden aufgeführt. Die nachfolgenden Hybridgruppen werden nur noch als *Ponticum-Hybriden* bezeichnet. Zur besseren Übersicht behalten wir die z. T. noch in Katalogen geübte Unterteilung bei.

Viele Sorten haben im Herbst eine leuchtende orange oder rote Laubfärbung. Sie sind sehr wüchsig und stellen geringere Ansprüche an die Feuchtigkeit des Bodens als die immer- und wintergrünen Hybriden. Ihre Herkunft leiten sie von verschiedenen Rhododendronarten der Serie *Azalea* ab. *Gandavense-*, *Occidentale-* und *Rustica-Hybriden* erreichen meist 200 cm, selten 300 cm, die *Mollis-Hybriden* dagegen nur 150 cm, manchmal auch 200 cm Höhe.

Anfang Mai

Rustica-Hybride ›Apelles‹
Scharlachrot.
– – ›Ariadne‹
Helles Goldgelb mit rosa Schein.
– – ›Bryon‹
Reinweiß.
– – ›Phebe‹
Schwefelgelb, rosa getönt.
– – ›Phidias‹
Helles Orangegelb, Knospen rötlich, Spitzen der Blütenblätter zartrosa, gefüllt.
– – ›Velasquez‹
Erst getöntes Hellrosa, zuletzt reinweiß.

Mitte Mai

Gandavense-Hybride ›Gloria Mundi‹
Lachsrosa mit oranger Zeichnung, Blütensaum leicht gefranst.
– – ›Goldlack‹
Goldgelb mit lachsrosa Schein.
– – ›Narcissiflora‹
Hellgelb mit goldgelbem Fleck, duftend.
– – ›Pallas‹
Orangerot mit orangegelbem Fleck.
Mollis-Hybride ›Directeur Moerlands‹
Goldgelb mit olivbrauner Zeichnung.
– – ›Dr. Reichenbach‹
Orange, leicht lachsfarben getönt mit dunkelroter Zeichnung.
– – ›Hugo Koster‹
Zinnober mit Braun, rote Zeichnung.
– – ›J. C. van Tol‹
Lachsrosa bis scharlach.
– – ›Koster's Brilliant Red‹
Scharlach mit oranger Zeichnung.
– – ›Speck's Brilliant‹
Orangerot mit gelboranger Zeichnung.
Occidentale-Hybride ›Irene Koster‹
Hellrosa mit kleinem gelbem Fleck, duftend.

Ende Mai

Gandavense-Hybride ›Admiral de Ruyter‹
Kronröhre karmin, Saum scharlach, mit gelboranger Zeichnung.
– – ›Daviesii‹
Rahmweiß bis weiß, gelbe Zeichnung.
Occidentale-Hybride ›Delicatissima‹
Milchweiß mit rosa Schein und gelbem Fleck oberhalb der Röhre.
– – ›Magnifica‹
Rahmgelb, später blaßrosa, orange Zeichnung, Mittelnerven z. T. kräftig karmin.
Rustica-Hybride ›Aida‹
Zartlilarosa mit schwachem dunkelorangem Fleck.

Mitte Juni

Gandavense-Hybride ›Bouquet de Flore‹
Karminrosa mit weißem Streifen.
– – ›Coccinea Speciosa‹
Leuchtend orangerot.
– – ›Rose-Marie‹
Blutrot.

Dianthus deltoides, die Heidenelke und *Nepeta × faassenii*, die Blauminze, entfalten ihren üppigen Blütenflor nur auf sonnigen und trockenen Pflanzplätzen.

Alphabetische Grundliste der bedeutsamen Stauden für den Steingarten

Es ist natürlich eine Herzensangelegenheit ersten Ranges, die endlosen Schatzgewölbe dieses unermessenen Kleinstaudenreiches für wachsende Bevölkerungskreise mit neuen Lichtern jeder Art anzuleuchten; denn diese Schätze gelten immer mehr Inhabern auch kleiner und kleinster sowie mittlerer Gartenräume, zu deren Dauerbeständen sie trotz ihrer Kleinheit werden. Tragen doch alle jene Raumzwerge und Zeitriesen Kräfte in sich, unser Leben ein Menschenalter lang zu begleiten und Jahrzehnte zu überdauern, die mancher Baum für breiten Stammdurchmesser braucht.

Unser Jahrhundert hat in seiner Hälfte dem Menschenreich eine ungeheure Fülle geräuschvoller Lebensbereicherungen erschlossen, die allen Menschen bekannt wurden; aber die neuen, stillen Glücksquellen, die hier von unserem Buch umkreist werden, sind erst einem winzigen Teil unseres Volkes bekannt. Also müssen neue Methoden befolgt werden, die Bekanntschaft zu vermitteln. Ihre Ausbildung und Vermittlung ist im vollen Gange.

Über alle Vorstellungsmöglichkeit der Vergangenheit hinaus gewinnen wir heute neue, intime Zugänge in fremde, zauberhafte Erdenfernen – halten stille Glückspfande in Händen, um die sich Empfindungen und Ahnungen kristallisieren, die oft in Bereiche hinauswirken, für die es keine Worte gibt.

Und noch stehen wir im Zeitalter der Entdekkung ganz neuer Pflanzen- und Spielarten, die alle das Zeug dazu haben, dauerhafte Wegbegleiter unseres Natur- und Gartenlebens zu werden. Welch herrliches »Spiel« – dies große Welt- und Gartenspiel!

Die Empfangsbereitschaft gilt aber nicht nur dem Zuwachs an neuen Einzeltönen, sondern auch an ganz neuen Zusammenklängen, ja an völlig neuen Instrumenten; vom Ton zum Klang – dies ist eines der großen Stichworte aller kommenden Gartengestaltung.

Immer wieder werden wir von Berichten und Abbildern wie von einem leichten geistigen Erdbeben berührt, wenn solch unerwartetes Kleinod in unsere Vorstellung gerät. Mit maßlosem Staunen sehen wir einen eisvogelblauen Lerchensporn aus den »Alpen« Kaschmirs farbig abgebildet. Kurze Zeit darauf kommt ein Päckchen aus Silberpapier, das jenes Pflanzenkleinod enthält und nun dem anderen Lerchenspornschatz, der *Corydalis solida* ›Transsylvanica‹ von orangeroter Farbe, Gesellschaft leisten wird. Der Absender, eifriger Leser des Buches »Blauer Schatz der Gärten«, »droht« noch mit weiteren blauen Neuigkeiten aus anderen Welten. Je älter die Menschheit und der einzelne Mensch wird, mit desto größerer Spannung und Überraschung werden ihre und seine Lebenstage verbracht.

Ahnungslose Leser könnten sagen – und die werden es auch tun – »wer soll denn das alles im Kopf behalten und sich in euren Kleinpflanzenlabyrinthen zurechtfinden! Wäre nicht eine Beschränkung auf das Allerwesentlichste besser?« Diese Leute vergessen, daß auch dies Allerwesentlichste gar nicht vorhanden wäre, wenn ihre müde und ängstliche Weisheit schon vorzeiten maßgebend gewesen wäre.

Es gibt eben im Menschen tausend vorzeitige Verkalkungsgefahren – auch ohne daß man »Kalk« dafür verantwortlich machen kann! Ströme kann man nicht mit Waschschüsseln aufhalten oder ausschöpfen.

Etwas mögen wir alle bedenken: Gartenfragen und Gärten werden von immer mehr jungen und älteren Menschen viel ernster und freudiger genommen werden als je. Wieviel Augen wird es dann langweilen, in eigenen und fremden Gärten allzuoft das gleiche zu sehen! Die Fülle allein kann nur dafür sorgen, daß es von Garten zu Garten etwas anderes gibt!

Eine erstaunliche Erweiterung edler und dauerhafter Pflanzen eröffnet sich in allen Gebieten dieser Kleinpflanzen und Kleingehölze auch dadurch, daß bisher noch empfindliche oder blühende Edelarten durch Kreuzung neue Hybriden hervorbrachten, denen alle nur zu wünschende

Lebensstärke und Ausdauer innewohnt. Berichte über solche Erfahrungen würden sicherlich in Wort und Bild schon ein Buch für sich füllen.

Die hier folgenden bedeutsamen Stauden für den Steingarten in der alphabetischen Grundliste behandeln ihren Gegenstand ausführlicher, als uns dies – zum Teil aus Raumgründen – bei den Listen der Wasserpflanzen, Gräser, Farne, Blumenzwiebeln und Gehölze möglich war, die ebenfalls in den Bereich des Steingartens und der Wildnisgartenkunst gehören.

Sorten sind in Normalschrift durch Einschluß (z. B. *Carlina acaulis* ssp. *simplex* ›Bronze‹) gekennzeichnet.

Verwendete Zeichen und Abkürzungen

Lichtansprüche

○	sonnige Lage
○○	sehr sonnige Lage, auch Trockenheit vertragend
○○○	prallsonnige Lage, »Durstkünstler«
☼	absonnige Lage
◐	Halbschatten liebend oder vertragend
●	Schatten liebend oder vertragend

Bodenansprüche

⊕	kalkhaltigen Boden liebend
⊖	kalkfreien Boden liebend
≃	frischer Boden erforderlich
≌	feuchter Boden erforderlich

Verwendungsmöglichkeit

△	Steingarten
‖	besonders für Fugen
⌓	runde Polster bildend
▭	als Bodenbedecker geeignet
⋙	Ausläufer bildend
⁞	Einfassungspflanze
⊥	für solitäre Pflanzung
Y	für Vor-, Unter- und Zwischenpflanzung
⊔	für Wasserbecken und Bachläufe
﹏	Sumpfpflanze
≋	Wasserpflanze
✂	für Schnitt
❦	Trockenschmuck
⊍	auch für Trogpflanzung
⬡	Bienenpflanze
⍦	Schmetterlingsmagnet

Pflanzenbeschreibende Zeichen und Abkürzungen

⏀	blattzierend
♠	auffallende Herbstfärbung
ஃ	fruchtzierend
≢	immergrün
D	Duftpflanze
∧	Winterschutz ratsam
∧∧	Winterschutz erforderlich
⊍	unbedingt mit Topfballen pflanzen
×	Hybride (zwischen Arten bzw. Gattungen)
H.	Heimatvorkommen
N.	Nachbarschaft mit anderen Pflanzen
sph.	spannhoch
fßh.	fußhoch
knh.	kniehoch
tschh.	tischhoch
hfth.	hüfthoch
brsth.	brusthoch
mannsh.	mannshoch
übermannsh.	übermannshoch
B.	Baum
Grstr.	Großstrauch
Mstr.	Mittelstrauch
Hstr.	Halbstrauch
Klstr.	Kleinstrauch
Zwergstr.	Zwergstrauch
syn.	ungültiger Name
ssp.	Unterart
var.	Varietät
› ‹	Sorte (gekennzeichnet durch Einschluß, z. B. ›Kupferteppich‹)

Acaena · Stachelnüßchen · Rosengewächse

○ bis ○○ ◐ △ ▭ ⋙ ♁ ⚘

Braune oder bläulichgrüne flache Teppiche werden monatelang im Sommer mit stachelig aussehenden Fruchtständen geschmückt. An manchen Plätzen, etwa an großen, trockenen Böschungen oder Flächen des Naturgartens, kann ihr einziger Fehler – das »Wuchern« – ein großer Vorteil sein; man lasse »Wucherer« aufeinander los! H.: Neuseeland, südlichstes Südamerika (Feuerland) und Australien. N.: als Bodenbedecker für Blumenzwiebeln, kleine *Festuca*-Arten.

– **buchananii**
Bräunlich silbergraues Laub, unterirdisch kriechende Triebe, Kelchstacheln grün oder gelb, 5 cm. H.: Patagonien.

– **microphylla**
Braungrünes Laub, mit teils unter- bzw. oberirdischen kriechenden Trieben, Kelchstacheln leuchtend rot, 5 cm. H.: Neuseeland.

– – ›Kupferteppich‹
Eine Sorte, die bedeutend schwachwüchsiger als die Art ist und daher besonders für kleinere Flächen geeignet scheint. Laub schön kupfrig braunrot, 5 cm.

Acantholimon · Igelpolster · Bleiwurzgewächse

○○○ ⊕ △ ‖ ▭ ⛉

– **glumaceum**
Einzige Stachelnelkenart, die überall zur Zufriedenheit gedeiht. Wünscht unbedingt warmen, durchlässigen, trockenen Boden, im Alter imponierendes stumpfgrünes Igelpolster, dunkelrosa, 15 cm. H.: Araratgebirge.
N.: silberlaubige Achilleen, starkwüchsige *Sempervivum-Hybriden, Chrysanthemum haradjanii.*

– **olivieri** (syn. A. venustum)
Bedeutend schwächer im Wuchs, auch schwieriger in der Kultur. Festes Igelpolster mit blaugrünem Ton, schönes Hell- bis Dunkelrosa, 15 cm. H.: Cilicischer Taurus. N.: wie vorige Art.

Acanthus · Akanthus · Akanthusgewächse

○○ ⊕ ⊥ ✂ ♁

In Zwergarten auch für den Steingarten passend, ornamentale Stauden, die in Blatt und Blüte zum Lieblingsmotiv griechischer Baukunst gehörten. H.: Südeuropa, Kleinasien.

– **dioscoridis** var. **perringii** · Zwergakanthus △ ⋀
Wünscht kalkhaltigen, lehmigen, warmen Boden, Blätter dicht und scharf gezähnt, rosarot blühend, 30 bis 50 cm. Winterschutz ratsam!
H.: Östliches Kleinasien, an sonnigen Stellen in 1500 bis 2000 m Höhe des Kappadozischen Antitaurus. N.: winterharte Opuntien, *Sempervivum, Acantholimon, Yucca.*

– **hungaricus** (syn. A. balcanicus, A. longifolius) · Säulenakanthus
Mächtigster unter den für den Steingarten passenden Arten. Bronze-grün-rosa blühend, 100 cm, Juli/August. H.: Dalmatien. N.: blauhalmige Gräser, auch für Rabatten.

– **spinosus** · Stachelakanthus
Blätter tief gelappt und wie bei den anderen Arten bedornt, grünlich-rosa blühend, 60 bis 80 cm, Juli/August. Ebenso hart wie *A. hungaricus.* H.: Dalmatien, Griechenland, Ägäis, Südostitalien, Algerien, östliches Mittelmeergebiet. N.: wie *A. hungaricus.*

Achillea · Edelgarbe · Korbblütler

Der alte Heldenname scheint für unglaubliche Dauerkräfte der Pflanze erteilt. Er umfaßt silbergraue, weißblühende Kleinpflanzen und goldgelbe wuchtige Staudenbüsche sowie derbe rotblühende Pflanzen, immergrüne und einziehende Arten, Frühlings- und Sommerblüher sowie Dauerblüher des Sommers und Frühherbstes.

1. Weißblühende kleine Silbergarben

○ bis ○○ ⊕ ‖ ⛉ ♁

Diese Gruppe wird nur etwa 15 cm hoch. Sie liebt durchlässigen, etwas schattigen Boden in sonniger Lage. Alle Arten blühen weiß ab Mai/Juni, später langes Wiederblühen, auf silbergrauem Grunde.

Achillea ageratifolia · Dalmatiner Silbergarbe
Blätter nur tief eingebuchtet, Blüten groß und einzeln. H.: Südosteuropa und Kleinasien. N.: *Sedum spurium* ›Purpurteppich‹.

– **clavennae** · Geweihsilbergarbe
Die Steiermärker bekränzen ihr Vieh, wenn sie es von der Alm heruntertreiben,

Acanthus hungaricus, der Säulenakanthus, paßt wegen seiner Wuchshöhe in die Randbereiche des Steingartens.

mit dieser Blume. Sie liebt auch im Garten Kalk. Schön weiß und großblütig, in einer Dolde blühend, Laub mehr graugrün. H.: an Kalkfelsen und steinigen Grasplätzen zwischen 1500 und 2500 m Höhe der östlichen und südlichen Kalkalpen und des Karsts bis nach Illyrien, Kroatien, Dalmatien und Albanien. N.: Zwergveronika in blauen Tönen nebst *Heuchera-Hybride* ›Feuerregen‹.

– **serbica** · Serbische Silbergarbe
Edle und großblütige Art, die zwei bis drei Wochen früher als *A. ageratifolia* blüht. Juni, stark remontierend. Schönste winterliche Silberpolster bildend! Subalpin. H.: Südosteuropa. N.: *Hieracium × rubrum, Hieracium villosum.*

– **umbellata** · Fiedersilbergarbe
Hochedles, weißfilziges Blattwerk und Blütenschönheit, fast an *A. serbica* reichend. Blätter gekerbt, Juli/August, subalpin. H.: Griechenland.

2. Weißblühende große Silbergarben
○ bis ○○○ ⊕ ≃ ✂

Achillea ptarmica ›Die Perle‹ ⋙
Hohe, dichtgefüllte weiße Edelgarbe. Dauerblüher von großer Nah- und Fernwirkung, tschh., Juni/Juli. H.: Europa, Asien, Nordamerika. N.: niedriger Rittersporn, Monarden. (Mehr für gebaute Steingärten.)

– – ›Schneeball‹ ⋙
Gefüllte Gartenform von fast fünfmonatiger Blütendauer bei Rückschnitt, festeste und am wenigsten wuchernde Sorte ihrer Art. 35 cm, Juni/Juli. H.: Europa, Asien, Nordamerika. N.: Zwergrittersporne, *Chelone.* (Mehr für gebaute Steingärten.)

– – ›Nana Compacta‹ ⋙
Eine niedrige, kompakte Form der Silbergarben, 35 cm, Juni/Juli. N.: Hohe Glockenblumen, *Oenothera tetragona.*

3. Kleine Goldgarben
○ bis ○○○ ⊖ ‖ ⋙ ⛁

Achillea tomentosa
Flache gelbe Dolden auf graugrünem, flachen, etwa 15 cm hohem Polster. Ausdauernder als *A. chrysocoma* (syn. A. aurea). Entsprechend ihrer Herkunft vollsonnig pflanzen! H.: an sonnigen, trockenen Hängen Südwesteuropas, im Süden der Ukraine bis Westsibirien, in Trockenwiesen mit *Stipa, Aster linosyris.* N.: blaue Karpatenglockenblume.

4. Große Goldgarben
○ ⊕ ✂ ❦

Achillea filipendulina
›Coronation Gold‹
Dauerblühende Goldgarbe, erreicht 60 bis 70 cm Höhe und blüht in kleinen goldgelben Flachdolden vom Frühling bis zum Nachsommer. N.: *Salvia × superba* in Sorten, *Eryngium alpinum* und Blaustrahlhafer.

– – ›Schwefelblüte‹ · Elfenbeingarbe
Sie ist farblich nicht hoch genug zu schätzen. Schmetterlingstisch! Kniehoch und höher. Sie nimmt mancherlei übel – man weiß oft nicht, was. N.: *Nepeta, Linum,* Zwergblutberberitzen, auch wie vorige.

Acinos · Steinminze · Lippenblütler
○ bis ○○ ⊕ ‖ ▭ ⋙ ⛁ ⬡ D

– **alpinus** (syn. Calamintha alpina, Satureja alpina)
Ein lilafarbener, selten rosa oder weißer Dauerblüher im Juli von niederliegendem, lockerpolstrigem Wuchs. Wünscht unbedingt durchlässigen Boden und vollsonnige Lage. Halbsph., Mai/August. H.: Südalbanien, Slowenien, Nordwestkroatien, Spanien. N.: *Sempervivum*-Arten und deren *Hybriden, Petrorhagia saxifraga.*

Aconitum · Eisenhut · Hahnenfußgewächse
○ bis ◐ ≃ ⊥ Y ✂ ⬡
Diese Wiesengewächse, Hochstauden der Bergflur, sind bis auf die leichtestwachsenden, nämlich *A. lamarckii* und *A. henryi* ›Spark‹ sehr dankbar für kräftigen, humusreichen oder humoslehmigen Boden, den man leicht bereiten kann, wo er nicht vorhanden ist. Sie wollen lange ungestört an ihrem Platz stehen.

– × **arendsii** (A. carmichaelii × A. charmichaelii var. wilsonii)
Diese Kreuzung ist ein wertvoller dunkelvioletter Spätblüher im September/Oktober, brsth.

– × **cammarum** (syn. A. napellus × variegatum, A. × intermedium)
Eine schöne Hybride, die aus verschiedenen Varietäten und Formen der Eltern entstanden ist. Meist keinen Samen ansetzend. Juli/August.

– – – ›Bicolor‹
Blauweißer, allbekannter Eisenhut, ähnelt im Wuchs *A. napellus.* Lockerer Blütenstand mit bogig abstehender Verzweigung. Nach Jahren empfiehlt sich ein Verpflanzen, was auf alle Eisenhutarten zutrifft. Juli/August, etwa brsth. N.: Indianernesseln, Silberkerzen des Juli.

– **carmichaelii var. wilsonii** · Herbsteisenhut
Ein schöner, straff aufrecht wachsender und amethystblau blühender Eisenhut mit lederartigem Laub. Bis 150 cm hoch, August bis Oktober. H.: Mittelchina. N.: Wirkungsvoll in Nachbarschaft mit Zwergkiefern.

– **henryi**
Eine spätsommerblühende, dunkel purpurblaue Art aus Westchina. Blüht nach *A. napellus.* Juli/August. Sollte als wertvolle Art mehr beachtet werden. Mannsh. N.: in Randbezirke des Steingartens, vor *Pinus mugo* ssp. *mugo.*

– – ›Spark‹ (früher A. napellus)
Tiefviolette verbreitete, meist erhältliche Sorte. Blütenstände reich verzweigt, dauerhaft. Es ist die *Aconitum*-Sorte für den Garten. Hervorragende Schnitteignung. Über brsth. Juli/August. N.: Augustsilberkerzen.

– **lamarckii** (syn. A. pyrenaicum)
Der hohe hellgelbe Pyrenäeneisenhut ist von wundervoller Architektur. Nirgends kommt er so zur Geltung wie an malerischen Steingartenplätzen. Liebt lichtschattige, nicht zu trockene Lage; brsth., Juli/August. H.: Montan, subalpin, Südeuropa. N.: Türkenbund, hohe Glockenblumen.

– **napellus**
Der hüft- bis brusthohe blaue Eisenhut der Alpen und Dorfgärten will frischbleibenden, nährkräftigen Boden und bevorzugt an beiden Stellen Rinderdünger, denn auch in den Alpen zieht es ihn in die Nähe überdüngter Plätze und Weiden. Juli/August. H.: Montan bis alpin (3000 m) in Alpen und Karpaten. N.: Schön neben *Coreopsis verticillata, Echinops humilis, Monarda, Salvia nutans,* Zwergkiefern. In Wildgesellschaft oft mit *Veratrum nigrum,* später gelber Akelei, *Deschampsia cespitosa.*

Acorus → Wasserpflanzen Seite 95

Actaea · Christophskraut · Hahnenfußgewächse
◐ bis ● ≃ Y ♧

– **pachypoda** (syn. A. alba)
Mit seinen weißen, rotgestielten Beeren ist es das schönste Christophskraut; diese Waldstaude ist ein großer Erdwanderer und liebt auch leidlich frischbleibende Gartenplätze. Die Beerenschmuckzeit geht durch Monate. Fßh. bis knh. H.: Nordamerika. N.: Silberkerzen, kleinere Astilben, Farne, Schattengräser.

– **rubra**
Ebenfalls in Nordamerika heimisch. Für dieses dunkelrotbeerige Christophskraut gilt das gleiche für die Benachbarung wie bei der vorigen Art.

Adenophora · Becherglocke · Glockenblumengewächse
○ ○ △ ▭ (Fortsetzung des Glockenblumenflors!)

– **coronopifolia** (syn. A. himalayana) · Zwergbecherglocke
Blaulila, kaum knh., Juli/August. H.: Himalaja.

– **liliifolia** · Sibirische Becherglocke

Hellblaulila. Sie bildet aus Kettengehängen blaßblaue Glöckchen an 1 m hohen Rispen; wuchert gar nicht. Juli/August. H.: vom östlichen und südöstlichen Mitteleuropa bis Sibirien, auf frischen Unterlagen lichter Wälder, Auwälder, in Gebüschen und Wiesen zusammen mit *Viburnum opulus, Crataegus oxyacantha, Corylus, Brachypodium sylvaticum.*

Adiantum → Farne Seite 124

Adonis · Adonisröschen · Hahnenfußgewächse

Vorfrühlings- und Frühlingsblüher, hellgelb und goldiges Gelb. Adonis gehören zu den außerordentlichsten Schätzen dieser Jahreszeit und stehen noch am Beginn ihres Gartenlebens. Jungpflanzen aus Töpfen sichern gutes Anwachsen. Später nicht mehr verpflanzen. Alte Frühlingsadonispflanzen neben alten Kuckucksanemonen sind Blütensensationen auch deutscher Steppenflora – den meisten von uns unbekannt. Zehn- bis fünfzehnjährige Pflanzen füllen einen Quadratfuß mit Blumen. Wer sie ausgräbt, begeht Frevel! Sie wachsen sowieso im Garten meist nicht an. Zu Recht unter Naturschutz!

– **amurensis** · Vorfrühlingsadonisröschen
◐ ≃ ⅄ ✂ ⬡
Ein Winterwunder, das ohne Verschnupfung gegen hohe Fröste anblüht, manchmal im Januar, manchmal erst im März in Blüte tritt umd spannhohe goldgelbe Sternbüsche bildet, die weithin leuchten. Die Pflanze ist unverwüstlich! Will allerdings nicht zu trocken stehen. Vorfrühlingszeiten ohne diese Pflanzen haben nicht ihren vollen »Glücksballast«. Nach der Blüte breitet sich großes »Farnlaub« aus, und im Juni zieht es ein. H.: Amurgebiet, Sachalin, Korea, teilweise Japan. N.: Schneeglöckchen, *Hepatica angulosa*.

– – ›Pleniflora‹
Scheint aus Kanarienvogelgefieder zusammengesetzt und führt den Flor der Stammart lange weiter, bis fast zum Erblühen der *A. vernalis*.

– **vernalis** · Frühlingsadonisröschen
○○ bis ○○○ ⊕ △ ⬡
Heimischer Frühlingsadonis, öffnet gegen Ende März oder später auf netzartigem Stengellaub seine fabelhaften gelben Blütensterne, die vornehmer sind als die der edelsten Kakteen ähnlicher Art. Die Wildvorkommen bei uns auf Halbtrocken- und Trockenrasen, in lichten Eichen- und Kiefernwäldern sind so kapriziös und verstreut, daß man alle diese nicht nennen kann. – Die Samen keimen sicher bei sofortiger Aussaat nach der Reife. Die Blüten schließen und öffnen sich je nach Licht und Wolkendunkel, und ein alter »Busch« spitzt bei jeder fernen Wetterwolke mit seinen Blumenmassen fortwährend die »Ohren« oder schwelgt mit ausgebreiteten »Armen« wieder in voller Sonne. H.: Südost- und Mitteleuropa zerstreut, aber bis Mittelasien verbreitet. Pontisches Florenelement. N.: *Pulsatilla vulgaris*, Kaiserkronen, *Iris-Reticulata-Hybriden*.

Adonis vernalis, das Frühlingsadonisröschen, liebt als Steppenpflanze einen humosen Boden in sonniger Lage.

Aethionema · Steintäschelkraut · Kreuzblütler

○○○ ⊕ △ ‖ ⬡ 丰 ∧
(Es gibt hier viele empfindliche und unwesentliche Varianten, die wir weglassen.)

– **grandiflorum** · Persisches Bergtäschel
Zart lachsrosa, im Mai/Juni ein unverlierbarer, ausgesprochener Edelstein auf durchlässigem, sandigem Boden in sonniger Lage. Der Flor dieser zart graublau getönten Pflanze tröstet über den verblühenden Iberisflor, dessen Fortsetzung er in feinstem Rosa der hochgetürmten Döldchen bildet. 15 bis 20 cm hoch. H.: Elbursgebirge (Iran) und Anatolien. N.: Kartäusernelken, *Sempervivum-Hybriden, Iris* der *Barbata-Nana-Gruppe*.

Ajuga · Günsel · Lippenblütler

○ bis ◐ ≃ ▭ ⋙ ✂ ♁

– **reptans**
Der Günsel ist eine liebenswürdige kleine Staude, die uns nie zuviel wird, immer treu bleibt, manchmal in ihrem Wuchern etwas im Zaum gehalten werden muß, was leicht ausführbar ist. Blüte lilablau, Blätter der Art grün. Auch schön metallisch glänzend, besonders bei der Sorte ›Atropurpurea‹. April/Mai. H.: ganz Europa, im Norden bis Südschweden, übers Baltikum bis zum Nordwesten Rußlands und Vorderasien. Vom Tiefland bis zu 1700 m. Er liebt Böschungen und Magerwiesen, helle Laub- und Nadelwälder. Ohne besondere Bodenansprüche, doch nicht zu sonnig und trocken.
Die schönsten drei Formen von *Ajuga reptans* sind:

– – ›Atropurpurea‹ · Purpurgünsel
Aus dessen braunem Laub heben sich die bis 20 cm hohen blauen Blütenährchen reizvoll heraus. Die Laubfarbe bleibt bis Ende Winter und ermöglicht schöne Farbenstickereien, auch an etwas trockenen Plätzen. N.: *Alsine, Arabis* ›Variegata‹, dann Goldlein.

– – ›Multicolor‹ · Feuergünsel
Der rot-gelb-braungescheckte Feuergünsel entfaltet erstaunliche Laubschönheit

mit immer neuen Überraschungen durch Monate. Blüte blau. N.: *Sedum ewersii,* Blauschwingel, Silberfeder.

– – ›Variegata‹ · Silbergünsel
Reizendes weißgelb geflecktes Laub, hellblaue bis lila Kerzen, rechnet zu den besten buntblättrigen Kleinstauden und gehört als Partner zu den genannten Sorten. N.: Buntes Kamtschatkasedum, auch *Festuca cinerea* in Sorten.

Alchemilla · Silbermantel oder Frauenmantel · Rosengewächse

– **alpina** ○ bis ☼ ≃ ▭ ♁
Blätter oberseits glänzend, unterseits dagegen silberweiß, schlichter Schatten- und Feuchtigkeitsgrüner, Bienenpflanze. 10 cm, Juni bis August. H.: Karpaten, Kaukasus, Nordverbreitung: Grönland, Island, Skandinavien bis Kolahalbinsel. Weiden, lichte Gehölze, Felsen, Kalkarmut vorziehend. Liebhaberstaude. N.: Farne und Gräser.

Alisma → Wasserpflanzen Seite 95

Alyssum · Steinrich · Kreuzblütler
○○ bis ○○○ ⊕ △ ‖ ▭ ✂ ⬡
Steinrichstauden sind Trockenheitshelden; sie können viele Jahre lang an steilen Felswänden hängen und mächtige Dimensionen annehmen. Alle sind graulaubig, lieben trockenen Sand. In nährstoffreichem Boden meist kurzlebig.

– **argenteum** · Sommersteinrich
Trägt große eigelbe flache Dolden von üppigstem Wachstum und schönstem Verblühen. Fßh., Mai/Juni. H.: Osteuropa, Vorderasien. N.: Veroniken dieser Zeit, Santoline, *Scutellaria baicalensis.*

– – ›Eburneum‹
Helleres, viel edleres Gelb, gartengewichtiger. Dauerblüher! Fßh., Juni.

– **montanum** · Bergsteinrich
Er ist der früheste seiner Gattung in der März/Aprilwende und bis Juni blühend. Vorfrühlingsbeet und wirkungsvoll im Herabhängen aus Trockenmauern. Gelbe flache, runde Blütenstände. H.: montan bis subalpin. Mittelmeergebiet, Mitteleuropa, Kleinasien, pontisch-mediterranes Element. Trockene, sonnige Orte. N.: *Draba aizoides, Daphne cneorum, Adonis vernalis, Pulsatilla vulgaris.*

– – ›Berggold‹
Steigerung der Stammart, leuchtend hellgelb, 15 cm, ebenfalls mit niederliegenden und graubelaubten Stengeln.

– **saxatile** ›Citrinum‹
Frühlingssteinrich
Er ist der König seiner Art, dessen edles Elfenbeingelb einen südlichen Zauber bewirkt, fßh., April/Mai. H. der Stammart: Mitteleuropa, Elbfelsen, Fränkischer Jura, Donaugebiet, Nordbalkan bis Kreta, pontisches Element, montan. Trockene, sonnige Felsfluren. Wildgesellschaft: *Aster alpinus, Dianthus gratianopolitanus.*

– – ›Compactum‹
Niedrige, kompakte Form des Frühlingssteinrich in Goldgelb, Ende April/Mai, fßh.

– – ›Plenum‹
Noch wenig verbreitete dicht goldgelb gefüllte Form. Fßh.

Anaphalis · Silberimmortelle · Korbblütler
○ bis ○○ ⊕ △ ▭ ⋙ ⦙ ✂ ❦ ♁

– **triplinervis** · Perlenimmortelle
Sie ist eine der schönsten Arten und bildet silberne Blätterkuppeln, die schon an sich ein Schmuck sind, außerdem nun aber für Monate eine Fülle silberner Immortellen in vergrößerter Perlengestalt emporwachsen lassen. In lichtschattiger Lage bleibt dieser Blütenflor noch tief bis in den Oktober hinein weiß. Sie gehört also in jeder Weise zu den »Langspielplatten«, wobei das Weiß von willigster Dienstbereitschaft in der Benachbarung mit anderen Farben bleibt. 30 cm, Juli bis Oktober. H.: Himalaja, N.: *Campanula carpatica, Festuca*-Arten, *Alyssum montanum.* Die alte *A. margaritacea* sei nur noch zur Kompostbereitung empfohlen.

Anchusa myosotidiflora → **Brunnera** Seite 168

Androsace · Mannsschild · Primelgewächse
Die Androsace-Geschmeide – klein wie Puppenphlox – dürfen in keinem Steingarten fehlen. Entschuldigung gibt es nicht. Manche sind sehr zierlich, andere robust. N.: kleine Veronika, Draben.

– **carnea** ssp. **brigantiaca** · Weißer Mannsschild
○ bis ☼ ⊕ ‖ ⛉ ⯭ ⛉
Kleine weiße Charaktergestalt, nur 10 cm hoch und von reizvoller Schönheit und Dauerkraft. Mai. H.: Alpen. Wirkungsvoll mit *A. carnea* ssp. *laggeri.*

– – ssp. **laggeri** ·
Pyrenäenmannsschild
○ bis ☼ ⊕ ‖ ⛉ ⯭ ⛉
Er ist gleichfalls äußerst zierlich und sehr lange blühend. Bitte etwas vorsorglich behandeln! April/Mai, 10 cm, dunkelrote Blüten. H.: Pyrenäen.

– **foliosa** · Himalajamannsschild
○ bis ☼ △ ‖ ⛉
Von späterem weißem Flor mit breitem Silberlaub. Liebhaberpflanze! 10 cm. Juni, Nordwesthimalaja.

– **primuloides** · Primelmannsschild
○ bis ☼, auch ◐ ‖ ⋙ ⯭ ⛉
Er macht den Anfang früh im Mai. Seiner rührenden Zierlichkeit von 8 cm Höhe muß man andere allerkleinste Zwerge beigesellen. Rosettenspinner mit rosaweißen Blüten. H.: Südwestchina.

– **sarmentosa** · Chinamannsschild
○ bis ◐ ‖ ⋙ ⯭ ⛉
Größte und auffallendste seidig behaarte Rosettenmannsschildart für den Steingarten. Rosa, in primelartigen Dolden blühend. Bildet wie *A. primuloides* durch oberirdische Ausläufer lockere Polster. Er ist aber nicht so starkwüchsig. Mitte Mai/Juni, sph. H.: Himalaja, Westchina.

– **sempervivoides** ·
Himalajazwergmannsschild
☼ ⊕ ≃ ⛉ ⯭ ⛉
Ein Puppenzwerg von etwa 5 cm Höhe! Die kleinen grünen Rosetten sind von ganz anderer Tracht gegenüber den anderen aufgeführten Arten. Lieblich rosarot blühend. Er kommt vom Dach der Welt. Etwas vorsorglich behandeln, denn er liebt absonnige Spalten. H.: Kaschmir, Tibet.

Anemone · Windröschen · Hahnenfußgewächse
Der wunderbare Name »Anemone« faßt die ganze Weltpoesie dieser Gruppe zusammen. Name ist nicht Rauch oder Schall, sondern Einheitsherstellung zwischen innen und außen. Im Steingarten liegt das eigentliche Reich der ausdauernden Anemonen. (Die bunten italienischen, nicht aushaltenden Anemonen passen besser auf Schnittblumenbeete.) Anemonenflor des Steingartens währt jetzt von Anfang März mit einer nur sehr kleinen Sommerlücke bis zum Herbstfrost, also häufig bis Ende Oktober. Die letzte Lücke wird sich auch noch schließen. – Die eigentlichen Steingartenanemonen gehören so recht unter die Rubrik »scheinzart, aber lebensstark und dauerhaft«. In ihren wesentlichsten Reizen, ganz besonders denen alter, ausgebauter Exemplare und Horste, sind sie noch nicht Inhalt unseres schönheitsdurstigen Kulturbewußtseins geworden.
Daß man vom Windröschen, was sonst nur als feuchter weißrosiger Aprilschaum der Wälder und Wiesen bekannt ist, bunte, immer wiederkehrende Teppiche in Blau, Weiß, Rot, Gelb haben kann, wird zunächst für ein Märchen gehalten. Und so wimmelt das Anemonenreich von Überraschungen und von herzhaften, zuverlässigen Pflanzenschönheiten.
Wir führen die Arten und Sorten nach Blütezeiten auf:

1. Frühlingsanemonen
◐ ≃ ▭ ⋙ Y ✂

Anemone apennina → Blumenzwiebeln Seite 129
– **blanda** → Blumenzwiebeln Seite 129
– **nemorosa** → Blumenzwiebeln Seite 129

Androsace carnea wächst willig auf schottrigen Boden.

- hepatica → **Hepatica nobilis** Seite 187 f.
- pulsatilla → **Pulsatilla vulgaris** Seite 212
- **sylvestris** · Frühlingswaldanemone
  Dauerhaft und allmählich kleine Rasen bildend, fßh., April bis Juni und nachblühend, H.: in Europa verstreut von Stockholm bis Piemont, Alpen. Viele Länder fast völlig meidend, manche deutsche Mittelgebirge liebend, dann aber mit gewaltigem Zuge über Kaukasus, Sibirien, bis Kamtschatka vorschreitend, und zwar an sonnigen Hängen, in trockenen, hellen Wäldern. Kalkhold. N.: Kleine Farne und immergrüne Gräser, *Lilium martagon*.
- × **lesseri**
  Hybride von voriger mit *multifida*, Blüten karminrot, etwas kleiner als *sylvestris*, sonst im Charakter der vorigen gleich. Liebhaberstaude. Mai. N.: Pfingstveilchen.
- **narcissiflora** · Narzissenanemone
  »Berghähnle«, weiß mit meergrünem Schein, zu breiten Dolden vereint, liebt feuchten Boden, fßh. bis knh., Mai/Juni. H.: Weltwanderer durch Gebirge Asiens, Nordamerikas und Europas, von südwest- und mitteleuropäischen Gebirgen über Balkan, Vorderasien bis Japan und Kamtschatka; gern zwischen Kleingehölzen, am liebsten aber 1600 bis 2000 m hoch und höher. Wildgesellschaft; *Veratrum, Anthyllis, Lotus corniculatus*.

2. Spätsommer- und Herbstanemonen

◐ bis ● ▭ Ỵ ✂

Anemone hupehensis ›Splendens‹
Sie ist die eigentliche Steingartenanemone des Hochsommers und frühen Herbstes, rosa bis dunkelkarminrot, knh., Mitte August bis Mitte Oktober. Lohnend auch in anderen reizenden Sorten. H.: China.

- – ›Praecox‹
  Erblüht schon Ende Juli, rosarot, nur knh. N.: Farne, Waldgräser. (In sehr milden Gegenden wird man in der Wildnisgartenkunst die edelsten weißen, hellrosa und frischrosa Japananemonen nicht ausschließen können. In kühlerem Klima paßt die Laubdeckerei nicht recht in die Bezirke der Steingärten und anderer Provinzen der Wildnisgartenkunst. Am »wildnishaftesten« ist die Sorte ›Honorine Jobert‹. Sonst noch: ›Königin Charlotte‹, ›September Charme‹ und ›Luise Uhink‹. Mit Ausnahme der Sorte ›September Charme‹ werden die angeführten Sorten der Hybride *A.* × *hybrida* = A. hupehensis var. japonica × A. vitifolia zugeordnet.
- **vitifolia**
  Hohe rosa und weiße Sommer- und

Herbstanemone von völliger Winterhärte, die in langjähriger Erprobung erwiesen wurde, knh., Juli/September. Fruchtschmuck. H.: Himalaja, alpin. N.: *Aster amellus, Anaphalis,* Herbstzeitlosen. Nicht mit *A. hupehensis* zu verwechseln, die niedriger bleibt und die in Polarwintern ohne Schnee in exponierter Lage vielleicht noch leichte Beschützung verlangt.
Die weißen fiedrigen Samenmassen der *A. vitifolia* wirken schön zwischen rotbeerigen *Cotoneaster*-Arten.

– – ›Robustissima‹
Die chinesische Sommeranemone wird hier in dieser Hochqualitätssorte wegen bester Rotfärbung und festem Wuchs ihren Weg in die Gärten nehmen. Winterhart! Sonne und Halbschatten vertragend.
Brsth., Juli/August. N.: Sehr wirksam mit *Chrysanthemum uliginosum,* Schattengräsern und lockeren herbstfärbenden Kleingehölzen vereint.

Antennaria · Katzenpfötchen · Korbblütler
○ bis ○○ ⊖ △ ⋙ ⅄ ♁

– **dioica** ›Rubra‹
Silberlaubige Teppichimmortelle des Juni/Juli mit rosaroten Blüten, nie auskahlend wie *A. dioica* var. *borealis* (syn. A. tomentosa), Rasenersatz an trockenen Stellen, schön in Geflechten anderer »Grauer«. Dieser kleine graue Wanderer ist in drei Erdteilen (Europa, Asien, Nordamerika) heimisch, und auf die Dauer betrachtet, der beste und ausdauerndste seiner Art. H.: Europa, Mittelasien bis Sibirien sowie östliches Nordamerika, und zwar in Ebenen und Alpenhöhen bis 2500 m. Wildgesellschaft: lichte Kiefernwälder, *Potentilla cinerea,* Trockenheitsstauden, Dünen, zwischen Preißelbeeren, Alpenrosen und Heidelbeeren – »fette Plätze« fluchtartig verlassend –, Heidekraut und kleinen Gräsern.

Anthemis · Kamillenmargerite · Korbblütler
○○ bis ○○○ △ ▭ ⁞ ⋙

– **marschalliana**
(syn. A. biebersteiniana)
Silberfeder. Nie genug kann das Silberfiligran dieser zuverlässigen Staude gefeiert werden, aus der dann erstaunlicherweise wundervolle Goldmargeritenblüten steigen. Liebt durchlässigen Boden! Sph., Mai/Juni. H.: Kleinasien. N.: kleine Glockenblumen, Polsterveronika und andere kräftigfarbige Kleinstauden.

– **nobilis** ›Plena‹ ⋙
Gefüllte Form der Römischen Kamille. Über frischem grünem, fiederschnittigem Polster von Juni bis September reinweiß blühend, sph., liebt durchlässigen, frischen Boden. N.: Pfingstnelken, dunkellaubige *Sempervivum-Hybriden, Campanula portenschlagiana* ›Birch Hybrid‹. Die Art *Anthemis nobilis* wird neuerdings zur Gattung *Chamaemelum* gestellt und heißt danach *Chamaemelum nobile.*

Anthyllis ·Bergwundklee · Schmetterlingsblütler
○○ bis ○○○ ⊕ △ ‖ ⋙ ⬡ ♁ ⛉

– **montana** · Bergwundklee
Karminrote Blütenköpfchen über grauwolligem dauerhaftem Blatteppich, halbsph., Juni/Juli. H.: kleiner Bergwanderer südeuropäischer und südosteuropäischer Gebirge. Subalpin bis alpin. N.: Zwergglockenblumen, Zwergpotentilla. Liebt steinige, kalkige Trockenheitsplätze.

Aquilegia · Akelei · Hahnenfußgewächse
Besonders kleine Akelei gehören auch in Steingärten, nicht aber die großen Gartenrassen; sie strahlen hier ihre Abenteuerlichkeit oft stärker als in Gartenbeeten aus.

– **alpina** ›Superba‹ ◐ ≃ ✂
Hat nichts mit der niedrigen und gartenfeindlichen »alpina« zu tun, bildet wuchtige, enorm üppige und tischhohe dunkellila Farbenbüsche, die wohl zuweilen einen Eckplatz im Steingarten verdienen. Aus der Wildnisgartenkunst ist sie am wenigsten auszuschließen. Mai/Juni.

– **caerulea** ›Biedermeier‹
○ bis ◐ ≃ ✂
Bunte, zarte Töne, oft zweifarbig, mit gefüllter weißer Mitte und kurzem, geradem Sporn, fßh. und höher, Mai/Juni.

– **discolor** · Spanische Zwergakelei
Hellblau und weiße Blütchen, zierliche dauerhafte Erscheinung, sph. Ein wirklicher Gartenschatz! Mai. H.: Kantabrien.

– **einseleana** ☀ ≃ △ ‖
Zwergakelei aus den südlichen Kalkalpen, liebt schottrigen, kühlen Boden, trotzdem dauerhaft, blauviolett, sph.

– **flabellata** ›Nana Alba‹
☀ bis ◐ △ ‖
Weiße großblütige Zwergakelei, sph., Mai/Juni. H. der Art: Japan.

– **Vulgaris-Hybriden**
○ bis ◐ ⅄ ✂
Diese ein- und zweifarbigen, auch kurzspornigen Farbensorten sind an manchen Steingartenplätzen erfreulich; sie vertragen Sonne und Schatten, knh., Mai bis Juli.

Arabis · Alpenkresse · Kreuzblütler
○ bis ☀ ≃ △ ‖ ⋙ ⁞ ✂ ♁ ≢

– × **arendsii** ›Rosabella‹
Leuchtend rosa Hybride zwischen *A. aubrietioides* × *A. caucasica,* dichtes, schönes Polster, sph., April/Mai. N.: *Aubrieta*-Sorten, rote niedrige Wildtulpen, Zwergiris, weißer Polsterphlox, Hornveilchen.

– **caucasica**
Weiße, einfachblühende Alpenkresse für Einfassungen und zum Herabhängen an Steinecken. Heute von ihren Sorten überholt und auf Dauerhaftigkeit und größere Schönheit umgezüchtet. Die Stammart *A. caucasica* und ihre Sorte ›Atrorosea‹ sind im Garten Bringer der Unordnung und des Ärgers im Winter und Frühling! H. der Stammart: Gebirge Europas, südöstliche Karpaten, südwestliche Sierra Nevada bis zum Nordkap, Island, Grönland und vom Himalaja durch Sibirien bis Nowaja Semlja, Labrador, schließlich Alaska; auf feuchtem Felsschutt, Sand- und Geröllhalden, zwischen 400 und 3300 m Höhe. In Wildgesellschaft von Hirschzungenfarn, *Asplenium viride* und *Moehringia muscosa.*

– – ›BS Märzschnee‹
Noch wenig verbreitete, reichblühende weiße Sorte, schon Ende März vor anderen Sorten beginnend.

– – ›Plena‹
Dichtgefüllte, etwas später erblühende schneeweiße Levkojenalpenkresse. Festerer, geordneterer Wuchs, als ihn die alte Wildform *A. caucasica* hat.

– – ›Superb‹
Bekannte, sehr reichblühende weiße Sorte in dichten Polstern, April/Mai.

– – ›Variegata‹
Weißbunte Blätter, nicht so stark wie andere Sorten wachsend, Blüten einfach.

– **procurrens** · Schaumkresse
◐ ▭ ⋙ ⅄ ♁ ≢
Dichtes weißes schaumiges Blühen über festem, absolut immergrünem Polster; verschwende sie auf alle Weise im Garten, lasse sie auf schwierige Steingartenplätze los! H.: Karpaten, Nordbalkan, Krain; auf buschigen Felshängen, montan bis subalpin. N.: Griechenveilchen, Polsterphloxe.

Arenaria · Sandkraut · Nelkengewächse
○○ △ ‖ ⌓

– **grandiflora**
Großblumiges weißblühendes Polstersandkraut, ein Teppich voller großglokkiger, halb aufrechter Kelche. Setze in flächige Pflanzung dieser Art sparsam zwergige Seggen oder Schwingel. 12 cm, Juli. H.: Spanien, Nord- und Mittelitalien, Alpen.

– **montana**
Weißes Großblütensandkraut, hat die größten Blüten. 10 cm, Mai/Juni. H.: Südwesteuropa bis Nordwestfrankreich.

– **procera** ssp. **glabra**
(syn. A. graminifolia) · Kletterpolstersandkraut

Weißblühend. Unausgewerteter Saginaersatz auch bei Trockenheit! Klettert steil an Steinwänden in die Höhe!
- **purpurascens**
  Rosa Sandkraut der Pyrenäen, starkwüchsig! 12 bis 15 cm. Lichten Schatten vertragend.
- **tetraquetra** · Kreuzsandkraut
  Für nicht zu trockene Plätze, da Feuchtigkeit liebend. Blüten weiß, 5 cm; herrlich neben *Campanula cochleariifolia, Linaria alpina* und kleinrosettigen *Sempervivum*-Arten. Eigenartig reizvolles, flachstarres Polster und Blütengebilde. Juni. H.: Gebirge Süd- und Südostspaniens, Pyrenäen, alpin.

Armeria · Grasnelke · Bleiwurzgewächse
○ bis ○○ △ ‖ ⌓ 丰
- **juniperifolia** (syn. A. cespitosa) · Zwerggrasnelke
  Hat ein kleines, kugelförmiges Stachelpolster. Für Schotter, Fugen und Ritzen, wünscht Schutz vor Winternässe, silberrosa. Ende April/Mai, drei Wochen vor *A. formosa* blühend, 14 Tage vor *A. maritima.* Gib ihr als Partner *Linaria alpina* bei. H.: alpin in spanischem Mittelgebirge, Sierra de Guadarrama, 2500 m.
- – ›Alba‹
  Weiße Blütenköpfchen, ganz niedrig.
- – ›Rubra‹
  Dunkelrosa Blüten, ganz niedrig.
- – ›Suendermannii‹
  Besser wachsende, nicht so anspruchsvolle Form, dunkelrosa, ganz niedrig.
- **maritima** ›Alba‹
  Weiße Form der Strandgrasnelke. Spannhoher, wichtiger Langeblüher. Mai/Juni. Einstreuen in Teppiche der folgenden. H.: Stammart boreal-montan, auch an der westlichen Europaküste häufig, oft in Riesenflächen, darin Schnepfenvögel und Pieper nisten.
- – ›Düsseldorfer Stolz‹
  Bisher beste leuchtend karminrote Sorte, festes dauerhaftes, hartes Polster, wie *A. maritima* ›Alba‹ nur 15 cm, Mai/Juni und nachblühend.
- – ›Rosea Compacta‹
  Öfterblühende karminrosafarbene Strandgrasnelke, winterfest auch im Polster. N.: vorige, *Paradisea, Ornithogalum,* Hornveilchen, niedrige Veronika und *Minuartia.*

Arnebia pulchra (syn. A. echioides, Echioides longiflora) · Prophetenblume · Borretschgewächse
○ bis ☼ ≃ △
Die großen schwarzen Flecken in den Blumen von edlem Gelb, die immer wieder verschwinden und neugeborenen Schwarzflecken Platz machen, gaben dieser Blume den Namen und brachten ihr manche Legende ein. Fßh., April/Mai. H.: Orient, montan bis alpin, Kaukasus, Armenien, Iran. Wandert weit, ist dennoch im Garten ein Hätschelhans. N.: Zwergiris. *Mertensia virginica, Veronica armenia.*

Arrhenatherum → Gräser Seite 122

Artemisia · Silberraute oder Wermut · Korbblütler ·
○○○ ⊕ △ ‖ ♁ ∧
Die Bringer silbergrauer Laubfarben im kleinen und großen!
Die drei klassischen Laubschmuck-Silberrauten für Gärten sind:
- **nitida** · Teppichsilberraute
  Glänzend silbrige Polsterartemisie für südwestlich geneigte Plätze, will unbedingt trocken stehen, Wintermorgensonne nicht sehen, geht dankbar auf Benachbarung ein mit kräftigem Blau oder Braun oder klarem Rot. Nur bis spannhoch. H.: alpin in Südalpen, Dolomiten, Kärntner Alpen, Taurus. 1300 bis 2000 m hoch auf Felsen und an steinigen Hängen.
- **schmidtiana** ›Nana‹ · Japanische Zwergsilberraute
  Herrliche dichte, leuchtend silbrige Kissen, liebt ebenfalls sonnige, trockene Lage, dauerhafter als *A. nitida.* Unersetzlich schöne Wirkung, Sph. H.: Hochgebirge Japans, Kurilen und Sachalin. N.: wie vorige.
- **vallesiaca** · Filigransilberraute
  Blüte wie bei allen Arten unwesentlich, fßh., unvergleichbar in ihrem Reiz. H.: Wallis, Südschweiz, N.: *Oenothera missouriensis* und Blaustrahlhafer.

Arum → Blumenzwiebeln Seite 129

Asarum · Haselwurz · Osterluzeigewächse
◐ bis ● ≃ ▭ ⋙ Y ♁ 丰
- **europaeum**
  Die halbspannhohe immergrüne Haselwurz wächst mit dichten dunkelgrünen, lederglänzenden Nierenblattschöpfen, unter denen sie in braunen zipfeligen Uhlenspiegelblüten Fliegen fangen, die im Nektar ertrinken. Sie ist die zäheste, ordentlichste und zugleich schönste immergrüne Teppichbildnerin für schattigste bis sonnigste, feuchteste bis trockenste Lage, die selbst im schmählichsten Wurzeldruck auf die Dauer die Oberhand behält. Leichtes Schmollen im ersten Jahr der Pflanzung nicht gleich übelnehmen! Deshalb Ansiedlung mit Topfballen ratsam. H.: Süd- und Mitteleuropa, Kleinasien, Sibirien; in Laubwald, Fichtenlichtung, Erlenau, Bachufer, Schattenschlucht, von der Ebene bis 1500 m. N.: Farne und Schattengräser, Märzbecher, Leberblümchen, *Lilium martagon.*

Asperula · Waldmeister · Rötegewächse
○○○ ⊕ △ ‖ ⊜ ∧
- **nitida**
  Dieses rührende rosablühende Polsterwesen stammt vom Olymp und Griechenland und hält treu bei uns aus. Liebhaberpflanze, liebt Schutz vor Winternässe, muß unbedingt trocken und durchlässig stehen. Um seine Blütezeit im Mai/Juni gibt es massenhaft blühendes Zwerggeschmeide, zu dem es paßt.

Asperula odorata → **Galium odoratum** Seite 180

Asplenium → Farne Seite 124

Asphodeline · Junkerlilie · Liliengewächse
○ ⊕ ⊥ Y
- **lutea**
  Die Pflanze bildet kurze Ausläufer und hat dreikantige blaugrüne Blätter in einem Schopf. Der gelbe traubige Blütenstand erscheint etwa Ende April/Mai. Fast brsth. Ideal für einen Steppengarten! H.: Mittelmeergebiete. N.. *Helictotrichon sempervirens, Stipa barbata, Stipa pennata, Cerastium tomentosum* var. *columnae, Sedum spurium* ›Purpurteppich‹.

Aster · Aster · Korbblütler

Staudenastern des Steingartens

Man unterscheidet Frühlings-, Frühsommer-, Herbst- und Spätherbstastern von größter Bedeutung für Steingärten. Farben: rosa, weiß, blau. Höhe: Spannhöhe und Kniehöhe. Auch sind hier noch einige höhere Astern für größere Steingartenräume oder die Nachbarschaft des Steingartens genannt. Ausgeschieden wurde aus dieser Liste eine Unzahl entweder in der Blüte frostempfindlicher oder bei Dürre oder Nässe struwwelig werdender Sorten oder aber solche, die als alte Pflanzen in ihrer Schönheit tiefe Mängel aufwiesen, nicht aushaltsam genug waren – schließlich Sorten, die trotz mäßiger Dimensionen nicht genug Steingartencharakter besaßen, also etwa infolge weichen Baues umfielen.

Wir bieten also unsere Bergführerdienste durch Steingartenasternreich an, nachdem wir jahrzehntelang dies »Bergmassiv« durchkletterten und aus allen Erfahrungen und Dauerbeobachtungen heraus die wesentlichen Neuzüchtungen filterten.

Asphodeline lutea, der Gelbe Affodill, zählt zu den langlebigen Blütenständen, wenn seine Ansprüche an vollsonnige Lage und etwas kalkhaltigen bis neutralen Boden erfüllt werden.

1. Zeitgruppe: Mai bis Juni

Aster alpinus · Alpenaster
○ ⊕ ‖ ✂ ⌂ ⬡
Liebliche, polsterartig wachsende, etwa spannhohe Zwergaster mit spatenförmigen, grundständigen, rauhhaarigen Blättern in Rosetten. Es ist die Steingartenaster! Vor stauender Nässe zu behüten, notfalls durch Unterschotterung. Umpflanzen und Tiefersetzen nach einigen Jahren unbedingt erforderlich! H.: Sie hat ihre Existenz erstaunlich breit auf diesem schönen Stern verankert, und zwar in der Vertikalverbreitung von Meereshöhe bis 3000 m Höhe, auf sonnigen Weiden, ja teilweise sogar in der Heide, auf Felsen der Alpen und Mittelgebirge, auf Magermatten und Wildheuplanken, von den Pyrenäen durch Alpen, Jura, Harz, Karpaten, Balkangebirge über Kaukasus bis nach Armenien, durch Sibirien nach Nordasien, schließlich im arktischen Nordamerika und in den nördlichen Rocky Mountains. Also Hut ab vor der Vitalität des kleinen Geschöpfes! N.: Alle drei Farben in Sorten nebeneinander, *Aubrieta-Hybriden,* zwergige *Achillea-* und *Papaver-*Arten, *Festuca valesiaca.*

– – ›Abendschein‹
Große rosarote gefüllte Blüten, spannhoch.

– – ›Albus‹
Ein weißer »Riese« von großer Schönheit. Weiße Stammform bescheiden daneben. Edle, dauerhafte Alpenastersorte. Spannhoch.

– – ›Sabine‹
Hellviolette, stark gefüllte Blüten von etwa 35 mm Durchmesser, nur 15 cm hoch.

– – ›Superbus‹
Sehr starkwüchsige, großblumige Alpenasterform, lila-violett.

– – ›Susanne‹
Weiße, stark gefüllte Blüten von 35 mm Durchmesser, nur 15 cm hoch.

2. Zeitgruppe: Juni

– **andersonii** · Zwergaster
○ ≃ ▭ ⟿
Eine rasenbildende Zwergart, die nur halbspannhoch wird. Die lila Blütchen wirken zierlich. Blüht zum Frühlingsausklang im Juni. H.: Westliches Nordamerika. N.: *Iris barbata* (Barbata-Nana-Gruppe) in Sorten.

– **tongolensis** (syn. A. subcaeruleus) ›Leuchtenburg‹
○ ≃ ⁞ ✂ ⬡
Schöne großblumige, leuchtend violettblaue, im Innern orangefarben blühende Sorte.
Diese und die nachfolgende Sorte werden allerdings kniehoch.

– – ›Wartburgstern‹
Es ist ein absolut zuverlässiger, wichtiger Farbenklang von Lila mit glühend goldorangefarbenem Innern. H. der Art: Westlicher Himalaja, alpin, fßh., N.: weiße *Phlox-Arendsii-Hybride* ›Hilda‹.

3. Zeitgruppe: Juni bis Juli

– × **alpellus** ·
Lilablaue Sonnwendaster
○ ≃ ⁞ ✂ ⬡
Es sind willkommene und fehlerlose Sommerblüher des Steingartens, die leicht vor einem Übermaß von Trockenheit zu behüten sind. Etwa 20 cm hoch. Diese Astern entstammen der Kreuzung *A. alpinus* × *A. amellus* und blühen vor den noch zu wenig beachteten Bergastersorten.

– × – ›Triumph‹
Violettblau blühende, bis 20 cm hoch werdende, dichtwachsende Sorte. Kann wie die Alpenaster verwendet werden. Sollte aber von Zeit zu Zeit verpflanzt werden.

Im späten Juli blühen:

× **Solidaster luteus** · Goldaster
○ ✂
Eine interessante Gattungshybride zwischen *Aster ptarmicoides* und *Solidago,* die am Steingartenrande neben Zwerggehölzen zu verwenden ist; versagt man sich ungern. Die kniehohen Büsche nehmen aber erst geordnete Haltung an, wenn sie fest und länger eingewurzelt sind. Deshalb mit Vorsicht verwenden. Nicht neben schwachwachsende Nachbarn pflanzen. Ratsam ist ein lockergebundener Schnurhalter gegen die geringe Standfestigkeit! Reizvoller Zusammenklang der goldgelben Blumen mit cremegelb verblühenden.

4. und 5. Zeitgruppe: August bis Oktober

Aster amellus · Bergaster
○ bis ○○ ⊕ ✂ ⬡ ♉
Die herbstlichen Berg- und Heideastern Europas sind in hochqualifizierten Sorten, also in Ausnahmesorten, für den spätsommerlichen und herbstlichen Steingarten und auch für alle Wildnisgartenräume unersetzliche Helfer.
Wir nennen zuerst kleinere, gedrungenere Sorten, können aber, getrennt davon aufgezählt, größeren Steingarten- oder Wildgartenräumen auch etwas größere Sorten, soweit sie festen, geordneten Wuchs haben, nicht ganz fernhalten. Begriffe der Schönheit und Üppigkeit älterer Exemplare in Elitesorten haben sich bisher überaschend wenig verbreitet. In Anfangszeiten unseres Jahrhunderts gab es noch nichts von diesen erlesenen Edelgestalten der späteren Gartenmonate!
Wildheimatliche Herkunft dieser vanilleduftenden Aster verteilt sich weit durch südliche, südöstliche und mittlere Berg- und Heideräume Europas – umfaßt dann noch ein großes zusammenhängendes Gebiet bis zur westsibirischen Ebene. Südwärts bis Südosteuropa, Mittelitalien, Südfrankreich. Sie steigt aus Ebenen bis in Höhen von 1500 m.
Es gibt spannhohe und kniehohe Gestalten. Auch an unguten Plätzen behaupten sich diese Stauden und tun nach 10 Jahren noch ihre Wirkung. Dämpfung des Wachstums durch Trockenheit ist manchmal willkommen. – Bei Herbstpflanzung bitte unbedingt Topfballenexemplare setzen! Frühlingspflanzung kann bis in den Juni hinein geschehen. N.: In Gärten passen sie zu Herbstzeitlosen- und Herbstkrokus-Arten, *Anemone hupehensis, Anemone-Japonica-Hybriden,* Kissenastern *(A.-Dumosus-Hybriden).*

4. Zeitgruppe: Ende August bis Mitte September

(Kleinere Sorten von gedrungenem, festem Bau)

Aster amellus ›Cassubicus Grandiflorus‹
Lilablau, schon Ende August erblühende alte Weichselaster. Ein Wildfund vom Reiz der feinsten Gartenzüchtung – und in Bornim seit 1907 in Kultur. Kaum knh.

– – ›Silbersee‹
Bewährte, wohl z. Z. früheste, hellblaue und gut verzweigte Sorte mit breitem Wuchs, knapp knh.

– **linosyris** · Goldhaaraster
○ bis ○○ ⊕ ✂ ⬡
Dieser schöne goldgelb blühende Herbstschatz wirkt, flüchtig betrachtet, kaum wie eine Aster, da die Zungenblüten fehlen. Die Blüten sind in Doldentrauben vereinigt. Wuchs starr aufrecht. Die Stengel haben schmale, fast grasartig wirkende Blätter. Liebt sonnige, trokkene Lage! Kniehoch. H.: Von Süd- und Westfrankreich, Mittelitalien durch ganz Mitteleuropa bis in das Wolgagebiet und Armenien verbreitet.
N.: Violettblaue Sorten von *Aster amellus, Helictotrichon sempervirens, Stipa barbata, Stipa capillata.*

5. Zeitgruppe: Mitte und Ende September erblühend bis in den Oktober

(Fußhoch bis anderthalb Fuß hoch und fester, geordneter Wuchs)

– **amellus** ›Blütendecke‹
Es ist die am dichtesten blühende aller silberblauen *Amellus-*Sorten. Fuß- bis knh.

– – ›Glücksfund‹
Die Sorte besitzt das hellste Lila aller Sorten, hat besonders lange Blütezeit und die erwünschte saubere Festigkeit. Diese Vorzüge sind besonders im zweiten Jahr sichtbar.
– – ›Lady Hindlip‹
Großblumige rosa Sorte. Die Blüten sind gegenüber anderen Sorten mehr einzeln ausgebildet, knh.
– – ›Rosa Vollendung‹
Straff gebaute Doldenflächen in silbrigem Rosa werden von kraftvollem Stielwerk getragen. Fast knh.
– – Veilchenkönigin‹
Mit dem tiefen Dunkellila ist sie die späteste, niedrigste und längstblühende aller dunkellila *Amellus*-Sorten. Straff gebaut, nur 40 cm hoch. Durch die späte Blüte nicht für typische Frühfrostlagen geeignet.

6. Zeitgruppe: September/Oktober-Wende und erste Oktoberhälfte

Aster-Dumosus-Hybriden
Kissenastern
○ ≃ ▭ ⋙ ⁞ Y ✂ ⬡ ⌘
Sie entstanden durch Kreuzung von *A. novi-belgii* mit dem wilden Zwerg *A. dumosus*!
Diese neuen niedrigen Astern der zweiten Septemberhälfte und des Oktobers bedeuten eine Staudensensation; sie sind von unglaublicher Gutmütigkeit und Gartenwilligkeit jeder Art. Im Anfang der Zuchtarbeit, vor 50 Jahren, gab es Sorten, die im Alter blütenlos wurden. Diese Schwächen sind überwunden. Kissenastern finden zahllose Gartenverwendungen – ganz besonders aber im herbstlichen Steingarten neben Herbstkrokus- und Herbstzeitlosen-Arten, Herbstanemonen und Silberkerzen des September und Oktober.
Die Wachstumsenergie ist oft fast zu groß und bedarf manchmal der Eindämmerung. Man muß dann die Hälfte der Einfassungsbänder abstecken.

a) Niedrige Sorten

Aster-Dumosus-Hybride
›Herbstpurzel‹
Eine kleine blaulila Blütenkugel von enormer Blühwilligkeit. Nur 15 cm hoch, sehr früh blühend!
– – – ›Lady in Blue‹
Diese nur 25 cm hohe, halbgefüllte Sorte hat das schönste, überraschendste Blau, an dem sich das Auge nicht sattsehen kann.
– – – ›Rosenwichtel‹
Eine überaus reichblühende dunkelrosa Sorte. Sie ist wüchsig und gesund. Nur 25 cm hoch.

Aster alpinus ›Sabine‹ kann als gefüllte Sorte nur durch Teilung vermehrt werden. ▲

Die frühblühende *Aster-Dumosus-Hybride* ›Herbstpurzel‹ zählt zu den bewährtesten Sorten. ▼

b) Höhere Sorten

Aster-Dumosus-Hybride
›Herbstgruß vom Bresserhof‹
Eine überaus reichblühende leuchtend rosa, etwa 40 cm hohe Sorte, die geschlossene Kugelbüsche bildet. Unersetzliche Sorte!

– – – ›Jenny‹
Gefüllte violettpurpurne Blüten, geschlossener Wuchs, 40 cm.

– – – ›Judith‹
Schöne reinrosa, gefüllte Blüten, dichter kissenartiger Wuchs, 40 cm.

– – – ›Kristina‹
Zuverlässige reinweiße und reichblühende Sorte, 40 cm.

– – – ›Prof. Anton Kippenberg‹
Altbewährte, sehr starkwüchsige, strahlend lavendelblaue Standardsorte, 40 cm.

– – – ›Silberblaukissen‹
Wertvolle neue Farbe im Sortiment der Kissenastern. Der Sortenname kann für das Silberblau nicht treffender sein. Unersetzlicher Farbenklang zu den anderen Farbensorten, 40 cm.

– – – ›Silberteppich‹
Eine starkwüchsige Schwestersorte von ›Silberblaukissen‹ mit klaren silberblauen Blüten. Etwas früher mit der Blüte beginnend, 40 cm.

Astilbe · Astilbe · Steinbrechgewächse

◐ ≌ Y ⊔ ✂ ⬡

Das Wichtigste, was für den Steingarten hier zu sagen ist, kommt aus der Erfahrung, wie gut die japanischen Zwergastilben (*Astilbe-Simplicifolia-Hybriden*) – wahrhaft holde Geschöpfe – alle Steingartenplätze in sonniger, zeitweise trokkener Lage vertragen, ohne daß man dies bisher als Verdienst ersten Ranges anrechnete. Der Flor der frühen, mittelspäten und späten Sorten zieht sich über lange Sommerzeiten hin. Die »Wedel« dieser Sorten sind nicht starr und tannenhaft, sondern leicht und geschwungen, ein Wunder von Grazie bei größter Lebensstärke.

Größere Ansprüche an Boden und Luftfeuchtigkeit stellen die *Astilbe-Arendsii-Hybriden*. Doch sind auch hier die Sortenunterschiede beachtlich.

Alle Astilben sind für Einstreuen von grob verrottetem Humus oder Torfmull dankbar.

Diese schönen Astilben sind für regelmäßige Steingärten des Wassers wunderbare Ufergewächse, die man am liebsten in lichten, halbschattigen Uferpartien in Verbindung mit blaublättrigen Funkien sparsam und raffiniert verwendet. Man kann mit ihnen auch dreist in die Sonne vorrücken, pflanzt sie an solchen Stellen recht muldig, um sie zuweilen nachhaltiger wässern zu können. Zuerst passiert dann gewöhnlich folgendes: in heißen Sommertagen verkochen sie dort, blühen kümmerlich, verlieren ihr Laub, erscheinen aber im September frisch gestärkt in üppigster Laubschönheit. – Die vom Blaurot und Blaurosa abgerückten neuen Farben in der Abwandlung nie erlebter roter und rosafarbener Töne sind eben unersetzliche Glanznummern des Gartens. Dagegen wählt man in Uferpartien von Wildnischarakter, also abseits der Geometrie, nur stillere und schlichtere, also wildhaftere Astilben-Sorten.

Astilbe-Arendsii-Hybride
›Brautschleier‹
Lockere, überhängende, schleierartige Blütenrispen, die in ihrer lockeren Form sehr elegant wirken. Eine zuverlässige Idealsorte. Anfang Juli, 60 cm.

– – – ›Fanal‹
Dichte granatrote Blütenrispen, daher nicht so elegant in der Wirkung, dennoch farblich unersetzlich. Die Sorte kann eher als schwachwüchsig bezeichnet werden. Dunkles Laub! Anfang Juli, 60 cm.

– – – ›Feuer‹
Feurig lachsrote Blütenrispen über zartgrünem Laub. Ende Juli, bis 80 cm.

– **chinensis** ›Pumila‹
Eine unverwüstliche Zwergastilbe mit lilarosa Blütenrispen. Leider etwas unschön verblühend! Ganz flacher teppichartiger, kriechender Wuchs. Sonne und Trockenheit vertragend. Später Flor im August, oft bis in den September dauernd, 25 cm.

Astilbe-Chinensis-Pumila-Hybride
›Finale‹
Wohl eine der spätesten und wüchsigsten Sorten. Blütenrispen hellstes Rosa. Ende August, 50 cm.

– – – – ›Serenade‹
Fedrige, erikafarbene Blütenrispen, ebenfalls eine sehr späte Sorte. August, 40 cm.

Astilbe-Japonica-Hybride
›Bronzelaub‹
Ein Sport der Sorte ›Irrlicht‹ mit zartrosa behauchten Blütenrispen und bronzefarbenem Laub. Juni/Juli, 50 cm.

– – – ›Deutschland‹
Wundervolle weiße Sorte, wohl die schönste dieser Gruppe, Juni/Juli, 50 cm.

– – – ›Europa‹
Dichte hellrosafarbene Rispen, die früheste Sorte in dieser Hybridgruppe, Juni/Juli, 50 cm.

– – – ›Federsee‹
Dunkelweinrote und braunrotblättrige, in der Blüte federbuschartige abweichende Sorte. Sie ist gegen Trockenheit ziemlich widerstandsfähig. Juni/Juli, 60 cm.

Astilbe-Simplicifolia-Hybride
›Aphrodite‹
Wer diese Sorte mit dem besonderen Farbenschmelz sieht, wird sie ins Herz schließen. Ein dunkellaubiger Sport der Sorte ›Atrorosea‹, Brillante hellrote Blütenrispen, deren Wirkung durch die dunklen Stengel gesteigert wird. Juli/August, 50 cm.

– – – ›Atrorosea‹
Rein dunkelrosa mit graziös überhängender Blütenrispe. August, 40 cm.

– – – ›Praecox Alba‹
Reinweiße, aufrecht verzweigte Blütenrispen. Ebenso wüchsig und vielseitig verwendbar wie die anderen genannten Sorten. Juli, 50 cm.

– – – ›Sprite‹
Eine wertvolle, ganz niedrige Sorte, tiefdunkelgrünes Laub mit auffallender dunkler und glänzender Bronzetönung. Hellrosa elegante, duftig geschwungene, schleierartige Blütenrispen, sehr spät im August und sehr lange blühend. 30 cm. Sie ist eigentlich die Sorte für Steingärten!

Astragalus · Tragant · Schmetterlingsblütler

○○○ ⊕ ⊥ ♁ ⊍

– **angustifolius** · Silbertragant
△ ‖ ⌓ ⊍ ≢
Aus fußbreiten grauen Polstern erheben sich weiße Blüten in Träubchen. Er liebt Geröllumgebung und Steinnähe. Kalkhold, 20 cm, Juli/August. H.: Balkanhalbinsel, Kleinasien.

– **centralpinus**
(syn. A. alopecuroides) · Mimosentragant ⊥ ♁
Er ist zu exaltiert für gewohnte Gartenplätze, paßt an manchen Randplatz im Steingarten. Es steckt eine fremdartige, jauchzendheitere Schönheit in der seltsamen Staude. Topfballenansiedlung wie auch bei der vorigen. Auffallend behaart, kalkhold, gelbblühend im Juli/August, 70 cm. H.: Süd- und Südosteuropa, Westasien. N.: *Helictotrichon sempervirens, Carlina acaulis* ssp. *simplex.*

Astrantia · Sterndolde · Doldenblütler

○ bis ◐ ⊕ ≃ Y ✂ ⬡ ♁

– **carniolica** · Krainer Sterndolde
Eine lachsrosafarbene Schönheit von 30 cm Höhe, Juni bis August. H.: Südliche Ostalpen.

– **major** · Große Sterndolde
Mit mannigfachen zartrosa Tönungen, besonders zur Knospenzeit. 40 cm hoch, Juni/Juli. Man rücke die Große Sterndolde genügend von schwachwüchsigen Nachbarn ab. Zuweilen stört die reichliche Selbstaussaat. H.: Von montanen bis subalpinen Wiesen aus 2000 m absteigend in die Ebene. Das Hauptareal reicht

von den Pyrenäen bis zum Balkan und den Karpaten. N.: Naturgarten, Bergflurgärtchen neben Latschen und Gräsern.

Athamanta · Augenwurz · Doldenblütler
○○○ ⊕ ⤫ ♁
– **turbith** ssp. **haynaldii**
(syn. A. matthioli)
Eine der merkwürdigsten Pflanzen der Welt, eine Hungerkünstler, der zwischen Felsen fast ohne Erde aushält. 40 cm hoch, im Alter 80 cm breit. Ich beobachtete diese schönste Art 16 Jahre lang in ihrer so unglaublichen Leistung. Die Eigenart und Schönheit des filigranzarten Blattgrüns, aus dem sich die weißen Blütendolden erheben, läßt ebenso an das seelisch-offizinelle Augenheil wie an das leibliche denken, das schon allein die Pflanzung lohnt und seine Schönheit beibehält. Juni/Juli. H.: in trockenen Felsgebieten der Südalpen, Jura, vom Donautal und von Kärnten bis zur Adria, hinüber bis Ungarn und zum Balkan. N.: Glockenblumen, Veronika, Gräser.

Athyrium → Farne Seite 124

Aubrieta · Blaukissen · Kreuzblütler
○○ ⊕ △ ‖ ⌓ ▭ ⦙ ⬡ ⫩
Ende April bis Juni blüht das Blaukissen, hellila bis dunkelsammetrot – lila und hellrosa bis feurigkarminrot.
In dem Sortenmeer der modernen Aubrieta kann man ertrinken. Man stößt auf zuviel nach außen hin Gleichartiges, dabei oft winterempfindliche oder im Alter nicht genügend blühwillige oder allzu schwachwüchsige Sorten. Breitflächige Pflanzung blüht nur kurze Jahre. Man muß, wie bei den Veilchen, vereinzelt pflanzen mit schlankem, buchtenreichem Umriß. Da so oft das frühere Unverständnis das spätere Verständnis würzte, wird uns diese mächtige, ernste, ja dröhnende Frühlingsfarbenskala allmählich ganz besonders lieb, gerade im Gegenspiel zu vielen zarten und süßen Farben. Die Blütezeiten der einzelnen Sorten sind nicht sehr verschieden. ›Rubinkissen‹, die schöne karminrote, ist die früheste und längstblühende. In rauher Lage beginnt der Anfänger mit der herrlichen und unvergleichlichen Sorte ›Tauricola‹. – Die Verschiedenheit der hier genannten Sorten ist so groß, daß zum Weglassen einer von ihnen kein logischer Anlaß besteht. Wundervoll ist das Farbenspiel, wenn die schräge Sonne in den Polstern liegt und hineinfallende Schatten unglaublich andere Farbtönungen herausholen. *Aubrieta deltoidea* ist seit 1700 in die Gärten Mitteleuropas eingeführt und heute in Sorten nicht mehr wegzudenken. H. der Art mit Unterarten: alpin bis Italien, Vorderasien, Griechenland, Taurus. N.: Zwergiris, Teppichphlox, *Alyssum saxatile* ›Citrinum‹.

Aubrieta-Hybride
›BS Blauer Schatz‹
Neue Sorte mit niedrigem, dichtem Wuchs. Dunkelblau, April bis Mai, remontiert im Herbst, nur 10 cm hoch.
– – ›Blue Emperor‹
Sie ist die dunkelviolettblaue großblütige Siegersorte von langer Blütezeit und formt dichte Polster.
– – ›Dr. Mules‹
Leuchtend sammetviolett mit bläulichem Schein.
– – ›BS Havelberg‹
Rosafarben, starkwüchsig, halbgefüllt, April/Mai, 10 cm.
– – ›Lobelia‹
Beste Blaufärbung, blüht früh und üppig. Diese Sorte nimmt in gewisser Weise eine Ausnahmestellung ein durch die bleibende Schönheit des Kuppelbaus alter Exemplare auch an unguter Stelle.
– – ›Neuling‹
Frisches Hellblau neuartiger Tönung, starkwüchsig.
– – ›BS Rubinfeuer‹
Rubinrötlicher, leuchtender Farbton, April bis Juni, flachwachsend, 10 cm.
– – ›Rubinkissen‹
Längste Blütezeit und stärkstes Rubinrot. Erblüht 8 Tage eher als die übrigen und bleibt 10 Tage länger in ihrer weitleuchtenden Farbe.
– – ›Tauricola‹
Dieser blaulila Schatz unter den unverwüstlichen Aubrieten hängt 10 Jahre und länger aus steilen Fels- und Mauerfugen und formt immer mächtigere Kissen. Durch Beleuchtung und Schatten werden ganz überraschende Stufungen aus den dichten Farbenkissen herausgeholt. Erreicht nur eine Höhe von 5 cm .

Avena → **Helicotrichon** (Gräser) Seite 120

Azorella · Sumpfbalsam · Doldenblütler
○ bis ◐ ⊕ △ ⌓ ▭ ♁ ⫩
– **trifurcata** · Andenpolster
Die Polsterstaude ist wie geschaffen, in Gärten schöne, ganz flache, grünlichweiß blühende Moosteppiche zu legen, die lauter gute Dauereigenschaften besitzen und kaum Unkraut aufkommen lassen. Man siedelt die Pflanzen gern in kleinen Topfballenexemplaren an. Der Reiz vieler anderer Blütengewächse wird durch ihr Hervorwachsen aus den flachen Azorella-Teppichen ähnlich gesteigert wie der Reiz von Vasenblumen durch passende Vasensockel. Mai/Juni. H.: südlichstes Südamerika (Magellangebiet).

Blechnum → Farne Seite 124

Bletilla · Bletilla · Orchideengewächse
○ bis ◐ ⊕ ≃ △ ⋀⋀
– **striata** ·
Ostasiatische Bambusorchidee
Blüht zwischen bambushaften Blättern karminrosa. Treibt sehr spät aus, nicht überall zuverlässig winterhart, Schutz vor Winternässe durch dicke Laubschicht unbedingt erforderlich. In rauhen Lagen ist Topfkultur besser. Man bringt den im Sommer eingesenkten Topf etwa gegen Ende Oktober zur Überwinterung in einen kühlen Keller. Die Töpfe dürfen jedoch nie ganz austrocknen. Juni/Juli. 30 cm. H.: China, Japan.

Bouteloua → Gräser Seite 120

Briza → Gräser Seite 120

Brunella → **Prunella** Seite 211

Brunnera · Ochsenzunge · Borretschgewächse
○ bis ◐ ▭ Y ♁
– **macrophylla**
(syn. Anchusa myosotidiflora) · Kaukasusvergißmeinnicht
Es ist in seiner Einmaligkeit ein willkommener Zuwachs unseres Vorfrühlingsgartens und trägt sein massiges reines Blau an Gartenplätze jeder Art. Schön im Laub bis Oktoberende. Blüte von Ende März bis Ende Mai. Man kann den Garten nicht leicht mit dieser Pflanze überwürzen, ihr nicht genug Gelegenheiten zur Entfaltung bieten. In schweren, schneelosen Polarwintern sind wir diesem Naturgeschenk eine kleine Laubdecke schuldig. Es lohnt sich! Fßh. und höher. H.: Kaukasus. N.: Waldmeister, *Trollius, Iris,* Akelei und aller Vorfrühlingsflor.
– – ›Blaukuppel‹
Hält als eingewachsene Pflanze ihre Blütenmasse enger zusammen, was den Reiz der Pflanze erhöht. Ihre Nachbarin *Doronicum*, ebenfalls aus dem Kaukasus, ist durch die edle Sorte ›Goldkranz‹ schönfarbener, großblütiger und gedrungener geworden, was die Schönheit der blauen Nachbarin steigert.

Buglossoides purpurocaerulea
(syn. Lithospermum purpurocaeruleum) · Lodensteinsame · Borretschgewächse
○ bis ◐ ⊕ ▭ ⩩ Y ⛉
Ein herrlicher, zuverlässiger roter, dann blauer Blüher für sonnige, ziemlich trok-

kene und auch für schwierige, sehr trokkene Schattenstellen der Stein- und Naturgärten. Das Blau ist denkbar rein, ein tiefes Enzianblau. Wildniserlebnisse in Gebirgswäldern trägt man ihm aus der Kindheit ein Leben lang nach! Kalkliebend. H.: Er wandert von Westeuropa bis zum Kaukasus und Nordiran. Da er mit seinen Loden mächtig umhergreift, ist er von zarten Nachbarn abzurücken. N.: *Brunnera macrophylla*, starkwüchsige Schattengräser, *Actaea*-Arten.

Buphthalmum speciosissimum → **Telekia speciosissima** Seite 227

Butomus → Wasserpflanzen Seite 95

Calla → Wasserpflanzen Seite 95

Caltha · Dotterblume · Hahnenfußgewächse
○ bis ◐ ≌ ▭ Y ⊔ ʍ ✂

- **palustris**
  Wildart der Sumpfdotterblume, goldgelb, 30 cm, April/Mai. H.: ganz Europa, Wiese und Wasserrand bis 2500 m hoch. Weite Gebiete Asiens und Amerikas. Auf Wiesen sind sie die Fagottöne zwischen Zimbeltönen der wilden blaßgelben *Primula elatior*. N.: Gräser, *Brunnera macrophylla, Omphalodes verna.*
- – var. **alba** ·
  Kaschmirdotterblume
  Nur etwa 20 cm hohe, dunkelgrün belaubte, gedrungene weißblühende Form, vor *C. palustris* blühend. Will im Winter nicht zu feucht stehen. Im Herbst meist reicher Nachflor. H.: Kaschmir. N.: *Primula rosea*, blaue *Primula denticulata.*
- – ›Multiplex‹
  Ist die beste, längstblühende gefüllte Form der Sumpfdotterblume für Gärten, allen anderen überlegen. Die Blüten lagern malerisch. 30 cm.

Campanula · Glockenblume · Glockenblumengewächse

Wir nennen hier aus den etwa 300 bekannten Arten nur die mit ihren Sorten von großer Schönheit und Lebenskraft. Sie harren auf alt und jung! Hat man doch bei den Glockenblumen so oft das Gefühl, daß sie und die Kinder aufeinander warten. Die Glockenblumen spielen eine große Rolle im Gewebe der Pflanzendecke. Es gibt viele Landschaftsplätze und Vegetationsteppiche, in denen das Glockenblumenblau alles beherrscht. In Hochalpenwiesen steht manch Landschaftsplatz in so unberührtem Glockenblumenschmelz alpiner Arten, als hätte ein Wanderer noch keinen Fuß hineingesetzt. Es gibt Frühsommer-, Hochsommer- und Spätsommer-Glokkenblumenflor.

Es sind Märchenzwerge für Puppenstuben der Pflanzenwelt und Waldglockenblumen, die uns über den Kopf wachsen. Wir kennen seit Jahrzehnten Plätze im Garten voll lebendigsten, kleinsten Glockenblumengeschmeides.

Die Herkunftsländer der Glockenblumen sind hauptsächlich Gebirge Europas mit ihren Hochwiesen und Felsspalten von Italien, Südosteuropa und Kaukasus. Neuerlich kamen aus ostasiatischen Gebirgen Zwerge dazu, deren bleibender Gartenwert noch geprüft werden muß.

Wir bringen hier die »Elite« für den Garten in zwei Größengruppen.

Der Flor der kleineren Gruppe beginnt Ende Mai und reicht mit Haupt- und Nachflor bis in den Herbst. Der Flor der großen dauert von Ende Juni bis tief in den August. Wir weisen wegen ihres Glockenblumencharakters auch auf die Tigerglocke *(Codonopsis)*, siehe Seite 73, und die Wahlenbergien *(Platycodon)* Seite 205 hin. Gleiches gilt auch für die Becherglocke *(Adenophora)*, siehe Seite 158 f.

1. Kleinere Glockenblumen

Campanula aucheri
○ bis ☀ ⊕ △ ‖ ⊍
Die früheste aller Glockenblumenzwerge, leuchtend dunkelviolettblaue, einzelstehende, oft aufrechte Blüten. Bei etwas Sorgfalt dauerhaft, sph., Ende April/Anfang Mai. H.: Kaukasus.

- **carpatica** · Karpatenglocke
  ○ bis ○○ ⊕ △ ‖ ⁞
  Bis 30 cm, Juli bis September, bei Rückschnitt der verblühten Blumen alles in allem 14 Wochen lang. Die Stammart ist durch wertvolle Züchtungen ersetzt und gesteigert. Trotzdem verkörpert sie mit ihrem variierenden Dunkelblau eigentlich schönste Glockenblumenpoesie. N.: Zwergrittersporn, *Heuchera-Hybriden* (Nachflor!), *Dianthus gratianopolitanus, Linum flavum* ›Compactum‹.
- – ›Blauer Zwerg‹
  Sie ist eine kleine blaublühende Karpatenglocken-Sorte, nur 15 cm hoch.
- – ›Blauer Clips‹
  Durchgezüchtete Saatrasse der Karpatenglocke von 20 cm Höhe, himmelblaue Blüten. Im Wuchs recht ausgeglichen, jedoch die bewährten Sorten in ihrem Reiz nicht ersetzend.
- – ›Blaumeise‹
  Niedrig im Wuchs, hat hellblaue Glokken, eine reizvolle Liebhabersorte, 10 bis 20 cm.
- – ›Karpatenkrone‹
  Breit geöffnete Schalen in Silberblau und von größter Blühwilligkeit, nach Rückschnitt sicher nachblühend. 20 cm
- – ›Kobalt‹
  Dunkelviolette, schalenförmige, aufrechtstehende Blüten, lange Blütezeit und gut nachblühend, graulaubig, wüchsig, 10 cm.
- – ›Spechtmeise‹
  Von dunklerem Blaulila, mit hochgebauten Blüten, im Wuchs steiler als andere Sorten, 15 bis 20 cm.
- – ›Zwergmöwe‹
  Schneeweiß, vereint erstaunliche Wuchskräfte mit einem Blütenreichtum, der bei 3 Jahre alten Pflanzen 200 bis 300 gleichzeitig geöffnete Blüten beträgt, 15 cm.
- – ›Weiße Clips‹
  Weiße Saatrasse, sonst die gleichen Eigenschaften wie die Sorte ›Blaue Clips‹, 20 cm.
- – var. **turbinata** · Kreiselglocke
  ○ bis ○○ ⊕ △ ‖ ⁞
  Später, niedriger und gedrungener als *C. carpatica.* Der echte Typ fein weiß behaart, violettblaue Blüten schalenförmig, aufrecht und mit deutlich ausgeprägten Kronenzipfeln. Selten echt in Kultur und gewiß in vielen Sorten von *C. carpatica* eingekreuzt. Verfrüht und verlängert deren Flor, 10 bis 15 cm. Ab Juni. H.: Siebenbürgen.
- – – – ›Alba‹
  Weiße Form der Kreiselglocke, mit den gleichen Eigenschaften wie die violettblaue Varietät, 10 cm.
- – – – ›Isabel‹
  Weit geöffnete, schalenförmige, tiefdunkelblaue Blüten. Laub dunkelgrün, nicht so typisch behaart. 20 cm.
- **cochleariifolia** (syn. C. pusilla) ·
  Zwergglocke ○○ ⊕ △ ‖ ʍ
  Dieser zauberhafte, energische Zwerg überdauert Jahrzehnte, wird oft mehr als zutraulich, setzt sich zwischen Polstern aller möglichen anderen Stauden kraftvoll und doch nicht störend durch. Blüht reizend aus rotem Thymian – oder weißen Minuartienpolstern heraus – kurz, ist nicht hoch genug zu schätzen. Farbe auch am Naturstandort von blaulila bis weiß variierend. 10 cm. H.: von den Pyrenäen über mittelfranzösische Gebirge, Jura, Vogesen, Schwarzwald, Alpen, Karpaten, Karstgebirge. An Felsen, in Schutt und Geröll, kriechend, bis 3000 m, auch auf karstigen Heiden, an steinigen Flußufern. Wildgesellschaft: *Linaria alpina, Gypsophilla repens.*
- – ›Alba‹
  Weiße Zwergglocke, reizend neben dunkelblauen Sorten, 10 cm, Juni/Juli.
- – ›Miranda Bellardii‹ ·
  Mondsteinglocke
  Diese Sorte ist großblütiger und länger blühend als die Stammart. Sie ist die früheste der für den Garten wesentlichen Zwergglockenblumen. Der Name »Mondstein« rührt von der blaßblauen Farbe der Blüten her. Unverdrossen legt sie ihre Blütenjuwelen auch an unguten Plätzen aus. Mai bis Anfang August, 10 cm.

– – ›Miss Willmott‹
Silbrig-lichtblaue, edle, großblumige Variante, zu *Moeringia muscosa* setzen, 10 cm, Juni/Juli.
– – ›R. B. Loder‹
Gleichfalls eine englische Sorte mit dunkelblauen, jedoch gefüllten Glocken, 10 cm, Juni/Juli.
– – ›Seibertii‹
Tiefdunkelblau, dunkelgrüne Belaubung, 15 cm, Juni/Juli.
– **collina** · Hügelglocke
○ bis ◐ ≃ △ ▭ ⋙ ✂
Liebt nahrhaften Boden und absonnige bis halbschattige Lage, rasenbildend, bei trockenem Stand nicht dauerhaft, 15 cm, Juni. H.: Matten im Kaukasus.
– **garganica** ·Sternpolsterglocke
○ bis ○○ △ ‖ ▭ ⛉
Prachtvolle, ausläuferlose Polster an steilen Wänden und Mauern, wirkt besonders zwischen rötlichem Gestein. Sie gehört zu den vielen südgeborenen Nordlandsiegern, denen unsere Gärten so viel verdanken. Blüten sternförmig, blau, 15 cm, Mai/Juni. H:: Dalmatien, Italien (Monte Gargano). N.: *Heliosperma alpestre, Geranium dalmaticum* ›Album‹.
– – ›Erinus Major‹
Trägt größere und dunklere blaue, edle Blumensterne mit weißem Auge auf flachem Polster, 10 cm, Mai/Juni.
– – ›Hirsuta‹
Graubelaubte Form mit hellen lilafarbenen Sternblüten, sonst wie die Stammart.
– **glomerata** ›Acaulis‹
○ bis ○○ △ ▭ ⋙ ⁞
Zwergform der Knäuelglocke mit dunkelvioletten Blütenköpfen, von Mai bis August blühend, kleinere Rasen bildend, 15 cm.
– – ›Schneehäschen‹
Reinweißes Gegenstück der dunkelvioletten Form, die einzelnen Blüten größer als bei der Stammform. Wuchs zur Vollblüte halbkugelig wirkend, 15 cm. N.: *C. glomerata* ›Acaulis‹.
– **portenschlagiana** ·
Dalmatiner Glocke
○ bis ◐ ⊕ △ ‖ ⌓ ⁞
Eine ausgesprochene Dauerblüherin des Steingartens mit drei Blütezeiten von Ende Mai bis Anfang November! Weiches, rötliches Lila, Glöckchen aufrecht stehend. Blätter unbehaart, rundlich, herzförmig. Nicht mit *C. poschkarskyana* und *C. garganica* verwechseln. 10 cm. H.: Dalmatien, Serbien. N.: *Hypericum olympicum, Linum flavum* ›Compactum‹, rotlaubige *Sempervivum-Hybriden, Helianthemum-Hybride* ›Bronze‹, *Campanula carpatica* var. *turbinata* ›Alba‹.
– – ›Birch Hybrid‹
Wird als Hybride zwischen *C. portenschlagiana* und *C. poscharskyana* angesehen, hellpurpurblaue, starkwachsende, dunkellaubige Sorte, verdient weiteste Gartenverbreitung, Juni bis August und sicher nachblühend. 15 cm. N.: wie Art.
– **poscharskyana** · Hängepolsterglocke
○ bis ◐ ⊕ △ ‖ ▭ ⋙
Mit ihrer ungeheuren Lebenskraft, endloser Blühwilligkeit und unterirdischem Umherwuchern hat sie es vom bisherigen etwas langweiligen Hellila zu Edelsorten gebracht, deren Wachstum gemäßigter ist, während ihre Blütenfarben edel und auffallend sind. 15 cm. H.: Dalmatien (bei Dubrovnik). N.: wie bei *C. portenschlagiana*, doch Wüchsigkeit beachten!
– – ›Blauranke‹
Neue, auffallende, robuste und starkwüchsige Sorte, hellblaue Blüten an langen Trieben, längste Blütezeit aller Sorten und noch nachblühend, von Juni bis November, 20 cm.
– – ›E. H. Frost‹
Eine weiße, blaugesternte, starkwüchsige, hellaubige Sorte, Mai bis August, 15 cm.
– – ›Lisduggan Var.‹
Bisher einzige lavendelrosa Sorte, nicht so starkwachsend, ausgesprochene Liebhabersorte, Juni bis August, 20 cm.
– – ›Stella‹
Hält ihre Blüten- und Triebmassen enger beisammen und fällt bis Ende Oktober durch die veilchenblaue Blütenfarbe viel reizvoller auf als die alte Hängepolsterglocke. Bedeutend schwachwüchsiger als andere blaue Sorten, 15 cm.
– **pulla** · Ostalpenglocke
☼ ≃ △ ‖ ⋙ ⛉
Ein Zwerg und Hätschelhans mit tiefdunkelvioletten und nickenden Glokken, die einzeln am Stiel hängen. Diese Liebhaberart liebt feuchten, humosen, durchlässigen Boden in absonniger Lage und bildet prachtvolle Polster. Mai/Juni, bis 10 cm. H.: Ostalpen. N.: *Saxifraga oppositifolia* var. *latina, Haberlea rhodopensis.*
– × **pulloides** (*C. pulla* × *C. c.* var. *turbinata*) ›G. F. Wilson‹
○ bis ☼ ≃ △ ‖ ⋙ ⛉
Diese schöne Sorte trägt die wesentlichen Merkmale der Eltern in sich. Die Kreuzung ergab einen frühblühenden, weitglockigen dunkellila Zwerg von voller Gartenfähigkeit. Kultur ähnlich wie *C. pulla*. 10 cm. Mai.
– **raddeana** · Kaukasusglocke
○ bis ◐ ≃ △ ‖ ⋙
Aus glänzend dunkelgrünen Laubrosetten steigen sph. rötlichbraune Stiele mit mehrblütigen violettblauen Glöckchen empor. Auch nach Jahren kleinbleibend. Ende Mai bis Juli, 10 bis 20 cm. H.: Kaukasus.
– × **wockei** (C. waldsteiniana × C. tommasiniana)
○ bis ☼ ≃ △ ‖ ⛉
Eine Hybride, die genau zwischen ihren Eltern steht. Glöckchen blaßviolett, nikkend an mehrblütigem Stengel. Schön für Fugen. Dankbar und reichblühend. 10 cm, Juli/August.

2. Hohe und halbhohe Glockenblumen
○ bis ◐ ⊕ ≃ ✂

Campanula glomerata
›Schneekrone‹ ⋙
Blütenstände reinweiß, daher gut zur Benachbarung mit dunkelvioletten Sorten brauchbar. 50 cm. Juli.
– – ›Superba‹ ⋙
Dunkelviolette veredelte Knäuelglocke. In dieser Edelgestalt kommt die Art mit quirlartigen Blütenständen reizvoll zur Wirkung. 40 cm, Juni/Juli. H. der Art: Wanderer von Europa bis Kamtschatka. N.: *Oenothera tetragona, Potentilla nepalensis* ›Miss Willmott‹.
– **lactiflora** · Kuppelglocke /\
Die blaßblaue Kuppelglocke wirkt wie ein lockerer lilafarbener Phlox, blüht durch Stützen endlos weiter und ist in weißer, blauer und ganz zarter lilarosa Tönung vorhanden. Man pflanze die drei Farben in den niedrigen Sorten eng zusammen. Aber nun kommt die Überraschung: diese derben Gestalten brauchen in strengen Wintern einen Schutz. Bei keiner anderen hier genannten Glokkenblume kommt das in Betracht, ausgenommen bei Pflanzung der Olympglocke in exponierter Lage. Ihr kann man durch die Wahl einer geborgenen und geschützten Stelle die sonst notwendige leichte Winterdecke ersparen.
C. lactiflora braucht zur guten Entwicklung nährstoffreichen Boden und viel Feuchtigkeit. Bis 2 m, Juni/August. H.: Hochstaudenflora des Kaukasus, häufig an Rinnsalen.
– – ›Alba‹
Weiße Form, Juli/August.
– – ›Loddon Anne‹
Zartlilarosa, nur 90 cm, Juli/August.
– – ›Pouffe‹
Lichtblau, fast Zwerg, etwa 30 cm, Juli/August.
– – ›Prichard‹
Amethystviolett, 60 cm, Juli/August.
– **latifolia** var. **macrantha** ·
Kaukasuswaldglocke
Die dunkelviolette Kaukasuswaldglocke ist die edle Form, die auch Trockenheit verträgt. Die Art *C. latifolia* ist entbehrlich, da sie auch im Schatten bei Trokkenheit leicht schlappt. *C. latifolia* var. *macrantha* wirkt mit schönerer Gesamtgestalt durch ihr stärker gebautes »Gerüst«. 80 bis 120 cm, Juni/August. H.: Kaukasus, Nordiran, Sibirien. Gebüsche und Wälder bis 1250 m. N.: *Digitalis grandiflora* Waldgeißbart, Farne.
– – – – ›Alba‹
Schöne weiße Form der vorigen.
– **persicifolia** · Pfirsichblattglocke ⋙
Die Pfirsichblattglocke entspricht unserem Bild von Glockenblumen; sie blüht strahlend schön, verblüht aber immer etwas unordentlich, liebt einen Beistand von Gräsern oder anderen Stau-

Campanula cochleariifolia, die Zwergglocke, verlangt Steinnachbarschaft. Sie gedeiht vorzüglich in Fugen.

den entsprechender Höhe. Nach dem Verblühen ist Rückschnitt angebracht. 70 bis 100 cm, Juni/August. H.: fast ganz Europa, Armenien, Sibirien, in lichten Wäldern, an waldigen Hängen, auf sandig-lehmigem, frischem Boden. Wildgesellschaft im Wald, besonders im Mischwald: *Lychnis viscaria, Anthericum ramosum, Dianthus carthusionorum*. N.: Waldgräser, Farne, Königskerzen, Salbei, *Lysimachia*, braunblühende, niedrige *Helenium*-Sorten. Die Pfirsichblattglokken dürfen nicht in Flächen gesetzt werden, sondern einzeln oder in buchtenreichen Trupps. In leichtem Boden ist Lehmzusatz höchst wohltätig.

– – ›Blaukehlchen‹
Leuchtend blau, gefüllt, 60 bis 80 cm, Juni/Juli.

– – ›Grandiflora Alba‹
Altbewährte weiße Sorte, 80 bis 100 cm, Juni/Juli.

– – ›Grandiflora Caerulea‹
Leuchtend blau, großblumig, 80 bis 100 cm, Juni/Juli.

– – ›Moerheimii‹
Alte weiße Sorte von halber Füllung und eigentümlichem Reiz; obwohl Kinder sagen, daß gefüllte Glocken ja gar nicht bimmeln können.

– – ssp. **sessiliflora** (syn. C. grandis) · Olympglocke
Ihre flachen blauen oder weißen Schalen (Alba-Form) steigen aus dekorativem Laubwerk auf. Gleich nach dem Verblühen ist Rückschnitt zu empfehlen. Immergrüner Sprossennachwuchs. Ihre Olymp-Herkunft legt luftige Winterdecke gegen lange, kalte Ausnahmefröste nahe. 80 bis 120 cm, Juni/Juli. N.: Farne, Waldgräser, auch für Rabatten.

– **punctata** △ ⩫
Eine Sondergestalt unter den Glockenblumen mit cremeweißen, selten rötlichpurpurnen, innen gefleckten Glocken und rasigem Wuchs. 30 cm, Juni/Juli. H.: Sibirien, Japan.

Cardamine · Schaumkraut · Kreuzblütler

☼ bis ◐ ⊕ ♒

– **pratensis** · Wiesenschaumkraut
Paßt im Steingarten nur zwischen Gräser im Garten. Auch in lockere Grasflächen, wo es eine der besten Streublumen darstellt und sich immer behauptet. Fßh., April/Mai, weiß bis lilaweiß. H.:Europa, Nordasien, Kamtschatka, Nordamerika bis in die Arktis, auf Wiesen, bis 2000 m Höhe. N.: *Caltha palustris, Geum rivale, Myosotis palustris*.

– – ›Plena‹ · Levkojenwiesenschaumkraut
Lilarosaweiß, gefülltblühend. Dieser liebliche Steingartenschatz tritt oft in der Wildnis überraschend in Mengen auf und steht in Alpenwiesen wie eine kleine Gartenblume. Sie muß aber im Garten von größeren Pflanzen unbedrängt gehalten werden. Keine Samenbildung!

– **trifolia** · Kleeschaumkraut
△ ▭ ⩫
Der weiße Flor auf dunkelgrünem immergrünem Grunde ist reizend und farblich brauchbar. Diese flachen Schattenplatzbegrüner leisten ihren Nachbarpflanzen oft unersetzliche Dienste. Kalkhold. Halbspannhoch, Mai/Juni. H.: Alpen, Nordkarpaten, Apenninen, Slowenien.

Carex → Gräser Seiten 120 und 122

Carlina · Wetterdistel · Korbblütler

○○ bis ○○○ ⊕ △ ⊥ ✂ ❦
⬡ ? ? ?

– **acanthifolia** · Riesenwetterdistel
Diese mächtigen, niedrigen, platt angedrückten Karstdisteln lieben heiße Plätze. Blütendurchmesser bis 15 cm. Es ist, als ob der Boden eine große goldbraune Warze triebe. Juli/August. H.: Karst und übriges Südosteuropa, bis 1800 m steigend, selten auch in den Westalpen.

– **acaulis** ssp. **simplex** (syn. C. acaulis var. caulescens) · Silberdistel
Die fußhohen Silberdisteln des Juli/September behaupten sich an ihrem Steingartenplatz ebenso wie in der Wildnis durch Jahrzehnte. (Es sei hier auch an die übrigen Edeldisteln des Steingartens erinnert, an *Eryngium* und an *Cirsium*. Alle diese herrlichen gepanzerten Trotzgeschöpfe fänden ohne Steingarten nirgends ihre wahren, befriedigenden Gartenplätze.) H.: von Südwesteuropa bis Italien und Balkan, montan bis alpin (2500 m), in Alpen und Vorländern, in Mitteleuropa bis zum zentralen Teil des europäischen Rußlands. An Wiesenwaldrändern mit *Sesleria, Pulsatilla vulgaris, Gentiana cruciata, Achillea*. Unter Naturschutz! Ausgraben zwecklos. Nur Anzucht von Jungpflanzen in Töpfen sichert das Anwachsen.
Wir zählten schon einen Korso von 40 Pfauenaugenschmetterlingen auf einer Silberdistel, der sich mit den Bienen vertrug. 15 Jahre alte Pflanzen werden bis zwei Fuß breit. Schön nahe Zwergkiefern; abgeschnittene Blumen in der Trockenvase sind unvergänglich in ihrer silberweißen und blaßblonden Färbung.

– – – – ›Bronze‹
Die bronzebraunblättrige und -stielige Silberdistel ist eine gesteigerte Gestalt im Garten und in der Vase. Topfballenansiedlung für sicheres Anwachsen erforderlich. N.: *Nepeta × mussinii, Artemisia*

vallesiaca, Festuca cinerea in Sorten, *Sempervivum-Hybriden, Dianthus gratianopolitanus* ›Compactus Eydangeri‹.

Centaurea · Flockenblume, Kornblume · Korbblütler
○○ ⊕ ▭ ⊥ ✂ ⟿ ♉

– **montana** · Bergkornblume
Blau, fßh. bis knh., Mitte Mai/Juni. H.: montan bis alpin (2000 m) von Spanien, Frankreich über Süddeutschland, Alpen bis Karpaten und Kaukasus, und zwar auf Bergwiesen, Hochstaudenfloren und feucht-frischen Felsgebieten mit *Ranunculus aconitifolius, Astrantia, Cypripedium calceolus*. N.: alle nachfolgenden Sorten miteinander benachbaren; auch Akelei, Fingerkraut, Sterndolde.

– – ›Alba‹
Hochwachsende, üppige weiße Kornblume, die meist erst vom zweiten Jahre ab ihre volle Entfaltung zeigt.

– – ›Grandiflora‹
Leuchtend blau, 40 cm.

– – ›Rosea‹
Rosa Form.

– – ›Violetta‹
Dunkelviolett.

– **pulcherrima** · Kaukasusflockenblume
Edle Schönheit, silbergraulaubig, rosa blühend, fßh., Juni/Juli. (*C. dealbata* fällt um, *C. sternbergii* wuchert, *C. ruthenica* ist sanft langweilend.)

Centaurea rhapontica → **Leuzea rhapontica** Seite 195

Cerastium · Hornkraut · Nelkengewächse
○○ bis ○○○ △ ‖ ⟿ ⦙

– **biebersteinii** · Kaukasushornkraut
Weißblühend. Paßt nur an Plätze und Mauern, an denen es weit umherwuchern oder hängen kann. Es hält an solchen Plätzen jahrzehntelang aus und wird uns dort lieb. Blütezeit Mai/Juni-Wende.

– **tomentosum** var. **columnae** · Italienisches Zwerghornkraut
Edelstes seiner Art, dichte, niedrige, schneeige Blütenmassen auf Silberpolstern, die uns so lange gefallen, bis sie ihren »Unfug« anstellen und ihre Nachbarn bedrängen. H.: Süditalien. N.: *Sedum spurium* ›Purpurteppich‹, *Geranium sanguineum, Campanula portenschlagiana*.

Ceratostigma · Bleiwurz · Bleiwurzgewächse
○ bis ◐ △ ▭ ⟿ ✂

– **plumbaginoides** · Chinesische Bleiwurz
Bringt von Anfang September bis Ende Oktober ihre reinblauen spannhohen Blütenmassen aus unverwüstlichen Pflanzenstöcken hervor. Rote Herbstfärbung des Blattwerkes. Nicht für rauhe Lagen! N.: Schön mit weißen Herbstzeitlosen, weißen Herbstkrokus (*Crocus speciosus* ›Albus‹) und Zwergastern.

Ceterach → Farne Seite 124

Chelone obliqua · Schildblume · Braunwurzgewächse
○ ≃ Y ✂

Paßt für frische Randplätze des Steingartens. Die ganze Pflanze wirkt in ihrem Wuchs etwas steif. Dunkelrosafarbene Blüten ähneln dem bekannten Löwenmaul. Reichlich knh., Langeblüher von Juli bis September. H.: mittleres und südliches Nordamerika.

Chiastophyllum · Goldtröpfchen · Dickblattgewächse
☼ bis ◐ ≃ △ ‖ ♁

– **oppositifolium**
(syn Cotyledon oppositifolia)
Die kleinen Goldgehänge der Blüten an spannhoher bogiger Rispe über fettblättrigem Polster fallen jedem Blick sofort durch ihren Reiz auf. Liebt absonnige Pflanzplätze. Juni. H.: Kaukasus. N.: *Saxifraga cuneifolia, Saxifraga umbrosa, Ramonda pyrenaica*.

Chrysanthemum · Gartenchrysanthemum · Korbblütler
○ bis ◐ △ ▭ ⟿ ✂ ⬡ ♉

(Alle *Chrysanthemum indicum, koreanum* und *rubellum* sind zu »gartenhaft« für Stein- oder Wildnisgartenräume.)

– **arcticum** · Weiße Polarmargerite
Setzt sich jahrzehntelang am alten Gartenplatz durch und wird allmählich 2 m^2 breit, auch wenn man nur eine einzelne Pflanze setzte. In ärmerer Bodenlage aber läßt der alternde Flor nach, wenn man nicht kräftig Humuserde nachstreut. Die weißen Blüten vertragen Oktoberfröste schadlos, doch gibt es merkwürdigerweise einen Typ, dessen Blumen erfrieren. Unsere Polarmargerite blüht im hohen Norden schon gegen Ende August auf Grund der nördlichen Sonnenstrahlung. H.: arktische Länder Europas, Asiens, Amerikas. N.: *Aster amellus* und *A. dumosus* in späten Sorten. Späte Herbstzeitlosen sind hier als Nachbarn willkommen.

Chrysanthemum arcticum ›Roseum‹
Die zart rosafarbene, später weiß werdende, 10 Tage früher blühende Variante hat doppelt so große Blumen in gesteigerter Fülle, so daß sie ebensogut eine Steingartenpflanze wie auch eine weithin leuchtende, üppige Rabattenpflanze ist. Sie wuchert nicht so weit umher wie ihre weiße Stammart, ist also ein wirklicher Oktoberschatz von größter Wüchsigkeit. – Beide vertragen auch leichten Halbschatten. N.: Blauschwingelgräser und andere Buntgräser, unter Umständen auch Kupferhirse.

– **haradjanii** (syn. Tanacetum haradjanii)
○ bis ○○○ ‖ ⛁ ♁ (∧)
Diese neue, noch wenig bekannte Art wurde fälschlicherweise Tanacetum haradjanii bezeichnet. Anlaß dazu waren gewiß die gelben Blütenköpfchen ohne Strahlenblüten, die an Rainfarn (*Tanacetum*) erinnern. Das Chrysanthemum wächst halbstrauchig mit weißfilzigen Fiederblättern. Triebe dicht und etwas aufrecht. Reichlich sph., Juli/August. H.: Kleinasien. N.: *Sempervivum* in Arten und Sorten, *Acantholimon*-Arten, *Festuca punctoria, Asphodeline lutea*.

– **leucanthemum** ›Maistern‹
Diese schönste aller zuverlässigen weißen, im Mai/Juni blühenden Frühlingsmargeritensorten von dauerhaftester Lebenskraft paßt noch am ehesten an erwählte Steingartenplätze. Fast knh., 8-Wochen-Blüher. Nicht zu trocken pflanzen.

Cimicifuga · Silberkerze · Hahnenfußgewächse
◐ bis ● ≃ ▭ ⊥ Y ⬡ ♉ ♁

»Wanzenflucht« taufte die Botanik dieses denkbar gartenfreundliche »Göttergebilde«! Wir tauften hier – unter dem Beifall der Wissenden – die sechs klassischen, auch nach ihrer Florverteilung über vier Monate hin erwählten Arten nach ihren Blühmonaten, was sie völlig deutlich und auch sinnvoll unterscheidet und was auch für ihre Anwendung grundlegend wichtig ist. Nur die *Cimicifuga acerina* nannten wir Septemberzwergsilberkerze und die riesige, starke, übermannshohe *C. cordifolia* mit ihrem schmuckvollen, üppigen Blattwerk »Herzblattsilberkerze«.
Der »Wildnischarakter« ist bei allen so ausgeprägt, daß man sie einem Buch, das der Wildnisgartenkunst dient, nicht fernhalten mag, zumal die unverwüstliche Leistungs- und Dauerkraft dieser Stauden ihre Verwendung und ihr Gartenleben so reich und leicht macht. Die Schönheit des Laubwerks gipfelt in der Herzblattsilberkerze und der Septembersilberkerze (*C. cordifolia* und *C. ramosa*).

Silberkerzen, nach ihrer Blütezeit geordnet

– **racemosa**
Die Julisilberkerze wird im Alter 1 m breit und bis 2 m hoch. Die Blütenrispen sind geschwungen. H.: Nordamerika, Kanada.

– **cordifolia**
Die Herzblattsilberkerze blüht aus breitflächigen, prächtigen Blattbüschen gradkerzig hoch heraus. Anderthalb Meter hoch. Anfang August. H.: Nordostamerika.
Neuerdings wird *C. cordifolia* als Unterart zu *C. racemosa* gestellt. Wir behalten aus praktischen Gründen den Artrang bei.

– **dahurica**
Die große Augustsilberkerze aus dem Amurgebiet und Nordkorea trägt auf jedem Stiel bis 55 straffe, verzweigte Blütenähren, die aus weitausladendem Gezweige hervorblühen. Mitte August.

– **ramosa**
Die Septembersilberkerze treibt aus dem unvergleichbar herrlichen, üppigen Blattwerk 2 m hohe, steile Kerzenstiele. H.: Japan.

– **acerina**
Die Septemberzwergsilberkerze wird nur 80 cm hoch und verträgt weniger Sonne als die anderen. H.: Japan.

– **simplex** ›Armleuchter‹
Edle Sorte der Oktobersilberkerze, 1 m hoch werdend. Schönste Blüte; jedoch nicht für frühfrostgefährdete Lagen geeignet. H.: Ferner Osten, Nordjapan.
N.: für alle Blütezeiten Farne, edelste Gräser, Herbstanemonen und herbstblühende Eisenhute, herbstlaubfärbende *Hosta*-Arten, *Aster amellus*.

Cirsium · Stacheldistel · Korbblütler

– **acaule** ○ bis ○○○ ⊕ △ ‖ ✂ ❦ ⬡ ♡ ♁
Stengellose, vollausdauernde Stacheldistel, die aus ihrem Bodenornament im Juli purpurne stengellose Blütenköpfe steigen läßt. H.: Europa bis Sibirien, England, Skandinavien bis Spanien, Italien, Westbalkan und Westasien von der Ebene bis 2000 m an steinigen Sonnenplätzen, aber auch in alten, trockenen Moorwiesen. Sie will auf trockenem Boden hungern. Kalkliebend.

Clematis · Staudenwaldrebe · Hahnenfußgewächse

○ bis ◐ ⊕ △ ⊥ Y ✂ ⬡ ♣

– **recta** ›Grandiflora‹
Die weiße Buschclematis hat zuweilen einen feinen Duft, zuweilen ist sie ohne ihn. Die unverwüstliche Pflanze zeigt erst im Alter ihre Meriten. Hfth. Braucht Halt zwischen anderen Stauden oder Anlehnung an Gehölze. Juni. H.: Mitteleuropa bis Südeuropa, nördliches Asien. N.: *Salvia nemorosa*.

– – ›Purpurea‹
Sie hat rotbraungetöntes Laubwerk, was ihr sehr gut steht.

Codonopsis · Tigerglocke · Glockenblumengewächse

○ bis ◐ △ Y ⊍

– **clematidea** · Tigerglocke
Sie dankt ihren Namen dem Raubtiergeruch. Porzellanblaßblaue Glöckchen mit innen bunter Schlundzeichnung hängen am verzweigten bis kniehohen Stengel. Diese Art ist unverwüstlich und wird häufig mit der empfindlichen *C. ovata* verwechselt. Juni/Juli. H.: Mittelasien.

Convallaria · Maiglöckchen · Liliengewächse

◐ bis ● ▭ ⋙ ✂ D

– **majalis**
Heimische Rhizomwaldstaude mit feinduftenden, dreiviertel Fuß hohen weißen Blütenrispen. Bei massenhafter Ansiedlung durchsetzt man gern die »Pflanzkeime« mit Blühkeimen. H.: gemäßigtes Europa, Asien bis Japan und Nordamerika! Liebt lichte Wälder. Blütebeginn: Anfang bis Mitte Mai. Gartenausdauer ohne Grenzen, behauptet zäh ihren Gartenplatz, bedrängt und unterdrückt im Laufe der Jahre seine Nachbarn. Trotzdem wollen wir es im Garten nicht missen.

– – ›Grandiflora‹
Trägt besonders großblütige, reichbesetzte Rispen.

– – ›Rosea‹
Ganz zartrosa getönte Blüten. Liebhabersorte. N.: *Hepatica triloba, Asperula, Lathyrus vernus*, Farne.

Coreopsis · Mädchenauge · Korbblütler

○ ▭ ✂

Unter Weglassung der halbstaudigen oder allzu gartenhaften nennen wir hier nur eine völlig harte und ausdauernde Art mit ihrer Sorte.

– **verticillata** · Netzblattstern
Trägt auf feinem Netzwerk der Blätter ein endloses, sauberes Blühen gelber Sterne von ganz anderer Farbenstufung als bei anderen *Coreopsis*-Arten. Fßh. bis knh., Juni/September. H.: nordamerikanische Prärie. N.: *Veronica longifolia, Eryngium planum, Carlina acaulis* ssp. *simplex* ›Bronze‹, Rittersporn, Salbei, Glockenblumen.

– – ›Grandiflora‹
Steigerung gegenüber der Stammart durch reichere Verzweigung und größere Blüten. Deshalb mit Recht beliebt und weitverbreitet. N.: wie die Art.

Cornus · Staudenhartriegel · Hartriegelgewächse

☀ bis ◐ ⊝ ≌ ⋙ Y ♁ ♣ ⊍

– **canadensis**
Schöne, unverwüstliche Teppiche mit mancherlei Schmuckkräften für schattige oder absonnige Partien; sich dabei langsam ausbreitend. Blüten weiß, gedrungen über dem Blattwerk sitzend. Braucht unbedingt kühlen und saueren Boden. Sph., Mai/Juni. H.: Kanada von Alaska bis Labrador, ferner Mandschurei, Sachalin bis zu Japans Gebirgen. N.: Zwergfarne, Seggen und Zwergrhododendron.

Corydalis · Lerchensporn · Mohngewächse

☀ bis ● ≃ ‖ Y ⊍

Viele Lerchensporngewächse bringen die meiste Zeit ihres Lebens »unter der Erde« zu. Sie enthalten teils Edelgestalten von großer Schönheit für die nahe Betrachtung, teils Gewächse zu reichlicher Verwilderung im Naturgarten, im Vorfrühlingsgarten und auch sonst in Steingartenpartien. Sie erscheinen treu und endlos unverwüstlich an ihren Gartenplätzen. Die kleinen Knollen-Corydalis-Arten werden unter Blumenzwiebeln aufgeführt.

– **bracteata** → Blumenzwiebeln Seite 131
– **cava** ›Alba‹ → Blumenzwiebeln Seite 131
– **solida** ›Transsylvanica‹ → Blumenzwiebeln Seite 131

– **cheilanthifolia** · Chinesischer Farnlerchensporn
Bleichgelb blühend. Das farnähnliche, steilstehende Laub bewegt sich in merkwürdigen bläulich-grünen, goldbraunen und rosagrauen Tönungen, jedoch nicht auffallend, sondern sehr zart. Im Winter vor stauender Nässe bewahren. April/Mai und später. H.: Westchina.

– **lutea** · Gelber Lerchensporn
Ein Fugenkletterer, der mit Kanadaveilchen zu den längstblühenden Stauden gehört. Er ist sehr freigebig mit Sämlingen, deren Keimen im Jahre darauf erfolgt. Übermaß ist bequem unterdrückbar, derbe Nachbarn sind erwünscht. Ende April bis Mitte November. H.: von den Pyrenäen, Südfrankreich über Norditalien bis Mittelitalien. In der Schweiz, in Österreich, in den Karpaten und bei uns an schattig-feuchten Felsen und Mauern bis 1500 m hoch verwildert. N.: *Polemonium × richardsonii* in Sorten.
Wir sahen hier 20 Jahre alte Exemplare, in Ziegelfugen tadellos gedeihend, ohne jede Spur von Erde.

– **nobilis** · Sibirischer Lerchensporn
April bis Mai, goldgelb mit schwarzer Zeichnung, in großen, dichten Trauben erblühend. Vorfrühlingsgarten. Fßh. bis knh. N.: *Doronicum caucasicum, Mertensia virginica*, Kaukasusvergißmeinnicht.

– **ochroleuca** · Blaßgelber Lerchensporn
Eine schöne Art, zart blaßgelb mit goldenen Lippen. Fßh. Sonst *C. lutea* sehr ähnlich, aber nur schwach versamend, H.: Südeuropa.

Cotula · Fiedermoos · Korbblütler
○ bis ◐ ≃ △ ▭ ʍʍ ⟂ 丰
– **squalida**
Es bildet flache, fiederblättrige, bräunlichgrüne feste Rasenpolster mit unscheinbaren Blüten an nicht zu trockenen oder halbschattigen Plätzen, an denen leichtes Umherwuchern nicht lästig ist. H.: Neuseeland. N.: *Ornithogalum montanum* oder andere lebensstarke Blumenzwiebeln.

Cotyledon oppositifolia → **Chiastophyllum oppositifolium** Seite 172

Crucianella stylosa → **Phuopsis stylosa** Seite 205

Cypripedium · Frauenschuh · Orchideengewächse
– **calceolus** · Rotbrauner Frauenschuh
☼ bis ◐ ⊕ ≃
Liebt kalkhaltigen, etwas frischen Humusboden in lichtschattiger Lage ohne Wurzelkonkurrenz der Nachbarn. Zählt zu den Kostbarkeiten der heimischen Flora und ist vom Aussterben bedroht. Unter Naturschutz! Alle Frauenschuh-Arten sind keine Anfängerpflanzen! Möglichst ungestört am Pflanzplatz belassen. Reichlich fßh. H.: Mittel-, Südost-, Nordeuropa, Westsibirien, zerstreut in Südeuropa, Westsibirien, zerstreut in Südeuropa sowohl in trockenen Kiefernwäldern – falls wenigstens leidliche Humusschicht – als auch in Laubwäldern; an buschigen Hängen, von der Ebene bis 1600 m, besonders gern im Buchenbergwald. Wildgesellschaft: *Lilium martagon, Thalictrum aquilegifolium, Aquilegia vulgaris.*

Cypripedium reginae, der Königinfrauenschuh, gedeiht nur in einem etwas sauren, nicht austrocknenden Boden in lichtschattiger Lage.

– **reginae** (syn. C. spectabile) · Königinfrauenschuh
☼ bis ◐ ⊝ ♒
Er paßt nur für einigermaßen feuchte, saure Böden und etwas absonnige Lage. Nicht bedrängt pflanzen und ungestört lassen! Verlangt Feingefühl in der Kultur. Fßh. und höher, Juni/Juli. H.: Nordamerika. N.: Schwachwüchsige Gräser und zarte Farne. Verzaubert seinen Gartenplatz Jahr für Jahr.

Cystopteris → Farne Seite 124

Delphinium · Rittersporn · Hahnenfußgewächse
○ ⊕ ✂ ⬡
Der Hauptstammvater der Gartenrittersporne, *D. elatum*, erstreckt seine Heimat von den Pyrenäen durch die Alpen bis zu den Karpaten und reicht bis Zentralasien – auf Bergwiesen, Hochstaudenfloren, Hochtriften und an Bachrändern in Höhen von 1300 bis 2000 m. Nachbarschaft: Waldschmiele in Sorten, große Goldgarben, Feuerlilien, Wildrosen geeigneter Arten und Sorten. Weiße Astilben, Gelbfelberich. Für den ausdauernden Rittersporn, der zu einem König der blauen Bergstauden geworden ist, wird man bei einer Beschränkung auf niedrige, festgebaute, nicht zu gartenhafte Sorten in Steingärten sicher am Rande passende Plätze finden. Es gibt immer Anwendungsmöglichkeiten, die mit Anforderungen des Raumes in keinem Mißverhältnis stehen, zumal an Gehölzrändern, wie man ihn als brusthohe Pflanze auch wild in den Alpen findet. Wir führen hier nur solche Steingartenrittersporne in niedrigen Sorten auf, die in der Nähe von Zwergastilben und niedrigen frühen *Anemone-Japonica-Hybriden* unersetzliche Wirkung sowohl in Steingärten als auch in Bereichen sonstiger Wildnisgartenkunst tun. Keine Staude stieg höher als der »Gletscherrittersporn«, der 1905 am Kanchenjunga in 6300 m Höhe gefunden wurde. Der zweimalige Ritterspornflor in günstiger Lage, im Sommer und Spätsommer, ist ja auch ein Doppelwert, der dann im Herbst bei der Nachblüte zu ganz neuen Partnern führt.

Delphinium grandiflorum (syn. D. grandiflorum var. chinense) · Zwergrittersporn △
Er will in Enzianblau, Hellblau und Weiß einen besonders guten Bodenplatz, der nicht austrocknet. Die Pflanzung muß locker geschehen, weil die Wurzeln ziemlich kräftig umhersuchen. Auch hier ist Rückschnitt gleich nach der Blüte zweckmäßig, was gerade bei diesen Zwergen oft versäumt wird, um seiner häufig beobachteten Kurzlebigkeit zu begegnen. Auf die Dauer ist Nachdüngung lohnend. Die Wirkung entschädigt reichlich für die kleinen Mühen. Fßh., Juni/Juli und September/Oktober. H.: China. N.: Gelbe *Helianthemum*-Sorten, niedrige grünlaubige Gräser.

Delphinium-Hybriden
(Belladonna-Gruppe)
Alle nachfolgenden Sorten sind niedrig und haben eine mehr oder weniger lockere, reichverzweigte Blütenrispe. Beachtenswert ist ihre Bereitwilligkeit, nach Rückschnitt erneut zu blühen. Die erste Blütezeit ist Juni/Juli.
– – ›Kleine Nachtmusik‹
Lockere dunkellila Blütenrispen. Nur 80 cm.
– – ›Piccolo‹
Strahlendblau mit geschlossenem Wuchs. Die Sorte zeichnet sich besonders durch ihre Standfestigkeit aus. 100 cm.
– – ›Völkerfrieden‹
Hat lockere glühend enzianblaue Blütenrispen. Bis 120 cm hoch. Reich nachblühend.

Delphinium-Hybriden
(Elatum-Gruppe)
Niedrige und mittelhohe standfeste Sorten dieser Gruppe passen sowohl in Steingärten mit ihren Randplätzen als auch in den Wildnisgarten. Rechtzeitiger Rückschnitt zur Erzielung eines Nachflors notwendig. Die genannten brauchen natürlich in voller Sonne keine Stütze, erhalten aber als Schutz gegen Regenstürme frühzeitig einen Schnurhalfter in Tischhöhe umgelegt, der von dem Blattwerk völlig überwachsen wird. Im Schatten ist nur im Regenklima ein Stab beizustecken.
– – ›Azurzwerg‹
Leuchtendblau mit weißem Auge, etwa Ende Juni erblühend, nur 100 cm.
– – ›Berghimmel‹
Alte lebensstarke Sorte, klar hellblau mit weißem Auge, ab Ende Juni erblühend, verträgt sich gut mit Rottönen, 180 cm.
– – ›Blauwal‹
Ebenfalls lebensstark mit dunkelblauen, schwarz geäugten Blüten, schon Mitte Juni blühend, 180 cm.
– – ›Sternennacht‹
Leuchtendes Dunkelblau, was durch die weißgesternte Wirkung fasziniert, Ende Juni, 160 cm.
– – ›Zauberflöte‹
Lange glühend mittelblaue Blütenrispen mit weißem Auge, Langeblüher, Ende Juni, 180 cm.

Dentaria · Zahnwurz · Kreuzblütler
☼ bis ◐ ⊕ ♒
– **pentaphyllos** (syn. D. digitata, Cardamine pentaphyllos) · Fingerzahnwurz
Dieser Zahnwurz des Frühlings (April) wird 40 cm hoch und blüht mit prächtigen tieflila doldigen Blütenständen. Die noch geringe Gartenverbreitung dieser ausdauernden Staude hat ihren Grund in langsamer Vermehrbarkeit und in der nötigen Ansiedlung mit festen Topfballen. Zieht im Sommer ein. H.: Pyrenäen, südwesteuropäische Alpen und Vorgebirge bis nach Kroatien, in frischen Schattengründen und an Waldrändern von 400 bis 1700 m Höhe. N.: kleinere Farne und Waldgräser.

Dianthus · Nelke · Nelkengewächse
○ bis ○○ auch ☼ △ ‖ ▭ ⁞ ✂ ⇞ D ⛉
Der Wildnelkenzauber – denn nur um diesen handelt es sich hier, während die gefüllten Federnelken wegen ihres Platzens, ihrer »Gartenhaftigkeit« und ihrer Polsterschäden weggelassen wurden – beginnt langsam mit seiner Schönheit und seinen Düften in die Gärten und in die Ahnungslosigkeit der Gartenfreunde einzudringen.
Wir haben aus den Blütezeitgruppen von Mai bis Ende Juli die Sterne erster Größe aufgezählt und einzelne Steigerungen von Schönheit und Kraft eingefügt. Schon in die Rauschwochen des Frühlings wagen sich winzige Zwergnelken hinein – kleine Windwellen der Frühlingsschönheit zwischen den großen Wellen. – N.: kleine Gräser, kleine Glockenblumen, Silbergarben, Veronika.

1. Zeitgruppe:
Anfang Mai bis in den Juni

Dianthus gracilis ssp. **simulans** · Mazedonische Zwergnelke
Blaugrün getöntes festes Polster, reich lachsrosa blühend, sorgsam behandeln! 6 cm. H.: mazedonisches Hochgebirge.
– **gratianopolitanus**
›Compactus Eydangeri‹ (syn. D. caesius ›Compactus Eydangeri‹) · Vorläuferpfingstnelke
Rosenrot, 10 cm, lange und dicht blühend, im Winter und Sommer frei von allen Polsterschäden. Duft.
– **microlepis** · Bulgarische Zwergnelke
Nur 6 cm, feste dunkelgrüne Polster bildend. Bildet wie alle echten Felsennelken lange, wenig verzweigte Wurzeln und läßt sich deshalb nur als Jungpflanze ansiedeln. Keine Mastkultur! Sonst nur kurzlebig. Rosa in allen Tönungen, auch weiß. H.: Gebirge Bulgariens und Ostmazedoniens.

– – var. **musalae** · Pirinzwergnelke ⊕ ⛉
Rosa, 6 cm, vom Piringebirge (Kalkteil) in Bulgarien. Nur für Liebhaber, da etwas heikel.

2. Zeitgruppe: Ende Mai und den ganzen Juni

Dianthus gratianopolitanus (syn. D. caesius) · Pfingstnelke
Rosa und selten weiß, 15 cm. H.: West- und Mitteleuropa. Wärmeliebend. Felsspalten und Felsfluren. Duft.

– – ›Blauigel‹
Bekam seinen Namen nach dem intensiv stahlblauen festen Polster, einfache rosarote Blüten erscheinen in Massen, 10 cm.

– – ›Blaureif‹
Getauft nach ihrem auch im Winter tadellos bleibenden hellblaugrünen Polster, aus dem dichter hellrosa Mai/Juniflor steigt. 15 cm. Diese feste unverwüstliche Qualität regte die Gartengestalter an, riesige Steppengelände hiermit zu grundieren.

– – ›Nordstjernen‹
Dichte stahlblaue Polster mit einfachen rosaroten Blüten, reichblühend, 15 cm.

– **plumarius** · Federnelke
Einfachblühende Sorten, da die gefüllten zu »gartenhaft«. 20 cm, duftend. H.: West- und Südostalpen. Aus der Fülle der Plumarius-Sorten nennen wir einige einfachblühende ältere Liebhabersorten, die leider weitestgehend aus der Kultur durch die zu gartenhaften gefüllten Sorten verdrängt worden sind:
– – ›Apollo‹, lachsrot.
– – ›Cyclop‹, rosarot.
– – ›Jupiter‹, dunkelgeäugt, rot.
– – ›Scoticus‹, rosa, großblumig.

3. Zeitgruppe: Mitte oder Ende Juni

Dianthus cruentus · Blutnelke
Sie wird blühend halbmeterhoch. Unentbehrliche langlebige Figur in glühendem Sammetrot mit dunkelgrünem festem Polster. H.: Balkan.

– **deltoides** · Heidenelke ⊖
Ihr blitzendes Rot in der Wildnis war schon süßer Kinderschreck unseres Auges! Rosa, 10 cm. H.: Weltwanderer durch trockene Heiden und an Waldrändern Europas und des gemäßigten Asiens. Von der Ebene bis 1500 m Höhe steigend. In Wildgesellschaft von Heidekräutern und kleinen Gräsern. Gartennachbarschaft: Veronika und Glockenblumen.

– – ›Albus‹, weiße Heidenelke.

– – ›Brillant‹
Glühend rot, viel besser und ausdauernder als ›Splendens‹ und aus bronzegrünem Polster herausblühend. N.: silbergraue Kleinpflanzen.

Dianthus pavonius, die Gletschernelke, zählt zu den reichblühendsten Zwergnelken.

4. Zeitgruppe: Juni bis Juli

Dianthus pavonius (syn. D. neglectus) · Gletschernelke ☀ ⛉
8 bis 10 cm hoch. Man pflanzt sie am besten in einen Topf, schlägt später den Boden heraus und setzt sie ins Geröll. Nur zum Anwachsen wird sie frisch gehalten; später duldet sie etwas Trockenheit. Die alten, leuchtend lachsroten Pflanzen können bei sachkundiger Pflege bis Suppentellergröße erreichen! Kalkmeidend. H.: durch die ganzen Alpen von West nach Ost, und zwar supalpin bis alpin.

– **spiculifolius** · Fransennelke ⊕ ‖
Trägt auf dicht stacheligem Polster zerschlissene rosa und weiße, etwas klein wirkende Blüten. Kalkliebend. H.: Ostkarpaten (bevorzugt Siebenbürgen).

– **strictus** var. **integer** · Wiesenzwergnelke
Mit weißen ganzrandigen kleinen Blüten, Polster locker rasig und grün. Blühend bis reichlich sph. 8 cm. H.: Balkangebirge.

– **superbus** · Prachtnelke ≃
Mit feingefranster tiefrosafarbener Blütenscheibe, wächst in sauren, feuchten Wiesenstandorten, tut aber auch an nicht zu trockenen Gartenplätzen mit, paßt gut an sumpfige Teich- und Beckenränder. Fßh. bis knh. H.: Europa bis Japan.

– **sylvestris** · Bergwaldnelke ○○ ⊕
Bis etwa 20 cm hohe, schlichte, liebe rosa Gestalt. H.: Alpen (Allgäu).

5. Zeitgruppe: Juli bis August

Dianthus alpinus · Alpenzwergnelke ☀ ⛉
Karminrosa mit typischer dunkel abgesetzter Zone, Polster dunkelgrün und flach. Liebt leidlich frischbleibenden Boden, der etwas mit Steingeröll durchsetzt ist und auch mit ein paar Steinen belegt wird. Schutz vor stauender Nässe! Wünscht unbedingt absonnige Lage und Lehmzusatz. Liebhabernelke! H.: Ostalpen. Alpin bis 2200 m.

– **carthusianorum** · Kartäusernelke ○○ ⊕
Erstaunlicher Dauerblüher über Juni/August hinweg, der manchmal im Flor aussetzt. Die Polsterrasen werden im Alter fast knochig. Die Pflanze brät in glühender Sonne auf armem Sand, an Kiefernwaldrändern oder auf trockenem Felsgeröll, jedoch kalkliebend. Tief karminrot, 25 cm hoch. H.: von Westeuropa bis nach Südosteuropa verbreitet.

– **knappii** · Schwefelnelke ○ ≃
40 cm hoch, helles Elfenbeingelb. Will lockeren Boden. In der Tracht ähnlich *D. cruentus*. H.: Bosnien, Herzegowina.

– **petraeus** ssp. **noëanus** (syn. D. noëanus) · Igelnelke
○○ ⊕ ‖
Späteste aller, weiß, kleinblumig, 20 cm hoch aus Stachelpolstern herausblühend. H.: Balkanhalbinsel.

Dicentra · Herzblume · Mohngewächse
○ bis ◐ ≃ △ ⋙ Y ✂ ⬡ ⚘ ⛉
– **eximia** · Zwergherzblume
Kleine Kusine des Tränenden Herzens, fußhoher rosafarbener Dauerblüher mit farnähnlichem grünlichem Laub, auf frischem Boden sich ausbreitend. Liebt Halbschatten und verträgt den Wurzeldruck von Blütengehölzen. Anfang Mai bis September. N.: kleine Farne und Schattengräser. H.: Nordostamerika.
– – ›Alba‹
Weiße Form, bedeutend schwächerwachsend, Laub heller grün, ebenfalls eine »Langspielplatte«.

Dictamnus · Diptam · Rautengewächse
○ bis ○○○ ⊕ △ ⊥ ✂ ⚘ D
– **albus** (syn. D. fraxinella)
Der rote Diptam und seine schöne weiße Form erzwingen sich in Stein- und Naturgärten rechte Plätze und behaupten sich dort jahrzehntelang. Der Würzgeruch ist das Vorspiel einer kurzdauernden grünlichen Flamme, die man abends über den Blüten entzünden kann. Ergreifend, wie sich solche edle, alte Pflanze auch durchs Unkraut siegreich hindurchkämpft. 70 cm, Juni, kalk- und wärmeliebend. Blattwerk hält sich frisch bis in den Herbst. H.: sein Wanderdrang führt durch Mittel- und Südeuropa bis nach China.
– – var. **caucasicus** (syn. D. caucasicus)
Er ist noch starkwüchsiger und großblütiger in seiner roten und weißen Form. Höhe 1 m. Er blüht später im Juli. N.: *Veronica longifolia*, starke Gräser, Silberraute.

Digitalis · Fingerhut · Braunwurzgewächse
○ bis ● ≃ ▭ ⊥
– **grandiflora** (syn. D. ambigua)
Gelber, voll ausdauernder Staudenfingerhut, Höhe 80 cm. Helles und doch warmes Gelb, H.: Mittel- und Süddeutschland an Bergwaldrändern, zuweilen angesät bis nach Sibirien hin. N.: weiße und blaue hohe Glockenblumen, mittelgroße Gräser, Farne und andere Juniblüher für Heidegärten und Waldränder.
– **purpurea** ›Gloxiniaeflora‹
Edelform des roten Fingerhutes, bis 2 m hoch, rot gefleckt, nur zweijährig, aber durch rechtzeitigen Rückschnitt der verblühenden Blütenstände über vier Jahre zu halten! Liebt Heidehügel, Lichtungen und Nachbarschaft von Gräsern, Farnen, Geisbartspier und hohen Glockenblumen. Juni/Juliblüher. H.: Ursprünglich nur Westeuropa, aber durch Menschenhand vielerorts angesät. – Eine geheimnisvolle Pflanze voller »Herzensfreundschaft« zum Menschen.
– – ›Excelsior‹
Sie stellt eine märchenhafte Steigerung aller Wirkungen des Fingerhutes dar. Die Pflanzen werden mannshoch und tragen statt der hängenden Blüten seitlich abstehende in großer Fülle und mannigfaltigsten Farbtönungen. Rechtzeitiger Rückschnitt ist hier natürlich doppelt lohnend und führt zu einer Vermehrung der Triebe, die aber alle niedriger bleiben. Ein paar schönste läßt man gern Samen tragen, die sich gewöhnlich auch noch allein aussäen und dichte Sämlingsflächen bilden. Diese schützt man gegen schwere Winter ohne Schnee, indem man sie mit losen braunen Nadeln nicht zu dicht bedeckt und darauf noch Stengelwerk oder Nadelholzreisig legt. Am Rande schattiger Steingärten zwischen Farnen kann man diese zauberhaften Gestalten nicht missen.

Dodecatheon · Flügelstern, Götterblume · Primelgewächse
○ bis ◐ ≃ △ Y ✂ ⛉
– **meadia**
Der Flügelstern der Gärten bildet halbmeterhohe Schäfte mit vielblütigen Dolden im Mai. Er kommt aus den Wald- und Präriegegenden Pennsylvaniens. Im Sommer verschwindet er von der Erde, also tut man schützende, doch nicht zu starklebige Stauden in seine Nähe: *Epimedium*, kleine Gräser, Lerchensporn.
– – ›Hermes‹
Schöne, dauerhafte, wundervoll wirkende weiße Sorte, bis 30 cm hoch.

Doronicum · Frühlingsmargerite, Gemswurz · Korbblütler
○ bis ◐ ≃ △ ⁞ Y ✂ ⬡
– **orientale** (syn. D. caucasicum) · Kaukasische Gemswurz
Sie paßt am besten in Steingärten. Auch ist sie die längstblühende aller. Fßh., April. H.: Kaukasus, alpin bis subalpin, aber auch im Apennin, Karpaten, Balkan, Kleinasien bis Syrien mit nahverwandten, aber überwiegend nicht gartenwilligen Arten vertreten.
– – ›Goldkranz‹
Große Steigerung der gelben Frühlingsmargerite mit vergrößerten Blumen und schönerer Farbe bei gedrungenem Wuchs. 25 cm, April/Mai.
– – ›Lichtspiegel‹
Etwa wie vorige Sorte, aber 35 cm hoch und einige Tage später erblühend.

Douglasia vitaliana → **Vitaliana primuliflora** Seite 232

Draba · Goldkissen, Hungerblümchen · Kreuzblütler
○ bis ○○ ⊕ △ ‖ ⛉ ⬡ ⛉
Es bleiben nach langer, strenger Sichtung einige zauberhafte kleine und kleinste Sächelchen, denen nur alles Gute nachgesagt werden kann. Hauptheimat der Goldkissen sind die kleinasiatischen Gebirge, doch reicht das Vorkommen über den Kaukasus bis zum Ural und im Westen bis nach Spanien. Für genügende Widerstandskraft gegen Frost und Trokkenheit ist bei den hier genannten gesorgt. – Herrlich, daß es diesen kleinen Felskletterern und Durstkünstlern gelang, sich durch die Jahrtausende bis ins »Steingartenzeitalter« Europas durchzuschlängeln! N.: Alle Arten Steinbrech, früher Zwergglockenblumen, *Veronica armena, Sempervivum arachnoideum, Iris-Reticulata-Hybriden,* Pfingstnelke, Kugelblumen, *Hutchinsia.*

Goldkissen nach Blütefolge aufgezählt

Draba aizoides · Märzdrabe
(Ende März mit Blüte beginnend.) Früheste gelbe Drabe, 10 cm, alpin in Zentral- und Südeuropa, an Felshängen und Simsen, 1000 bis 3500 m hoch, manchmal ganze Hänge übergoldend!
– **haynaldii** · Siebenbürgener Drabe
Anfang April, wiederholt vorige in großer Feinheit und Schönheit.
– **bruniifolia** · Kissendrabe
Schöne Kissenpolster in zweiter Aprilhälfte. (Oft als D. olympica hort. verbreitet.) H.: subalpin, Kleinasien.
– **sibirica** (syn. D. repens) · Goldschaumdrabe
Spätestblühend und langeblühend, präludiert *Alyssum*. Nach Abblühen Rückschnitt! H.: subalpin, alpin, Kaukasus, Ural, Sibirien.
– **dedeana** · Schneedrabe
8 cm, robusteste aller weißen *Draba*-Arten. H.: Nord- und Ostspanien.

Dryas → Zwerglaubgehölze Seite 145

Dryopteris → Farne Seite 124

Eryngium alpinum, die Alpendistel, gehört mit ihren stahlblauen, edelgeformten Blütenständen zu den Doldenblütlern.

Echinops · Kugeldistel · Korbblütler
○○ ✂ ✿ ⬡ ♉
– **humilis**
Eine nur reichlich tischhohe Zwergkugeldistel mit großen blauen Blütenköpfen. Wertvoll durch die späte Blüte August bis September. H.: Altai. N.: Zwergkiefern, Blaugräser, Zwerggoldrauten, Gelbfelberich, *Lavatera thuringiaca*.

Edraianthus · Büschelglocke · Glockenblumengewächse
○ ⊕ ‖ ⛉ (⋀)
– **dinaricus**
Es ist eine schöne Art mit blauen, leicht violettgetönten glockenförmigen, kurzzipfeligen, stets einzelnen Blüten. Sie bildet graugrüne Polster ohne silbrigen Glanz von nur 5 cm Höhe. Alle *Edraianthus*-Arten wollen etwas vorsorglich gut drainiert in Spalten oder Fugen stehen. Der Standort sei sonnig und der Boden unbedingt kalkhaltig. H.: Dalmatien. N.: *Jovibarba*-Arten, *Dianthus gracilis* var. *simulans*.
– **pumilio**
Mit Recht wird diese nur 5 cm Höhe erreichende Büschelglocke mit ihrem silbrigen Polsterwuchs und ihren ebenfalls stets einzelnen, blauvioletten, fast sitzenden Blüten als die schönste bezeichnet. Sie hat die gleichen Ansprüche wie *Edraianthus dinarica*. H.: Dalmatien. N.: wie vorige.

Epilobium · Weidenröschen · Nachtkerzengewächse
○ bis ◐ ≃△ ⋙ ⋀
Die höheren Weidenröschen gehören wegen ihrer Unordnungsgefahr nicht in den Steingarten.
– **inornatum** · Zwergweidenröschen
Es ist mit winzigen rosa Blütchen ein erfreulicher, ganz flachwachsender Dauerblüher des Steingartens. Juli bis Oktober. H.: Alpenweiden von Neuseeland. N.: Zwerggoldraute, Glockenblumen.

Epimedium · Elfenblume Berberitzengewächse
◐ ≃ △ ▭ ⋙ ♧ ♠ (‡)
Alle aufgeführten sph. bis fßh., April/Mai. Die Elfenblumen sind ebenso zarte und zauberhafte Erscheinungen, wie es gleichzeitig sehr robuste Pflanzen sind, die es an Lebensalter mit Menschen aufnehmen. Ein Leben reicht nicht aus, die Garten- und Liebenswürdigkeit dieses Schatzreiches auszustaunen.
Die schöne Herbstfärbung geht bis November, gehoben durch Spätherbstnässe, die dazwischen bläulichen Himmel in den nassen, bunten Blättern spiegelt. An einem Apriltag sieht man noch nichts von ihnen – am nächsten warmen Tag sausen die Blütenstiele spannhoch durchs alte Laub, das früh weggeschnitten werden muß; in die Blütenmassen wächst schnell das bunte Junglaub. Alle Arten haben ihr besonderes Laubwerk von eigenartigem Reiz. Man rätselt am Zauberspiel der Laubtönungen und seiner Verwandlungen bis in den Herbst. Noch in Novembertagen wollen die Pflanzen sich nicht von ihrem Laub trennen. Aus der Vergänglichkeit machen sie sich ein Fest. Eine ganz leise Cellomusik käme wohl dem Reigen dieser in sich gekehrten Töne am nächsten – Worte sind nicht still genug. Seit 40 Jahren haben *Epimedium grandiflorum* und *E. pinnatum* zum ersten Male vom schweren Polarwinter 1953/54 Schaden genommen. Ganz leicht gedeckte Pflanzen daneben blieben unversehrt.
– **grandiflorum**
Großblumigste Art, weißblühend, aber schwächerwachsend. H.: Japan. N.: *Sanguinaria canadensis, Carex-* und *Luzula*-Arten, *Pulmonaria azurea, Hepatica nobilis, Primula-Juliae-Hybriden.*
– **pinnatum** ssp. **colchicum**
Gelbe Kaukasus- oder Iranelfenblume. Blütezeit und Nachbarn wie die vorige Art. Auffallend schönste Unterart des *Epimedium pinnatum.* Leichter Winter-

schutz ist in rauhen Lagen geboten. In milden Wintern ist das ledrige Laub bis zum Frühjahr schön!

- × **rubrum** (Hybride zwischen *E. alpinum* × *E. grandiflorum*)
  Schöner als *E. alpinum* und ohne seine Ausläufer, karminrosa mit gelbem Stern. Schöner rötlicher Austrieb und dichte Horste zeichnen diese Hybride aus.
- × **versicolor** ›Sulphureum‹ · Schwefelelfenblume
  Schöne dauerhafte Elfenblume mit wintergrünem Laub. Im April/Mai erscheinen zart schwefelgelbe Blüten mit kurzem Sporn in einem vielblütigen verzweigten Stand. Der Austrieb der hellgrünen, braun und rötlich gefleckten Blätter ist von zauberhaftem Anblick. Das wintergrüne Laub hält sich besonders an den der Wintersonne abgewandten Gartenplätzen.
- × **youngianum** ›Niveum‹
  Kleine, weiße, zierliche, höchst reizvolle, spannhohe, wesentlich später blühende Elfenblume; goldbraune Laubtöne.
- × **youngianum** ›Roseum‹
  Rosa Form dieser zierlichen, von den anderen Elfenblumen tief unterschiedenen Art. N.: *Phyllitis scolopendrium* (auch Formen), *Carex morrowii* ›Variegata‹, *Trillium grandiflorum*.

Eriophorum → Gräser Seite 122

Eriophyllum · Goldmargeritchen · Korbblütler
○○ bis ○○○ ⊕ ▭ ⬡
- **lanatum** (syn. E. caespitosum)
  Das kaum fußhohe Goldmargeritchen darf auf einen Platz im Steingarten rechnen. Das Silberlaub steigert den Reiz der gelben Farbe. Unser Buch muß die unermeßliche Fülle auch wenig bekannter Pflanzen zusammenfassen, weil es ja dazu helfen will, daß in den Gärten nicht immer die gleichen Sachen auftauchen! Fßh., Juni/Juli und remont. H.: Nordwestliches Nordamerika. N.: *Linum perenne, Nepeta.*

Erodium · Reiherschnabel · Storchschnabelgewächse
○○ bis ○○○ ⊕ △ ‖ ⛉ ♁ ∧ ⛉
Diese liebenswerten, anspruchslosen Zwerge fallen von Mai bis Oktober durch unbegreifliche Ausdauer ihres Flors auf. Man muß ihren stillen und bescheidenen Reizen zur Bedienung kleine weiße Nachbarn geben, weiße Zwergglockenblumen, *Minuartia, Moehringia,* weiße Prunellen, *Globularia, Limonium binervosum, Veronica spicata.* Nur jenseits stehender Nässe pflanzen! Schwerer Boden muß unbedingt mit kalkreichem Feingeröll durchsetzt werden. Ansiedlung durch Wurzelballen aus dem Topf. Im Winter in exponierter Lage gegen schweren Barfrost leichteste Fichtenreisigbedeckung. Doch in unzähligen Gärten an leidlich geschützten Plätzen auch ohne diese gut durch den Winter kommend. Spannhoch.
- **chrysanthum** · Griechischer Reiherschnabel
  Blaßgelb, bis sph., ganze Pflanze graugrün, Mai/Juni. H.: Griechenland.
- **corsicum** · Korsikareiherschnabel
  Ein Zwerg, nur bis 5 cm hoch, Blätter dunkelgrünlaubig, kleinrosettig und feinbehaart, karminrosa, ebenfalls dunkle Adern. Muß unbedingt trocken stehen, Schutz vor Winternässe! H.: Korsika, Sardinien.
- **petraeum** ssp. **glandulosum** (syn. E. macradenum) · Pyrenäenreiherschnabel
  Lilarosa, schöne dunkle Adern. Mai/Juni. Wirkt etwas wie eine zwergige englische Pelargonie. Schönster aller Reiherschnabel! Allerdings erreicht er eine Höhe von 20 cm. H.: Pyrenäen.
- **reichardii** (syn. E. chamaedryoides) · Balearenreiherschnabel
  Weißer Reiherschnabel. Nur bis etwa 5 cm hohes Polster mit kleinen langgestielten, behaarten Blättern. Mai/September. Liebhaberstaude! H.: Balearen.

Eryngium · Edeldistel · Doldenblütler
○ bis ○○ ≃ ⊥ ❦ ✂ ⬡ ⛉ ♁ ⛉
Diese Gattung enthält ewige Steingartenschätze. Leider findet man in Büchern und Katalogen halbharte Arten, wie »oliverianum«, sowie halbstaudige Arten, z. B. *giganteum*, mit den steingartenwürdigen Dauerschätzen durcheinandergequirlt. Ab Mitte Juni/August erblühend. N.: *Stipa barbata, Helictotrichon sempervirens, Stachys byzantina, Sedum spurium* ›Purpurteppich‹.
- **alpinum** · Alpendistel
  Knh., silberstahlblaues Filigran. H.: von den Seealpen über die Alpen bis zum mittleren Balkan in einer Höhe von 1500 bis 2000 m, auf steinigen Hochwiesen. Nach Ansiedlung sollte die Art vor langer Trockenheit geschützt werden.
- – ›Superbum‹
  Steigerung der Art durch größere Blütenköpfe und intensiveres Stahlblau.
- **Alpinum-Hybride** ›Amethyst‹
  Edelgeformte, feingeschlitzte tiefblauviolette Blütenblätter. 80 bis 100 cm.
- **Alpinum-Hybride** ›Opal‹
  Ähnlich voriger, aber in silbrigem Lila.
- **bourgatii** · Pyrenäendistel
  Fßh. und höher, kleinblumigere weißlich-stahlblaue Distel.
- **maritimum** · Stranddistel
  Die heimische Stranddistel paßt weniger für den Steingarten als für den Naturgarten, z.B. für ein »Dünengärtchen«; doch kommt sie dort auf die Dauer nur in sandigerem, in der Tiefe genügend feuchtem Boden zu ihrem Recht. Am schönsten steht ihr die Nachbarschaft von Strandflieder, Gräsern, Schleierkraut, *Heuchera* und weißen Glockenblumen. Steht unter Naturschutz!
- **planum**
  Die bisherigen Zwergsorten von *E. planum* haben wir gestrichen, weil ihre Standfestigkeit zu wünschen übrig ließ.
- – ›Bläuling‹
  Die starrgebaute Züchtung ist im Alter ein wahrer Kugelzwerg, dessen Gestalt gut an entsprechende Steingartenplätze paßt. Stahlblau, 60 cm. N.: Schleierkräuter und Salbei-Hybriden. H. der Art: von Österreich und dem Odergebiet bis zum Ural, ja bis zum Altai. Sie wächst an sandigen Ufern, auf Trockenweiden und Steppenwiesen.
- × **zabelii** ›Violetta‹
  Rötlichviolette sehr großsternige, etwa kniehohe Edelsorte. In der Farbe wohl die schönste aller Edeldisteln, mehr Trockenheit vertragend als andere Sorten. Diese Hybride stammt von *E. alpinum* × *E. bourgatii* und vereint deren gute Eigenschaften.

Euphorbia · Wolfsmilch · Wolfsmilchgewächse
○ bis ○○ ⊕ △ ‖ ⟙
- **capitulata** · Zwergwolfsmilch
  Diese montane bis subalpine reizende Pflanze ist höchst steingartenwürdig, nur 5 cm. Ihre Blütenfarbe ist der bekannte Klang aus Grün mit gedämpftem Gold. Die Pflanze wächst unterirdisch allmählich lang durch Fugen hin. Juni/Juli. H.: Südosteuropa, Dalmatien bis Griechenland. N.: *Linaria, Minuartia,* Rosettensteinbrech.
- **myrsinites** · Walzenwolfsmilch
  Hellblaugrüne Walzen in rhythmischer Blattanordnung; die etwas banale gelbgrüne Blüte ist unwesentlich. Friert nur in sehr schweren Wintern zurück, erholt sich aber wieder gut. H.: Mittelmeerländer, montan bis subalpin. N.: in blaugrüne Gräser- und Sedumteppiche zu setzen, mit frühen Zwergiris und *Allium,* die Anfang Mai mit ihr aufblühen. Mai/Juni.
- **palustris** · Sumpfwolfsmilch
  Nur ⊥ ≋ ♠
  Knh. bis hfth., wächst in der Farbenglut des Herbstes wie Feuer aus Wasser, kann in Erdkübeln unter Wasser 5 cm Wasserstand vertragen. In besonders fruchtbarem Boden sind sehr alte Exemplare so schön, daß man sie z.B. in Dänemark als Einzelpflanzen im Rasen öffentlicher Anlagen zeigt. H.: die riesige Wildheimat reicht über Europa hinaus, dessen tiefer Süden nicht berührt wird, durch Sibirien zum Ural und Altai. An Wasser-

rändern oft halb im Buschwerk. Mai/Juni. N.: schön mit *Iris pseudacorus* und blaugrünen Binsen, *Lysimachia, Lythrum.*

– **polychroma**
(syn. E. epithymoides) ·
Goldwolfsmilch
Diese Art formt meterbreite grüngoldene Kugelbüsche von schöner, regelmäßiger Gestalt und bildet in der langen Blütezeit von Anfang April bis Ende Mai auffallende Schmuckstücke auch an ziemlich schwierigen Plätzen. H.: Südosteuropa, in Mitteleuropa nur isolierte Vorkommen.
N.: Kaukasusvergißmeinnicht, Tulpe, Blutahorn.

Festuca → Gräser Seite 122

Filipendula · Spierstaude · Rosengewächse
○ ⊕ △ ▭ ✂ ♁ ⊓

– **vulgaris** (syn. F. hexapetala) ·
Zwergspiräe
Cremeweiß mit etwas rosa Schein, remontierend, außerordentlich reizvoll in der kaum kniehohen, leicht gefülltblühenden Form. Aus platten, derben Blattrosetten steigen langgestielte, flache und lockere cremefarbene und rosaknospige Blütenstände. H.: wandert vom Kaukasus bis Sibirien, von Kleinasien über Nordafrika wie auch Südeuropa hinauf bis Schottland und Finnland. N.: ihre Wildgesellschaft auf mageren Trockenwiesen ist *Aster amellus.*

– – ›Plena‹
Gefüllte, fußhohe Gartenform, leistet im Remontieren noch mehr, wirkt zauberhaft zwischen Glockenblumen und Nelken. Fällt leider bei Regen um.

Gaillardia · Kokardenblume · Korbblütler
○ bis ○○○ ✂ ⬡ ♁

Nur zwergige Sorten sind für Steingärten geeignet. Meist nicht langlebig, unbedingt Rückschnitt etwa Mitte September. H. aller Arten: südliches Nordamerika. Fast 100prozentig echt aus Samen.

Gaillardia-Hybride ›Kobold‹
Rot mit Gelb, 20 cm hohe Steingartenkokardenblume. Dauerblüher von Juli bis September.

Galium · Labkraut · Rötegewächse
◐ bis ● ⊕ ⩋ Y ♁

– **odoratum** (syn. Asperula odorata) ·
Waldmeister
Gegen Mitte Mai weiß blühend; Waldmeisterteppiche sind überall an schattigen und halbschattigen Plätzen von suggestiver Stimmungswirkung – es sind wirklich prachtvolle, dichte Schneeteppiche im Schatten. Getrocknete Bündel duften lange durchs Zimmer. Der umherwandernde Duft im Garten mischt sich gern mit anderen Wanderdüften gleicher Zeit, so von Primeln. H.: vom Norden Europas über Mitteleuropa zum Balkan nach Italien, Nordafrika und dann herum bis Sibirien in humosen Wäldern von der Ebene bis zu 1800 m Höhe. N.: Kaukasusvergißmeinnicht und viele Waldblüher der »Walpurgisnachtzeiten«, Farne.

– × **pomeranicum**
(syn. G. × ochroleucum)
Gelbes Labkraut, Hybride zwischen *G. mollugo* × *G. vernum*, fßh., Trockenheit vertragende, ausläuferbildende Polsterstaude. Dieses Labkraut ist ein rechter Durstkünstler! Ab Ende Mai monatelang blühend, nicht mit schwachwachsenden Kleinstauden benachbarn. H.: Südeuropa. N.: Glockenblumen.

Gentiana · Enzian · Enziangewächse
In der folgenden Aufstellung sind die wichtigsten Enziane genannt, deren Flor als blaue Kette von Ende April/Anfang Mai bis in den Oktober reicht. Eine große Zahl unwichtiger oder schwieriger Enziane ist hier weggelassen. Es werden aber aus allen möglichen Bergfernen im Laufe der kommenden Zeit noch viele ergreifend schöne Enziane hinzutreten. Wir hoffen, mit unserer Aufstellung dem Gartenleben der Enziane einen ganz besonderen Auftrieb zu geben.
Wieder haben wir uns vom Alphabet frei gemacht für die Aufzählung nach Blütezeiten. Das wahre Zeitalter des Enzians beginnt erst. Diese Pflanze verwaltet ewige Berg- und Wildnisgeheimnisse und verbindet nun Gärten mit ihrem äußersten Gegenpol. Das Erlebnis der Enzianteppiche in den Bergwiesen und der Waldlichtungen gehört zu den stärksten Blumenerlebnissen der Welt. Einen ganzen Tag lang wandert man an den glühend blauen Teppichen vorüber. Es ist die Zeit April/Mai-Wende, in der dies Zauberspiel beginnt. Die Krokuswiesen haben den Primelwiesen Platz gemacht, und in den Zimbelklang der Wiesenprimel spinnen sich die Fagottöne der Dotterblumen. Aber gerade in den ärmeren Matten tut sich nun das blaue Wunder auf! – Daß es natürlich auch Enzianarten gibt, die nicht für Gärten taugen, kann unser Gefühl für dieses blaue Staudenreich nur steigern. Es bleiben genug gartenfreudige Enziane.

1. Zeitgruppe:
Mai bis Anfang Juli

Gentiana-Acaulis-Hybriden · Gartentrichterenzian
○ bis ☼ ≃ ▭ △ ✂ ⽊

Der Gartentrichterenzian hat nichts gemein mit dem recht gartenfeindlichen *G. acaulis*, der von den Alpen bis zum Balkan verbreitet ist. Die verschiedenen Typen von *Gentiana-Acaulis-Hybriden* sind das Ergebnis gärtnerischer erfolgreicher Bemühungen, »stengellose«, aber reichblühende Enziane auch in Tieflandgärten zu haben. Diese Bemühungen reichen bis in die Zeit Ludwigs XIV. zurück. Der Gartentrichterenzian entfaltet sein unvergleichliches Samtblau mit dunkelgrünem Schein lieblich zwischen *Primula auricula* und anderen alpinen Primeln. Er liebt in leichtem Boden Lehmzusatz und gedeiht noch zufriedenstellend in absonniger Lage, verträgt aber keine Trockenperioden! Wichtig ist feuchter Boden, in dem er üppige Einfassungen bildet. Das Einstreuen humusreicher, mit zerriebenem Kuhdung vermischter Erde dankt er mit reichem Blütenflor. Alle Typen meist nur etwa 10 cm hoch. April bis Mai, manchmal im Oktober/November remontierend.

– **dinarica**
○ bis ☼ ≃ ▭ ✂ ⽊
Die gartenwichtigste und gartenwilligste Trichterenzian-Wildart. Beginnt erst Ende Mai zu blühen. Tief enzianblau, nur 10 cm. Wichtige Art, die den *Gentiana-acaulis*-Flor fortsetzt. Reichblühend, auch noch nach Jahren! H.: Velebitgebirge, Nordalbanien, Abruzzen.

– **freyniana** · Kleinasiatischer Enzian
○ bis ☼ ≃ ▭ ⊓
Leuchtend hellblau wochenlang blühend im August bis September, Wuchs aufrecht. Blüten meist einzeln, selten bis 3. Manchmal wird er mit *G. septemfida* verwechselt, unterscheidet sich aber von ihm durch dreinervige Laubblätter, sph. Wir haben ihn auch Kranzenzian getauft, weil er den üppigen Busch alter Pflanzen so auseinanderlegt, daß die Blüten in einem Kranz ringsherum erblühen. Er kam erst in den neunziger Jahren des vorigen Jahrhunderts zu uns.

– **septemfida** var. **lagodechiana** ·
Kaukasuskranzenzian
○ bis ◐ ≃ ‖ ✂
Ein später, aus Samen bestvermehrbarer Enzian! 10 cm, lange blühend. Zwergiger als *G. freyniana*, aber niederliegender Wuchs. Unersetzlich im Blau. Juli bis September. H.: Ostkaukasus.

– – – ›Doeringiana‹
Wer Enzian in seinem Garten haben will, geht zunächst am sichersten durch Pflanzung der sommerblühenden *Gentiana*-Sorte ›Doeringiana‹, dieser Saatrasse von größter Blühwilligkeit, von erstaunlicher Mannigfaltigkeit des Flors und der Blütezeit von Pflanze zu Pflanze. Der echte ›Doeringiana‹ zeichnet sich durch seinen kompakten, aufrechten Wuchs aus. Diese Rasse bedarf ständiger Erhaltungszucht!

Gentiana dinarica blüht alljährlich reich und anhaltend.

2. Zeitgruppe: Juli bis Anfang August

- **septemfida** var. **cordifolia** · Julibüschelenzian ○ bis ◐ ≃ ✂
  Mit 20 bis 30 cm ist er in seinen schönsten Sämlingen der eigentliche König der Sommerenziane von reinstem Dunkelblau. Die Samen keimen sehr gut, und jede Pflanze ist wie bei Ritterspornaussaaten anders als ihr Nachbar. Manche blühen nur bis zum Mittag, andere bis zum Abend. Nach bisherigen Auffassungen wird *G. septemfida* var. *cordifolia* als eine Gartenform angesehen.
- **cruciata** · Kreuzenzian
  ○ bis ◐ ≃ ✂
  Blüht Juli/August. Die im Alter wuchtige, mehr als fußhohe Staude setzt sich, gut eingewachsen, jahrzehntelang gegen Unkraut durch und fällt durch ihr eigenartiges Blau auf. H.: Subalpin und alpin auf trockenen Wiesen, Hügeln und Bergen, von der Ebene bis 2000 m, von Europa über Kleinasien bis hinüber zum Kaukasus, bis Turkestan, Sibirien.
- **cruciata** ssp. **phlogifolia** · Siebenbürgener Enzian
  ○ bis ◐ ≃ ✂
  Blüht Anfang Juli, fßh. Gehört zu den Enzianen – wie auch *G. cruciata* –, unter deren Sämlingen besonders schöne blaue zu finden sind. Es wird Zeit, solche Qualitätssteigerungen sorten- oder auswahlmäßig festzulegen. H.: Karpaten.
- × **macaulayi** ›Wells Variety‹
  ☼ ⊝ ≌ △ ▭ ✂ 🝖
  Ein prachtvoller Dauerblüher des Sommers und Spätsommers von nur 10 cm Höhe mit verhältnismäßig großen hellblauen Blumen, der der Kreuzung *G. sino-ornata* × *G. farreri* entstammt. Er muß ähnlich wie *G. sino-ornata* behandelt werden.

3. Zeitgruppe: August bis September

- **dahurica** · Chinaenzian
  ○ bis ◐ ≃ ✂
  60 cm, mittleres Blau, August.
- **decumbens** · Sibirischer Enzian
  ○ bis ◐ ≃ ✂
  Er verträgt wie die beiden letztgenannten sowohl leichten Schatten als auch Sonne und Trockenheit. – Das Blau leuchtet weithin im August, 40 cm. H.: Mittel- und Nordostasien, Sibirien.
- **asclepiadea** · Schwalbenwurzenzian
  ◐ bis ● ≌ ⊥ Y ✂ ♁ 🝖
  Besonders schön in der rein enzianblauen Farbenqualität, neben der es ja auch lilablaue gibt. Er liebt lichte, halbschattige frischbleibende Steingartenplätze für seine lange Blütezeit von Juli bis September. Hier ist die Topfballenansiedlung geboten, weil die Pflanze sonst vergänglich ist. Fßh. bis knh. H.: Urheimat reicht von den Pyrenäen, den Alpen – 10 Einzelgebiete getrennt – bis zum Kaukasus. N.: Kleine Farne und Gräser, Walderdbeeren, aber bitte ohne Ranken, Türkenbundlilien, auch Rhododendron.

4. Zeitgruppe: Anfang September bis Oktober

- **farreri** · Wellensittichenzian
  ☼ ≃ △ ‖ ✂ 🝖
  Nach seinem einzigartigen lichten Himmelblau genannt!
  Blüht sph. Ende August/September aus zebragestreiften Knospen. Die seltene kostbare schöne Pflanze, die aus enormen Bergeshöhen kommt, verträgt sogar mäßig guten, aber feuchten, durchlässigen Gartenboden in voller Sonne, hält auch Trockenheit aus. H.: Westchina. N.: Als erlauchte Nachbarn sind zu nennen: *Sedum cauticolum, Sempervivum-Hybride* ›Gamma‹, *Carex firma,* kleine Farne. Ansiedlung unbedingt mit Topfballen!
- **sino-ornata** · Oktoberenzian
  ☼ ⊝ ≌ △ ⋙ ✂ 🝖
  15 cm, Farbe etwa die des Trichterenzians, benötigt unbedingt frischbleibenden sauren Boden in genügend feuchter Lage sowie Lehm- und Torfmullzusatz. Blüht dann in breiten Teppichen. Absonnige Lage, ohne Tropfenfall, ist ihm wohltätig. – Viele haben kein Glück mit ihm – und er nicht mit ihnen. Die Pflanze kam erst vor 60 Jahren zu uns. Topfballenansiedlung! H.: Südostchinesische Berge. N.: Weiße Herbstkrokusse, Oktobersteinbrech.
- – ›Praecox‹
  Etwa 14 Tage früher blühender Typ als die Stammart, Farbe nicht ganz so strahlend, auch schwachwüchsiger und feinblättriger.
- – **-Hybride** ›Diamant‹ (*G. farreri* × *G. sino-ornata*)
  Eine Selektion aus vielen Sämlingen von schöner leuchtend kobaltblauer Farbe. Blühbeginn nach *G. farreri* Mitte August und vor *G. sino-ornata.* Blühdauer bis Anfang Oktober! Hat die Wüchsigkeit von *G. sino-ornata* und ist anpassungsfähiger als dieser.

Geranium · Storchschnabel · Storchschnabelgewächse

Unter dem Namen Geranium verstehen die meisten Menschen die »Geranien« oder Pelargonien unserer Balkons und Fenster, die aus Südafrika nach Europa kamen. Von winterharten Staudengeranien hatte man selbst im Anfang dieses Jahrhunderts bei uns noch wenig Ahnung; für die meisten Menschen existieren diese stillen Schätze überhaupt noch nicht. Alle sind ausgesprochene Langeblüher. Das große *G. armenum* und das kleine *G. argenteum* sind nicht winterhart; beide sind entbehrlich und daher ausgeschieden.

Wir führen die kleineren Steingartengeranien halbwegs nach ihrer Blütezeit auf:

1. Zeitgruppe: Anfang Mai

Geranium himalayense (syn. G. meeboldii) ·
○ bis ● ≃ Y
Es hat ein recht annehmbares Blau, fßh., darf nicht mit unserem Wiesengeranium verwechselt werden, das immer durch Sämlinge Unheil stiftet. Die Wuchereigenschaft ist hier nicht unangenehm und an schwierigen Schattenplätzen recht erfreulich. Blüht ab Mai. H.: Sikkim, Turkestan. N.: Weißes Kissengeranium, das allerdings etwas später erblüht.

2. Zeitgruppe: Anfang Juni

- **subcaulescens** ›Splendens‹ · Rotes Zwerggeranium
  ○ bis ○○ △ ‖ ♁ 🝖
  Weithin leuchtendes, schwarzgeäugtes Karmin in dichten Büscheln. Freche, strahlend schöne Farbe. Diese Züchtung stellt eine wesentliche Steigerung zur rosablühenden, etwas empfindlichen Stammart dar und gehört durch ihre lange Blütezeit in jeden Steingarten. Liebt warme sonnige und durchlässige Gartenplätze. Sph., Juni/Juli blühend. H.: Pyrenäen, Balkangebiet, Mittel- und Süditalien, Kleinasien. N.: Es wimmelt um diese Zeit von passenden kleinen Blütenpartnern.
- **sanguineum** ›Album‹
  Weißes Kissengeranium
  ○ bis ○○○ ▭ ⋙ Y
  Fßh. bis fast knh. Die rote Stammart wandert vom Kaukasus nach Sizilien, von England bis Finnland, also durch ganz Europa und bis zum Südural, oft vereint mit *Stipa pennata, Anthericum.* Blütezeit bis Ende Juli. Behaglicher und willkommener Begleiter langer Monate.
- – var. **prostratum** · Rosenquarzgeranium
  ○ bis ○○○ ▭ ⋙ Y
  Es blüht in hellem Rosa mit roten Adern im Juni/Juli. Trotz Kleinheit eine energische und deftige Persönlichkeit, die sich immer wieder in Erinnerung bringt, auch da, wo man sie vergessen hat. 10 cm hoch. Als Bodenbedecker brauchbar. Wohl schönste Form von *G. sanguineum.* H.: Hauptverbreitungsgebiet in der englischen Grafschaft Lancashire, sonst in Südengland zerstreut vorkommend.
- **dalmaticum** · Dalmatiner Zwerggeranium
  ○ bis ○○ △ ‖ ▭ 🝖 ♁
  Mit warmrosa Dauerflor und immergrünem Laub.
- – ›Album‹. Endlich der erwünschte weiße Geraniumzwerg als Nachbar des langeblühenden Schatzes *G. sanguineum*

var. *prostratum* und des tiefroten Zwerggeraniums *G. subcaulescens* ›Splendens‹! Nun sind die drei Farben beisammen: Weiß, Rosa, Rot; sie schreien nach blauen Nachbarn. *Scutellaria alpina* wartet schon als weiterer Farbenklang.

3. Zeitgruppe: Anfang Juli

Geranium endressii · Pyrenäengeranium
○ bis ◐ ▭ ♈ ♁
Fast fßh., blüht im Juli bis September und ist eine reizende, anstellige Erscheinung mit warmrosa Blüten. Sie paßt in jede kleine Staudengesellschaft hinein.

– **farreri** · Chinageranium
○ bis ☼ ≃ △ ‖ ⛉ ♁
Hellapfelrosafarbenes Geranium, trägt schwarze Staubfäden, blüht im Juli/August, 15 cm hoch und verwaltet wieder sehr andere Reize der Grundmelodie. Herbstlaubfärbung wundervoll! Der schwachwachsende Zwerg liebt absonnige Lage. H.: Nordchina, Korea.

– **macrorrhizum** · Immergrünstorchschnabel
◐ bis ● ▭ ⋙ ♈ ♠ ⾱
Schattige, schlechte Plätze für immer mit immergrünen, 30 cm hohen Blatteppichen bedeckend, ohne Blütenreiz, aromatischer Duft! Unkrautwuchs hindernd. H.: Balkanhalbinsel, Karpaten, Südalpen, Apenninen, sonst teilweise wild angepflanzt.

– – ›Balkanum‹
Wertvolle immergrüne und bewährte Sorte, rosa.

– – ›Walter Ingwersen‹
Tief dunkelrosa, immergrün.

– – ›Spessart‹
Zartrosa, etwas höher als die anderen Sorten, zuverlässig wintergrün, wüchsig.

Geum · Nelkenwurz, Erdwurz · Rosengewächse

○ bis ◐ ≃ △ ▭ ✂
Die absolut winterharte Nelkenwurz der Steingärten verwalten allerlei orangerote, dunkelrote Töne, die eine Farbenlücke im Steingarten ausfüllen. Es jammert uns, immer wieder in Katalogen das unzuverlässige, nicht langlebige, hochgepriesene *Geum chiloense* ›Mrs. Bradshaw‹ genannt zu sehen. – Die hier von uns aufgeführten eigentlichen Steingartengeum sind als solche noch wenig genug verwendet; es ist aber kein Zweifel, daß in Zukunft auch schönste Prachtsorten entstehen werden, die selbst für rauhere Gegenden Mitteleuropas recht gut passen und dann auch im gebauten Steingarten am Platze sind.

Kleinere vollharte Geum für Steingärten

(frühe, mittelspäte und späte Arten und Sorten in der Reihe ihres Erblühens)

Geum rivale · Bachnelkenwurz
20 cm, April/Mai, hellstes Gelb, rötlichbrauner Kelch. H.: ganze nördlich gemäßigte Zone. Nur die nachfolgende Sorte hat Gartenwert.

– – ›Leonard‹
Verbesserte kupferrosa Form mit nickenden und größeren Blüten. N.: auch andere Uferstauden wie *Caltha palustris, Myosotis palustris* ›*Thüringen*‹.

– **coccineum** ›Borisii‹
Leuchtend orangerot, fßh. – eine monatelang blühende Form, die auch als alter Bestand an ungepflegtem Platz noch in voller Blüte verbleibt, an dem ebenso alte, gleichfarbige Geum schon keinen Flor mehr bringen. Die Remontierfreudigkeit wächst mit dem Alter der Pflanze. Mai/Juni und später. N.: *Doronicum, Brunnera, Veronica, Potentilla aurea.* Bei später Herbstpflanzung in exponierter Lage luftiger Winterschutz ratsam!

– – ›Feuermeer‹
Farbton ähnlich der Sorte ›Borisii‹, jedoch halbgefüllt und sicher nachblühend.

– × **heldreichii** (syn. G. coccineum × G. montanum)
Gewissermaßen *G. coccineum* ›Borisii‹ in dreifacher Wachstumswucht, orangegelb, 40 cm, Mai/Juni.

– × – ›Luteum‹
Große »Goldnelkenwurz« von 40 cm Höhe, kupfergoldgelbe Variante, ein Unikum von Farbe. Mai/Juni.

– × – ›Splendens‹
Schönste dieser Kraftgestalten. Blüten fast so edel wie die von *G. coccineum* ›Borisii‹, 40 cm, Mai/Juni.
Zur Gruppe der *G. × heldreichii* ist noch zu bemerken, daß man diesem derberen Geumtyp viel schlechtere Plätze zumuten kann als dem Edelstein *G. coccineum* ›Borisii‹

– **montanum** ›Olivanum‹
Das sattgelbe Zwerggeum ist ganz besonders reizend. Halbsph., Juni/Juli. H. der Art: Europa und europäische Hochgebirge.
Ich habe hier die schönen Gartensteigerungen nicht genannt, obgleich viele von ihnen im Laufe eines halben Menschenlebens doch nur einmal wegfroren – rate zunächst aus manchen Gründen nur zu den folgenden *Geum-Hybriden:*

– **Hybride** ›Georgenberg‹
Dauerhafte leuchtend orangegelbe Sorte, Laub tiefdunkelgrün, 25 cm, Ende April bis Juni.

– – ›Juliana‹
Leuchtend orangegelb und halbgefüllt, dunkler als vorige Sorte, 50 cm hoch, Juni bis August.

Gillenia · Dreiblattspiere · Rosengewächse

◐ ≃ ⊥ ♈ ✂

– **trifoliata**
60 bis 100 cm, Juni, die weiß mit rötlichen Blumenkelchen blühende, luftig gebaute, unverwüstliche Staude, die am besten in Verbindung mit locker wachsenden Gehölzen verwendet wird. H.: Nordamerika.

Globularia · Kugelblume · Kugelblumengewächse

○○ bis ☼ ⊕ △ ‖ ▭ ⋙ ⛉ ⾱ ⛉

– **cordifolia** · Herzblättrige Kugelblume
Bildet stumpfgrüne rasenartige, kriechende Polster mit halbstrauchigem Charakter, kalkliebend, wirkungsvoll an nicht zu trockenen, aber durchlässigen Hängen. Wertvoller Sommerblüher. Blaulila, 5 bis 10 cm, Mai bis Juli. Man durchsetze sie mit ihrer weißen und rosa Form. H.: Alpen bis Südeuropa.

– **trichosantha** · Polsterkugelblume
Fast doppelt so hoch und von leuchtenderem Blau als vorige, auch im Alter reicher blühend, durch Ausläufer schneller breite Teppiche und Felsenüberzüge bildend. Sonst ebenso unverwüstlich und immergün. Mai/Juni (später als *G. cordifolia*!) H.: Südosteuropa, Krim bis Kleinasien.

Gypsophila · Schleierkraut · Nelkengewächse

○○○ ⊕ △ ‖ ▭ ⊥ ✂ ⛉ ⛉

– **repens** · Weißes Teppichschleierkraut
10 cm, Ende Mai/Juni. Diese Art und die nachfolgenden Sorten passen ausgezeichnet für Trockenmauern. Man lasse sie wie einen Blütenwasserfall herabrieseln. H.: alpin, Pyrenäen bis Alpen, Karpaten, ja bis Polen vorstreichend.

– – ›Letchworth Var.‹
Im Reiche der Steingartenschleierkräuter ist besonders dieser spannhohen tiefdunkelrosa Züchtung zu gedenken.

– – ›Rosea‹
Schöne, dichte, eindrucksvolle zartrosafarbene Variante! 10 cm, Juni. N.: *Veronica prostata* ›Caerulea‹

Gypsophila-Repens-Hybride
›Monstrosa‹
Ein Dauerblüher der Kreuzung *G. repens × G. stevenii*, der ohne Unterbrechung weiße Blütenmassen von Mai bis zum Spätherbst entfaltet.
Wie geschaffen, um zahllosen anderen Dauerblühern als weißer Gegenspieler zu dienen. Fßh.

Gypsophila-Repens-Hybride
›Rosenschleier‹
Das einzige zartrosa gefülltblühende Schleierkraut, das noch gerade eben in Steingärten paßt. 40 cm, im Alter meterbreit und kugeliger Wuchs. Juni bis September. Es hat bei Rückschnitt drei Blütezeiten. Schön auf Treppenwangen.

Haberlea · Rhodopenrächer oder Haberlee · Gesneriengewächse
☀ bis ◐ ⊕ ≃ △ ‖ ⊖ ♁ (Λ) ⊖
– **rhodopensis** · Haberlee
Die dunkelgrünen flachen, immergrünen Blattrosetten tragen lilaweiße Blüten wie Zwerggloxinien. 10 cm, Juni/Juli. H.: Rhodopengebirge, Balkangebirge, alpin, kalkliebend. N.: kleine Farne, kleine Gräser wie *Carex firma, Festuca glacialis*. Absonnig, aber hell in Nordostfugen pflanzen und Schutz vor Wintersonne ratsam.

Hacquetia · Goldteller · Doldenblütler
☀ bis ● ⊕ ≃ ▭ Ɏ ♁
– **epipactis** · Goldteller
Eine reizende kleine Frühlingsschattenstaude, die im April/Mai goldgelb und grün blüht, 15 cm. Ähnelt entfernt einer kleinen Wolfsmilch. H.: Südöstliche Kalkalpen bis in den Karpatenraum in einem geschlossenen Areal vorstoßend. N.: *Hepatica* und *Pulmonaria*.

Helianthemum · Sonnenröschen · Zistrosengewächse
○ ⊕ △ ▭ ⊖ ⬡ ≢ ⊖
Das Zaubersträuchlein aus dem mittel- und südeuropäischen Raum mit seinen Gebirgen und seinen Wildarten und edlen Gartensorten, zu denen immer neue Steigerungen kommen, mit dunkelgrünem, bläulichgrünem oder silbergrauem Blattwerk, das mit edlen Blütenfarben unerwartet zusammenklingt, wenn die Tages- und Monatsgezeiten seines Flors im Frühsommer und langer Spätsommernachlese Überraschungen bereiten, ist uns nach 20 bis 30 Jahren des Umgangs mit ihnen noch immer wie eine eben erschlossene Welt. Wie unersetzlich ist das niedrige, frühe, goldgestickte, immergrüne Sonnenröschen der Alpen! Die gefüllten blaßgelben und rubinroten Sorten blühen ohne Tagespause von Mai bis Oktober. – Pflanze sie sonnig, aber nicht wintermorgensonnig. Schneide die etwas empfindlicheren Sorten im Frühling wie Halbsträucher nicht halb, sondern fast ganz zurück – nur nicht die übermächtige, totalharte Sorte ›Golden Queen‹, auch nicht unser heimisches Alpengewächs. Die Zaghaftigkeit des Rückschnitts gewöhnt man sich erst allmählich ab. Kein Zweifel, daß im Lauf der Zeiten immer mehr Gartensorten von voller Härte entstehen werden, die keines Rückschnittes mehr bedürfen. – Das Breitenwachstum ist sehr verschieden, meist aber so groß, daß die Pflanzung sich fast stets als zu eng erweist trotz des Frühlingsrückschnitts. Die Ansiedlung erfolgt immer mit Topfballen, in denen die Gärtnereien diese reizenden Dauerblüher auch im Sommer zur Versendung bereithalten. Man kann sie dann nach Farben wohlberechnet zusammenpflanzen, muß aber ihre bis zu $\frac{1}{3}$ m² reichende Ausbreitung der Pflanze einkalkulieren; deswegen bestickt man den sonst zu kahlen Boden mit einem flachen *Sedum* oder *Thymus villosus*, der ebenfalls immergrün ist. N.: mittlere und kleine Glockenblumen, kleine Gräser, Veronika, Zwergnadelgehölze – alles möglichst raffiniert in Gegenfarben, zum Beispiel Gelb, Braun, Blaugrün oder Blaßgelb, Rubinrot, reines Blau. – Blütezeit im allgemeinen: Ende Mai bis Anfang Juli, gefüllte Sorten Ende Mai bis Anfang Oktober: andere noch lange im Spätsommer wieder in Flor.

1. Kleine Wildformen der Alpen bis Karpaten

Helianthemum nummularium
(syn. H. chamaecistus) · Münzsonnenröschen
Tieferes Gelb, einfach, etwa 8 cm. Frühestens im Mai bis August. H.: Europa, Kleinasien, Nordiran, auf trockenen, warmen Plätzen, z. B. in Magerrasen.
– **oelandicum** ssp. **alpestre** (syn. H. alpestre) · Alpensonnenröschen
Gelb, einfachblühend, dicht dunkelgrün polsterartig wachsend. Sehr hart! 5 cm, Juni bis August. H.: Alpen, Karpaten auf kalkreichen, frischen Matten.
– – ›Serpyllifolium‹
Goldgelb und einfachblühende Form, 10 cm, Juni bis August. Dichte Teppiche bildend.

2. Gartenformen, die hart sind und in Steingärten passen

(Gefüllte blühen täglich doppelt so lange wie einfachblühende!)
Nachstehende Farbsorten sind einfach- oder gefülltblühend. Etwa 15 cm hoch, Juni/Juli. Immergrün.

Helianthemum-Hybride ›Bronze‹
Braungolden.
– – ›Chamois‹
Feiner Zwischenton von Elfenbein und Rosa.
– – ›Citronella‹
Zitronengelb.
– – ›Eisbär‹
Weiß, fßh.
– – ›Feuerbrand‹
Fällt weithin durch einen Feuerbrand von Farbe auf. Besonders zuverlässig, lebenskräftig und dauerblühend.
– – ›Gelbe Perle‹
Rein zitronengelber gefüllter Massenblüher, 15 cm, Juni bis Oktober.
– – ›Golden Queen‹
Goldgelb.
– – ›Lawrensons Pink‹
Hellrosa mit hellerer Mitte.
– – ›Rose Queen‹
Rosa.
– – ›Rubin‹
Dunkelroter gefüllter Massenblüher, 15 cm, Juni bis Oktober.
– – ›Wisley Primrose‹
Erstaunlich große blaßgelbe Blüten über silbergrauem Laub.

Helleborus · Schneerose, Christrose · Hahnenfußgewächse
◐ bis ● ⊕ ≃ △ ▭ Ɏ ⤫ ⬡ ♁ (≢)
Das eigentliche Gartenleben der Schneerosen hat noch nicht begonnen, es gehört erst der Zukunft an, sobald die Gärtnereien und Gartengestalter anfangen, die eigentliche Gartenkönigin der Schneerosen, *Helleborus niger* ›Praecox‹, an die Spitze aller Mühen um diesen Winterschatz zu stellen! Bisher wurde diese hochbedeutsame Ostalpenform der Schneerose meist nur »beiläufig« behandelt. Ihr Flor beginnt schon im Oktober und reicht bei älteren Pflanzen eindrucksvoll bis Weihnachten; sie blüht reicher und hochgestielter als irgendeine andere Schneerose. Dieser zukunftsreiche, gartenfreundliche Typ – also die »Vorläuferschneerose« – setzt auch monatelang eher reifen Samen an als die späterblühenden, ist also viel schneller zu netten Jungpflanzen heranzuziehen, die natürlich entsprechend früher blühen.
Jeder kann auch ohne Frühbeet aus echtem, reifem Samen eine Menge dieser Stauden echt für sich und seinen Nachbarn heranziehen. Man senkt im April/Mai an halbschattiger Stelle, wenn der Samen geerntet wurde, einen flachen Kasten in eine 15 cm tiefe Grube, deren Ränder schräge geklopft wurden, und sät in diesen mit sandiger Humuserde gefüllten Kasten reihenweise den Samen 1 cm tief ein, klopft die befeuchtete Erde einigermaßen fest und bedeckt nun die ganze Grube mit einem Kistendeckel, um das Austrocknen der Erde zu verhindern, dem man auch sonst mit etwas Wasserhilfe vorbeugt. Meist keimt ein Teil über Sommer, dem später der Rest nachfolgt. Auch wenn neue Sämlinge noch spät im Herbst erscheinen, kommen sie durch den Winter. Erst bei gutem Fortgange des Keimes wird der Kistendeckel entfernt, jedoch für heiße, trockene Zeiten noch in der Nähe behalten. Die stärksten Pflanzen setzt man im

Spätsommer oder auch früher auf einen gesonderten, halbschattigen Beetplatz, wo sie bis tief in den Dezember hinein weiter erstarken. – Im zweiten Frühling regen sie sich schon kräftig, werden nun an ihren endgültigen Platz gesetzt – bringen aber in diesem ihrem zweiten Lebensjahre noch keinen oder nur höchst vereinzelten Blütenflor. Dieser beginnt eindrucksvoll im dritten Jahr und lohnt die verhältnismäßig geringe Mühewaltung reichlich. Die Stauden blühen jahrelang üppig und brauchen erst nach langen Zeiten beim Nachlassen des Flors, am besten im April, aufgeteilt und in neuen Boden gesetzt zu werden. Die vom Schneeschutz in der Bergheimat verwöhnten Samenstände leiden in manchen schneearmen Wintern. Die Pflanze ist es wert, in einer Anzahl von Exemplaren einen kleinen, voll schützbaren Platz im Frühbeet zu bekommen, damit auch in solchem Winter kein Ausfall der Samenreife riskiert wird.

Im Garten gibt man den Schneerosen gern die gewohnte Nachbarschaft von Farnen und Fichten, letztere natürlich in langsam wachsenden Arten, die in Jahrzehnten erst zimmerhoch werden. Je frischbleibender der Boden ist, desto unbedenklicher kann die Schneerose auch an sonnigere Plätze gesetzt werden, so daß auch halbwegs die Nachbarschaft mit der winterblühenden Märzheide, *Erica herbacea* ›Winterbeauty‹, erreicht wird, die ja auf die Dauer keinen Schatten verträgt.

Schneerosen sind wochenlang haltbare Schnittblumen! Ihr herrliches Blattwerk kommt in der Vase sehr zur Geltung; auch die Schneeheide gehört in solche Vase dazu, ebenso Farne und Waldgräser.

Im Wildnisgarten vereint man die Schneerosen gern mit anderen Winterblühern, so mit Oktobersteinbrech, Winterjasmin, Zaubernußsträuchern, Amuradonis, Februaralpenveilchen, Winterschneeglöckchen, Januarrhododendron und Karnevalsrhododendron – und benutzt die wunderbare immergrüne Japansegge, *Carex morrowii*, in ihrer edelsten, leicht gestreiften Form als Nachbarn.

Die Blütezeit der frühen Schneerosen (siehe Zeitangaben) fällt in meist noch schneelose Wochen; spätere Sorten und Arten blühen in manchen schneereichen Gegenden sozusagen oft unter Ausschluß der Öffentlichkeit.

Es ist eine seltsame Umschaltung unserer Gefühle für das Verklingen der Spätherbstwochen im Garten, wenn wieder einmal Schneerosen und Oktobersteinbreche ihre weißen Blütenwagnisse beginnen. Die Schneerosen werden hier nach Blütezeiten von Oktober bis April aufgeführt.

Moderne Gärten werden um diese Jahreszeit immer ergreifender; der Steingarten mit seinem frischen, vielgestaltigen Grün und seinem winterbesiegenden Blühen und Knospen ist tief daran beteiligt. Manche Gartenstimmungen bleiben uns durch Besuch, den wir empfangen, ganz besonders in Erinnerung – manche Besucher durch Gartenerinnerungen.

Der Garten erweist auch hier seine Kraft jeder Art als Erlebnisakkumulator. All die ferngeborenen Pflanzen lassen ihre namenlosen Aromen in den halb warmen, halb abendfeuchten Ruch strömen, der sich im Garten von dem der Wildnis nicht mehr unterscheidet.

Die Schneerosenerfrischungen werden bis zum Frühling gereicht. Jede der vielen sehr lange blühenden Arten spielt in den Garten- und Wetterstimmungen der langen Verwandlungszeiten ihre überraschende Rolle. Überall im ganzen Schneerosenreich ereignete sich Wichtiges und Neues: Die herrliche, hohe Dezemberschneerose, *Helleborus niger* var. *altifolius*, setzt den Flor der spätherbstlichen rosafarbenen, leider verschollenen »Rosenschneerose« ›Madame Fourcade‹ bis zum eigentlichen Christrosenflor fort. All diese hochedlen Gebilde sind äußerst genügsam und aushaltsam, wenn man ihnen zunächst zwei Jahre Geduld und den nötigen Lehm- und Humuszusatz an halbschattigem Platze zubilligt, wenn's nötig ist. Bei vollsonniger Lage, die nicht eigentlich prallsonnig sein soll, brauchen sie einen um so frischeren, saftigeren Bodenplatz. Nur die Hybriden vertragen in Sonne und Schatten viel mehr Trockenheit, auch wenn sie im Verpflanzjahre darauf erst mit Schlappwerden antworten.

Von diesen schönen Arten und Formen, die wir hier nennen, soll man sich allmählich in Naturgärten, in Steingärten, in Vorfrühlings- oder Schattengärten, an Ecken von Staudenrabatten, vor allem aber auch in Schnittblumengärten zumindest ein paar Pflanzen halten.

Welche Sensation ist und bleibt es, nach Ablauf der schönen Gartenjahreszeiten nun gleich wieder auf Monate hinaus Massen großblumiger, langgestielter Schnittblumen draußen im Garten schneiden zu können – soweit nicht allzu hoher Schnee hindert –, die in Verbindung mit unendlich vielen anderen schönen Dingen des winterlichen Gartens Sträuße ins Haus liefern.

Weißblühende Schneerosen

Helleborus niger ·
Weihnachtsschneerose
Die wilde Christrose der Alpen, die allerdings nicht nur Edelformen stärkeren Wachstums und verstärkter Blütenfülle wie die folgenden hervorbrachte, sondern auch Frühblüher oder Spätblüher enthält, deren Flor durch lange Zeiten getrennt ist. Florbeginn in den Alpen meist nach Mitte November bis Anfang Dezember, jedenfalls viel früher als in den Gärten der Ebene. Trotz ihres Namens »Weihnachtsschneerose« beginnt sie sogar in milden Wintern meist viel später zu blühen; doch gibt es hier noch unerklärliche Rassenunterschiede und Merkwürdigkeiten, so zum Beispiel bei der echten »niger«, die im Januar blüht, aber im Herbst schon kleine Vorspiele veranstaltet. Es wirkt hierbei in den Gärten der Ebene auch die Unterschiedlichkeit des Sommers. Ein überheißes, trokkenes Jahr kann den Flor sehr schwächen und verzögern; es gibt also zuweilen, aber sehr selten, für manche Schneerosentypen – ganz besonders vor vollem, tiefem Einwachsen – Verspätungsjahre, die dem voreiligen Schneerosenskeptiker recht geben. Die Skeptiker äußern sich über vermeintliches Eintreffen ihrer übellaunigen Erwartungen ebenso laut, wie sie nachher bei erfreulichem, normalem Gang der Dinge stille werden. In den Alpen kommt diese Schneerose montan bis 1800 m hoch an frischen Humuswaldrändern in solchen Mengen vor, daß ein ganzer Wandertag beständig von Schneerosenflor umblüht sein kann. Im Nachbargefolge des Blütenwunders finden sich *Hepatica, Oxalis, Cardamine, Actaea*, Akelei, Alpenveilchen, Seidelbast, *Phyllitis scolopendrium*. Das Vorkommen im nördlichen und mittleren Apennin und über Istrien hin bis zu dem nördlichen Donauraum, also in den verschiedensten Klimaten und Höhenlagen, hat schon an sich so viele Blütezeitverschiedenheiten herausgebildet, daß man von Oktober bis April große Schneerosensträuße in europäischen Wildnissen pflücken kann, wenn man es darauf anlegt.

– **niger** var. **macranthus** ·
Dreikönigsschneerose
Riesenblütige, auch außen reinweiße Unterart mit üppigerem bläulichgrünem Laubwerk, 30 bis 40 cm hoch, Ende Januar bis März. H.: Südalpen.

– – var. **altifolius** · Dezemberschneerose
Hochgestielte Schneerose, fßh. N.: Immergrün, Farne, Seidelbast, immergrüne Gräser, rotes Bergenienlaub, Winterjasmin.

– – ›Praecox‹ · Vorläuferschneerose
Eine Sorte, die fast fßh. wird. Oktober/Dezember. N.: Kleine späte Kissenastern, Oktobersteinbrech, herbstblühende Veilchen, Herbstzeitlosen.

Gelblichgrünblühende Schneerosen

Helleborus lividus ssp. **corsicus** (syn. H. corsicus)
Korsische Schneerose
Schöne halbstrauchige, bis 80 cm hohe Schneerose mit immergrünen ledrigen, etwas bläulich bereiften, stark gezähnten

Blättern. Im März/April gelblichgrün blühend. Geschützt pflanzen. Unbedingt Schutz vor Wintersonne (Laub). Sät sich zuweilen selbst aus. H.: Korsika, Sardinien.

– **foetidus** · Palmblattschneerose
  Eine grüne heimische Art, der es ihrerseits Spaß macht, Winter und Welt auf den Kopf zu stellen und monatelang aus frischdunkelgrünen Büschen hellgrün zu blühen. Man möchte sie sich aus Naturgärten und aus manchen Steingartenplätzen nicht gern wegdenken, obgleich es bei uns manche Gartenverhältnisse gibt, unter denen sie nicht immer mitspielt oder sich mehr halbstaudig verhält, dann aber doch als Sämling für Jahre an allen möglichen Plätzen, auch in Fugen von Mauern, auftaucht. Bis 50 cm hoch! Wildverbreitung: heimisch, West- und Südeuropa, von England über Belgien, Tirol bis Kalabrien, an Wald- und Buschrändern, trockenen Hängen; auch Bergsteigerin bis 1800 m, verbündet mit Hasel, Schlehdorn, Clematis, Frühlingsfingerkräutern, Steinsame, Waldwicken und Maiglöckchen. Sie braucht im Gegensatz zu *H. niger* weniger Bodenfrische und Humus.
– **odorus** · Fastnachtsschneerose
  Zart nach Holunder duftende gelbgrüne Art mit nickenden Blüten. Mehr als fßh., Ende Februar bis Anfang März blühend – ein wahrer blühender Fastnachtsscherz, der sich unter allen Umständen dauerhaft am Platze durchsetzt. H.: von Bulgarien und Rumänien bis Ungarn. Lebt auf Karstheiden und in Karstwäldern, buschigen Hängen und Bergwaldlichtungen mit dem Höchststandort von 1700 m, zusammen mit *Lamium*, Pflaumeniris, Bartnelken, Rosenginster und *Hacquetia*.

Rot- und buntblühende Schneerosen

Helleborus orientalis ssp. **abchasicus** · Lichtmeßschneerose
  Rote Unterart aus dem Transkaukasus, früheste dunkelpurpurn bis rötliche der Februar- bis April-Wochen, 30 bis 40 cm hoch werdend und auch höher. H.: Kaukasus (Georgien), Ostabhänge zum Schwarzen Meer.
– **orientalis** ssp. **guttatus** · Kaukasusschneerose
  Später erblühende Unterart mit großen, weißen, rosa getupften Blüten, 30 cm hoch. Laub immergrün. März/April.

Helleborus-Hybriden

Weiße, rosafarbene, gescheckte und dunkelrote Vorfrühlingshelleborus-Hybriden sind nicht hoch genug einzuschätzen. Alte, wuchtige Büsche an Parklichtungshängen können viele Wochen lang von einer geradezu landschaftsbeherrschenden Stimmungskraft sein und in wunderliches, vorfrühlingshaftes Wechselgespräch mit uraltem Fichtenrande treten. In üppigen Böden, besonders oft auch in der Schweiz, sehen alte Einzelexemplare im Sommer in ihrem prachtvollen Laubwerk von fern wie Rhododendron aus; hierin sind sie nur noch übertroffen von der Korsischen Schneerose in ihrem Heimatvorkommen.
Pflanzung in voller Sonne, in der die Pflanzen gut aushalten können, auch wenn der Boden zeitweise trocken ist, beantwortet diese Staude, wie gesagt, im ersten Jahre mit bedrohlichem Welken. Später fällt das weg. – Die Florzeit dauert sehr lange. Manche Sämlinge erblühen lange vor den anderen, oft schon im Februar. Andere, total verwirrte, blühen schon im Herbst los, und zwar alljährlich. Wegen der größeren Fähigkeit, Sonne zu vertragen, für die ja *Helleborus niger* recht frischbleibenden Boden benötigt, kommt bei den Hybriden auch noch viel häufiger Schneeheidenachbarschaft in Frage. Im übrigen finden sie im Vorfrühling reiche Auswahl von Nachbarn.
In schweren Wintern können farbige *Helleborus-Hybriden* manchmal so verschnupft werden, daß sie einmal mit der Blüte aussetzen. Auch das oft so lange im Winter schöne grüne Laub leidet dann hier und da; aber nie im Laufe der Jahrzehnte sah ich eine Pflanze eingehen.
Da leider die früheren, schönen Sorten aus der Gartenkultur verschwunden und neuere kaum erhältlich sind, wurde auf eine Aufzählung verzichtet. Hybriden tauchen bei frischen Böden im Garten meist selbst auf, wenn man verschiedenfarbige Arten eng benachbart hat.

Hemerocallis · Taglilie
Liliengewächse
○ bis ◐ ≃ bis ≌ ⊥ ⊔ ⋊
Die neuen *Hemerocallis*-Züchtungen beweisen den enormen Fortschritt, den die Züchtung in den letzten 30 Jahren vollbracht hat. Führend waren und sind nach wie vor die amerikanischen Züchter. Die registrierten Sorten gehen in die Tausende. So waren es 1985 27375, davon sind viele überholt und nicht mehr im Handel.
Hemerocallis-Arten und -Sorten gibt es in fast allen Farben und Kombinationen. Auch das begehrte Weiß und Blau ist in greifbare Nähe gerückt. Davon zeugen lavendel-, lila-, malven- und purpurfarbene Sorten. Die sogenannten weißen Sorten besitzen einen überlagerten Schimmer einer anderen Farbe. Auch die Blütengröße, die Blütenform, die Verzweigung, die Substanz und die Wuchshöhe zeugen von der Vielfalt.
Trotz dieser Sortenvielfalt haben die Taglilien nicht ihre fast unverwüstliche Wuchskraft eingebüßt. Sie verlangen nach kräftigen Gegenfarben anderer Stauden, lassen sich aber auch gut miteinander kombinieren.
Die Wildarten kommen in der Natur auf Wiesen mit Wildirisarten vor und passen somit in die Wildnisgartenkunst mit oder ohne Steinverwendung. Man kann sie gut mit Edelsorten der wildnishaften Wieseniris (*Iris sibirica*) benachbaren. Beide können auf vielen Hochzeiten tanzen, also ihre Rollen in der Wildnisgartenkunst wie auch in gebauten Ufergärten spielen, und zwar viele Monate lang, von immer neuen Gegenspielern der Farbe und Wuchsform begleitet. *Hemerocallis*-Arten und -Sorten sind Wagnisse für Steingärten und Wildnisgärten – bedenke die Nachbarpflanzen!
Wir nennen hier zuerst die kleineren, auch steingartenfähigen Arten, die an natürliche Bachläufe und an mit Gräsern durchsetzte Steingartenwinkel passen. Danach folgen die Gartenhybriden mit ihren Sorten, unterteilt nach der Blütengröße. Verständlicherweise können nur wenige, zumeist bewährte und »ältere« Sorten genannt werden. Die Kataloge der speziellen Staudenbetriebe des In- und Auslandes führen meist eine Vielzahl neuer und neuester Sorten.

1. Wildarten

Hemerocallis citrina · Dufttaglilie
  Zitronengelbe, schmaltrichterförmige, besonders abends und nachts nach Maiglöckchen duftende Blüten. Blüte ab 1. Julihälfte bis in den August. Etwa 100 bis 120 cm. Sehr reichblühend. H.: Mittelchina.
– **dumortieri** · Orangegelbe Zwergtaglilie
  Orange, außen braun getönte, glockenförmige Blüten, die nur wenig über dem dichten Blattbusch stehen. Blüte Mai bis Juni. Nur 60 cm. H.: Amurgebiet, Nordostchina, Korea, Japan.
– **middendorffii** · Middendorff's Taglilie
  Tieforangegelbe, breit trichterförmige und an den Ränder deutlich umgeschlagene, fast geruchlose Blüten, die deutlich über dem Blattbusch stehen. Blüte Mai bis Juni. Etwa 50 cm hoch, manchmal auch höher, da verschiedene Typen im Umlauf sind. H.: Amur- und Ussurigebiet, Sachalin, Korea, Japan.
– **minor** · Sterntaglilie
  Zitronengelbe, kurz trichterförmige bis fast glockenförmige, duftende Blüten, die dicht über dem Blattbusch stehen. Wertvoll durch die lange Blütezeit, denn die Einzelblüte vergeht erst am dritten Tag. Blüte Mai bis Juni. Etwa nur 50 cm. H.: Ostsibirien, Mongolei, Nordchina, Korea.

2. Gartenhybriden

Miniatur-Hemerocallis-Sorten
Wichtigstes Erkennungsmerkmal ist eine kleine Blütengröße von wenigstens 7,5 cm Durchmesser. Alle Sorten zeichnen sich durch Reichblütigkeit und meist durch einen grasartigen Blattbusch aus. In der Wuchshöhe können sie stark variieren. Sie ähneln mehr oder weniger der Wildart *Hemerocallis minor*.

Hemerocallis-Hybride ›Corky‹
Reinmittelgelbe Blüten an stark verzweigten dunklen Stielen und von eleganter Wirkung. Juli, 75 cm.

– – ›Golden Chimes‹
Klares Goldgelb und gut verzweigte Blütenstiele. Langeblüher. Juni/Juli, 70 cm.

– – ›Half Pink‹
Rosa Schalenblüten mit hellerem Rand. Ebenfalls reichblühend. Mai/Juni, 50 cm.

– – ›Little Joy‹
Schöne hellrote Blüten mit grünem Schlund. Juni/Juli, 70 cm.

– – ›Thumbelina‹
Obwohl schon 1960 gezüchtet, ist diese Sorte noch eine der reizvollsten. Orangefarbene, glockenförmige kleine Blüten. Juli, nur 40 cm. Eine der besten Zwergsorten für den Steingarten.

– – ›Tinker Bell‹
Reizende, orangegelbe, kleine Blüten an gut verzweigten Stielen. Mai/Juni, 50 cm.

Kleinblumige Hemerocallis-Sorten

Der Blütendurchmesser dieser Sorten beträgt 7,5 bis 11,5 cm. Sie können in der Wuchshöhe und auch in den anderen Eigenschaften beträchtlich variieren.

Hemerocallis-Hybride ›Bambi Doll‹
Sehr hellrosa Blüten mit grünem Schlund. Hat gute Verzweigung und gute Substanz. Mai bis Juli, 70 cm.

– – ›Lady Inara‹
Reichblühende und mehrfarbige rundblütige Sorte. Blütenblätter rosa und Kelchblätter lachsgelb. Der Schlund ist orangelachs. Eine dicke Substanz und gewellte Ränder zeichnen die Blüten aus. Dunkle Stiele! Mai/Juni, 80 cm.

– – ›Luxury Lace‹
Zart lavendelrosa, am Rande gekrauste Blüten von etwas bläulicher Wirkung und grüner Schlund. Nicht vollsonnig pflanzen, da ausbleichend! Juli, 70 cm.

– – ›Tang‹
Kleine ochsenblutrote Blüten mit grünem Schlund. Obwohl halbimmergrün, doch sehr hart. Mai bis Juli, 50 cm.

– – ›Suzie Wong‹
Mittelgroße Blüten von frischem Grüngelb und guter Form. Mai bis Juli, 60 cm.

– – ›White Jade‹
Kleine, eher zierliche cremeweiße Blüten, die leicht rosa überhaucht sind, und gelber Schlund. Sehr wüchsige Sorte. Juli, 70 cm.

Großblumige Hemerocallis-Sorten

In dieser Gruppe wurden aus praktischen Gründen die großblütigen (11,5 bis 17,5 cm) und die riesenblütigen (über 17,5 cm) vereint. Alle diese Sorten sind mit Zurückhaltung im Steingarten zu verwenden. Sie passen am besten in den regelmäßig gebauten Steingarten oder an Wasserläufe oder Wasserbecken. Man wähle mit Sorgfalt die Benachbarung der Sorten untereinander aus, was auch auf die Wahl der benachbarten Blütenstauden zutrifft.

Hemerocallis-Hybride ›Banbury Signal‹
Signalrote Blüten mit goldgelbem Schlund. Bewährte Sorte! Juli/August, 90 cm.

– – ›Bess Ross‹
Einmaliges leuchtendes Rot zeichnet diese etwas schwachwachsende Sorte aus. Juli, 70 cm.

– – ›Burning Daylight‹
Tieforange, zartbraun angehauchte Blüten von dicker Substanz. Die Farbe verblaßt auch nicht bei vollsonnigem Pflanzplatz! August, 60 cm.

– – ›Carthwheels‹
Absolut einmalige große, fast riesige, runde, goldgelbe Blüten mit hellerem Mittelnerv. Weitere Vorzüge der Sorte sind dicke Substanz und gutes Vertragen eines vollsonnigen Pflanzplatzes. Kein Ausblassen! Juli, 90 cm.

– – ›Crimson Pirate‹ (syn. ›Rote Flamme‹)
Sehr reichblühende und wüchsige Sorte mit leuchtenden klarroten, sternigen, etwas kleinen Blüten und einem kleinen orangenen Schlund. Nach wie vor eine der besten roten Sorten. Sehr reich- und lange blühend! Juli, 70 cm.

– – ›Frans Hals‹
Eine zweifarbige Spitzensorte, deren Blütenblätter orangerot und Kelchblätter rahmgelb leuchten. Weitere Vorzüge sind Reichblütig- und Starkwüchsigkeit. Juli/August, 50 cm.

– – ›George Cunningham‹
Diese melonenfarbige mit seidigem Glanz blühende Sorte wurde schon 1957 gezüchtet. Sie zählt zu den bewährten großblütigen Sorten. Auffallend sind die dunklen Stiele! Juli/August, nur 60 cm.

– – ›Hesperus‹
Eine alte Sorte, die wir nicht missen wollen, mit dunkelzitronengelben, sternförmigen, großen Blüten. Langeblüher! Juli/August, 100 cm.

– – ›Hyperion‹
Wüchsige Sorte mit weitgeöffneten, mittelgroßen, zitronengelben Blüten. Eine der besten Züchtungen. Schon seit 1925 im Handel. Juni/Juli, knapp 100 cm.

– – ›Knighthood‹
Zuverlässige reichblühende und wüchsige Sorte im tiefen Mahagonirot mit einem goldgelben Mittelnerv auf dem Blütenblatt sowie orangefarbenem Blütenschlund. Juni/Juli, 90 cm.

– – ›Pink Damask‹
Bezauberndes, ganz einheitliches Rosa sowie Reichblütig- und Wüchsigkeit zeichnen diese Sorte aus. Sie behauptet sich mit Recht unter den rosafarbenen Sorten. Juli, 80 cm.

– – ›Rajah‹
Unverwüstlich, sehr reichblühend und starkwachsend sind besondere Merkmale dieser orangeblühenden Sorte. Die Blütenblätter haben einen hellen Mittelnerv und einen roten Kelchfleck. Juli/August, 100 cm.

– – ›Resplendent‹
Wüchsige und stets reichblühende, leuchtend rotbraune Sorte mit sterniger, spitzer Blütenform. Alle Blütenblätter haben einen goldgelben Mittelstreifen. Juli/August, 100 cm.

– – ›Sammy Russell‹
Enorm wüchsig und reichblühend. Blüten etwas kleinblumig und leuchtend ziegelrot, mit orangenem Schlund. Besonders wertvoll durch die späte Blüte im August. Läßt nach Jahren mit der Blüte nach und soll dann umgepflanzt werden, 60 cm.

– – ›Shining Plumage‹
Gutes, leuchtendes Rot, das sich in der Blütenmitte vertieft, und ein auffälliger grüngelber Schlund sowie frühe Blüte kennzeichnen diese Sorte. Juni, 90 cm.

– – ›Wideyed‹
Hellgelbe Blüten mit leuchtend mahagoniroter Bebänderung im Innern, dadurch in der Wirkung sehr effektvoll. Sicher und reich nachblühend! Juni bis September, 80 cm.

Hepatica nobilis · Leberblümchen · Hahnenfußgewächse
◐ bis ● ⊕ △ Y ⬡ ♡ ♁ ≢
Es ist das blaue Waldkleinod unserer Frühlingslaubwälder. Um diese Blume geben wir alle Anemonen der Welt her. Ihr blauglühender Schattenstern im braunen Vorfrühlingswalde ist unentbehrlicher Akteur der Frühlingsbühne. Jede Pflanze blüht anders, am schönsten sind die dunkelblauesten, von deren Kelchen sich der kleine weiße Schaumkranz der Staubgefäße am stärksten sondert. Aber die weißen und rosa Formen sind auch unbegreiflich schön. Sie werden alle uralt. Wenn's ihnen wohl ist, werden die Blütenkissen bratschüsselgroß. Schönste Partner sind gelbe Kissenprimeln, Adonis, Seidelbast. Die gefüllten Sorten gibt es schon jahrhundertelang. Sie sehen aus wie Seltenheitsschätze aus der Biedermeierzeit. März/April. Oft immergrün oder doch wenigstens wintergrün. Vorfrühlingsbeete. H.: Riesenverbreitung in den Wäldern ganz Euro-

Hepatica nobilis ›Rubra Plena‹ ist eine alte Kulturpflanze, die einen mit Sorgfalt ausgewählten Pflanzplatz erhalten sollte.

pas, außer höher nordischen sowie einigen West- und Südländern. Laubwälder, Gebüsche von der Ebene bis in die Vorberge, selten alpin. N.: Wildgesellschaft: *Anemone nemorosa, Pulmonaria, Maianthemum bifolium, Oxalis acetosella*, im Bergwald *Cyclamen purpurascens, Pyrola*-Arten, *Luzula sylvatica, Luzula pilosa, Helleborus niger, Soldanella montana.*

– – ›Alba‹ · Schneeleberblümchen

– – ›Rosea‹
Rosenrote Form in seltener rosa Farbenstufung.
Alle drei Farben kommen auch gefüllt vor. Doch müssen diese etwas vorsorglich gepflanzt werden.
Alle Hepatica lieben hin und wieder Einschüttung mit grob verrotteter Lauberde.

– **transsylvanica** (syn. H. angulosa) · Siebenbürgener Leberblümchen
Es ist die gartenwilligste Art und übertrifft darin unser heimisches Leberblümchen, da es etwas trockenheitsunempfindlich ist. Sie blüht schon etwa 14 Tage früher mit großen blauen Blüten. Blätter behaart und die einzelnen Abschnitte gebuchtet. Bildet, wenn sie sich wohl fühlt, bald kleine Teppiche. Auch weiß- und rosablühende Formen sind bekannt. H.: Nur in Siebenbürgen verbreitet. N.: *Erythronium dens-canis, Galanthus nivalis, Cyclamen coum, Pulmonaria rubra.*

Heuchera · Granatrispe · Steinbrechgewächse
○ bis ◐ ≃ ▭ Y ✂ ⬡ ♡ ♁ ▽
Sie waren in ihren Stammarten, die zum Teil erst im letzten Jahrzehnt des letzten Jahrhunderts nach Europa kamen, trübrosa oder weißgrüne Blütengewächse, die erst durch Kreuzungen und Zuchtsteigerungen zu strahlenden Gartenerscheinungen wurden, deren Rot in den Jahreswochen des Juni bis August im Garten so oft gebraucht wird. Jetzt beherrschen sie wie glühend rote und zartrosafarbene üppige Zitter- oder Ährengräser fast acht Wochen lang Steingärten, Staudenrabatten, Farbengärten und Schnittblumenbeete, und zwar sowohl im Halbschatten als auch bei frischbleibendem Boden in voller Sonne. H.: Stammarten kommen aus Nordamerika, Ontario bis Minnesota, Neuschottland. In die Veredlungsverdienste teilen sich England, Frankreich und Deutschland. *H. sanguinea* stammt subalpin und alpin aus Nordmexiko. Blütezeit dauert von Ende Mai bis Ende Juli. Bei *Heucherella tiarelloides* von Ende Mai bis Mitte Juni.
Die Pflanzen sind besonders dankbar für viel Humus und lieben auf die Dauer keine Trockenheit. Gegen schneelosen Polarwinter rauherer Gegenden sollen die *Heuchera-Hybriden* eine Fichtenreisigdecke bekommen oder lichthalbschattig und halbwegs im Schutzbereich immergrüner Gehölze gepflanzt werden.

Hieracium villosum, das Silberhaarhabichtskraut, sieht man in Steingärten leider selten.

N.: *Mertensia paniculata,* kleine *Hosta*-Arten, sommerblühende Glockenprimel, auch weißblühende *Primula japonica* und *Polystichum setiferum* ›Plumosum Densum‹, *Saxifraga trifurcata, Tradescantia-Andersoniana-Hybride* ›Gisela‹. Alle Sorten sind fßh. bis knh.

Heuchera-Hybride ›Feuerregen‹
(Plui de Feu)
Feuerrote Blütenglöckchen, 40 cm.
– – ›Glockenspiel‹
Reizende Glocken in Lachsrosa, 40 cm.
– – ›Gracillima Superba‹ und ›Splendens‹
Sie sind die allerfeinsten korallenrosafarbenen »Zittergräser« (Kreuzung von *H. americana* × *H. sanguinea*).
– – ›Schellenbaum‹
Großblumige Riesin von seltenem dunkelstem Rot, 50 cm.
– – ›Silberregen‹
Sie ist bislang die beste weiße Heuchera, wichtig natürlich auch als Nachbar der roten.

– **sanguinea** ›Alba‹
Weiße Form mit braunem Stielwerk.
– – ›Splendens‹
Scharlachrote Form der Art. H.: Nordamerika, Neumexiko.

× **Heucherella tiarelloides**
(Gattungshybride zwischen *Heuchera* und *Tiarella*)
›Bridget Bloom‹
◐ bis ● ▭ ⇝ Y ♁ ⛉
Leuchtend rosa Blütenkerzen über lichtgrünem und schön gezeichnetem wintergrünem Blattwerk. Sph. und ausläuferbildend. Keine trockenen Gartenplätze zumuten! Ende Mai bis August.

Hieracium · Habichtskraut · Korbblütler
○ bis ○○ △ ▭
Sph. bis fßh., Juni/Juli, auch noch teilweise bis in den Herbst.
– × **rubrum** · Rotes Habichtskraut ⇝
Es ist das einzige Habichtskraut, was im Steingarten als unentbehrlich genannt werden muß, und ist ein Naturbastard zwischen dem Wucherer *H. aurantiacum* und dem blaßgelben *H. flagellare.* Die Farbe ist rotbraun. Es bildet langsam vordringende Rasen und blüht endlos lange in mehreren Etappen. Eine Einsprenkelung von ein paar Pflanzen der wilden *H. pilosella* kann sehr reizvoll wirken. Aber Vorsicht! Auch sie ist starkwachsend. Die Art *H. aurantiacum* wirft überreichlich mit Sämlingen um sich und wuchert unterirdisch in schlimmster, nicht auszurottender Weise. – Die Rasen des *H.* × *rubrum* verwachsen sich allmählich so dicht, daß die Pflanzen bei sehr großer Trockenheit doch leiden – also an trockenem Platz nicht breitflächig pflanzen. H.: bei *H. pilosella* trockene Wiesenränder, sandige Wälder, Triften und unzählige Arten karger Bodenstellen, überall in Europa verstreut – bei *H. aurantiacum* montanes bis subalpines Zentraleuropa

und Kaukasus, Armenien, Westsibirien, Skandinavien, bis 2000 m hoch, in den Alpen bis 3000 m steigend. Wildgesellschaft: oft *Sedum, Calluna, Antennaria dioica, Weingaertneria, Festuca.* N.: *Helianthemum,* Veronika, Wildnelken.

– **villosum** · Silberhaarhabichtskraut auch ○○○
Wohl die schönste Art mit ihren behaarten Blättern und völlig gartenzahm, denn nur selten taucht sie an ihr zusagenden Plätzen mit wenigen Sämlingen auf. Goldgelbe Blüten zieren den bis 25 cm hohen Stengel. Die Pflanze liebt kalkhaltigen, trockenen Boden. H.: Alpen, Apenninen, Abruzzen, Balkanhalbinsel.

Hippuris → Wasserpflanzen Seite 95

Horminium · Drachenmaul · Lippenblütler
○ bis ◐ △ ‖
– **pyrenaicum**
Blauviolett blühendes Drachenmaul, immergrün mit stumpfgrüner runzeliger Blattrosette. Keine besonderen Bodenansprüche. 20 bis 30 cm, Juni/Juli. H.: Mitteleuropa, Pyrenäen.

Hosta · Funkie · Liliengewächse
◐ bis ● ≃ ▭ ⁞ Ỵ ⊔ ✂ ♁ ♠ D
Hier ein Versuch, diese schönen Blattschmuckstauden klar übersehbar zu machen und mit zwingender Präzision ihnen deutsche Namen zu geben.
Wir bringen die Funkien in diesem Buch zu voller Darstellung, weil erstens einige von ihnen klein genug für die rechten Steingartenplätze sind, zweitens alle Funkien auch an ziemlich unguten Schattenplätzen auf die Dauer üppig gedeihen und weil drittens die Funkie eine unersetzliche Staude an Ufergärten von vielerlei Art ist. Einige von ihnen vertragen sogar in leichten, trockeneren Böden volle Sonnenlage, so etwa die *Hosta plantaginea,* die edle Lilienfunkie. Wer keine Funkien leiden mag, hat es sich selber zuzuschreiben, denn er hat sich nicht um die Hochgebiete dieser Pflanze gekümmert oder ließ sich ungerechterweise von dem häßlichen Flor abschrecken, der ja nur bei zwei Funkien, der Lilienfunkie und der großblütigen weißen Zwergfunkie, schön ist.
H.: Japan, Korea, China, Sachalin, Ussurigebiet. Funkien sind eine herrliche Sache! Man mache sich klar, welch lange Zeiten des Gartens, nämlich von Anfang April bis Ende September und länger, die Schmuckwirkung dieser unverwüstlichen, anspruchslosen Staude und ihrer noch unbekannten Hybriden reicht.
Die kleineren Funkien haben hier den Zusatz »Steingarten« erhalten. Die nächsten Jahre werden uns hoffentlich den erwarteten Zustrom neuer, auch ungewohnter farbiger Kombinationen, sowohl in der Blattfärbung als auch in der Blütenfärbung von Funkien bringen. Diese Sorten und Hybriden erschließen den Funkien neue, bisher ungeahnte Verwendungsmöglichkeiten. Alle Gartenbegeisterten tun gut daran, ihre Standortmöglichkeiten von Sonne bis tiefen Schatten auszuschöpfen. Die meisten Sorten und Hybriden kommen aus den Vereinigten Staaten von Nordamerika und demonstrieren den Fleiß und das Engagement der dortigen Hosta-Gesellschaft. Selbst in Japan, dem klassischen Land der Funkien, gilt erneut eine verstärkte Aufmerksamkeit der züchterischen Bearbeitung dieser bisher zu wenig beachteten Gattung.
Doch auch in Mitteleuropa regte sich das Interesse. Die neueren Züchtungen von Heinz Klose, Lohfelden bei Kassel, künden von einer erneut angebrochenen Ära der Funkien.
Wir haben sie nach der Blattfärbung in 4 Gruppen alphabetisch geordnet.

1. Blaue Funkien

Hosta sieboldiana ›Aureomarginata‹ · Blaue Gelbrandfunkie
Blätter breit dunkelgelb gerandet, Blüten hellila, mit kranzartigen Hochblättern besonders im Knospenstadium umgeben, Juni/Juli, 40 bis 50 cm.
– × **tardiana**
Eine Hybride aus *H. sieboldiana* ›Elegans‹ × *H. tardiflora.* Daraus sind viele blaue, neue Sorten entstanden, die zunehmend verbreitet werden. Bisher steht die etwas langdauernde vegetative Vermehrung im Wege. Alle zeichnen sich durch gedrungenen Wuchs aus. Die Blüten sind meist hellila, viele langblühend, von Juli bis September, bis 60 cm.
Es gibt von dieser Kreuzung auch grünlaubige Typen!
– **tokudama** (syn. H. glauca hort., H. sieboldiana var. fortunei)
Blaue Löffelblattfunkie
Art mit fast runden, ziemlich kleinen Blättern und herzförmigem Grund sowie kurzer Spitze. Die Blätter sind beiderseits blaubereift und wirken steif. Blüten weißlich, gedrungen von Juni bis Juli, 30 bis 40 cm. H.: Japan.

2. Goldfarbene und goldgrüne Funkien

Hosta fortunei ›Aurea‹ · Frühlingsgoldfunkie
Prachtvoller leuchtend goldgelber Austrieb, Blätter im Juni allmählich vergrünend. Hellviolette Blüten von Juli bis August, 40 bis 60 cm.
– – ›Aureomaculata‹ · Gelbe Grünrandfunkie
Blätter zweifarbig mit goldgelber Mitte und am Rand dunkelgrün. Blattmitte im Sommer hellgrün und oft weißlich aufgehellt. Blüte wie vorige, 40 bis 70 cm.
– – ›Aureomarginata‹ · Grüne Goldrandfunkie
Blattrand beim Austrieb goldgelb, später aufhellend. Farbe bleibt aber auch im Sommer erhalten. Grundfarbe der breiten, bereiften Blätter dunkelgrün. Blütezeit wie bei der Sorte ›Aurea‹, etwa 50 cm.
– **sieboldiana** ›Semperaurea‹ · Dauergoldfunkie
Sie wurde früher anderen Funkien zugeordnet. Der Austrieb ist gelblichgrün, später erhält er eine prachtvolle gelbe Blattfarbe, die sich zum Sommer hin noch vertieft. Blüte hellila. Etwa 50 cm.

3. Weiß- und grünrandige Funkien

Hosta crispula · Riesenweißrandfunkie
Die herzeiförmigen, in eine Spitze auslaufenden Blätter haben einen deutlichen, weißen, welligen Rand. Dichter Wuchs und kaum blühend. Blüten lila, ohne Streifung im Juni bis Juli, 50 bis 70 cm. H.: Diese Art ist nur aus japanischen Gärten bekannt.
– **undulata** ›Albomarginata‹ · Weißrandwellenblattfunkie
Zuverlässige wüchsige Sorte, ähnelt im Wuchs *Hosta crispula,* aber das ganze Blatt ist gewellt. Es kommen auch laubblattähnliche Hochblätter am Blütenschaft vor. Blüten trichterförmig und hellpurpurn, Juli/August, 40 bis 80 cm. H.: Nur aus japanischen Gärten bekannt.
– – ›Univittata‹ · Schneefederfunkie
Sie ist im Wuchs stärker als die Sorte ›Albomarginata‹, jedoch Laubblätter nur längs der Hauptrippe weiß, in die Blattspreite in schmale Zonen auslaufend. Nur 20 bis 40 cm. Blüte und H. wie vorige.

4. Grünlaubige Funkien

Hosta longissima (syn. H. japonica var. langifolia) · Schmalblattfunkie
Auffallende Art mit etwas matten, reingrünen, bis 35 cm langen und nur etwa 3 cm breiten Blättern. Streng aufrechter Wuchs. Blütenschaft mit einigen schmallanzettlichen Blättern. Violette Blüten mit zurückgeschlagenen Zipfeln, Juli/August, 35 bis 50 cm. H.: Honda (Japan).
– **rectifolia**
Blätter beiderseits grün, breit bis ovallanzettlich, aufrecht, bis 20 cm lang. Typisch für diese *Hosta*-Arten ist das etwas kriechende Rhizom. Blattloser bis 80 cm hoher Blütenschaft mit violetten, dunkelgestreiften, schlankglockigen Blüten. Juli/August, H.: Südsachalin, Japan, Südkurilen.

– **tardiflora** (syn. H. japonica var. tardiflora, H. sparsa)
Dunkelgrüne, beiderseits glänzende, lanzettliche, langzugespitzte Blätter. Blütenstand blattlos mit trichterförmigen, lichtpurpurfarbigen, weit ausgebreiteten Blüten. Wertvoll durch die späte Blüte von September bis November. Etwa 30 cm. H.: Japan.

– **ventricosa** (syn. H. coerulea) · Glockenfunkie
Auffallende dunkelgrüne, große und breit-herzförmige, etwa bis 18 cm breite und unterseits stark glänzende Blätter. Blütenstand blattlos mit violettblauen Blüten, die eine schlanke Röhre haben und sich vorn ausgeprägt glockenförmig verbreitern. August, etwa 90 cm. H.: Ostasien.

– **venusta**
Eine liebliche *Hosta*-Art. Es ist die eigentliche Funkie für den Steingarten. Blätter sehr klein, mittel- bis dunkelgrün, fast eirund und in einer Spitze auslaufend. Blüten blaßlila, sich trichterförmig erweiternd. Juli/August, nur 25 cm. H.: Japan, Korea.

Hottonia → Wasserpflanzen Seite 95

Hutchinsia · Alpengemskresse · Kreuzblütler
○ bis ☼ ≃ △ ‖ ▭ ⊖ ⬡ ⫩ ⊖

– **alpina** · Alpengemskresse ·
Schneeweiße Stickereien auf flachem, immergrünem Polstermoosgrund, 8 cm, April/Juni, sehr lange blühend, wenn ihr nicht zu sonnige Gartenplätze zugemutet werden. Die nachfolgende Unterart ist gartenwilliger und deshalb wertvoller. H.: europäische Hochgebirge, am liebsten auf feuchtem, steinig-sandigem Boden, in etwas absonniger oder etwas halbschattiger Lage wild vorkommend, steigt bis 3000 m hoch und geht bis 400 m herab, streicht auf diese Weise bis zu großen Flußstädten herunter. West-Ost-Reichweite von den Pyrenäen bis zu den Karpaten. N.: *Primula rosea.*

– – ssp. **auerswaldii** · Spanische Gemskresse
Sie ist ein später erblühender, ebenfalls immergrüner, völlig unausgeschöpfter weißer Frühlingsschatz saubersten Haltung und Ordnungskraft für Steingärten – setzt aber, wie auch die vorige, leidlich humosen, nicht sonnenbrandigen Boden voraus zu dauerndem Wohlgedeihen. Mai/Juni. H.: Spanische Hochgebirge.

Hypericum · Hartheu, Johanniskraut · Johanniskrautgewächse
○ ⊕ △ ⊖ ⊖

– **olympicum** · Olymphartheu
Vom Kleinasiatischen Olymp, 10 cm hoch, im Juni blühend, ist in rauhester Lage noch härter als *H. polyphyllum.* Einzelpflanzen oder ganze Flächen sind von fabelhafter Wirkung.

– **polyphyllum**
Goldgelbe unvergleichliche Blütensonnen, sph., Juni/Juli. Der schönste kleine Teppichhartheu sollte am Fuß einer Terrasse oder eines Wildgesteins gepflanzt werden, wo selbst man ihm mit irgendeiner trockenen Bedeckung über solche Ausnahmewinter hinweghilft, welche keinen Schnee haben. Sieben Winter entging er hier schutzlos ohne Schaden – der achte traf eine alte Mauerpflanze! H.: Vorder- und Kleinasien.

Iberis · Schneekissen · Kreuzblütler
○ bis ○○ ⊕ △ ▭ ⦙ ⫩
Man kann diese mit Blütenmassen beladenen Zwergsträuchlein, diese treuen Lebensbegleiter durch Jahrzehnte, nicht hoch genug bewerten!

– **saxatilis** · Vorfrühlingsiberis
Anfang April/Mai in schneeweißen Kissen, die im Herbst noch einmal wochenlang ziemlich reich weiterblühen, ohne geringere Blütenfülle im Jahr darauf. 15 cm. Ältere Pflanzen sind von hinreißender Schönheit! Unbeschreibbar! H.: Südeuropa, nördliche Schwarzmeerküste.

– **sempervirens** · Immergrüniberis
Die Art ist durch die nachfolgenden Sorten weit überholt und deshalb entbehrlich. H. der Art: von Spanien über Südostfrankreich, Schweizer Jura, Italien bis Sizilien, Kreta, Kleinasien und Krim urbeheimatet, und zwar montan bis subalpin. N.: frühe Tulpen und Zwergiris. Bei Einfassungen ist folgendes zu bedenken:

Incarvillea delavayi, die Freilandgloxinie, ist ein wertvoller Sommerblüher.

Ihre dicht gepflanzten Bänder blühen nur etwa 6 bis 8 Jahre lang reich und sind auch durch Erdnachfüllungen nicht wieder in reichen Flor zu bringen. Nahmen wir jedoch Pflanzen so aus der Reihe, daß ein Zwischenraum von 0,4 m zwischen den Zweigenden verblieb, so fingen die Sträucher wieder lebhaft an zu blühen und lagen in dichtem weißem Blütenpelz, der auch nach weiteren acht Jahren niemals nachließ. Dies gilt sogar für ärmere Trockenheitsböden. In die Lücken setzt man dunkelblaue Zwergiris.

– – ›Findel‹
Starkwüchsige und großblumige Sorte, sph.

– – ›Schneeflocke‹
Sorte in blendendstem, reinstem Schneeweiß. Drei Wochen nach *I. saxatilis* erblühend und bis tief in den Juni reichend. 25 bis 30 cm hoch, reichblühend.

– – ›Weißer Zwerg‹
Sie bildet an lichter, halbschattiger Stelle jetzt hier im 28. Jahre 2 cm^2 große dichte Blütenflächen, deren winterliches Grün auch in den schwersten Frösten nie litt.

Incarvillea · Freilandgloxinie · Bignoniengewächse
○ ⊕ △ ⊥ ⋀
Die wunderschönen Freilandgloxinien bringen uns die Fremdartigkeit Ostasiens in den Garten. Keiner ahnt wohl, daß aus den rübenförmigen Wurzelstöcken uns im Sommer wunderschöne, gloxinienähnliche Trompetenblüten entzükken. Sorgfältiges, vorsichtiges Pflanzen des brüchigen Wurzelstockes, am besten im zeitigen Frühjahr, gibt die Gewähr für jahrelanges Gedeihen. Ratsam ist, etwas tiefer zu pflanzen. Der Wurzelkopf muß handbreit mit Erde bedeckt sein. Alle aufgeführten Arten sind in normalen Wintern hart. Sie lieben durchlässigen, kalkhaltigen, nährstoffreichen Boden.
N.: Als kleine Gruppen oder einzeln in nicht zu dichte Polster bodenbedeckender Stauden pflanzen.

– **compacta** ›Bees Pink‹
Der Zwerg der Gattung von nur 30 cm Höhe mit zartrosa großen Blüten, wovon sich bis zu 10 an einem Stengel entfalten. Mai/Juni. H.: Nordwestchina

– **delavayi**
Der Riese, von 60 cm Höhe, von den gartenwürdigen, harten Arten. Seine Blüten sind kleiner als bei den anderen genannten Arten; trotzdem schön rosarot mit gelblichem Schlund, Blütenstand bis 12blütig. Obwohl sie als härteste Art gilt, ist Winterschutz ratsam. Juni/Juli. H.: Westchina (Yunnan).

– **mairei** var. **grandiflora**
Sie wird nur 20 cm hoch, aber meist nur 1- bis 2blütig. Die Blütenfarbe ist ein sattes Rosarot. Ebenfalls von Mai bis Juni blühend. Die Art kommt auf Bergwiesen bis 3500 m Höhe vor. H.: Westchina.

Inula · Alant · Korbblütler
○ bis ○○○ ⊕ △ ▭ ⬡ ⚘

– **ensifolia** ›Compacta‹ · Zwergalant
Bringt als wertvoller Sommerblüher im Juli/August 25 cm hohe und breitwerdende Kugelbüsche kleiner gelber Sonnenblumen in dichten Kissen hervor, die mit Karpatenglockenblumen und ähnlichen jahreszeitlich blühenden Stauden willkommen sind. H. der Art: Südeuropa, Österreich, Südosteuropa, Kaukasus, an trockenen, sonnigen Hängen. Subalpin bis alpin. N.: Edeldistel, Helmkraut.

Iris · Schwertlilie · Schwertliliengewächse
Wir wollen die bedeutsamen und leider noch zu wenig bekannten, bahnbrechenden Züchtungsfortschritte der Iris, ihre neuerschlossene Zukunft, feiern und der Blume der Friedensgöttin – »die auf dem Irisbogen zur Erde hinabsteigt« – auf neue Weise in unseren Gärten huldigen! Sie lockt uns hierzu durch eine unermessene Fülle ungekannter und wunderbar gesteigerter kleiner und großer Gestalten und Schönheiten. Diese Lockung reicht vom März bis in den Spätsommer (s. auch Blumenzwiebeln im Flor ihrer winterharten Dauerarten Seite 128 ff. Die kleinen und großen wildnishaften oder gartenhaften Arten und Sorten dienen einerseits der Wildnisgartenkunst in ihren Steingärten, Ufergärten oder anderen steinlosen Wildnisgartenbezirken, andererseits auch den gebauten Ufer- und Wassergärten.
Solche Fülle unabsehbaren Reichtums kleiner, stiller Iris und großer Prachtiris hat sich noch nie erwartungsvoll an den Toren der Gärten gestaut! Iris ist also auf dem Wege, die Blume der Weltfriedensgöttin zu werden – weit hineingreifend über ihre Rolle im bisherigen Gartenleben der Völker und ihrer Mythologien!
Die kleinen Iris stellen von März bis Ende Juli eine Überraschungswelt auch für kleine Gartenträume dar. Monatelang pilgert der Gartenfreund immer morgens zu ihnen, wer weiß wie oft fast erschreckt von dem Übermaß strahlender, juwelenhafter Pracht und Erfindungsfülle der Mutter Natur an der Iris. Zum ersten Male treten in unseren Büchern die neueren Zwergiris auf, die »Chamaeiris« und die »Liliputs«, Kreuzungen von Hohen Bartiris mit Pumilas oder Chamaeiris – Gegenstand eines ganz neuen Zärtlichkeitsgefühls für Iris. Diese kleinen, oft kaum spannhohen vielfarbenen Edelsteine der frühen Maiwochen passen auch an Steingartenplätze, die für die Barbata-Nana-Gruppe nicht geeignet sind. Die Züchtungsarbeit auf dem Gebiet der »Liliputs« und sonstigen Zwerge, sowohl aus Europa als auch aus Nordamerika stammend, ist heute enorm vorangeschritten. Die genannten Sorten stellen nur eine kleine Auswahl aus der großen Sortenfülle dar.
Bedeutsam fällt hier ins Gewicht, daß wir die Pflanzen sowohl an Sonnen- wie an lichten Schattenplätzen in voller Blütenfülle beobachten; allerdings kam der Schatten von weither. Da wir hier unter den größeren Iris nicht nur diejenigen wildnishafter Wesensart aufführen, unter die man noch *Iris sibirica, I. orientalis* und *I. monnieri* rechnen darf (obwohl sie auch in den gebauten Wassergarten passen), sondern auch die zwei großen lang hingestreckten Zeitgruppen der *Iris germanica* und *I. kaempferi* bedenken müssen, weil ja der architektonische Wasser- und Ufergarten ein Steingarten ist, sollen hier am Schluß der Listen Prachtsorten folgen.

Iris in allseitiger Gartenverwendung

Der große Schatz der unverwüstlichen Kleinstaudeniris für Steingärten, Ufergärtchen und andere Kleinstaudenverwendung in vier Zeitgruppen ist in Gärten ebensowenig ausgewertet wie die größeren Wildstaudeniris – Uferschwertel, Wieseniris und Steppeniris –, also sowohl *Iris sibirica* in Edelsorten der *I. orientalis* in Gelb und Weiß sowie *I. monspur* und *I. monnieri.*

Diese großen, frühen und späten »Wildstaudeniris« passen also (bis auf die *I. pseudacorus)* für gebaute Wassergärtchen in die Nachbarschaft der eigentlichen Garteniriszüchtungen, *I. germanica* (Barbata-Elatior- und Barbata-Media-Gruppe) sowie von *I. latifolia* und *I. kaempferi,* deren Flor sich gleichfalls über sehr lange Zeit hinzieht und von der Nachbarschaft der edelsten *Hemerocallis* (Taglilien) früh und spät unterstützt wird. Wichtig bei der Verwendung ist die Beachtung der speziellen Kulturansprüche der *Iris*-Arten und der vielen Hybrid-Gruppen.

Kleinstaudeniris

in vier Zeitgruppen
von März bis Anfang Juni:

1. Zeitgruppe: März bis April

Siehe die Blumenzwiebeliris in der Liste Seite 136 f.
Alle die dort genannten Arten und Sorten dieser frühen Zeit lieben etwas frischbleibenden Boden mit genügend Humusgehalt. Sie benötigen für ihre Ruhezeit im Sommer und Frühherbst einen etwas trokkenen Platz und gute Dränage.

2. Zeitgruppe: Mitte und Ende April bis in den Mai

Zwergige Rhizom-Iris für mannigfache Gartenanlagen
○ bis ○○○ ⊕ △ ‖ ⁞ ✂ ⛁

Iris aphylla · Nacktstengeliris
Eine frühe weinrote Zwergiris, 10 bis 20 cm, um ihre Zeit farblich unersetzlich im Stein- und Wildnisgarten. Läßt das Laub bald nach Blüte fallen. H.: An wenigen Standorten auf Trockenhängen Mitteldeutschlands vorkommend, sonst bis Südosteuropa, Kaukasus, Kleinasien.
– **lacustris** · Amerikanische Zwergiris ≃
Hellblaue winzige, duftende Art, von Mai und manchmal bis Oktober blühend. Liebt frischen, etwas sauren Boden. Liebliche grüne, an Gräser erinnernde Matten bildend. Zu Hause auf den Felsenufern der nordamerikanischen Seen.
– **mellita** · Vielfarbenzwergiris
10 bis 20 cm, braun-blau-sammetrot und weiß. Nur dauerhaft bei vollsonnigem Standort und gut dräniertem Boden. H.: Balkan bis Kleinasien.
– **pumila** · Kleine Rhizomiris
Sie kommt in allen Farben an den Wildstandorten vor. Durch Wüchsigkeit und größere Anpassungsfähigkeit durch die Hybriden der Barbata-Nana-Gruppe überholt.
H.: Mitteleuropa, Balkangebiet bis Südural.

3. Zeitgruppe: Ende April bis Mitte Mai und länger

Iris barbata der Iris-Barbata-Nana-Gruppe
Später erblühend als *I. pumila* und in einer Höhe von 20 bis 30 cm.
○ bis ○○○ ⊕ △ ‖ ⁞ ✂ ⛁
– – – ›Ablaze‹
Dom gelb, Hängeblätter orangebraun, 15 cm.
– – – ›Baria‹
Einheitliches Hellgelb, 30 cm, sehr reichblühend.
– – – ›Cyanea‹
Reines Ultramarinblau, 15 cm. Schon seit 1899 im Handel und dennoch unersetzlich.
– – – ›Fairy Flax‹
Leuchtendes Hellblau, dunkler Fleck auf den Hängeblättern, 20 cm.
– – – ›Gingerbread Man‹
Auffallendes Tabakbraun mit blauem Bart, 25 cm.
– – – ›Goldreiz‹
Leuchtendes Gelb, brauner Fleck auf den Hängeblättern, Großblütigkeit und Starkwüchsigkeit zeichnen diese Sorten aus, 25 cm.
– – – ›Green Spot‹
Weiß, Dom und Hängeblätter mit auffallender grüner Aderung, 25 cm.
– – – ›Hilmteich‹
Leuchtendes Hellblau, sehr wetterfeste Sorte, 30 cm.
– – – ›Jerry Rubin‹
Leuchtendes Rubinrot, sehr reichblühend, 30 cm.
– – – ›Lenna‹
Rosafarbene Sorte, bringt neuen Farbton in die Zwergiris, 20 cm.
– – – ›Libor‹
Dunkelvioletter Dom, rötlichvioletter Fleck auf den Hängeblättern, 20 cm.
– – – ›Lilli White‹
Reinweiß und reichblühend, 20 cm.
– – – ›Nachtmahr‹
Rötliches Violett, zierliche Blüten, 30 cm. Eine der spätesten Sorten.
– – – ›Path of Gold‹
Leuchtendes Goldgelb, reichblühende und wüchsige Sorte, 20 cm.
– – – ›Regards‹
Weinrot mit lila Hauch, also zweitönig und von besonderem Reiz, 20 cm.
– – – ›Silkie‹
Auffallendes klares, tiefes Violett mit seidigem Glanz, 20 cm.
– – – ›Spring Fern‹
Leuchtendes Gelb, auf den Hängeblättern zartgrüne Aderung. Elegante Wirkung durch die »schwebenden« Hängeblätter. 30 cm.
– – – ›Tenno‹
Leuchtendes Blau mit hellem Fleck auf den Hängeblättern, reichblühend, 15 cm.

4. Zeitgruppe: Ende Mai bis Anfang Juni

○ bis ◐ ≃ ♁

Iris chrysographes · Violettfarbene Wildiris
Samtigpurpurne bis dunkelviolette, auf den Hängeblättern goldgelb gezeichnete Wildiris, 30 bis 50 cm hoch mit schilfartigen Laubblättern. H.: Westchina.
– **gracilipes** · Japanische Zwergiris ≃
Aus schmalem Blattbusch dieser Rhizomiris steigen hellila Blüten mit orangefarbenen Kamm. Humusliebhaberin, 25 cm. H.: Japan. »Erinnert uns im Garten an die tausend Eilande von Matsushima.« (Farrer)
– **graminea** · Pflaumenduftiris
○○ ⊕ ⁞
20 cm, blau und violett, eigenartige Blütenform. H.: Südeuropa, Spanien bis Balkan, Südukraine, Südrußland, nördlich bis Österreich.
– **ruthenica** · Siebenbürger Grasiris
○○ ⊕ ⁞ ⛁
20 bis 30 cm, hellila mit weißem und violetten Tönen. Ohne Blüte wie ein kleines Gras wirkend. Sie wünscht einen durchlässigen, etwas kalkhaltigen Boden. H.: Von Siebenbürgen bis Ostasien!

Größere Iris dieser Gruppe für Wildnisgartenräume oder auch gebaute Uferräume

Zeitgruppe: Juni bis Juli

○ bis ○○○ ⊕ ⊥ ✂ ♁
Die höheren Angehörigen dieser Zeitgruppe haben gleichfalls wie die eben in der vierten Gruppe genannten größeren Iris das Doppelgesicht, das sich sowohl reinen Wildnisgartenräumen der Steingärten und Ufergärten zuwendet als auch durch ihre edle, gesteigerte Schönheit den architektonischen Ufer- und Steingärten. Es sind kleinasiatische Steppeniris in gärtnerischer Veredlung.

Iris monnieri
Goldgelbe, knie- bis brusthohe Iris, soll von griechischen Inseln stammen, verträgt flachen Wasserstand, kann dann brusthoch werden!
– × **monspur** (Hybride von *I. monnieri* und *I. spuria*)
Blauweiße, fast meterhohe Iris, braucht, um sicher zu blühen, warmen, sonnigen, aber nicht zu trockenen Gartenplatz.
– **orientalis** (syn. I. ochroleuca ›Gigantea‹)
Hochmalerische Irisgestalt von besten Schnittblumeneigenschaften, weißen Blüten, die durch einen goldgelben Fleck auf den Hängeblättern wirkungsvoll betont werden. 70 bis 90 cm.
– – var. **sulphurea**
In Gärten häufig unter ›Sulphurea‹ als Sorte verbreitet, zartgelb mit Blau. Der Gräserbusch dieser Irisart mit ihrer Sorte ist auch in Trockenheit so starr, üppig und dekorativ, als stände er im Sumpf. H. der Art: Syrien, Kleinasien.
– **pseudacorus** · Sumpfschwertlilie
⊔ ≋ ≋ ✂
Goldgelbe heimische Uferiris, die aus imposantem Blattwerk fast meterhoch blüht. Sie verträgt flachen Wasserstand auf die Dauer und ist in jeder Weise unverwüstlich. Diese zwischen die *Iris sibirica* setzen! Blaßgelbe und buntblättrige Varianten sind bekannt und bei der Benachbarung zu bedenken!
– **sanguinea** ≌ ⊔ ✂
Schöne Wildart, ähnelt mit dem aufrechten Laube *I. sibirica*. Eine zuverlässige, auch nach Jahren reichblühende Garteniris, intensiv blau, 60 cm. H.: Japan, Korea, Nordostchina, Baikalgebiet, Ostsibirien bis Ussurigebiet.
– – ›Snow Queen‹ (Schneekönigin)
Einheitlich elfenbeinweiß, wirkt sehr wildnishaft, 100 cm, Mai/Juni.
– – ›Weißer Orient‹
Weiß, gelbe Adern und gelber Schlund, großblütig, Juni.

Iris sibirica · Wieseniris
♒ ⊔ ✂ ♁
Heimisch auch in unserer Flora, leider durch intensive Nutzung von vielen Wiesen verschwunden, 40 bis 100 cm hoch, tiefes und helles Blau. H.: Mitteleuropa bis Sibirien.
– – ›Caesar‹
Obwohl ältere Sorte, noch unübertroffen. Sammetdunkelblaue Kostbarkeit.
– – ›Mrs. Rowe‹
Silberweiß mit Lavendelrosa.
– – ›My Love‹
Edles, weiches Mittelblau an reichverzweigtem Stengel, auch nach Jahren reichblühend. Schöne Aderung auf den Hängeblättern.
– – ›Perrys Blue‹
Schönste hellblaue der älteren Züchtungen.
– – ›Phosporflamme‹
Blau mit Phosphorzeichnung.
Ähnelt noch sehr der Wildart. Züchtung von Altmeister Steffen.
– – – ›Snow Crest‹
Gute wüchsige, weiße Sorte. Hat leider nur 2 Blüten je Stengel, ist aber reichblütig, auch nach Jahren.

Listen der zwei Prachtirisgruppen

Es sind hier nur für die gebauten Stein- oder Wassergärten die ausdauernden *Iris latifolia* und deren Sorten der *Iris-Anglica-Hybriden* zu nennen. Diese Zwiebelstauden aus den Pyrenäen, ebenso die Iris-Barbata-Elatior- und Iris-Barbata-Media-Gruppe und schließlich die *Iris kaempferi.* Man kann in gebauten Wassergärten diese Irisgruppen nicht mehr entbehren.
Für die Pflanzung raten wir ein Abrücken vom gebauten Wasserrand mit Rücksicht auf schneelose, strenge Winter oder aber zu einer guten Beschüttung dieser Randpflanzen. Man soll die hohen Iris sehr locker pflanzen, damit sie nicht beengt zusammenwachsen, was sonst schnell geschieht. Der Boden soll gut bereichert sein und späterhin auch ab und zu eine Kräftigung erfahren. Der Rhythmus macht auch hier aus wenig viel. Andernfalls soll man bei zwangloser Pflanzung einige markante Gräser und im Halbschatten Blattschmuckstauden einsprengen.
Unsere Sortenauswahl kann aus vielerlei Gründen nur begrenzt sein. Es gibt viele edle Sorten. Jeder Farbwunsch kann erfüllt werden. Deshalb wähle man auch aus Katalogen sorgfältig aus.

I. Prachtirisgruppe

I. Zeitgruppe: etwa ab Mitte Mai

Iris barbata der Iris-Barbata-Media-Gruppe
(Diese Gruppe vermittelt mit ihrer Blütezeit zwischen der Nana- und Elatior-Gruppe.)
○ bis ○○ ⊕ ‖ ⊔ ✂

Iris-Barbata-Media ›Arabi Treasure‹
Klares, leuchtendes Blau und angenehmer Duft zeichnen diese Sorte aus. Nur 40 cm.
– – – ›Black Hawk‹
Samtiges Dunkelviolett, zuverlässige und reichblühende Sorte, 60 cm.
– – – ›Cherry Garden‹
Einheitliches Weinrot, eine der frühesten und reichblühendsten Sorten der Media- Gruppe, sehr niedrig, 30 cm.
– – – ›Findelkind‹
Wundervolle, sehr reichblühende und wüchsige, tiefgoldgelbe frühe Sorte, 50 cm.
– – – ›Kurier‹
Große veilchenblaue Blüten, 30 cm.
– – – ›Libellula‹
Zartes Hellblau, sehr reichblühend und wüchsig, 30 cm.
– – – ›Ruby Glow‹
Leuchtend weinrot, früh, 40 cm.
– – – ›Schwanensee‹
Reinweiß, 30 cm.

2. Zeitgruppe: etwa Ende Mai

Iris barbata der Iris-Barbata-Elatior-Gruppe
○ bis ○○ ⊕ ‖ ⊔ ✂
(Die Elatior-Gruppe läßt sich durch ihre längere Blütezeit in mehrere Blütezeitgruppen unterteilen. In unserer Aufstellung gehört auch die dritte Zeitgruppe dazu.)
Iris-Barbata-Elatior ›Black Taffeta‹ (Schwarzer Samt)
Seidiges tiefes Schwarzblau, dazu gewellte Blüten, faszinierend! 70 cm.
– – – ›Blue Glow‹
Mittelblau, nur glatte Blütenform, dennoch schön, 80 cm.
– – – ›Blue Sapphire‹
Elegant gewellte hellavendelblaue Blüten, sehr standfest, 100 cm.
– – – ›Desert Song‹
Großblumig, hellgelb, Hängeblätter haben einen kleinen weißen Spiegel, 80 cm.
– – – ›Lugano‹
Cremeweiße, goldschlündige, große Blüten, blüht in günstiger Lage im Herbst nach, 100 cm.
– – – ›Mairegen‹
Dom kanariengelb, Hängeblätter hellgelb, leicht gewellt, sehr großblütig und früh! 110 cm.
– – – ›Orelio‹
Tiefbraune, große Blüten, frühblühend, 80 cm.
– – – ›Pequot‹
Glühend kupferrot, frühblühend, nicht in der Sonne verblassend, 70 cm.
– – – ›Sable Night‹
Tiefes Dunkelviolett, fast schwarz wirkend, 80 cm.
– – – ›Seagull‹
Reinweiße, sehr reichblühende, gegen Witterungseinflüsse widerstandsfähige Sorte, 80 cm.

3. Zeitgruppe: etwa Anfang Juni

(Alle Sorten gehören zur Iris-Barbata-Elatior-Gruppe.)
○ bis ○○ ⊕ ⁞ ✂

Iris-Barbata-Elatior ›Arctic Snow‹
Weiß mi bläulichem Schimmer, sehr reichblühend, 90 cm.
– – – ›Black Hills‹
Einheitliches signalartiges Schwarzblau, 100 cm.
– – – ›Blue Rhythm‹
Leuchtendes Mittelblau, 100 cm.
– – – ›Blue Shimmer‹
Blaue Randaderung auf weißem Grund, 80 cm.
– – – ›Extravaganza‹
Dom cremegelb, Hängeblätter samtig pflaumenblau, einmaliger seltener Farbenzweiklang, sehr spät blühend, 80 cm.
– – – ›Firecracker‹
Schöne leuchtend rotbraune Zeichnung auf goldenem Grund, ebenfalls sehr reichblühend, 80 cm.
– – – ›Golden Sunshine‹
Reingelb, sehr wetterfest, 90 cm.
– – – ›Irenka‹
Schneeweiß mit etwas grüngelbem Schlund. Reich- und Langeblüher! Widerstands- und anpassungsfähig, 80 cm.
– – – ›Jane Phillips‹
Leuchtend hellblau, noch unübertroffene Sorte in diesem Farbton, zuverlässig, 80 cm.
– – – ›Lela Dixon‹
Kräftig blaue Zeichnung auf weißem Grund, sehr reichblühend, 90 cm.
– – – ›Mystic Melody‹
Dom cremegelb, fast weiß, Hängeblätter tief goldgelb, schöne Farbkombination, 80 cm.
– – – ›Ola Kala‹
Hervorragende tief goldgelbe, späte Sorte, etwas kleinblumig, aber dennoch unersetzbar, 90 cm.
– – – ›Pacemaker‹
Samtig braunrot, 80 cm.
– – ›Party Dress‹
Aprikosenrosa mit gelbem Schlund, Blütenblätter am Rand gewellt, 80 cm.
– – – ›Rosenquarz‹
Reines Rosa, sehr auffallend, sehr wüchsige reichblühende und widerstandsfähige Sorte. Eine der besten rosa Sorten! 100 cm.
– – – ›Wabash‹
Dom reinweiß, Hängeblätter veilchenblau mit weißem Rand. Ältere, etwas kleinblumige, aber noch unübertroffene reichblühende Sorte, 100 cm.

2. Prachtirisgruppe

Iris kaempferi · Japanische Sumpfiris
○ bis ◐ ⊝ ⩮ ⊔ ✂
Wir verwenden das Wort »Sumpfiris«, weil diese Staude auch gut im feuchten, kalkfreien Gartenboden aushält, wobei sie noch verträgt, bis zum Abblühen in Kübel bei flachem Wasserstand von 5 cm gesetzt zu werden. Später, besonders im Winter wünscht sie keine stauende Nässe. In rauhen Lagen ist Winterschutz empfehlenswert.
Die Pflanzen ermüden nach einigen Zeiten und setzen mit Flor aus, sie wollen dann im Frühling aufgeteilt und neugepflanzt werden, wobei es sich jahrelang herausstellte, daß es zwei Typen gibt: die eine schmollte im Verpflanzjahr blütenlos, die andere brachte gleich wieder Blüten. Die Situation in bezug auf *Iris kaempferi* war nach Mitte des Jahrhunderts die folgende: Man konnte die schönsten gartenfreundlichsten Sorten zur Zeit noch nicht sicher beschaffen, da zuviel Namenunsicherheit bestand; man mußte sich also auf gut Glück möglichst »schöne Sorten« senden lassen. Doch hat sich dies alles in das Gegenteil verwandelt, da das Ausland, aber auch das Inland mit größtem Erfolge neue, gartenwürdige Sorten auf diesem züchterischen Gebiet geschaffen hat.
Diese Iris ist nun die große Blume der sommerlichen Ufergärten geworden. Sie paßt in ihrer Pracht natürlich nicht an Wildnisgartenplätze, sondern in gebaute Ufergärten hinein. Von Sumpfbedürftigkeit ist hier keine Rede mehr, wohl aber von der Fähigkeit, sich auch in sehr feuchtem Boden zu behaupten.

Jeffersonia dubia → **Plagiorhegma dubium** Seite 205

Jovibarba · Wirbelsteinwurz · Dickblattgewächse
○ bis ○○○ ⊕ △ ‖ ⛉ ♁ 丰
Einige früher zur Gattung *Sempervivum* gehörige Arten wurden abgetrennt und umbenannt. Wir folgen der neueren, gültigen Systematik und hoffen, daß die alten deutschen Namen weiterhin für weite Verbreitung dieser interessanten Sukkulenten sorgen. Alle *Jovibarba*-Arten bilden keine Tochterrosetten an Stolonen. Sie werden ähnlich wie *Sempervivum*-Arten behandelt und verwendet.
– **heuffelii** (syn. Sempervivum heuffelii) · Jadewirbelsteinwurz
Mit ihren Blattbuckeln und den emporgereckten Blütenköpfchen ähnelt sie kleinen Schildkröten. Das wunderliche Meergrün kommt dem Jadestein am nächsten. Der Zuwachs ist gering und entsteht nur durch Rosettenteilung. Liebt durchlässigen Boden und verabscheut zuviel Winternässe. Es gibt eine Reihe von Farbvarianten in der Rosettenfärbung. Fundort: 1874 in Serbien.
– **heuffelii** var. **reginae-amaliae** · Bronzewirbelsteinwurz
Die bronzebraun und etwas grün getönten, wirblig und bizarr gebauten wuchtigen Pflanzen tragen blaßgelbe Blüten. Diese Varietät darf nicht mit *Sempervivum reginae-amaliae* und ihren Standortformen verwechselt werden, die sehr selten echt in Kultur sind. Fundort: Griechische Hochgebirge 1877.
– **sobolifera** (syn. Sempervivum soboliferum) · Kugelwirbelsteinwurz
Sie bildet aus Rosetten großer und kleiner grüner, unterseits oft rötlich gefärbter Kugeln breite grüne Platten, welche die Pflanze von allem Ähnlichen unterscheidet. Der englische Volksname für diesen kleinen Zauber heißt treffend »hen and chickens«. Leicht zu kultivieren, stellt keinerlei besondere Ansprüche. Fundjahr: 1885. H.: Nördliches Mittel- und Osteuropa und soll sogar bei Archangelsk gefunden worden sein.

Juncus → Gräser Seite 120

Koeleria → Gräser Seite 122

Lathyrus · Platterbse · Schmetterlingsblütler
◐ bis ● ▭ Y ⬡ ⛉
– **vernus** · Frühlingsplatterbse
Rötliche, später verblauende Blüten. Mehr für Fernwirkung, da unschön verblühend. Fßh., April/Mai. H.: feuchte und auch trockene Wälder Europas, Kaukasus, Sibiriens. N.: Vorfrühlingspflanzen.
– – ›Alboroseus‹ · Rosenplatterbse
Die bezaubernden fußhohen und fußbreiten warmrosa Büschlein, die im Alter immer wuchtiger werden und ungemein anspruchslos sind, haben zwar nur knapp vierzehntägige Blütezeit; aber in das lange Nachwirken rührt schon ferne Vorfeude! Man kann sich ihre altbewährten Partner wie Hufeisenfarn und Enzianlungenkraut, weiße Kiebitzblumen und Waldvergißmeinnicht kaum noch getrennt von ihrem Platz denken. Zu den fehlerlosen Gartenschätzen gehörend!

Lavandula → Zwerglaubgehölze Seite 145

Leontopodium · Edelweiß · Korbblütler
○ ⊕ △ ‖ ✂ ❦ ⛉ ♁ ⛉
– **alpinum** · Alpenedelweiß
Der Name taucht zuerst 1785 in Tirol aus Schriften auf. Trockenstrauß! H.: subalpine bis alpine Spaltenpflanze. Die Heimat des Edelweißgeschlechtes ist Zentralasien. Eine einzige Art bürgerte sich während der Eiszeit in den Alpen Europas ein und lebt zwischen 1700 und 3400 m Höhe auf Grasbändern, steilen, felsigen und sonnigen Halden, senkt sich wohl einmal tiefer hinab.
Im Garten liebt das Edelweiß sonnige, jedoch nicht zu trockene, aber durchlässige und kalkhaltige Pflanzplätze. Bei Mastkultur nur unschön blühend. Gute Typen sollten vom Liebhaber nur vegetativ vermehrt werden.
Edelweiß in guter Rasse entwickeln auch im Tieflandsteingarten das edle Weiß und die üppigen, vielblumigen Büsche wie in der großen Höhe. N.: *Veronica incana, Thymus serpyllum, Campanula cochleariifolia* und *Campanula portenschlagiana, Primula auricula.*
– × **lindavicum** (gekreuzt aus *L. himalaicum* × *L. japonicum)*
Es blüht bis zum Herbst in großer Schönheit. Gehört unter die Dauerblüher wie *L. palibinianum.*
– **palibinianum** (syn. L. sibiricum) · Sibirisches Edelweiß
Er ist durch Sibirien, die Mongolei, die Mandschurei und Korea verbreitet. Kann dort fast unkrauthaft Berg- und Steppenstraßen umwuchern, so daß die Straßenarbeiter ihre Last damit haben. Diese Art blüht am längsten.
– **souliei** · Chinesisches Edelweiß
Silberweißes und kleinblumiges Edelweiß, aus Teppichpolstern reich blühend. Liebt im Gegensatz zu den anderen Arten etwas feuchten Boden. Kaum sph., Juni bis August. H.: Tibet, Yunnan.

Leuzea · Bergscharte · Korbblütler
○ bis ○○ ⊕ ⊥ ♁
– **rhapontica** (syn. Centaurea rhapontica) · Alpenrapunzel
Dies ist ein deftiges und herkulisches, etwa 1,5 m hohes Blattschmuckgewächs, dessen lilarosa Blüten von hervorragender Wirkung sind. Besonders schmücken die bis hühnereigroßen silbergrauen Blütenknospen. Wohin mit ihm? Am besten in trockene Wildnisgartenbezirke. H.: Westalpen. N.: *Limonium.*

Lewisia · Bitterwurz · Portulakgewächse
○ bis ☀ ⊝ △ ‖ ⛉ 丰 ⋀ ⛉
– **cotyledon** · Markisenblume
Sie ist weiß und rosageadert, sph., blüht Mai/Juni. H.: Kalifornische Berge.
– **Cotyledon-Hybriden**
Die Art *L. cotyledon* ist in Kultur meist in Hybriden aufgegangen, an denen noch andere nah verwandte Arten wie *L. heckneri* u. a. beteiligt sind. Das Farbenspiel reicht von weiß, rosa, rot, aprikosenfar-

Lewisia-Cotyledon-Hybriden gelten zu Unrecht als heikel.

ben bis zu orange. Für die erfolgreiche Kultur ist durchlässiger, saurer Boden in sonniger bis absonniger Lage unerläßlich. Schütze den Wurzelhals mit Gesteinssplitt! Ebenso ist Schutz vor Winternässe unbedingt notwendig. *N.: Sempervivum, Asperula, Orostachys spinosus.*

Liatris · Rosenscharte · Korbblütler
○ bis ○○ ⊥ ✂ ⬡

– **elegans**
Purpurlilaroter Kerzenblüher, knh., Trockenstrauß. August. H.: Virginia bis Florida. N.: Gräser, *Scabiosa caucasica* (blaue und weiße Sorten).

– **spicata**
Eine Art aus Nordamerika, von Long Island bis Ontario, Michigan, südlich bis Florida, Louisiana, sonst wie vorige, aber farblich variierend, meist blaurot blühend. Juli/August. N.: Heidekräuter.

– – ›Kobold‹
Leuchtend violette Ähren, 40 cm.

Limonium · Strandflieder · Bleiwurzgewächse
○ bis ○○○ △ ⊥ ✂ ♆ ⬡ ⊽

Die *Limonium*-Arten gehören mit ihren schönen Farben und dem oft reizvollen Linienblau der kleinen und großen Arten in Steingärten, Strand- und Steppengärten. Auch sind sie Lieferanten der beliebten Trockensträuße.
Der alte eingedeutschte Name Statize behauptet sich noch weiter neben dem Namen Strandflieder.

– **binervosum** (syn. Statice auriculifolia)
Weißblühendes Zwerglimonium, bildet kleine silberne Dreiecke. Auch die lange Nachwirkung des Flors setzt diese Silberstickerei fort, und so findet sie vielerlei reizvolle Nachbarn. Sph., August. H.: Südeuropa, sonnige Berghänge und Felsfugen.

– **latifolium** · Strandflieder
Knh., ein im Alter breitwerdender Strandflieder wie ein blaues »Schleierkraut«, aber etwas starrer und niedriger. Juli/ August. H.: Grassteppen bis nach Bulgarien. N.: blaue Zwergkugeldisteln, Zwerggoldrauten und auch andere Dünengärtchenvegetation.

– – ›Violetta‹
Sie ist eine spätblühende, wirkungsvolle dunkellila Sorte. Langsamer wachsend als die Art. Nur durch Wurzelschnittlinge vermehrbar.

– **speciosum** · Septemberlimonium
Rötlich-violett, in gedrungeneren, runden Büschen wachsend, fßh. H.: Westasien bis Kaukasus. N.: *Aster amellus*, Herbstzeitlosen.
Neuerdings ist *Limonium speciosum* zur Gattung *Goniolimon* gestellt worden.

Linum · Staudenflachs · Leinengewächse

○ bis ○○○ △ ⛉

– **flavum** ›Compactum‹ · Goldlein
Ein prachtvoller leuchtender goldgelber Hochsommerblüher des Steingartens in gedrungener Form. Sph., Juli/August. H. der Art: Alpines Südosteuropa bis Mitte und Süden der Ukraine, teilweise Südrußland. N.: *Festuca cinerea, Festuca valesiaca, Campanula carpatica,* Helmkraut.

– **narbonense** · Bergflachs
Azurblauer ist er im Gegensatz zu *L. perenne*, das nur 3- bis 4jährig wird. Er ist völlig ausdauernd. Am schönsten ist sein Blau in gesteigerten Züchtungen, wie der englischen ›Six-Hill‹ und der Bornimer ›Drei-Hügel‹. Er bildet im Alter üppige Büsche, deren Azurbläue unvergleichlich ist und an jedem Steingartenplatz wieder zu anderem Erlebnis wird – besonders wenn über 10 bis 15 Jahre alten, 80 cm breiten Büschen blaues Morgenlicht liegt. Die Staude ist halbwegs wintergrün, dennoch schneidet man die grünen Büsche wie Helianthemum gern im Frühling zurück und hat doch vollste Wirkung. Mittags ermüdet das reine Azurblau des Morgens und Vormittags zu einem matten Lila, ähnlich wie es vielen *Veronica*- Arten ergeht. Fßh. bis knh., Ende Mai bis Ende Juli.
Es stellte sich hier im Lauf der Jahrzehnte heraus, daß ein Sämling starklebiger, schnellwachsend und fester und dichter in seinem Immergrün war, dazu auch noch die Eigenschaft hatte, aus Stecklingen zu wachsen, was sonst bei den *L. narbonense* nicht gelang. Dieser Sämling ist ›Havelsee‹ getauft worden. Bei der Stecklingsnachzucht, die wohl langwierig, aber sicher ist, muß berücksichtigt werden, daß der Steckling mindestens 10 cm tief in die Erde gesteckt wird, weil er dort auf »ganzer Linie« seine Wurzeln macht, nicht etwa am unteren Ende. – Reines Blau ist eine so wichtige Sache im Garten, daß nicht genug für seine Verbreitung geschehen kann!
Der Bergflachs hat merkwürdige Pausen und Rhythmen des Blühens wie auch der folgende *L. perenne*. H.: Narbonner Pyrenäen und westliches Mittelmeergebiet auf Berghalden. N.: Habichtskraut, Sonnenröschen, weiße Glockenblumen; wundervoll neben braunlaubigen Büschen wie Zwergberberis und Purpurgünsel.

– **perenne** · Staudenflachs
Die geheimnisvolle Pflanze ist ein Weltwanderer durch ganz Europa, Nord- und Mittelasien und Nordamerika, blüht blau nicht nur, wie es heißt, von Juni bis August, sondern noch viel länger und später. Sie ist nur 3- bis 4jährig und sät sich reich aus. Immer wieder hängt plötzlich an der alten Stelle ein kniehohes blaues Blütenjuwel, verschwindet dann ebenso plötzlich und leuchtet an späten Tagen überraschend wieder auf. Knh., Mai bis Oktober.

Lithospermum purpurocaeruleum → **Buglossoides purpurocaerulea** Seite 168 f.

Lotus · Hornklee · Schmetterlingsblütler

○○ bis ○○○ ⊕ △ ▭ ⛉

– **corniculatus** ›Pleniflorus‹
Hochwillkommener flacher, etwa 10 cm hoher, goldgelber Dauerblüher von immer sauberem Aussehen. Wünscht unbedingt trockene, sonnige Lage. Ende Mai bis Oktober. Schöner als die ungefüllte Stammart, die sowohl heimisch wie in Asien und Nordafrika verbreitet ist.

Luzula → Gräser Seite 120

Lychnis · Pechnelke · Nelkengewächse

○ ⊖

– **alpina** (syn. Viscaria alpina) · Alpenpechnelke ≃ ‖ ⛉
Sie wird kaum sph., schon im Juni/Juli, leuchtend dunkelrosa, auch in der weißen Form; eine kleine, niedliche, nicht zu verbannende Staude, die auf kalkfreiem, nicht zu schwerem Boden augenscheinlich sehr gut gedeiht. Nicht so langlebig wie folgende Art. Anzucht aus Samen leicht! H.: Pyrenäen, Alpen, Gebirge Nordeuropas, Ost- und Westarktis, wenn möglich zwischen 2000 und 3000 m Höhe, sonst auch niedriger.

– **viscaria** ssp. **viscaria** ›Plena‹ · Gefüllte Pechnelke ✂
Ein tolles Magentarot, das im Abendsonnenschein fast ins Brennen gerät! Knh., Ende Mai/Juni. Im natürlichen Steingarten in zu großer Menge allzu gartenhaft; also lieber dem gebauten Steingarten zuzuweisen. Heimat der Stammart: Ganz Europa bis über nördlichen Polarkreis, Westsibirien, Transkaukasus. N.: *Veronica latifolia*, Blaugräser, Wildgesellschaft: Heidenelken, *Corynephorus*, Stammart auf trockenen, sonnigen Grasplätzen, steinigen Hängen, Kiefernwaldrändern.

Lysimachia · Felberich · Primelgewächse

◐ ≃ ▭ Y ⊔

– **clethroides** · Schneefelberich
Eine weißblühende sonderbare, hochedle und völlig unverwüstliche Pflanze von Kniehöhe. Die Blüte fällt durch seltsamen, überhängenden Schwung der Linien auf. Juli/August blühend. H.: Japan, China. N.: Waldglockenblumen, Brennende Liebe, *Veronica incana*.

– **nummularia** · Münzkraut ⋙
Bildet goldgelbe flache Teppiche aus schönblühenden, rhythmischen Geranken, die auch ohne Blüten genügend gartenwürdig sind; schön in großen Flächen. Juni bis September. Kleinere Nachbarn gegen ihren andrängenden Teppich schützen! An Wildnis- und Gartenplätzen immer wieder durch Lieblichkeit auffallend. Benötigt zum dauerhaften Gedeihen frischen, noch besser feuchten Boden. H.: Europa. N.: *Myosotis*, Gräser, Meerbinse, Veronika.

– – ›Aurea‹ · Goldblattmünzkraut
Ansprüche wie die Art. Bei feuchtem, nährstoffreichem Boden auch Prallsonne vertragend. In London ist diese Pflanze ein Balkongewächs, in Schweden fast in jedem Garten aus Kübeln auf Birkensockeln weit herunterrankend, in wundervollster Wirkung. Scheint dort auf dem Lande eine »Glückspflanze« zu sein.

– **punctata** · Goldfelberich
Schönster aller gelbblühenden Felbericharten mit straffem Wuchs. Goldgelbe Quirle in schönen Rhythmen. Die edle Staude ist ein Sonnen- und auch Schattenschmuck von wahrem Range, bedient den Rittersporn mit schöner Nachbarschaft, ist überhaupt »Mädchen für alles«. Fast tschh., Mai- bis Augustblüher. H.: Europa, Nordasien.

Lythrum · Weiderich · Nachtkerzengewächse

○ bis ◐ ≌ ⊥ ⊔ ⋙ ⬡ ⛉

Von Juni bis September tischhoch bis brusthoch wachsende, leuchtend lilarosa blühende Gestalten, in Edelzüchtungen dunkellachsrosa oder von gesteigerter Größe. H.: Hans in allen Gassen der nördlichen gemäßigten Zone, auch in Australien eindringend, aus vielen Gründen ein Unikum rasender Weltver-

breitung – nämlich ein Amphibium, das in Trockenheit voll mittut, aus niedrigem Wasserstand auf die Dauer höchst dekorativ herausblüht (bei welcher Zumutung übrigens *L. virgatum* streikt), von weißen Schmetterlingen monatelang umflogen, von weißen Winden halb erdrosselt – aber immer weiterblühend, Hand in Hand in Gräben mit Wiesenspiräen.
Schön sind die Töne der oft auch die Größenentfaltungen der Züchtungen:

– **salicaria** ›Rakete‹
Brsth., in bis 120 cm hohen rosaroten Rispen. Schönster aller.

– – ›Robert‹
Eine nur kniehohe lachskarminrote Sorte, daher in kleinen Steingartenmaßen noch brauchbar. N.: *Lysimachia dethroides*, weiße Zwergastilben, *Tradescantia-Andersoniana-Hybriden.*

– **virgatum** ›Rose Queen‹
In dieser Veredelung acht Wochen lang ein wirklicher Gartenwert von leuchtend karminlachsrosa Blütenfiligranen für vielfache Steingarten- und Uferverwendung, zumal die Höhe nur etwa 60 cm erreicht. H.: Vom südöstlichen Nordamerika bis Europa, hier von Como bis Kasan, von Österreich bis Griechenland. N.: schön mit weißen und rosafarbenen *Tradescantia-Andersoniana-Hybriden*, blaugrünen Binsen.

Maianthemum · Zweitblatt · Liliengewächse
● ⊖ ⋙ ♁

– **bifolium**
Spinnt weiße spannhohe Schattenteppiche. Eine Pflanze von hohem Range, reizend von Wedeln niedriger Farne durchwoben, noch lebensstärker und wüchsiger in der kanadischen Art *M. canadense.* H.: nördliche gemäßigte Zone. Ebene bis subalpin. Auf welche Zeiträume des Wanderns deutet dieser Erfolg der kleinen Wanderer! An schattigen, humosen, kalkarmen Wald- und Buschplätzen von Laub- und Nadelwäldern, auch in Dünen, Mooren oder an felsigen Orten, bis 2 000 m.

Marrubium · Mäuseohr, Andorn · Lippenblütler
○ bis ○○ △ ▭ ♁

– **supinum**
Die spannhohe weißfilzige Polsterstaude hat unscheinbare Blüten, doch stellt sie eine Bereicherung der silbergrauen Stauden dar und ist schön im Verein mit Silbergarben, Zwerghornkräutern, farbigen Gräsern, Heidenelken und anderen knallroten Blühern. H.: Mittel- und Südspanien, Nordwestafrika, an dürren Hängen bis 1 000 m, oft mit *Salvia officinalis.*

Matricaria · Mutterkraut · Korbblütler
○○ △ ▭ Y ⛉

– **oreades**
Eine immergrüne Mooskamille des Juni/August mit weißen Margeritenblütchen. Die grünen Polster bilden schöne Flächen von größter Unverwüstlichkeit in sonniger, trockener Lage. Unbedingt durchlässig pflanzen! Kaum sph. H.: Syrien, Kleinasien.

Mazus · Lippenmäulchen · Braunwurzgewächse
○ bis ◐ ⋙ ⋀ ⛉

– **pumilio**
Dieser Neuseelandzwerg ist ein flacher, kleiner, ganz niedriger Teppichbildner mit kleinen lila Blütchen mit gelbem Schlund, von Mai bis Juni. Winterschutz wie für die meisten Neuseeländer ratsam.

Meconopsis · Schattenmohn, Scheinmohn · Mohngewächse
☼ bis ◐ ⊖ ≃ ⊥ Y ♁ ⛉

– **betonicifolia**
Der blaue Schattenmohn des Himalaja kann hier nicht übergangen werden. Wer zum erstenmal im Bann seiner Erscheinung mit ihrer seltsamen Anordnung undurchdringlich blauer Blüten stand, kann den Ort und die Pflanze nicht vergessen. Man empfiehlt, die Blütenstiele gleich nach dem Verblühen herunterzuschneiden – wie bei *Digitalis* und *Verbascum olympicum*, die man auf drei bis vier Jahre Dauer bringen kann. Geschützter, absonniger, feuchter, humoser, aber durchlässiger Platz ist nötig. Nachbarn wagt man kaum zu nennen, höchstens den Hufeisenfarn und den Gewellten Hirschzungenfarn oder die hohe, späte Tibetprimel, auch Zwergrhododendron-Arten.
Topfballenansiedlung unbedingt erforderlich. Knh., Juni/Juli.

Melittis · Immenblatt · Lippenblütler
◐ ⊕ Y ♁ D

– **melissophyllum**
Eine großblütige, meist rosa Art mit purpurner Unterlippe, fußhohe, schöne Waldpflanze des Juli/August. Leider hat diese dauerhafte Wildstaude bislang noch keinen rechten Eingang in die Gärten gefunden. Kalk- und wärmeliebend. H.: West-, Süd- und Mitteleuropa, bis in die Ukraine vorstoßend. N.: Waldmeister, kleine Farne und Gräser.

Menyanthes → Wasserpflanzen Seite 95

Mertensia · Blauglöckchen, Perlmutterglöckchen · Borretschgewächse
○ bis ◐ ≃ △ ▭ Y ♁
(nach Blütezeiten aufgeführt)

– **virginica** · Virginisches Lungenkraut
Edles und seltenes Hellblau. Massenblüher seiner nordamerikanischen Heimat, zu Hunderttausenden auf Wiesen und an Waldrändern. Auf einer schwarzen Kugel steigt ein frühes Blau – Minutenzeiger virginischen Frühlings. Die seltsame Pflanze verbringt nach der Blüte Dreiviertel ihrer Lebenszeit unsichtbar im Erdinnern – sollte nicht nach, sondern vor dem Austrieb gepflanzt werden. Fßh., Anfang April erblühend.
N.: schön zu ähnlichen rätselhaften Frühlingsstauden, so zur hellgelben, samtschwarzfleckigen Prophetenblume, der Armenierin, zu Gräsern und gelben Kissenprimeln, weißen *Fritillaria meleagris.*

– **primuloides** · Himalajablaurüssel
Ein reinblaues kleines Edelgewächs in breiten, etwas kriechenden Horsten für Vorfrühlingsbeete, Halbschattengärten, feine Steingartenplätze, aber unbedingt lockerhumos. Sph., April bis Mai. N.: schön neben kleinen Epimedien, *Waldsteinia*, Farnen.

Meum · Bärwurz · Doldenblütler
○ bis ◐ ≃ Y ⛉ ♁ D

– **athamanticum**
Aus edlem grünem Blattfiligran steigen die weißen Blütenstickereien der Dolden im Mai/Juni empor. Mit einem Exemplar im Steingarten ist ihm genug Reverenz erwiesen. H.: montan bis subalpin an Waldrändern von ganz Europa bis 2 000 m – oft mit *Ranunculus aconitifolius, Arnica, Achillea millefolium, Geranium.* N.: *Campanula persicifolia.* Auch als Streublume für Parkrasen.

Micromeria · Felsenlippe, Bergminze · Lippenblütler
○○ bis ○○○ ⊕ △ ‖ ⛉ ⬡

– **croatica** · Balkanbergminze
Ein bescheidener, rosablühender büschelig wachsender Besiedler, der sich besonders an sonnigen Gartenplätzen zwischen Kalksteinen wohlfühlt und sich, ohne lästig zu werden, aussät. Kaum sph., halbstrauchig, Juni bis Juli. H.: Balkan. N.: *Campanula carpatica* ssp. *turbinata, Sempervivum-Hybriden.*

Minuartia · Miere · Nelkengewächse
○ bis ☼ △ ‖ ▭ ⋙ ⛉ ♁ ≢ ⛉

– **graminifolia** · Klettermiere
Diese Miere ist ein wahres Kletterpolster! An Steilwänden unten angesiedelt, steigt sie senkrecht empor. Kaum eine

andere Staude macht ihr diesen völlig flachen Moosüberzug nach. Natürlich braucht sie dazu Zeit. Obwohl sie kaum im Juli bis August mit weißen Trugdolden blüht, wirkt sie dennoch schön. H.: Norditalien, Südtirol bis Balkan. Alpin und subalpin. N.: Zwergglockenblumen, Steinrosen.

– **laricifolia** · Granitmiere
Diese flache Polsterstaude ist eines der späten weißen Sommergeschäume, das sich mit kurzer Pause monatelang aus dem grünen lockeren Teppich erhebt und seine Pflanzer an der alten Stelle überlebt, wohl zu den dienstbereitesten, liebenswürdigsten Geschöpfen des Steingartens rechnend. Sie umarmt den Flor von Zwergglockenblumen und trinkt alle möglichen Partner unter den Tisch. Fast nur auf Granit! Und zwar alpin und subalpin. Juni bis manchmal September. H.: So etwas Lebensstarkes ist natürlich weitgereist, zu Hause in den Pyrenäen, Apennin, alpin bis nach Rumänien hinüber. N.: Veronika, *Sedum, Campanula, Dianthus cruentus, Silene schafta, Sempervivum.*

Mitella · Bischofsmütze · Steinbrechgewächse ·
◐ bis ● ≃ ⟿ Y (Λ)

– **diphylla**
Ein guter Bodenbedecker für halbschattige, nicht zu trockene Lagen und schnell durch Ausläufer große Flächen überziehend. Sph. Die weiße Blüte im April ist unwesentlich. H.: Nordamerika.

Moehringia · Moosmiere · Nelkengewächse
☀ bis ◐ ⊕ ≃ △ ‖ ♁

– **muscosa**
Sehr kleine weiße Sterne im lockerem Moose schmücken diesen äußerst zierlichen Dauerblüher von Ende Mai bis September. Leuchtenderes Grün gibt es nicht! Als dienender Nachbar an nicht prallsonniger, besser absonniger und nicht gehölzdurchwurzelter Stelle in etwas breiteren Horsten steigert er den Reiz passender Nachbarn, wie Zwergglockenblumen, *Primula marginata, Ramonda myconi*, starkwüchsigen Steinbrechen aus der Kabschia-Gruppe. H.: Alpen und Voralpen, montan bis alpin, bis 2300 m hoch an feuchten Fichtenwaldrändern, in den Südalpen massenhaft an halbschattigen Rändern von Buchen- und Kastanienwäldern, sonst weit umher beheimatet an entsprechenden Plätzen der westeuropäischen Gebirge bis nach Siebenbürgen hinüber!

Molinia → Gräser Seite 120

Morina · Kardendistel · Kardengewächse
○○ bis ○○○ ⊕ △ ⊥ ✂ ⬡ ♁

– **longifolia** · Himalajakardendistel
Eine echte dauerhafte und wirklich nicht schwierige Art, die im blütenlosen Zustand mit ihrem Laubwerk an Disteln erinnert. Besonders wirkungsvoll ist der quirlige Blütenstand mit seinen anfangs weißen, später rosafarbenen Blüten. Fast hfth., Juli/August. Wächst fast überall, doch scheidet rauhe Lage aus, und leichter Winterschutz ist Anstandspflicht. H.: Himalaja. N.: Blauhalmige Gräser, aus Sedumteppichen herausblühen lassen.

Myosotis · Vergißmeinnicht · Borretschgewächse
○ ≌ ‖ Y ✂

– **alpestris**
Wichtiger reinblauer Schattenblüher für schattige Stein- und Naturgärten in sehr edlen Farbsteigerungen. Aber nur Halbstaude! H.: Europa, Asien, Nordamerika; subalpin bis alpin.

– **palustris** ›Semperflorens‹
Das Staudenvergißmeinnicht, azurblau, muß durch Pflanzung mit entsprechenden Gräsern, vor allem Binsen, an denen es bis 70 cm hochspreizt, zur Ordnung gerufen und zur Höhenausbreitung gelockt werden. Steht es nicht im nährstoffreichen Boden, so leidet die Blütendauer, besonders bei alten Pflanzen. Sph. bis fßh., von Mai mit Pausen bis Sommerende. H.: Dieses Vergißmeinnicht ist in allen möglichen Variationen und Verwandlungen rings in beiden gemäßigten Zonen beheimatet, wobei unsere heimische Art mehr als Europa beherrscht. Überall an Sümpfen und Gräben, auf feuchten Wiesen und in Bergen bis 2000 m. N.: Wasser- und Sumpfgräser, auch der Sumpffarn. Rückschnitt öfter erforderlich.

– – ›Thüringen‹
Es ist die schönste Gartensorte von Dauerkraft und unvergleichlicher Überlegenheit. Mit großen dunkelblauen Blüten.

– **rehsteineri**
Dieses reizende Zwergvergißmeinnicht von 2 bis 10 cm Höhe und von Mai bis Juli blühend stammt von den Ufern des Genfer und Bodensees und ist die Mühe wert, von Zeit zu Zeit aufgeteilt zu werden, um im Winter nicht zu faulen. Es bildet durch Monate hindurch bei frischem oder frischgehaltenem, aber durchlässigem Boden in der Sonne dichte, flache blaue Rasen.

Nepeta · Nepte, Blauminze · Lippenblütler
○○ bis ○○○ ▭ ⬡ ♁ D

– × **faassenii** (N. mussinii × N. nepetella) · Blauminze
Von unersetzlichem Steingartenwert – auch wenn die Pflanze nur ein Viertel so lange blühte und nicht von Ende Mai bis Ende September, wobei sie allerdings eine gewisse Sommerpause macht. N.: Dieser graugrün belaubte Dauerblüher findet zwanglos unendlich viele Blütennachbarn; zu den schönsten gehören blaßgelbe Fingersträucher. Einzelpflanzen werden im Alter halbquadratmetergroß. Schmetterlingsmagnet!

– × **faassenii** ›Blauknirps‹
Sorte mit gedrungenem, nur 20 cm hohem Wuchs. Blüht bis in den September mit reinblauen Blüten.

Nuphar → Wasserpflanzen Seite 95

Nymphaea → Wasserpflanzen Seite 95

Oenothera · Nachtkerze · Nachtkerzengewächse
○○ bis ○○○ ▭ ⬡

Die Nachtkerzen enthalten bisher vier wundervolle, lange blühende Dauerstauden, die auf die Gärten der Menschen wahrhaft gewartet zu haben scheinen. Sie mußten recht lang warten, denn die Gärten lassen sich viel Zeit – und in den meisten brennt noch nicht das kleinste Nachtkerzchen!
Alle *Oenothera*-Arten kommen aus trockenen Steppen und Hügelgegenden Nordamerikas und sind sehr anspruchslos; nur die Art *O. caespitosa* hat Vorliebe für etwas nährstoffreichen Boden zwischen eingesprengtem, halb vergrabenem Geröll. Es geht aber auch ohne letzteres. Schön an Böschungen zwischen blaugrünen Gräsern.

– **caespitosa** · Texasnachtkerze
Schönstduftende aller Nachtkerzen! Und schön zwischen kleinen Gräsern, Zwergwacholdern, Edelzwergginstern oder Yucca. Ausgesprochener Dämmerungsblüher. Leider nicht sehr langlebig und nur für wärmste Lagen. Weiß, sph., Juni/Juli.

– **fruticosa** ›Yellow River‹
Strahlend hellgelbe Königin der Nachtkerzen! Unglaubliche Dauerblüte von Juni bis August – ein unersetzlicher Gartenwert. Im September neuer Florbeginn. Fßh. Uns scheint bei dieser Sorte *O. missouriensis* × *O. tetragona* dahinterzustecken.

– **missouriensis** · Missourinachtkerze
Es ist die größtblumige und längstblühende aller Nachtkerzen. Zehn Jahre alte Pflanzen können, aus einer Mauer heraushängend, manchmal 30 bis 40 gleich-

zeitig geöffnete große zitronengelbe Blüten enthalten. Fßh., Juni bis Oktober. H.: Südwesten Amerikas. N.: Dieser Dauerblüher des Steingartens braucht viele Partner während der langen Zeit, um in seiner Schönheit ganz ausgeschöpft zu werden, so *Genista tinctoria* ›Plena‹, den gefüllten Färberginster, chinesische Ballonglockenblumen, *Gentiana cruciata* und *G. septemfida, Campanula carpatica, Veronica spicata* in Edelsorten.

– **tetragona** · Bronzeblattnachtkerze
Aus braunen Rosetten entfalten braune und rötliche Stiele gelbe fuß- bis kniehohe Blütenrispen, durchsetzt mit rotbraunen Knospen. Fßh. bis knh. je nach Boden. Mitte Juni bis Mitte Juli. Auffallend reizvolle Erscheinung. H.: Südöstliches Nordamerika nördlich von Florida. N.: *Campanula persicifolia, Delphinium grandiflorum, Geum coccineum* ›Borisii‹, *Helianthemum.*

– – ›BS Goldschale‹
Neue Sorte mit dichtem, aufrechtem, etwa 90 cm hohem Wuchs. Blüten leuchtend hellgoldgelb von Juni bis August. Laubwerk im Herbst rot.

Omphalodes · Waldvergißmeinnicht Borretschgewächse

◐ bis ● ≃ ▭ ⩫ Y

– **verna** · Waldvergißmeinnicht
Ein glühend azurblauer Vorfrühlingsblüher der südlichen und östlichen Alpen. Dies Waldvergißmeinnicht nimmt sich zauberhaft zu Füßen des »freudetränenden Herzens« (*Dicentra spectabilis*) aus. Die Pflanze treibt bei lockerer Verteilung lange Triebe, die sich neu bewurzeln; bei dichter Pflanzung ist ihr Ausbreitungsdrang wesentlich geringer. Im dichten Schatten ist ihr am wohlsten, in voller Sonne kümmert sie längere Wochen, um dann schließlich auch an solchen Plätzen üppig zu wachsen, wenn der Boden nicht allzu trocken ist. Ihre bodenbedeckende Kraft ist durch die Schönheit des lichtgrünen Laubwerks lohnend. H.: Südlich der Alpen, auch in Rumänien; verwilderte Bestände sollen bis nach Portugal reichen. Überall liebt die Pflanze lichtschattige Gebirgswälder. In der Pariser Gegend heißt sie »Reine Marie«. Die Königin Marie Antoinette ließ sich dieses Heimwehkräutlein, das sie in Frankreich vermißte, aus ihrer alten Schönbrunner Gegend herüberholen. N.: *Epimedium*-Arten, Trauerglocke, Enzianlungenkraut, Farne, *Luzula*- und *Carex*-Arten, *Dicentra spectabilis* in der rosa und weißen Form, auch *O. verna* ›Alba‹.

– – ›Alba‹
Weißes Waldvergißmeinnicht – eine wirklich reizende weiße Form, aber schwächerwachsend. N.: vorige.

– – ›Grandiflora‹
Steigerung der Blütengröße. Besitzt sonst die gleichen guten Eigenschaften der Art.

Onosma · Lotwurz · Borretschgewächse

○ bis ○○ ⊕ △ ‖ ⛁ ♁

– **stellulata** · Goldtropfen
Diese Art ist der eigentliche wesentliche Gartenwert unter den Onosmen, die besonders mager und sonnig und sehr trokken gehalten werden wollen und sich oft etwas aussäen, was aber bei der Pflanze nicht ganz unwillkommen ist. Fßh., Mai bis Juli, goldgelb. H.: Istrien und angrenzende südliche Gebiete, montan bis subalpin. N.: *Veronica prostrata* und *Veronica austriaca* ssp. *teucrium* ›Shirley Blue‹.

Opuntia · Feigenkaktus · Kaktusgewächse

○○ bis ○○○ △ ‖ ⛁ ⫩ ⋀⋀

Sie gehen in Amerika, der großen »Kakteenfabrik« der Welt, hoch in die Gebirge hinauf, wagen sich auch weit nördlich in Wildnisse und umwuchern sogar Eisenbahndämme.
Wo willst du denn hin mit diesen Pflanzen in deinem Garten außer in die Nachbarschaft oder Rahmung von Steinen? Wenn diese kleinen, sonst nirgends in den Garten passenden Gestalten bei der minimalen Mühe winterlicher Fichtenreisigbedeckung mittun, so besteht also nicht der geringste Anlaß, diese Sukkulenten nur in Steingärten zu sammeln – dem übrigen Garten fernzuhalten; nur muß man ihnen die rechten Nachbarn und die nötige Sonne, Trockenheit und Durchlässigkeit eines flachen Hügelchens geben.
N.: *Bouteloua gracilis, Helictotrichon sempervirens, Festuca cinerea, Festuca valesiaca, Acantholimon glumaceum, Chrysanthemum haradjanii, Sedum*-Arten, *Sempervivum*-Arten und *-hybriden, Yucca filamentosa.*

– **erinacea** var. **utahensis** (syn. Opuntia utahensis)
Vermutlich geht diese Varietät auf die Einführung von C. A. Purpus zurück. Nach Benson gehören auch die in Kultur unter dem Namen *O. rhodantha* und *O. xanthostemma* dazu.
Die Glieder sind schmal bis breit verkehrt oder elliptisch, nur schwach behöckert und meist stark bedornt, im unteren Teil unbedornt. Prachtvolle, bis im Durchmesser 7,5 cm große, leuchtend karminrote Blüte. Sehr frosthart. Varietät, soll aber empfindlich gegen Nässe sein. H.: Idaho/Kalifornien, Nevada ostwärts nach Nordtexas. Südwärts bis Mittelneumexiko.

– **fragilis** var. **fragilis**
Dichte, niedrige, mattenbildende, nur 10 cm hohe Art mit bläulichgrünen, elliptisch bis verkehrt eiförmigen und bis 3,8 cm, manchmal bis 4,5 cm langen Gliedern. Dornen unterschiedlich gefärbt und nach allen Richtungen weisend. Blüte gelb oder grünlich, in Kultur bis 6 cm Durchmesser. Die Art blüht oft nur wenig. Gilt als sehr hart. In der Kultur befindliche rötlich blühende »fragilis« sind Hybriden! H.: Von British Columbia südwärts nach Nordtexas. Von Nordkalifornien ostwärts bis in das Gebiet der Großen Seen.

– – var. **brachyarthra**
Eine kurzgliedrige Varietät mit dichtem, polsterartigem Wuchs sowie rot und rötlichbraun bedornten, kugelig bis länglich abgeflachten Gliedern. Blüte meist 4 cm im Durchmesser, hellgelb. Nicht reichblühend! H.: Colorado, Utah, Arizona, Neumexiko.

– **howeyi**
Liegender bis aufstrebender Wuchs mit etwas kreisförmigen, 10 bis 20 großen Gliedern, die etwa 2,5 cm lange grauweiße, am Grunde braune Dornen besitzen. Blüte hellgelb, jedoch am Grunde grünlichgelb und im Verblühen rötlichgelb. In Kultur manchmal nicht echt! H.: Mexiko.

– **humifusa** var. **humifusa**
(syn. o. rafinesquei)
Niederliegender, kriechender Wuchs mit dunkelgrünen, kreisrunden oder breit verkehrt eiförmigen, meist bis 7,5 cm langen Gliedern. Häufig unbedornt oder nur ein grauer bzw. bräunlicher größerer Dorn. Grünlichgelbe Blüte, am Grunde manchmal rötlich. Je nach Herkunft unterschiedlich hart! H.: Von dem Gebiet um die Großen Seen südwärts über ganz Florida bis zum äußersten Norden von Mexiko, von Oklahoma ostwärts bis zu den Küsten der Oststaaten.

– **phaeacantha** var. **phaeacantha**
Niederliegender bis spreizender Wuchs, meist 30 bis 60 cm hoch, mit verkehrt eiförmigen oder etwas eiförmigen, 10 bis 15 cm großen Gliedern. Der untere Teil ist nicht mit Dornen besetzt. Sonst 1 bis 2 dunkelbraune, seltener hellbraune Dornen. Hellgelbe, 6 bis 8 cm im Durchmesser große Blüte. Eine vielgestaltige, sehr harte Art. Ein gutes Erkennungsmerkmal sind die im Winter rötlich bis purpurn verfärbten Glieder. H.: Von Nordcolorado südwärts bis Nordmexiko sowie in Arizona und Neumexiko.

– – var. **camanchica**
Niedriger bis 25 cm hoher Wuchs mit verkehrt-eiförmigen bis kreisrunden, bis 17,5 cm langen Gliedern. Meist vollbedornt, Dornen 5,0 bis 5,6 cm lang, dunkelbraune, im Alter graue Färbung. Schalenförmige, lockere, erst hellgelbe, später dunkelgelbe, im Verblühen bräunliche Blüte von 8 cm Durchmesser. H.: Mittelneumexiko und ostwärts bis Mitteloklahoma.

– – – – ›Albispina‹
Sehr schöne weißbedornte, harte Sorte. Gliedergröße wie bei der Varietät *camanchica*, aber von doppelter Dicke. Locker schalenförmige, anfangs hellgelbe, ab 2. Tag sich dunkelorange verfärbende Blüten. Blütenfarbe im Verblühen bräunlich.

– – – – ›Longispina‹
Hellgraugrüne und mit bis 7 cm starken weißlichen Dornen besetzte Glieder. Diese erreichen bis 18 cm Länge. Schalenförmige hellgelbe, am Grunde deutlich rötliche Blüte. Harte, starkwüchsige Sorte.

– – – – ›Salmonea‹
Wuchshöhe bis 30 cm mit dünnen, ovalen bis rhombischen, sich nach oben verjüngenden Gliedern. Lockerer bedornt als die Art. Dornen stets zu 4 angeordnet. Blütenfarbe glänzend gemsbraun, allmählich in Lachsfarben übergehend.

– – var. **discata** (syn. O. engelmannii var. discata)
Große, blaßgrüne, runde bis elliptische Glieder, die bis 30 cm lang werden können. Die weißen oder aschgrauen Dornen sind über den ganzen Körper verteilt. Meist 1 oder 4, seltener 10 Dornen. Große gelbe Blüten. H.: Von Südutah vermutlich bis Mittelmexiko und von Mittelkalifornien bis Mitteltexas.

– **polyacantha** var. **polyacantha** (syn. O. missouriensis)
Aufrechter bis 15 cm hoher verzweigter Wuchs mit bläulichgrünen, stets größeren, bis 10 cm langen Endgliedern, die rötlichbraune oder strohfarbene, bis 3,8 cm lange, meist nach unten gekrümmte Dornen besitzen. Gelbe, bis 8 cm im Durchmesser große Blüten. Eine sehr harte und widerstandsfähige Art! H.: Von Mittelsaskatchewan (Kanada) südwärts fast Texas erreichend und von Nordostnevada ostwärts bis Süddakota.

– – var. **juniperina** (syn. O. juniperina)
Bleigrüne, weniger bedornte, 10 cm große Glieder, die im Winter rötlichpurpurn pigmentiert sind und von niederliegendem, leicht aufstrebendem Wuchs. Glieder nur oben mit bis 3,8 cm langen, rötlichbraunen Dornen besetzt, hellgelbe Blüten. H.: Von Südwyoming bis Mittelneumexiko und von Mittelutah bis Mittelcolorado.

– **rhodanta**
Der Artstatus ist neuerdings umstritten, und die Pflanze wird zu *erinacea* var. *utahensis* gestellt. Aus gärtnerischen praktischen Gründen behalten wir bis zur endgültigen Klärung die Art *rhodanta* bei. Etwas niederliegender, kaum 20 cm hoher Wuchs. Die dunkelgrünen, ovalen, höckrigen Glieder sind im oberen Teil braun bedornt. Meist rote oder rosa Blüten.

– – var. **pallida**
Hellgelbe Blüten.

– – var. **schumanniana**
Wächst aufrecht mit mittelgroßen, dunkelblaugrünen Gliedern. Schöne leuchtend dunkelkarminrote Blüten von 7 cm Durchmesser.

Origanum · Gündel, Dost · Lippenblütler
○○ bis ○○○ △ ▭ ⬡ ♉ D

– **vulgare** ›Compactum‹ · Zwergheidegündel
Es ist die brauchbarste Art von allen, worüber sich auch die Insektenwelt einig ist. Die ganze Pflanze ist spann- und etwa handbreithoch, hell- bis rosalila in dunklen, dichten Laubteppich gebettet. Dörrgemüse für Heidenachbarschaft und trockene, helle Plätze, an Böschungen zwischen blaugrünem Sedum und blaugrünen Gräsern. Die Polsterflächen sind täglich 16 Stunden lang in der Sonne so umsummt, umzittert, so lautlos umgaukelt von vielartigem Insektenleben, daß dies ein Hindernis der Farbenfotografie bildet. Das Würzaroma der Zwergbüschlein, die den Kampf mit Jahrzehnten aufnehmen, ähnelt Thymian und Minze. Wer auch nur eine Pflanze davon hat, kann später damit Verschwendung treiben: Einfassungen ziehen, breite Flächen überdecken. H.: Holland bis Himalaja, Nordafrika bis Skandinavien, führend in vielen Pflanzengemeinschaften.

Orontium → Wasserpflanzen Seite 95

Orostachys · Sternwurz · Dickblattgewächse
○ bis ☼ △ ‖ ⊜ ♁ ≢ ⊍

– **spinosus** (syn. Umbilicus spinosus)
Er hat eine schöne, edelgeformte graugrüne, stengellose Blattrosette von 10 cm Breite. Blüht erst nach mehreren Jahren mit ährenförmiger Blütentraube, an der die kleinen weißlichgelben Blüten sitzen. Stirbt danach ab, wobei vorher reichlich Seitensprosse gebildet werden. Liebt absonnigen, durchlässigen Standort. H.: Sibirien, Mongolei.

Oxalis · Sauerklee · Sauerkleegewächse
◐ bis ● ⊖ ▭ ⋙ Y ♁ ⊍

– **acetosella** · Sauerklee
Der reizende spannhohe Schattenbegrüner mit rosaweißen, 10 cm hohen Blütchen im April leistet allerlei unersetzliche Dienste im schattigen Steingarten, Vorfrühlingsgarten, Naturgarten und Park. Liebt saueren Laubhumusboden. H.: Wälder Europas, Asiens, zentrales Nordamerika. N.: Unterpflanzung zu Farnen, lebensstarken, schattenliebenden Blumenzwiebeln, Rhododendronarten.

– **adenophylla** · Kordillerensauerklee
Schöne knollige Art mit silbergrauen Blättchen. Die ganze Pflanze wird nur 3 cm hoch! Aufregend sind die hellvioletten, geaderten Blüten, die die stattliche Größe von 2,5 cm aufweisen. Liebt sonnige Lage. Der Boden soll unbedingt durchlässig sein. Abdeckung mit Schotter ratsam. Mai bis Juli. Im August einziehend. H.: chilenische und westargentinische Kordilleren (subalpine bis alpine Region).

Pachysandra procumbens und **P. terminalis** → Zwerglaubgehölze Seite 146

Paeonia · Pfingstrose Pfingstrosengewächse
○○ bis ◐ ≃ △ ‖ ⊥ ⤫ ♁

Die hier genannten sechs Päonien, die auch fast alle montan bis subalpin beheimatet sind, stellen Pflanzen stillerer Reize vor, die aber nirgends so ihre Stätte finden wie im Steingarten, dort aber mit rechter Vorsicht und Raumschonung zu setzen sind, und zwar an irgendwelchen Eckplätzen nahe Gehölzen – oder mal als Einzelpflanzen an irgendeiner beherrschenden Stelle, flankiert von einem größeren Stein.

– **officinalis** ssp. **humilis**
Nur etwa 50 cm hoch, also eine echte Zwergpäonie! Die Blätter sind oberseits kahl, unterseits dagegen filzig. Ansehnliche, etwa bis 13 cm große, rote Schalenblüten. H.: Südwestfrankreich, Spanien.

– **mascula** (syn. P. corallina)
Eine schöne, gartenwillige, seit dem Mittelalter in Klöstern kultivierte Art. Blätter unterseits flaumig-filzig. Purpurn, fßh. bis knh., April/Mai. H.: lichte Stellen in Hartlaubwäldern des Mittelmeergebietes.

– **mlokosewitschii**
Schöne, aber schwachwachsende Wildpäonie aus dem Zentralkaukasus. Leider noch immer wenig verbreitet. Laub auffallend bläulichgrün. Zeitige hellgelbe schalenförmige Blüten im Mai. Knh.

– **peregrina** (syn. P. lobata)
Eine fast kniehohe, leuchtend tiefrote, schön proportionierte Zwergpäonie, die ohne weiteres 30 Jahre am selben Steingartenplatz reich blüht. H.: Balkanhalbinsel, in den Südalpen bis 1700 m steigend. Taucht in Gesellschaft von *Campanula pyramidalis* und *Asphodelus* auf. N.: Zwergdeutzie.

– **tenuifolia** · Netzblattpäonie
Kleinste aller Päonien, wunderbar für den Steingarten geeignet. Blätter sehr schön fein geschlitzt, geradezu elegant. Fßh., glühend rot, Anfang Mai. H.: Südosteuropa, Kleinasien. N.: *Polemonium* × *richardsonii* in Sorten.

– – ›Plena‹
Sehr alte Kulturform mit dunkelroten, etwas plump wirkenden, gefüllten Blüten. Meist eher zu bekommen als die schönere Stammart. Nicht für naturähnliche Gartenpartien!

Papaver · Mohn · Mohngewächse
○ bis ○○ ⊕ ≃ △ ‖ ⊓ ⬡ ⊓
– **burseri** · Weißer Alpenmohn
Weiß mit gelblichem Untergrund. H.: Nordalpen, Nordkarpaten.
– **kerneri** · Gelber Alpenmohn
Meist gold, manchmal auch orange. H.: Ostalpen, Siebenbürgen.
Blütezeit dieser Mohne ist Juni bis August. Diese Zwerge mit ihrem feingefiederten Laub werden meist 20 bis 25 cm. Kurzlebigkeit im Garten beruht auf falscher Behandlung. Sie lieben unbedingt durchlässigen, schottrigen, nicht zu trockenen Boden. Ratsam ist es, die Pflanzstellen mit Schotter abzudecken; dann erhalten sie sich meist durch Selbstaussaat. In Wildgesellschaft mit *Minuartia verna, Linaria alpina, Luzula,* Zwergweide, *Ranunculus glacialis,* auf Fels- und Gletscherschutt, Flußkies vorkommend. N.: Granitmiere, Zwergglokkenblumen, zwergige Nelken. Besonders schön in Trögen.
– **nudicaule** · Islandmohn
Zwei Jahrtausende in endlosem Flor der drei heiteren Farben weiß, gelb und orangerot. Großblättriger als die vorigen Arten. Unermüdlich blühend und manchmal durch Selbstaussaat etwas lästig. Doch lassen sich überflüssige Sämlinge bequem wegjäten. Auch zeitiges Abschneiden der Samenkapseln schafft Abhilfe. Fßh., Ende Mai bis Oktober. H.: Nördlich gemäßigte Zone.
– **rhaeticum** (syn. P. pyrenaicum ssp. rhaeticum) · Pyrenäenmohn
In der Stammart goldgelb blühend, dabei im Verblühen mehr ins Orange gehend. Im Wuchs und Aussehen ähnlich *P. kerneri.* Blätter mehr grünlich und etwas weich behaart. Sph., Mai bis Juli. H.: Ostpyrenäen, Apeninnen.

Paradisea · Paradieslilie · Liliengewächse
○ bis ○○ ≃ ✂ ♁
– **liliastrum**
Die überraschend edle, harte und ausdauernde Staude liebt tiefgründigen, nahrhaften, aber leichten Boden an Plätzen, die nicht allzu trocken werden. Große weiße Trichterblüten stehen auf kniehohen Stielen und wirken wie kleine Madonnenlilien. Mai/Juni. H.: Sie lebt an Lichtungen, Waldrändern und Wiesenrändern, subalpin und alpin, jenseits der deutschen Alpen, von West- bis Ostalpen, östliches Oberitalien, nördliche Pyrenäenhalbinsel. Senkt sich im Tessiner Kastanienwald tief von ihren Höhen herab bis in fette Wildheuwiesen. Überrascht auch plötzlich in spanischen und portugiesischen Bergen. Nachtfalterblüte: Bestäubung durch die Gammaeule. N.: Zwergrittersporn, *Lilium martagon, Lilium bulbiferum* ssp. *croceum,* wilde Geranien, Astrantien; bis auf Rittersporn sind alle am Standort vergesellschaftet.
– – ›Major‹
Bis 90 cm hoch, größere Blüten. Gut durch Samen vermehrbar.
– – ›Gigantea‹
Noch großblütiger als vorige Sorte und fruchtet nicht. Deshalb wenig verbreitet.

Paeonia peregrina eignet sich gut zur Anpflanzung für Randbereiche des Steingartens.

Parnassia · Sumpfherzblatt · Steinbrechgewächse
○ ⊕ ≃ △ ⊓
– **palustris**
Es begegnet uns an so viel reizvollen feuchten, aber sauren Naturplätzen Europas und auch infolge seiner langen Blütedauer so häufig, daß wir es schon gern »in memoriam« hier an ausgesprochen feuchte Steingartenplätze setzen, eingebettet zwischen Binsen, Simsen und Moossteinbrech. Im feuchten Schutt der Alpen wagt es sich 2700 m hoch. Sph., weiß, Juli bis September. H.: Sein Reisemut geht durch die ganze gemäßigte Zone der nördlichen Halbkugel und darüber hinaus bis Marokko und Lappland, je südlicher, desto mehr nur in Gebirgen, an feuchteren Rasen- und Moosplätzen, in der Ebene in Sumpfwiesen und Flachmooren.

Paronychia · Mauerraute · Nelkengewächse
○○ bis ○○○ △ ▭ ⩫ ⾮
– **kapela** ssp. **serpyllifolia**
Dieser flache, graugrüne, Juni bis August blühende Bodenbegrüner stellt das anspruchsloseste und dauerhafteste an unkrautabwendender Bodenbedeckung für große und kleine Flächen dar, was es überhaupt für Steingärten und Naturgärten gibt. Nicht einmal *Thymus villosus* ist an Wert und Festigkeit und Sicherheit hiermit zu vergleichen. Er ist zwar schöner im Farbton, hat aber den kleinen Nachteil, oft etwas allzu energisch um sich zu greifen. Zwei, ja drei Jahrzehnte an schwierigsten, trockensten, wurzeldurchfilzten Plätzen sauber auszuhalten, ohne Unkraut zu dulden, ist für die Paronychia eine Kleinigkeit. Die silberweiße Blüte ist unscheinbar.

Papaver nudicaule, der Islandmohn, zählt zu den Dauerblühern des Steingartens von Ende Mai bis in den Oktober.

Diese Bodenbegrüner passen zur Unterpflanzung von Kleinblumenzwiebeln, die man etwas tiefer legt, damit die Wurzelbereiche sich nicht treffen. Auch das Hineinsetzen von Zwergkoniferen und nicht zu kleinen *Sempervivum*-Horsten ist sehr wirkungsvoll. H.: Spanien , Seealpen.

Patrinia · Goldbaldrian · Baldriangewächse
○ bis ◐ ≃ △ Y ♁
– **triloba**
Der Goldbaldrian erscheint auf den ersten Blick mit seinem Laub wie eine gesteigerte *Anemone ranunculoides,* die im Sommer nachblüht: goldgelbe Trugdolden, Laub überwiegend dunkel und tief eingeschnitten, duftend. Sph. und höher, Mai/Juni. H.: Japan.

Pennisetum → Gräser Seite 120

Penstemon · Bartfaden · Braunwurzgewächse
○ bis ○○ ⊝ ≃ △ ‖ ▭ ⛉ ⬡ 丰 (∧)
– **caespitosus**
Ein Polsterbartfaden von nur 10 cm hohem Wuchs mit schmallanzettlichen, kahlen Blättern. Durch die am Boden liegenden wurzelnden Triebe leicht vermehrbar. Schöne türkisblaue Blüten. Kalkfeindlich. Im Vergleich zu vielen *Penstemon*-Arten ziemlich winterhart. Juni/Juli. H.: westliches Nordamerika.
– **pinifolius**
Er wirkt mit seinen nadelförmigen immergrünen Blättchen wie ein Miniatur-Zwerggehölz. Alle Triebe sind aufrecht, verholzend und etwa 15 cm hoch. Besonders wirkungsvoll die brillantroten Rachenblütchen. Ebenfalls wertvoll durch seine Blüten im Juli/August. Winterschutz ratsam. H.: Südarizona, Neumexiko.
– **scouleri**
Gleichfalls verholzend, aber bis 30 cm hoch. Die lineallanzettlichen Blätter sind meist scharf gezähnt und teilweise wintergrün. Die ganze Pflanze ist von Mai/Juni mit purpurvioletten Blüten bedeckt. Kalkfeindlich. H.: Nordamerika.

Petasites · Huflattich · Korbblütler
○ bis ◐ ≌ ⋙ ♁ D
– **fragans** · Winterheliotrop
Eigentlich nur an Buschrändern von Vorfrühlingssteingärten, an leidlich feuchten und schattigen Plätzen oder auch an entsprechenden Bachufern findet der Winterheliotrop, der sich nur an die Nase und nicht ans Auge wendet, ein Gartenasyl. Am frühesten blüht er mit etwas Steinrückhalt an Südplätzen, die im Sommer beschattet sind. Bis fßh. werdend, Dezember bis März. Unscheinbar anzusehen, schön zu atmen. Etwas zu trocken gesetzt, bleibt er zwar am Leben, jedoch blütenlos. H.: Nordafrika. Eine kleine Warnung! Durch seine unterirdischen Ausläufer breitet er sich ständig aus. Deshalb sei dringend angeraten, ihn durch eine »Zwangsjacke« in tief eingegrabene Betonröhren von Anfang an zu pflanzen und ständig unter Kontrolle zu halten.

Petrorhagia · Felsennelke · Nelkengewächse
○ bis ○○○ ⊕ ‖ ✂ ⛉
– **saxifraga** (syn. Tunica saxifraga, Kohlrauschia saxifraga) · Felsennelke
Der Dauerblüher des Steingartens von Juli bis September in zarten, lockeren rosa Blütenschleiern. Kalkhold. H.: Steinige Hänge und Triften, montan bis subalpin in Gesellschaft von Steinrosen, Thymian, Pimpinellen, Globularien. Ganz Südeuropa, in der Bundesrepublik Deutschland nur bis zum Fränkischen Jura, außerdem in Südosteuropa, Kleinasien, Armenien, Nordiran, Kaukasus. Sie leidet nur alle 50 Winter einmal! N.: *Campanula portenschlagiana,* späte Veronika, Blaugräser.
– – ›Rosette‹
Eine duftige, gefüllte Schmucksorte dieser kleinen Allerweltspflanze in gutem Rosa, fällt durch ihren Zauber und durch endlose Blütezeit auf.

Phlox · Flammenblume · Himmelsleitergewächse
Schade, daß die botanische Forschung in fremden Erdteilen uns bisher noch nicht recht mit Orientierungen und wirklichen Erlebnisberichten aus der fernen Wildheimat all unserer schönsten Gartengewächse und ihrer Rolle zur Hand ist. So gehört denn diese wesentliche Vollendung unseres geistigen Besitzergreifens erst der Zukunft an.
Unsere Enttäuschungsliste hat unzählige entbehrliche, ja zum Teil auch durch Trockenfäule oder durch lange unordentliche Anblicke vor Blütebeginn gefährdete Gartensorten ausgeschieden.

Steingartenphloxe nach Jahreszeiten

1. Teppichphloxe

○ ⊝ ≃ △ ▭ ⋙ ⛉ 丰 ⛉
H. aller Zwergarten: Nordamerika. Mitte April bis Ende Mai, 10 bis 15 cm hoch. Mit

großem Vorteil in Topferdeballen anzusiedeln. Im Alter manchmal zurückschneiden.

Phlox subulata ›Atropurpurea‹
Dunkelrosa Polsterphlox.
– – ›G. F. Wilson‹
Schieferblau, mittelblumig, hoch- und starkwüchsig.
– – ›Leuchtstern‹
Dunkelrosa, feste, kleine Polster.
– – ›Maischnee‹
Reinweiß, rundblumig, dichtes Polster.
– – ›Ronsdorfer Schöne‹
Edles dunkles Rosa, mittelblumig.
– – ›Rosea‹
Helles Rosa, feste Polster.
– – ›Temiskaming‹
Leuchtend magentarot.
– – ›Vivid‹
Wärmstes Lachsrosa, von besonderem Farbenschmelz. Die Sorte ist etwas schwer vermehrbar und wohl deshalb nur noch selten erhältlich.
– – ›White Delight‹
Leuchtend reinweiß, großblumig, starkwüchsig, z. Z. beste weiße Sorte.

Phlox-Douglasii-Hybride
›Georg Arends‹
Mit beginnendem Verklingen der *Phlox subulata* setzt eine frische Teppichphloxwelle von anderem, gedrungenerem Charakter und besonderem Reiz in kühler, rosalila Farbe mit immergrünem Laub ein. Nur 5 cm hoch, immergrün und bedeutend schwachwüchsiger als *P. subulata*. April/Mai. H. der Art: Nordwestamerika.

2. Fußhohe Kanadaphloxe
○ bis ◐ ⊝ ≃ △

Phlox amoena
Nur 30 cm wächst dieser Phlox mit seinen schmallanzettlichen Blättern. Blüten karminrot in dichten Dolden. Liebt leicht sauren Boden. Verträgt auch Halbschatten. April/Mai. H.: Südöstliches Nordamerika.
– **divaricata** (syn. P. canadensis)
Die herrliche, fußhohe Stammart der hellila oder hellpurpurnen Farbe blüht Ende April/Mitte Mai. Verträgt entsprechend ihrer Herkunft auch lichten Schatten. H.: Östliches Nordamerika. (Warnung vor der Wildart *P. divaricata* var. *laphamii*, die bei Hitze und mäßiger Trockenheit wegstirbt.)

Phlox amoena sollte mehr beachtet werden.

3. Frühsommerphloxe
Für Steingärten aller Art. Juni bis August.
○ bis ◐ ≃ △

Phlox-Arendsii-Hybride ›Hanna‹
Karminrosa, 40 bis 60 cm.
– – ›Hilda‹
Weiß, lila überhaucht, rosa Auge, 40 bis 60 cm.
– – ›Inge‹
Lilarosa, 60 bis 70 cm.
– – ›Susanne‹
Weiß mit großer roter Mitte, 40 bis 50 cm.
Die Sorten haben den Vorzug endlosen Weiterflors nach Rückschnitt, passen gut in die Nachbarschaft von Waldsalbei und deren Nachflor wie auch zu frühen und späten Veroniken. Leider werden alle Sorten zu wenig beachtet.

Phuopsis stylosa (syn. Crucianella stylosa) · Rosenwaldmeister · Krappgewächse
○○ bis ◐ △ ⟿ D ⛉
Spannhoher rosa Dauerblüher neben derben anderen Gewächsen, denen ihr Wuchern nicht gefährlich ist, das übrigens keine besonderen Tücken hat. Immerhin ist die Werteigenschaft des Dauerflors im Schatten oder bei Trokkenheit bedeutsam. Mai/Juli. H.: Nordiran. – Staunend erschnupperten wir an ihr den wilden Raubtiergeruch der Kaiserkronen!

Phyllitis → Farne Seite 124

Phyteuma · Teufelskralle · Glockenblumengewächse
○ bis ◐ ≃ △ ✂ ⛉ ⬡ ⛉
– **scheuchzeri**
Es ist eine kleine Sonderheit zum Rätselraten. Das Rätsel wird mit großer Ausdauer aufgegeben, da die Pflanze unverwüstlich ist. Sph. und höher, Mai bis Juli. Tiefblauer, kugeliger Blütenstand. H.: Nur Südalpen und Nordapenninen. N.: paßt in etwas breiteren Horsten zu zierlichen Nachbarn wie *Gypsophila repens,* kleinen Nelken und Glockenblumen. Ihr ständiges Wildvorkommen mit *Festuca varia* kann man durch andere kleine *Festuca*-Arten nachbilden.

Pimpinella · Bibernelle · Doldenblütler
– **saxifraga**
○ bis ○○ ⊕ ≃ ⬡ ⛉
Die Doldenstickereien sind im Steingarten so spärlich vertreten, daß Augenwurz und Bibernelle, besonders die letztere rosa Art, wahre Kostbarkeiten sind. Lichtrosa, fßh. und höher, Juni/Juli. H.: fast ganz Europa, Kleinasien, Kaukasus, Armenien, Westsibirien. Steinige, magere Triften, Wiesen, Heiden, Busch- und Wasserränder. Subalpin bis alpin.

Platycodon grandiflora, die Ballonglocke, ist eine der langlebigsten Stauden.

Plagiorhegma · Herzblattschale · Berberitzengewächse
◐ bis ● ⊖ ≌ ⛉ ⛉
– **dubium** (syn. Jeffersonia dubia)
Ein »Leberblümchen«, früher Jeffersonia dubia genannt, scheint noch einmal im späteren Frühling verklärt aus rotbraunem Laubnest auferstanden! Dieser zarte blaulila Wälderschatz, der sich übrigens ganz derb behauptet, kam erst in diesem Jahrhundert aus der Mandschurei, will halbschattig gepflanzt sein. Blattwerk anfangs tiefbraun und stahlbläulich überhaucht. Halbschattige Ansiedlung mit Topferdballen – die Töpfe aber mit den Jungpflanzen müssen in Erde eingelassen sein, da im Jungstadium sonst Trockenheit schädlich. Die eingewurzelte Pflanze jedoch hält Unglaubliches aus. Trotz Trockenheit wuchs dieser Edelstein hier in aller Kraft und Frische ungestört inmitten eines Dickichts von Zwergmandeln 12 Jahre lang.

Platycodon · Ballonglocke · Glockenblumengewächse
○ bis ◐ ≃ △
– **grandiflorus** ›Albus‹
Mit weißen Glocken.
– – ›Apoyama‹
Eine interessante Standortform vom Berge Apoy auf Hokkaido, die nur 20 cm hoch wird, mit violettblauen Schalenblüten. Eigentlich die Steingartenballonglocke.
– – ›Mariesii‹
Diese Ballonglocken-Sorte in leuchtendem Blau, etwa 40 cm hoch, ist niedriger gebaut als die Art. Ende Juli/August. Fünfeckige Knospenballons brechen in clematishafte Schalen auseinander. Sehr alte Stauden bilden schwere, hartfleischige Wurzelklumpen. Dreißig Jahre lang erlebten wir absolute Härte ohne Schutz. H. der Art: China, Japan, Mandschurei. N.: hohe Veronika, *Panicum virgatum* ›Rotstrahlbusch‹, *Oenothera tetragona* in Sorten, *Scabiosa caucasica* ›Miss Wilmott‹.
– – ›Perlmutterschale‹
Eine 60 cm hohe Ballonglocke in erstmaliger Rosafärbung von feinster warmer Tönung, so daß nun ein Farbendreiklang in Rosa-Weiß-Blau entsteht. Fällt echt aus Samen. Doch Auslese zur Sor-

tenerhaltung ist unbedingt notwendig! Juli/August.

Pleione limprichtii · Tibetorchidee · Orchideengewächse
☼ ⊝ ≌ △ Y ⊓ ⋀⋀ ⊓
Man traut diesem exquisiten, lieblichen Orchideenzwerg seine Kulturwilligkeit gar nicht zu. Wer seine Ansprüche berücksichtigt, wird bei etwas verständnisvoller Pflege sich ständig an dieser leicht wachsenden Orchidee erfreuen können. Sie liebt absonnige, luftfeuchte Lage, keinen Tropfenfall und etwas grobes, sauer reagierendes feuchtes Pflanzsubstrat. Als Liebhaberpflanze muß sie von Ende Oktober bis Anfang März absolut trocken stehen. Die Pseudobulben sollten etwa zur Hälfte in das Substrat gepflanzt werden. Die cattleyähnliche Blüte hat die ansehnliche Größe von 5 cm und ist rosalila. Die blaßrosa Lippe ist am Rand gefranst und innen dunkelrot gefleckt. Die Blüten sitzen an 1- bis 2blütigem, etwa 8 cm hohem Stengel und erscheinen vor dem Blattaustrieb. April/Mai. Glas- oder Folienschutz gegen Winternässe erforderlich! H.: Westchina (Sichuan, Sikiang).

Podophyllum · Maiapfel · Berberitzengewächse
◐ bis ● ⊝ ≌ Y ♁ ⊓
– **hexandrum** (syn. P. emodi) ›Majus‹
In der Mitte eines rotmarmorierten Blattschirms, der sich zuerst nur fußhoch erhebt, balanciert eine weißrosa Anemonenblüte. Die Pflanze läßt anfangs kaum ihre Robustheit ahnen, mit der sie später kniehohe Dickichte entwickelt. Alles ist giftig an ihr, nur die rote Frucht nicht, was aber kein Grund ist, sie zu verbannen. Sie setzt sich auch an schlechten Plätzen durch. Fßh. bis knh., April/Mai. H.: Himalaja.

Polemonium · Himmelsleiter · Himmelsleitergewächse
○ bis ◐ ≃ △ ✂ ⬡ ♁
Sie werden uns besonders lieb in der prachtvollen, fußhohen, schon Anfang Mai erblühenden Hybridgruppe »richardsonii«, an der vermutlich *P. caeruleum* und *P. reptans* beteiligt sind. Diese Waldstaude, die auch volle Sonne verträgt, blüht in der Edelform dreimal, erblüht schon im letzten Drittel des April; dann sind die blauen, blaßblauen, dunkellila und weißen Büschlein auffallend. Man gibt ihnen nährstoffreiche, leidlich frischbleibende Plätze. H.: Die Art *P. coeruleum* ist beheimatet in Flußtälern von Gebirgen, an lichtschattigen Bach- und Waldrändern der ganzen gemäßigten nördlichen Zone Europas, Asiens und Nordamerikas, östlich bis Japan, nördlich bis Lappland.
– **reptans** ›BS-Frühlingshimmel‹
Eine sehr gedrungen wachsende und reichblühende hellblaue Sorte. Etwa 30 cm, April/Mai. H.: Die Art *P. reptans* lebt nur in Nordamerika in offenen Wäldern Minnesotas, Alaskas und von Arkansas. N.: gut und gern mit *Heuchera-Hybriden*, Moossteinbrech.
– × richardsonii
– – ›Album‹, reinweiß.
– – ›Pallidum‹, edles Blaßblau.
– – ›Superbum‹, dunkles Lilablau.

Polygonatum · Salomonssiegel · Liliengewächse
◐ bis ● ≃ Y ♁ ♣
– **commutatum** (syn. P. giganteum) · Großer Salomonssiegel
Nur diese größte Polygonatumart hat »die große Linie«, die zu überzeugender Schönheit führt. Natürlich hat sie – trotz ihrer Größe – nur in Wildnisgartenräumen, aber auch am Steingartenrande ihre Stätte. In der Vase mit *Trollius* hält ihr erstaunlicher Reiz viel länger als im Garten. Tschh., Mai/Juni. H.: Nordamerika. N.: *Trollius, Uvularia*, kleine Farne, *Podophyllum.*

Polygonum · Knöterich · Knöterichgewächse
○ bis ◐ ≃ △ ⋙ ⊔ ✂ ♁
Es kommen nur Knöteriche, die nicht wuchern, für den Steingarten in Betracht. Die schutzlos absolut winterharten, steingartenfähigen Knöteriche sind gering an Zahl. Bis auf *P. bistorta* sind sie noch wenig bekannt. Oft wird statt des nicht wuchernden *P. sericeum* das wuchernde *P. alpinum* fälschlich geliefert.
– **affine** ›Superbum‹ · Scheckenknöterich
Er bildet dichte, im Herbst rötlich verfärbende Laubdecken – ist nicht umzubringen. Häufig sieht er nach Kahlfrösten »verschnupft« aus. Doch von diesen Winterschäden erholt er sich schnell. Der bürstenartige Blütenstand wechselt im Aufblühen und Verblühen zwischen weiß und tiefrot. 20 cm hoch, Juni bis Spätherbst. H.: Himalaja. N.: starkwüchsige Polsterveronika, Gräser als Einsprengsel.
– **amplexicaule** · Ährenknöterich
Er blüht monatelang ab Juni bis Oktober rot in Kniehöhe. Eine etwa meterhohe Prachtpflanze, von der es auch eine weiße Abart gibt. H.: Himalaja. N.: ideal vor und zwischen Gehölzen, da Wurzeldruck vertragend.
– **bistorta** ›Superbum‹ · Bergwiesenknöterich
Alte Pflanzen neben Gräsern an Steingartenecken wie in Wildnisgartenwinkeln sind durchaus »gartenwürdig«. Liebt besonders frischen Boden in sonniger Lage. Obwohl die Form nicht wuchert, ist Vorsicht vor zarten Nachbarn geboten. Fßh. bis knh., Juni/Juli. H.: nördlich gemäßigte Zone, auf Bergwiesen. N.: *Iris sibirica, Trollius-Hybriden.*
– **sericeum** · Spiräenknöterich
Er bildet in sonnigem Stand als alte Pflanze eine weiße, schöne, tischhohe Figur, die nur im Schatten allmählich brusthoch und locker wird, aber auch dann noch mit ihrem rispigen Blütenstand reizvoll ist. Mai/Juni. H.: Sibirien. N.: vor Latschenkiefern.

Polystichum → Farne Seite 124

Polypodium → Farne Seite 124

Potentilla · Fingerkraut · Rosengewächse
○ ≃ △ ‖ ✂ ♁
Es liefert mancherlei Gartengestalten: frühestblühende gelbe Kissen und Polster, kniehohe sammetbunte Stauden, vielfarbige Dauerblüher und zartfarbene Hochgebirgsbewohner. Der Flor währt Art für Art von Mitte April bis tief in den August. Von der Widerstandskraft aller gegen Trockenheit macht nur die *P. atrosanguinea* ›Gibsons Scarlet‹ eine Ausnahme, während sogar die ziemlich großblumigen farbigen Gartenhybriden trockenheitsunempfindlich bleiben. Der Flor reiht sie alle unter die Langeblüher, zum Teil unter die erstaunlichsten neueren Remontierer, was nur von den kleinen gelben Frühlings- und Frühsommer-Staudenfingerkräutern nicht gilt, und verteilt sich über Frühling, Sommer und Herbst mit lauter zarten und ein paar glühenden, satten Farben. Erst wer sie in ihrer Gesamtheit überblickt, beginnt diese kleinen liebenswerten Gestalten zu verstehen und ihnen zu ihren Pflanzennachbarschaften zu verhelfen. Wir verlassen hier wieder das Alphabet zugunsten der Blütenabfolge.

Potentilla neumanniana (syn. P. tabernaemontani, P. verna) · Frühlingsfingerkraut
Es schmückt schon zeitig ab April mit seinen goldgelben Blüten seine ganzen flachen Polster. Die ganze Pflanze wirkt graugrün und wächst am Naturstandort in trockenen Rasen und auch in trockenen Kiefernwäldern. H.: Europa.
– ›Nana‹
Ein unübertroffener, langblühender Bodendecker für sonnige, trockene Gartenplätze. Nur 5 cm, goldgelb, April/August. Würziger Laubduft. N.: ideal mit blauen *Festuca*-Arten, *Sempervivium, Sedum*-Arten und Zwergglockenblumen.

Potentilla fragiformis, das Arabeskenfingerkraut, behauptet über viele Jahre seinen Pflanzplatz.

– **cinera** (sysn. P. arenaria)
Aschenfingerkraut
Blitzendes hellgelbes, dichtestes, flaches Blütenpolster schon im April 8 cm. Ein verkannter Schatz! H.: Westalpen bis zu den nördlichsten Südalpen. Ihr Vorkommen ist in Brandenburg bekannt. N.: *Viola odorata, Iberis saxatilis, Sedum album* (Murale), *Veronica armena*

– **aurea** ssp. **chrysocraspeda**
(syn. P. ternata, P. chrysocraspeda) Sie blüht etwas früher als *P. aurea* mit goldgelben Blüten. Die dunkelgrünen Blätter sind aber nur dreizählig. Halbsph. H.: Gebirge in SO-Europa.

– – ›Aurantiaca‹
Eine schöne Sorte mit orangefarbenen Blüten. Sonst wie die Art.

– **aurea** · Goldfingerkraut
Eine halbspannhohe, reizende Goldblütenstaude aus dem Fingerkrautreich mit oberseits glänzenden grünen und unterseits silberseitig beharrten Blättern. Liebt humosen, leicht sauren, nicht zu trockenen Boden. Mai/Juni. H.: Subalpin bis alpin zwischen 3000 und 500 m. N.: *Geum coccineim* ›Borisii‹, kleine Blaugräser, braunlaubige Kleinstauden.

– – ›Goldklumpen‹
Sie steigert die Wirkung der Art wesentlich durch die unglaubliche goldgelbe Blütenfülle, die in solchem Maße weithin leuchtet, daß auch hier wieder alle Blumenfreunde und Farbfotografen zusammenlaufen. Mai/Juni

– **pyrenica** · Pyrenäen-Fingerkraut
Unersetzlicher Schatz um diese Zeit, da es den Flor von *P. aurea* und *P. ternata* fortsetzt. 25 cm, Ende Juni/Juli. Goldgelb. H.: Pyrenäen. N.: *Campanula portenschlagiana* und *C. carpatica, Polemonium* ×*richarsonii.*

– **fragiformis** · Arabeskenfingerkraut
Die gelben Blüten bilden eine Arabeske. Edle, reizvolle Kleinstaude, deren Reiz im silbrig-behaarten Austrieb, im Laub und den großen, flachen Blütenschalen liegt. Mitte Juni/Juli, sph. H.: Asien, Altai, Alaska.

– **argentea** var. **calabra**
Silberfingerkraut
Ein blaßgelb blühendes, spannhohes Geschöpf – hat Erdbeerblätter wie versilbert. Diese kalabrische Variante erreicht nur die halbe Höhe der Art.

– **recta** ›Warrenni‹
Es ist ein kniehoher und fußbreiter hellgelber Dauerblüher von fester Gestalt, der alle Gelben an Dauerblüte weit übertrifft und den Flor des Pyrenäen-Fingerkrauts ab Juni bis September fortsetzt. Rückschnitt nach der Blüte zur Florverlängerung ratsam! H. der Stammart: Europa, Kaukasus, Sibirien.

– **atrosanguinea**
Himalaja-Fingerkraut
Fßh. und höher, dunkelrotblütig. Juli, noch vor seinen hier folgenden Hybriden erblühend. H.: Himalaja, N.: Kerzenveronika und Ballonglocke.

– – ›Gibsons Scarlet‹
Diese scharlachrote Farbenkönigin bildet teils spann- bis fußhohe Büschlein, teils lagert sie malerisch. Sie ist ein Stern unter den sommerlichen Steingartengewächsen. Juli/August. Leichter Winterschutz in rauher Lage ratsam.

– **nepalensis** · Nepal-Fingerkraut
Die meisten Betrachter glauben oft nicht recht an ein Fingerkraut, wenn sie diese Pflanze mit ihrem erdbeerähnlichen Laub sehen. Sie wird blühend mit rötlichen Stengeln bis knh., lachsrosa mit dunklem Grund und Adern. Durch die folgenden Sorten wurde ihr Farbenspiel beträchtlich erweitert und gesteigert. H.: West-Himalaja.

– – ›Roxana‹
Sph. bis fßh., goldbrauner, lässig hingelagerter und unverwüstlicher Dauerblüher. Farblich unersetzlich. N.: gelbe und blaue Kleinstauden.

– – ›Flammenspiel‹
Unter Tausenden von nepalensis-Sämlingen fanden wir hier einen Sämling mit weithin leuchtenden roten, gelbgeränderten Blüten, welche zu seinem Namen führten. Man pflanzt gern drei Pflanzen in 15 cm Entfernung zusammen, umgibt sie mit Buntgräsern *(Molinia caerulea* ›Variegata‹, in welche die bunten Blüten sich hineinschmiegen und emporrecken. Rechtzeitiger Rückschnitt!

– – ›Miß Willmott‹
Diese schöne rosa Potentilla ist nun durch Nachzucht ausgehärtet worden. Sie braucht nach später Pflanzung lichte Winterdecke. Juli/August.
An dieser Stelle noch vor *Potentilla reptans,* einem unbegreiflich gefährlichen Wucherer, der ganze Steingartenpartien gefährden und ihren Umbau erzwingen kann. Bedenklicherweise wird sie in mehrenen Steingartenbüchern in ihrer gefüllten, auch wuchernden Form noch für sandige Hänge empfohlen.

Primula · Primel · Primelgewächse
Primeln sind Glanzstücke der Vorfrühlingsgärten, der halbschattigen Frühlings- und Sommersteingärten, je nach Art für naturhaften oder architektonischen Stil. Bei Bodenfrische vertragen sie volle, wenn auch nicht pralle Sonne. Primeln rühren an ein ambrosisches Frühlingsgeheimnis, das uns neugierig macht. Wir freuen uns, daß immer mehr und immer schönere Primel dies ausschöpfen helfen. Das Primelreich als Ganzes in seiner Vornehmheit und weltweiten Fülle wirkt auf den Wissenden so imponierend, daß er sich fast beklommen in die endlose Schatzkammer wagt. Nächst dem Krokus haben wir hier die zärtlichsten Kostbarkeiten unter den Frühlingsblüten vor uns. Ohne ihr Erlebnis scheint der Frühling nicht voll das Auge zu uns aufgeschlagen zu haben. Die Schatzkammer umfaßt Gewächse vom Charakter volkstümlichen, ja altmodischen Gartenguts bis zu dessen Gegenspiel in kostbarsten neuen Seltenheiten. Neben altvertrauter Frühlingsschönheit öffnen sich Abgründe von Fremdartigkeit, die uns das Gefühl geben, daß wir erst am Becher des Welten-

frühlings zu nippen beginnen. Der König der Bergpflanzenkenner, der Maler Farrer, jongliert in seinem taufrischen Buch zärtlich und eingehend mit tausend Primelarten, -abarten und Wildhybriden herum, wobei die Gartenformen nicht mitgenannt werden. Es gibt geduckte, winzige Primelzwerge und Primelriesen von mehr als Meterhöhe – Pagodentürme oder duftende Doldenträger. Manche haben mächtige Blattschöpfe und sind im Jungtrieb Salat «für die Himalaja-Leute».

Früher gab es in Gärten nur vier Primelwochen – jetzt dauert die Primelzeit von Karneval bis Ende Juli in lückenlosem Reigen. Dies Nicht-zur-Ruhe-Kommen des Frühlings, der immer, wie die Jugend selber, voll lächelnd unergründlicher Unausgelebtheit bleibt, reicht der herbstlichen Frühlingswelle die Hand, die mit Herbstkrokus, blinzelnden Primelblüten, Veilchenduft, Anemonen und blauen Enzianpolstern im September/Oktober wieder aufsteigt.

Primelheimat sind mittelhohe Bergregionen, Felsen, Geröll-, Humusnester, Hochmoore, Bergwiesen, tiefgelegene Wiesen und lichte Wälder der Berge. Florengebiete, in denen diese Schätze in noch unüberschaubarer Vielartigkeit vorkommen, sind Europa, Indien und Ostasiatische Hochgebirge.

Wie für weltbewanderte Kenner der Alpenpflanzen ferne Gebirgsanblicke schon gleichsam juwelengeschmückt sein können, so werden uns durch unser Wissen um dort beheimatete edle Bergblumen kostbare Verbindungsfäden mit den himmelsnahen Heimatstätten jener lebenden Kleinodien in die Hände gespielt. Aus manchem Bergprimelduft kommt ein Hauch ewiger, unversehrbarer Frische und Uranfänglichkeit – wie eine kleine Duftinspiration zur Erfüllung des Goethischen Wortes: «Man sollte an jedem neuen Tage eine neue Epoche seines Lebens beginnen.»

Ganz altmodische Düfte wechseln mit Gerüchen von Pariser Parfüms, die sich etwa die 4000 m hoch beheimatete Hängeglockenprimel Sikkims leistet. Auch Düfte von Früchten und gelben Rosen werden von diesen Frühlingsblüten schon leise vorweggenommen. Unbeschreibbar zarte Düfte des fernen Ostreiches entsteigen unseren abendländischen Gärten durch Pflanzung von Siebolds japanischen Gartenprimeln und ihren Edelzüchtungen; erste Begegnung mit ihnen bleibt unvergessen.

Von solchen Betrachtungen bis zur praktischen Gartenanwendung wäre der Weg weit, wenn die Erfahrung nicht in endloser Arbeit einen gewichtigen Vortrupp wilder und gartenveredelter Primeln nach sieben Blütezeitgruppen so herausfiltriert und dem Gebraucht handlich gemacht hätte, daß hier wirklicher, guter Ankergrund für den Schiffer im unendlichen Primelmeer zu finden ist. So können denn später alljährlich Entdekkungsfahrten ins übrige unbekannte Primelreich unternommen werden. Stehen wir doch erst im Anfang des Gartenprimelzeitalters! Wir lassen die Einteilung in fünf Gruppen nach ihrer Grundgestalt vorausgehen.

Kissenprimeln, Ballprimeln, Doldenprimeln, Glockenprimeln, Kandelaberprimeln.

Ihnen folgen nun die Zeitgruppen:

1. Zeitgruppe: Anfang März bis April.
2. Zeitgruppe: zweite Märzhälfte bis Ende April.
3. Zeitgruppe: zweite Aprilhälfte bis in den Mai hinein.
4. Zeitgruppe: Mitte Mai bis Juni.
5. Zeitgruppe: Juni bis Juli.
6. Zeitgruppe: Juli.
7. Zeitgruppe: Juli bis August.

1. Zeitgruppe: Anfang März bis April

Kissenprimeln

☀ bis ◐ ⊕ ≃ Y ✂ ⬡ D

Primula vulgaris (syn. P. acaulis) · Kissenprimel ◐ bis ● ≃ Y

Einer der drei größten Weltwanderer der Primelsippe. An Waldesrändern, buschigen Berghalden und Hängen, Wegrändern, Wiesensäumen oft so stark in heißen Mittagsstunden duftend, daß der Duft von der Bahn aus spürbar ist. Eingetopft war sie früher für einen Frank in Schweizer Kurorten zu haben. H.: Von Nord-, West- und Mitteleuropa bis Nordafrika und Kleinasien. N.: Veilchen, Gedenkemein, *Scilla sibirica,* dunkelblaue Hyanzinthen, *Primula rosea,* Leberblümchen. Beste Primel zum Verwildern im Steingarten und Naturgarten, auch in lockeren Wiesen nahe Gehölzrand.

– – ssp. **Sibthorpii** · Karnevalsprimel

Von größter Lebensfestigkeit und Härte, die auch an Sonnenplätzen in kurzem Wiesenrasen aushält. Junge Sämlinge aber sind empfindlich gegen Ausnahmefröste. In Rosalila variierend.

Brachte die rote Farbe ins Gartenkissenprimel. H.: Östliches Mittelmeergebiet (Bulgarien bis zum Transkaukasus). N.: Kleine immergrüne Farne, *Adonis amurensis, Eranthis-, Galanthus- und Crocus-*Arten.

Primula vulgaris (syn. P. acaulis)

›Alba‹, weiß.

– – ›Atrorubens‹, sammetrot.

– ›Aurea‹, gelb.

– ›Caerulea‹, blau in unvergleichlichen Stufungen.

– ›Rosea‹, rosa.

14 Tage später blühen:

Primula vulgaris ›Rosea Plena‹, rosa gefüllt.

– – ›Alba Plena‹, weiß gefüllt.

– – ›Sulphurea Plena‹, hellgelb gefüllt.

– – ›Rubra Plena‹, rot gefüllt.

Sie stehen an allen möglichen altmodischen Gartenplätzen kleiner Orte. In Apothekergärten haben sich seit mehr als einem Jahrhundert solche Primeln durch alle Weltverwandlungen gerettet. Die bunten gefüllten Kissenprimeln müssen gegen schneelose Polarwinter eine leichte, doch gesicherte Laubdecke bekommen, um tadellos zu durchwintern. Nur durch Teilung lassen sie sich vermehren. Ernsthafte Gartenfreunde tun deshalb gut, sie durch Tausch recht weit verbreiten helfen.

2. Zeitgruppe: Zweite Märzhälfte bis Ende April

Kissenprimeln

☀ bis ◐ ⊕ ≃ ‖ Y ✂ ⬡ D

Primula juliae · Kaukasuskissenprimel

◐ bis ● ≌ △ Y

Bildet ein kaum 5 cm hohes, reichblühendes lilarotes Polster. Benötigt zum Gedeihen frischen, nährstoffreichen Boden in absonniger Lage. Bei Nachlassen der Blühwilligkeit unbedingt aufteilen und tiefer pflanzen. Dankbar auch für Überstreuen mit humoser Erde. H.: Kaukasus. Hybridenmutter der folgenden (von den Kindern an Ausdauer der Reichblütigkeit und Trockenheitsverträglichkeit übertroffen!).

Primula-Juliae-Hybriden

◐ bis ● ≃ △ Y ⊔

Diese Hybriden, die zum Teil früher oder später erblühen, sind unter die winterhärtesten Kissenprimeln zu rechnen. *(P. juliae × P. vulgaris)* Sie ziehen sich im Winter fast in den Erdboden zurück. Wir hatten noch nie Verluste. Manche haben die dreifache Wuchskraft der anderen, blühen auch wesentlich früher. Ständig tauchen neue Namenssorten auf und bereichern das Sortiment mit neuen Farbtönen und auch größeren Blüten, andere dagegen entsprechen nicht den an sie gestellten Erwartungen und verlöschen wie eine Leuchtkugel am Primelhimmel.

– – – ›Corinna‹

Rahmweiß mit orangegelbem Auge, mittelgroß, gestielte Blüte.

– – – ›Frühlingssonne‹, dauerhafte kleinblumige, leuchtend reingelbe Sorte, sehr schön neben ›Frühlingsglut‹.

– – – ›Jenufa‹

Wertvolle, spätblühende, großblütige, gestielte, hellpurpurfarbene Blüten mit gelbem Auge, gut zum Schnitt geeignet.

– – – ›Ostergruß‹

Allbekannte, schon ältere, aber auch an schwierigen Gartenplätzen lebensstarke purpurblaue, wohl die verbreitetste Sorte. Leider werden unter den Sortennamen ›Ostergruß‹ auch häufig minderwertige *Juliae-Hybriden* vertrieben.

– – – ›Purpurkissen‹
Schöne, ebenfalls reichblühende, dauerhafte purpurviolette Sorte.

– – – ›Schneeriesin‹
Großblütigste aller weißen Sorten, jedoch könnten die Blüten von kräftigerer Substanz sein, reichblütig und wüchsig.

– – – ›Sylvia‹
Karmesinrosa Schwesternsorte von ›Corinna‹, mit ebenfalls orangegelbem Auge. Beide wirken gut als Nachbarn.

Ballprimeln

Primula denticulata · Kugelprimel
◐ bis ● ≃ △ Y ⊔ ⤫ ⬡ ♕
Sie blüht in hellilarosa Bällen und bildet nach der Blüte mächtige Blattschöpfe. In rauheren Gegenden leichte Fichtenreisigdecke nötig, keine Laubdecke! Sph. bis fßh. H.: in Höhen zwischen 2000 und 4000 m wandert diese Ballprimel von Afghanistan bis Yunnan. N.: *Omphalodes verna* ›Alba‹ und *Scilla siberica* ›Alba‹.

– – ›Alba‹
Weiße Ballprimel. N.: *Omphalodes verna, Brunnera, Pulmonaria angustifolia* ›Azurea‹, rosa Schneeheide und folgende Kugelprimelsorten.

– – ›Enzett Rubinball‹
Schöne, in Rubinfarbe variierende Sorte, nicht ganz so widerstandsfähig wie die anderen genannten Sorten.

– – – ›Grandiflora‹
Großblütige Saatrasse in den Farben von hellrosa über lila bis violett spielend.

Doldenprimeln

Primula rosea ›Gigas‹
○ bis ◐ ≌ △ ⊔ ⬡
Großblumig und höher wachsende hellkarminrote Sorte.

– – ›Grandiflora‹
Großblütige Saatrasse, leuchtendstes Rosa aller Primeln. Benötigt zum Gedei-

Die reinweiße Form von *Primula marginata* ist immer noch selten in den Gärten zu sehen.

hen im Garten unbedingt feuchten Humusboden. Nur absonnig pflanzen! Sph. bis fßh. H.: Bergwiesen des Himalaja, 3000 bis 4000 m Höhe. N.: es wimmelt von passenden Nachbarn um diese Zeit im Frühlingsgarten.

– **marginata**
○ bis ☼ ≃ △ ‖ ✂ ⛉ ♁
Diese starklebige, handhohe hell- bis dunkellila Doldenprimel mit silberweißem Schlundring blüht schon seit anderthalb Jahrhunderten in Gärten, gehört aber durchaus zu den wesentlichen Frühlingsblühern. Sie bildet nach Jahren, ähnlich wie *Primula auricula*, einen Stamm und muß dann tiefer gepflanzt werden. März/April. H.: See- und Cottische Alpen in Felsspalten. Man hat dieser kleinen diensteifrigen und unverwüstlichen Primel in Namensorten allerlei neue Wuchseigenschaften und alle zarten Farbtönungen beigebracht, wobei auch tiefblaue Blüten, ja selbst rosa und weiße Farben erzielt wurden.

– – ›Alba‹, reinweiß.
Die nachfolgenden *Primula marginata*-Sorten sollen durch Kreuzung mit *Primula auricula* und *Primula × pubescens* entstanden sein.

– – ›Hyacinthina‹
Großblumigste Sorte, lavendellila mit Schattierung.

– – ›Linda Pope‹
Diese wüchsige Sorte hat breite Blätter mit deutlichem weißen Knorpelrand und klar-lavendelblaue Blüten.

– – ›Marven‹
Sie entstammt der Kreuzung *P. marginata* × *P.* × venusta – also eine Hybride! Doch gleicht sie in der Belaubung mehr einer unbemehlten *P. marginata*-Sorte. Einmalig wirken die tiefvioletten, weißgeäugten Blüten.

– – ›Rosea‹
Halbwegs rosa, besonders guter Wachser.

– × **wockei**
○ bis ☼ ≃ △ ‖ ✂ ⛉
Sie ist besonders wüchsig, hat dunkellila Blütendolden, ist schnell und reichlich teilbar, hat aber grünlaubige, unbemehlte und weniger gesägte Blätter.

3. Zeitgruppe: Zweite Aprilhälfte bis in den Mai hinein

Doldenprimeln

Primula-Elatior-Hybriden
◐ bis ● ≃ △ Y ⊔ ✂ D
Sie sind in den durchgezüchteten großblumigen Rassen bei bunter Farbenmischung und genügender Verwendung rein dunkelroter Stufungen wohl der stärkste aller Primeleindrücke trotz der schönen Fremdgestalten und besitzen auch besonders feine Düfte. Wenn solche unberührten Pflanzungen nach drei, vier Jahren an Schönheit nachlassen oder auch durch Fröste geschädigt waren, pflanzt man sie gleich nach der Blüte in ausgewechselten Boden um.
H.: Die Stammart *P. elatior*, die Hohe Schlüsselblume, Wiesenpflanze Europas, ist bis zur Mittelukraine, von der Ebene bis subalpin verbreitet. »Ihr Zimbelklang beherrscht ganze Wiesen, durchsetzt von den Fagott-Tönen der Sumpfdotterblume.«
Ein wichtiges Ereignis auf dem Züchtungsgebiet der *Primula-Elatior-Hybriden* ist die Verbreitung rein blauer Farben in oft seltsamsten Stufungen. Hier werden uns einmalige, sonst nie wiederkehrende Eindrücke der blauen Farbe vermittelt. Wir müssen hier den Namen Teicher als Primelzüchter dieser blauen Farbe bei uns nennen.
Eine weitere, wohl die großblumigste, ist die Pacific-Rasse von einem Blütendurchmesser bis 6 cm. Leider befriedigt deren Winterhärte noch nicht überall. Doch es sind schon hoffnungsvolle Ansätze, daß dieser Mangel überwunden werden wird.
Das Nachlassen des Blütenreichtums aller dieser herrlichen bunten Straußprimeln nach Ablauf von drei bis vier Jahren sollten wir sowohl wie die Primelzüchter nicht als eine unabänderliche Tatsache ansehen, sondern ruhig mal fünf Jahre lang mit Riesenaussaaten und deren Dauerbeobachtung wesentlich länger blühende Exemplare herauswählen, auf denen weiter aufgebaut wird. An Orten, in denen diese Primeln unter Obstgehölzen in großen Mengen für den Schnittblumenverkauf gezüchtet werden, z. B. in Werder und Vierlanden, konnte man in überständigen Quartieren doch schon einige wenige reich weiterblühende Exemplare feststellen.
Mit Winterdeckung zum Schutz gegen schwere Fröste machten wir bei *Primula vulgaris* und *Primula-Elatior-Hybriden* die Erfahrung, daß festeingewurzelte, also spätestens im Frühjahr eingesetzte Pflanzen kräftige Laubschüttung vertragen, daß aber im Spätsommer oder Herbst neu gepflanzte Bestände lieber eine kräftige Beschüttung mit allem möglichen trockenen Stengelwerk vorziehen.

Primula auricula · Echtes Aurikel
○ bis ☼ ⊕ ≃ △ ‖ ✂ ⛉ ♁ ⚶ D
Ihr herrliches Goldgelb zwischen silbergepuderten oder grünen Blättern bricht aus Steinfugen der Alpen wie Gold hervor. Liebt feuchte Helle oder Prallsonne. Hochbeinig gewordene alte Pflanzen bekommen Nachschüttung mit durchlässiger, humoser Erde. Heranzucht dauert doppelt so lange wie bei *Primula-Elatior-Hybriden*. H. mit ihren Unterarten: subalpin bis alpin in den Alpen und auch in den Karpaten und im Apennin.

– × **pubescens** · Gartenaurikel
○ bis ☼ ≃ △ ‖ ⁞ ✂ ⛉ ⚶
Die ersten bunten Hybridenfarben der Aurikel fand man schon Ausgang Mittelalter in den Alpen. Die Qualitätsrasse »Mammut-Aurikeln« genügt für den Aurikelanfänger. Die Zukunft wird – wie es im vorigen Jahrhundert geschah – eine große Aurikelzeit bringen; in der Zwischenzeit ist die Aurikel durch die doppelt so schnell heranzuziehende Straußprimel und Kissenprimel zurückgedrängt worden. Nachdem man sich an den großen Farbenklängen der bunten Primeln ersättigte, geht man gern zu den stillen Aurikelfarben über, deren Pflanzen auch etwas mehr Trockenheit und Sonne vertragen. Die bunten Hybriden waren früher in Farbensorten erhältlich. Aurikel-Vereine pflegten Verbreitung der Sorten, von denen sogar gefüllte zeitweilig beliebt waren. Heute sind die Gartenaurikeln bei uns nur als Mischung zu bekommen. Besonders schöne Farbkombinationen sollte der Liebhaber auslesen und vegetativ vermehren. Man muß dann aber dafür Sorge tragen, daß die vielen »Kopfhänger« entfernt werden und daß altgewordene Pflanzen, die sich zu weit aus dem Boden recken, zuweilen Erdnachschüttung erhalten.

– **frondosa** · Thrakische Mehlprimel
○ bis ◐ ≌ △ ⊔ ⛉ ♁ D
Durch ihre Lebenskraft macht sie die kurzlebige Mehlprimel, *P. farinosa*, entbehrlich für den Steingarten. Bis sph., rosa. Ihr Reiz beruht auf ihrer Zierlichkeit. H.: Balkangebirge. Auf Bergwiesen. N.: *Gentiana acaulis, Hutchinsia.*

– **saxatilis** ◐ bis ● ≃ △ Y
Fußhohe lilarosa Wanderin, besser als *P. cortusoides*, ist ein Schatz für Wildnisgärten, der unverwüstlich ausdauert und gern in größeren, aber gegliederten Flächen wirkt und dem man frühgrünende Farne hinzugesellt. H.: Mandschurei, Amurgebiet. Blüht in Felsspalten, drang vor hundert Jahren bereits in die Gärten vor. N.: *Cardamine trifoliata.*

4. Zeitgruppe: Mitte Mai bis Juni

Glockenprimeln

Primula sikkimensis · Hängeglockenprimel
☼ bis ◐ ≌ △ Y ⊔ ✂
Dolden mit hängenden Glöckchen edelsten Gelbs und herrlichsten Duftes. Variiert in größeren Dolden und stärkerem Wuchs, verlangt feinste Nachbarschaft und will unbedingt feucht und lichtschattig stehen. Fßh. H.: Himalaja, 4000 bis 5000 m Höhe. N.: *Heuchera, Saxifraga, Polystichum setiferum* ›Proliferum‹. Auch ideal an Wasserläufen mit frühen *Astilben*-Sorten oder *Iris kaempferi.*

– **alpicola** · Glockenprimel
☼ bis ◐ ≌ △ Y ✂ D
Diese wunderschöne, bis kniehohe Art mit den weißbemehlten Blüten ist immer noch wenig in den Gärten zu finden. Wünscht feuchte, halbschattige Lage. Juni/Juli. H.: Südostchina.
– – var. **alba,** milchweiß.
– – – **luna,** blaßzitronengelb.
– – – **violacea,** violett.

Doldenprimeln

Primula sieboldii · Sieboldprimel
☼ bis ● ≃ △ Y ✂
Das Farbenspiel der mitunter leichtgefransten Blüten von fremdestem Adel reicht bei den Sorten von zartblau, über weiß bis zu dunkelkarminrot. Bereits im Sommer völlig einziehend.
Bei Herbstpflanzung gut mit Laub beschütten. Sph. bis fßh. H.: Japan und Transbaikalgebiet. N.: *Heuchera, Mertensia paniculata.* Farne, Zwergrhododendron.
– – ›Robert Herold‹
Großblumig, rot mit heller Mitte. Kraftvoller Wachser.
– – ›Snowflakes‹, reinweiß.

5. Zeitgruppe: Juni bis Juli

Kandelaberprimeln

Die überfußhohen Pagoden- oder Etagenprimeln sind Schätze des Sommers in immer reicherem Farbenspiel. Härteste aller ist die Art *Primula japonica.* Alle übrigen erhalten winterliche leichte Fichtenreisigdecke für den Fall schwersten Winters. H.: Sie stammen aus Bergwäldern Japans und Westchinas. N.: *Heuchera, Brunnera macrophylla,* halb hohe Akelei in Farbensorten, Schattengräser und besonders Filigranfarne.

Primula japonica ·
Japanische Kandelaberprimel
☼ bis ● ≌ △ Y ⊔ ✂
Dauerhaft und leicht heranziehbar ist diese schöne Primel. Sie und die anderen Kandelaberprimeln lieben feuchte lichtschattige Lage; jedoch ist stauende Winternässe schädlich. Leichte Laubschüttung als Winterschutz ratsam. Wenn der richtige Standort gewählt wurde, dankt sie es mit Selbstaussaat. 60 cm. Es sind mehrere Saatrassen verbreitet, deren Farbe in roten Tönen variiert. Auch Weiß ist vertreten. H.: Japan.
– **beesiana** · Lilarote Kandelaberprimel
Sie wird bis meterhoch und erblüht etwas später. H.: Yunnan.
– **pulverulenta** ·
Sammetrote Kandelaberprimel
Bis 80 cm hoch werdend. Die Blütenstengel und der Blütenkelch sind weiß bemehlt. H.: China.

6. Zeitgruppe: Juli

Kandelaberprimeln

Primula bulleyana · Nankinggelbe Kandelaberprimel
☼ bis ● ≌ △ Y ✂
Eine wunderschöne Art mit duftenden Blüten. Bis 80 cm.
– **Bullesiana-Hybride**
Terrakottaprimel
☼ bis ● ≌ △ Y ⊔ ✂
Hier werden Farben auseinandergefaltet, deren Spiel man nie müde werden kann; neue Hybriden, an welche verschiedene Kandelaberprimeln ihr Erbgut in gesteigerter Form weitergegeben haben, bestechen in Orange, Tiefrot, Gelb und Blaßrosa und ergeben immer wieder neue Zwischentönungen.
– **burmanica** · Burmakandelaberprimel
☼ bis ● ≌ △ Y ⊔ ✂
Sie ist eine der großartigsten Primelgestalten von fremdartiger lackroter Farbe, braucht aber Beschattung. Ihre Kraft und Ausdauer sind erstaunlich. Etwa 70 cm. H.: Burma. N.: Gräser und andere Kandelaberprimeln. Alle diese hohen Kandelaberprimelarten und Kreuzungen haben in ihrem Juni- und Juliflor wunderbare Farbentänze miteinander von fremdartiger Pracht.

7. Zeitgruppe: Juli bis August

Glockenprimel

Primula florindae · Tibetsommerprimel
☼ bis ● ≌ △ Y ⊔ ≈ ✂
Aus mächtigem Blätterschopf blaßgelbe Dolden emporsendend wirkt sie besonders kraftvoll. Am Wasserlauf oft halb aus dem Wasser herausblühend, aber auch in gewöhnlichsten Gartenverhältnissen wohlgedeihend. Knh. bis hfth. H.: Südwesttibet. N.: *Heuchera,* Binsen, Farne, Schattengräser, *Meconopsis betonicifolia.*

Prunella · Braunelle · Lippenblütler

○ bis ○○, auch ◐ ≃ ▭ Y ⬡
Das Polster wird spannhoch und blüht Juni bis September. Sorten untereinander mischen! Ein liebenswürdiger Lückenbüßer an ungünstigen Stellen, im Steingarten aber schließlich durch seine Dauerblühereigenschaft mehr als das. N.: Königskerzen, verschiedene kleine Glockenblumen, Staudenlein, Edelgarbe.
– **grandiflora**
Violettblau und braunbronzene Spelzentöne im Verblühen. Heimisch.
– – ›Alba‹, Schneebraunelle.
– – ›Loveliness‹, rein violette Braunelle.
– – ›Rosea‹, besonders schöne, dichtblühende rosa Form.

– × **pinnatifida** *(P. laciniata × P. vulgaris)*
Meist in der Form ›Rubra‹ in den Gärten anzutreffen. Ebenfalls eine »Langspielplatte« von Juli bis September. Sph. N.: trockenheitsliebende Stauden, z. B. *Anthemis nobilis* ›Plena‹.
– × **webbiana** (vermutlich *P. grandiflora × P. hastifolia*)
Hat größere violettblaue Blütenköpfe als die Art *P. grandiflora.*
Als Gartenschmuck schon seit 1600 in deutschen Gärten immer wieder anzutreffen.

Pulmonaria · Lungenkraut · Borretschgewächse

◐ bis ● ≃ ▭ Y ✂ ⬡ ♉ ♁
Die Lungenkräuter sind alle derbe, etwa fußhohe, unverwüstliche, schattenvertragende Vorfrühlingsstauden und in den hier genannten Arten und Züchtungen unersetzliche kleine Säulen des Grundinventars.
Wir zählen sie nach den Zeiten des Erblühens auf.
– **rubra** · Korallenlungenkraut
Es ist das früheste und derbste der ganzen Gattung. Aus den mächtigen Blattschöpfen, die sich überall durchsetzen, steigt frühzeitig der korallenrote Massenflor, der zeitweise nur beeinträchtigt ist durch Stadien unschönen Verblühens. Aber in seiner Gesamtwirkung an sonnigem Platz schön mit weißer Schneeheide, im Schatten mit Farnen und immergrünen Gräsern, weißem Seidelbast, massenhaft frühem Krokus, *Muscari* frühester Arten. Ende Februar bis April. H.: Karpaten, Siebenbürgen, besonders Südosteuropa aus gleichen Naturlagen wie unser heimisches Lungenkraut.
– **angustifolia** · Azurea · Enzianlungenkraut
Etwa sph. bis fast fßh., enzianblau, Ende März bis Anfang Mai. Das tiefe Blau dieser lebensfreudigen, dauerhaften Staude und Schattenüberwinderin ist ein Wertgegenstand, den man nicht missen möchte. Man kann davon nicht genug im Garten haben. In breiten Naturgartenflächen sind hundert Stück gerade recht. H.: Europa bis Kaukasus. Verstreutes Vorkommen überall in der Schweiz, Böhmen, Mähren, in unseren Mittelgebirgen, Steiermark, Istrien, an Waldrändern halbschattig. Ebenso Vertikalverbreitung vom Waldrand der Ebene bis 2700 m. Gott sei Dank an vielen Stellen schon gesetzlich geschützt. N.: Wunderschön zwischen *Primula-Elatior-Hybriden, Lathyrus*-Arten in Farben, Narzissen, *Waldsteinia*-Arten und Schattengräsern.
– **saccharata** (syn. P. picta) ›Mrs. Moon‹ · Silberblattlungenkraut
Die frühestblühende picta-Veredlung, deren Blüten je nach ihrem Alter reizend

in Blau und Rot wechseln. Marmoriertes Laub; weiße Blattzeichnung nicht so stark wie bei der Art. Anfang April erblühend. H. der Stammart: Mittelitalien. Seit dem 16. Jahrhundert nach Norden gewandert und verwildert, zwischen Portugal über die Schweiz bis Belgien auffindbar. Boreal bis montan. N.: Teppichefeu. Alte Pflanzen schön zwischen weißen *Arabis*-Arten.

Pulsatilla · Kuhschelle · Hahnenfußgewächse
○ ⊕ △ ‖ ⊥ ✂ ⬡ ♧
Alle Kuhschellen gehören zu den beliebtesten Steingartenpflanzen, und wer möchte die violetten oder gar weißen und roten, seidig behaarten Glockenblüten missen? Die aufgeführten Arten und Sorten sind höchst gartenwillig und passen an vielerlei sonnige, warme, durchlässige, nicht zu magere Gartenplätze. Ihre Wildvorkommen liegen alle bei uns in Wärmeinseln und bedürfen des Schutzes.
Die Ansiedlung im Garten sollte wegen der sich später typisch ausprägenden Pfahlwurzel nur als Jungpflanze oder noch besser mit Topfballen erfolgen. Alle Kuhschellen sind recht langlebig, so daß man ihr Pflanzjahr meist vergißt. Neben der Blüte schmücken sie sich mit silberglänzenden bekannten Fruchtständen im Frühsommer.
Auf die schwieriger zu pflegenden alpinen *Pulsatilla*-Arten wird nicht eingegangen.
Alle Arten stehen unter strengem Naturschutz!
- **halleri** ssp. **slavica** (syn. Anemone slavica, Pulsatilla slavica) · Vorläuferkuhschelle
Eine aufrecht blühende, klar violette Kuckucksanemone des März/April; blüht 14 Tage vor *P. vulgaris* mit ritterspornähnlichem Blattschmuck und höher als *P. vulgaris*. H.: Slowakei. N.: *Adonis vernalis*, *Stipa*-Arten, *Dianthus gratianopolitanus*.
- **vulgaris** (syn. Anemone pulsatilla) · Küchenschelle
Ihr Erblühen trifft vielerorts mit dem erstem Kuckucksruf zusammen. Fßh. Mitte April/Mai, dunkelviolett, Vorfrühlingsgarten. H.: von England und Südschweden durch Mitteleuropa bis zur Südukraine; kalkliebend, aber auch herrlich ohne Kalk.
- – ›Alba‹ · Schneeschelle
Reizvoll, einzeln in Horsten der Stammform. Leider werden auch schmutzigweiße Typen verbreitet!
- – ›Rubra‹
Rote Variante der Stammart, sehr wirkungsvoll, variiert etwas in der Blütenfarbe.
- – ssp. **grandis**
Wunderschöne Unterart mit besonders großen violetten Blüten. Sie hat die gleichen Ansprüche wie die Art und ist wie diese zu verwenden. Selten echt in Kultur! Wir warnen vor Typen, die meist nur ausgelesene großblütige *P. vulgaris* sind. Fßh. H.: inselartige Vorkommen z. B. in Mähren und Österreich.

Ramonda · Felsenteller · Gesneriengewächse
☀ ⊕ △ ‖ ⛁ ♁ ⥉
Erstaunlich, daß diese Kostbarkeiten aus fernen subalpinen Felsenhöhen Serbiens, Mazedoniens und der Pyrenäen – »Ladenhüter« der Vorwelt, den Warmhausgloxinien verwandt – an nordseitigen Felsenplätzen unserer Steingärten so gern feste Heimat nehmen, treu und immergrün durch die Jahrzehnte dauern und ihre edlen blauen, zart rosafarbenen oder weißen Blüten im Kranz der geriffelten Blätterrosetten so willig hervorbringen. Nur nach Norden hin muß ihr kleines Lebensatelier gerichtet sein – eine rührende Kaprize, der man gern nachgibt. Wir haben in unserer Aufzählung *R. serbica* weggelassen, da sie neben den beiden anderen kaum in Gärten verbreitet ist und von den aufgeführten Arten an Schönheit übertroffen wird.
- **myconi** (syn. R. pyrenaica) · Pyrenäenramondie
Sie wird halbsph., blüht Ende Mai/Juni, zart lavendelblau. N.: mit *Moehringia* oder *Saxifraga* in Nordfugen.
- – ›Alba‹
Weiße Form der Pyrenäenramondie. N.: kleine Farne.
- – ›Rosea‹
Rosafarbene Form der Pyrenäenramondie.
- **nathaliae**
Sie blüht etwas früher und glanzvoller, Blüten dunkler mit orangefarbenem Ring. Blätter glänzend dunkelgrün, nicht so stark runzelig. H.: Mazedonien.

Ranunculus · Hahnenfuß, Ranunkel · Hahnenfußgewächse
◐ bis ● ≃ △ Y ⊔ ✂ ♁
So ungetreu auf die Dauer die bunten gefüllten asiatischen Knollenranunkeln im Garten sind, so treu über alle Begriffe sind alle hier genannten Staudenranunkeln.
- **aconitifolius** · Silberranunkel
Sie blüht weiß aus eisenhutblättrigem Laubwerk gegen Ende der ersten Maihälfte, fßh. In der Wildnis, woraus die nötigen Gartenanweisungen abzulesen sind, liebt sie frischfeuchte Plätze. In lichten Wäldern, auf feuchteren Wiesen und an Bachufern bewegt sie sich in der Nachbarschaft von *Trollius*, *Geum*, *Thalictrum aquilegifolium*. Sie steigt aus den Mittelgebirgen bis 2500 m Höhe in die Alpen und senkt sich auch vereinzelt in die Ebenen herab. H.: Fast ganz Europa, hauptsächlich montan bis subalpin. N.: *Brunnera macrophylla*, *Omphalodes verna*, *Myosotis alpestris*.
- – ›Pleniflorus‹ · Silberknöpfchen
Ein unwahrscheinlich reizendes Gebilde für gleichen Gartenumgang wie vorige, aber auch noch für Staudenrabattenvordergründe mit gefüllten kugeligen Blüten.
- **acris** ›Multiplex‹ · Gefüllte Wiesenranunkel, Goldknöpfchen
Es ist schwer zu verstehen, daß dieser altmodische kleine Schatz der Gärten, der so gern bereit ist, an jedem Gartenplätzchen mitzutun und acht Wochen lang zu blühen, bei unserem Garten- und Landvolk noch eine so geringe Rolle spielt, anstatt als Heimatkleinod volksliedhaft geschätzt zu werden. Knh., goldgelb, Mitte Mai bis Juli und länger. H.: Die Art, *R. acris*, steigt auch aus der Ebene bis 2500 m, hat ihre riesige Wildverbreitung durch ganz Europa hin und ist auch daheim in Nord- und Südasien, Nordafrika, Äthiopien, Kapland, Nordamerika und Grönland. N.: Akelei und *Tradescantia-Andersoniana-Hybriden* (kein Rosa). Unbekannt, mit was für Nachbarn sie wohl in den fremden Weltweiten verkehren mag!
- **bulbosus** ›Pleniflorus‹ · Gefüllter Knollenhahnenfuß
Er trägt seine gold und grün lackierten kleinen Sofakissen aus dem Biedermeier kaum in Fußhöhe. Das Überraschende der kleinen Angelegenheit steigert sich noch durch das Hervortreten völliger Anspruchslosigkeit und Dauerhaftigkeit. Mitte Mai. H.: Die Art lebt auf trokkenen Wiesen, Triften und an Hügelwegrändern von der Ebene bis in Voralpenhöhen, macht vereinzelt Ausflüge bis 2000 m Höhe. Mittel- und Westeuropa, Westasien bis Nordiran.
N.: *Polemonium × richardsonii*, blaue Zwergiris, *Alyssum saxatile* ›Citrinum‹.

Ranunculus aquatilis → Wasserpflanzen Seite 95

Rosularia · Dornrosette · Dickblattgewächse
○ bis ○○ △ ‖ ▭ ⛁ ♁
- **pallida** (syn. R. chrysantha, Umbilicus chrysanthus)
Diese Sukkulente bildet ein dichtrosettiges Polster mit schwefelgelben Blütenpyramiden und braucht vollsonnigen und gut durchlässigen Standort. 15 cm, Juni/Juli. H.: Kleinasien.

Pulsatilla vulgaris ›Rubra‹ besitzt in durchgezüchteten Rassen ein sehr edles, auffallendes Rot.

Sagina · Mastkraut oder Sternmoos · Nelkengewächse
○ bis ◐ ≃ △ ⩫ ⫩

– **subulata** · Sternmoos
Es soll in trockener Gegend halbschattig verwendet werden in nicht großen Flächen, da sonst auskahlend. In feuchtem, leichtem Boden macht es keine Schwierigkeiten. Schön zwischen Treppenstufen. Weiße Sternblüten im Juni/Juli. Leider säen sich in den Polstern gern Unkräuter aus. H.: Süd- und Mitteleuropa.

Sagittaria → Wasserpflanzen Seite 95

Salvia · Salbei · Lippenblütler
○ bis ○○○ ⊕ ⊥ ✂ ⬡ ♡

Von den Salvien soll an dieser Stelle gesagt werden, daß die Salvia-Nemorosa-Gruppe größte Aussaaten wert ist, weil hier noch weitere bedeutsame Varianten zu erwarten sind, und zwar sowohl Zwerge als auch schmalrispige Dauerblüher, deren Aussaaten wiederum auch großrispige Dauerblüher von höchst erwünschten Gartenwerten hervorbringen könnten.

– × **superba** ›Mainacht‹
Sie blüht schon Mitte Mai wochenlang vor der hohen blauen Stammart. Der schwarzblaue Flor dieser überfußhohen, steingartenwürdigen Salbei bringt eine ganz neue Farbennote in kleine und große Gartenbilder. Pflanze mehrere Exemplare dicht zusammen, und du wirst schnell die volle Massenwirkung dieses düsteren Blaus haben, das sich vom Violett der gewöhnlichen *S. × superba* völlig abhebt. Es gibt kein Ende dieses bienenumsummten Blühens! Nach Rückschnitt Nachflor bis in den September. N.: *Gypsophila-Repens-Hybride* ›Rosenschleier‹, *Calluna vulgaris, Oenothera tetragona*, trockenheitliebende Gräser.

Sanguinaria · Blutwurzel · Mohngewächse

– **canadensis** ◐ ≃ ⩫ ♈ ♁
Die schöne Buschwaldstaude hat buchtig gelappte, herz- bis nierenförmige blaugrüne Bätter. Reinweiße anemonenartige Blüten sitzen stets einzeln aufrecht an Stielen, die das Laub überragen. Leider ist die Blühdauer zu kurz. Im Spätsommer zieht sie wie unsere *Anemone nemorosa* ein. Man erfülle ihre Ansprüche an feuchte, etwas schattige Pflanzplätze. Sph., April/Mai. H.: Östliches Nordamerika. N.: Farne, Schattengräser, schattenliebende *Primula*-Arten.

– – ›Plena‹
Die gefüllte Form zeichnet sich durch längere Blütezeit aus. Sie ist schwachwüchsiger als Art, doch ebenso lebensstark. N.: Verwendung wie die einfach blühende *S. canadensis*.

Die gefüllte Form *Sanguinaria canadensis* blüht bedeutend länger als die Art. ▲

Santolina chamaecyparissus ssp. *tomentosa*, die Heiligenblume, bedarf unbedingt eines vollsonnigen Standortes. ▼

Santolina · Santoline, Heiligenblume · Korbblütler
○ bis ○○○ ⊕ △ ‖ ≢ ∧

– **chamaecyparissus**
Eine fußhohe, graugrüne, immergrüne, etwas verholzende, aromatische Mittelmeerstaude mit silbergrauem, feingefiedertem Laub und gelben Blüten im Juli und August. Gerade diese Art hat große morbide Reize des Verblühens und Welkens. Es kann dann vorkommen, daß für Augen genügender optischer Musikalität solch ein kleiner, stiller Anblick in schöner, schräger Beleuchtung augenblicks das Feinste im ganzen Blumengarten ist.
Die Santoline soll ein wenig mit Gräsern und Polstern umpflanzt werden, die Bodenschutz gegen Ausnahmefröste gewähren. Nur volle Sonne härtet sie genügend für den Winter. H.: Westliche Mittelmeerküsten bis nach Dalmatien hin. N.: Blaue *Festuca*-Arten.

– – ssp. **tomentosa** (syn. S. pinnata) · Grüne Santoline
Deren Flor ist auffallender und schöner als bei voriger und gehört zum erfreulichsten Sommerschmuck dieser Zeit des Steingartens. Das Gelb der Blüte ist blaß und somit besonders brauchbar. Fßh. bis knh., Juli/August. H.: Südeuropa, vor allem Apennin, an sonnigen Felshängen. N.: *Scutellaria baicalensis, Campanula carpatica.* Im Winter Reisigschutz.

– – – – ›Alba‹, reinweiße Form der vorigen.

Saponaria · Seifenkraut · Nelkengewächse
○ bis ○○ △ ‖ ⋙ ⛁ ≢ ⛁

– **caespitosa** · Spanisches Seifenkraut
Rosa Blüten auf luftigem Stielwerk, sph., Mai/Juni. H.: Gebirge Spaniens.

– **ocymoides** · Rosa Seifenkraut
Überschäumende große Polster! Sph., Juni. H.: Steinige, sonnige Hänge montan bis alpin im südwestlichen Mittelmeergebiet und über den Apennin bis Mittelfrankreich, Südspanien und zum Alpengebiet vordringend. Auch in Korsika und Sardinien! N.: Gelbe *Helianthemum*-Arten, *Globularia, Veronica austriaca* ssp. *teucrium* ›Knallblau‹ und ›True Blue‹.

– – ›Karminkönigin‹
Besonders schöne Sorte in wärmerem, leuchtenderem Rosa als die Art.

– × **olivana** (S. pumila × S. caespitosa)
Diese Königin der Saponarien wurde vom Altmeister Erich Wocke gezüchtet und bildet warmrosa Flachpolster, die im Alter vor Blüten fast ersticken. An dieser edlen Staude erlebte man jahrein, jahraus unverwüstliche Ausdauer ohne Nachlassen ihrer eigentümlichen Pracht. Kaum sph., Juni/juli. N.: in Steinfugen neben zwergigen *Campanula, Saxifraga callosa* var. *australis* ›Superba‹.

Satureja · Quendel · Lippenblütler
○ bis ○○○ △ ⋙ ⬡ ♡ D

– **montana** ›Alba Compacta‹ · Weiße Bergminze
Sie wird sph. bis fßh. und ist eine unverwüstlich genügsame, schlichte Begleiterin langer Jahrzehnte unseres Gartens auch an schwierigeren Plätzen.

– – ssp. **illyrica** ›Lilacina‹ · Lilafarbene Bergminze
Sph. bis fßh., im Alter erstaunlich kompakte Pflanze. Ebenfalls Dauerblüher im August/September. Die Bergminze, besonders die weiße Form, ist in den Spätsommerzeiten ein willkommener Helfer und Diener im Steingarten. H.: Die Unterart kommt nur auf der nördlichen Balkanhalbinsel vor. N.: Herbstkrokus, Herbstzeitlosen, *Sedum pluricaule.* Nachflor der Karpatenglocken – alle möglichen reizenden Dinge gesellen sich ihr unwillkürlich zu.

Saxifraga · Steinbrech · Steinbrechgewächse
Steinbrech ist der Name für einen Annäherungsversuch an eine Unendlichkeit, die kein Kenner überschauen kann, ganz abgesehen von den neuen Wundern an Schönheit und Seltsamkeit, die aus zufälligen und gelenkten Kreuzungen dieses höchst kreuzungswilligen Geschlechts hervorgehen. Es wird noch Jahrzehnte dauern, ehe dieses kleine Schönheitsreich für die Gartenwelt ein Begriff geworden sein wird, den der Uneingeweihte mit dem Wort »Steinbrech« verbindet. Er enthält vorläufig auch noch eine Art Abwehrstellung, weil er – der Uneingeweihte – Gartenschwierigkeiten fürchtet, die nicht vorhanden sind. Wir stecken bis zum Rande, ohne es zu wissen, voll solcher *Vorurteile* und halten uns Ströme von Lebensglück, Erlebnisse von geheimer Tragweite täglich vom Leibe.
Maeterlincks Wort über die Blütenpflanzen unserer Gärten als die »Vergrößerer unserer Glücksoberfläche« findet wachsende Geltung.
Wußtest du, daß es winzige silbergraue Kugelpolsterzwerge mit lilaroten Blüten der März-April-Wochen gibt, an denen Himalajafernen mitwirkten?
Saxifragen sind bis in die kleinsten Gestalten hinein auch Weltumwanderer bis hoch in den Norden und ziemlich tief bis in die nördlichen Mittelmeerländer hin. Kein Mensch könnte je ihre Hauptheimatstätten auf Erden erwandern.
Wie wenige Freunde der mächtigen Schleiersaxifraga *(S. cotyledon)* ahnen ihre Weltverbreitung, die von Island über Lappland und Norwegen geht, wo sie die Brautmyrte der Norwegerin ist, dann zu den Zentralalpen überspringt und auf dunklen Granitzinnen des Simplon ihre weißen Fahnen schwenkt, um dann Bergstraßen bis in südliche Hitze zu folgen, deren heißer Straßenstaub ihre breiten Silberrosetten pudert. Überall bildet sie bis in jeden leidlichen Gartenplatz ihre breiten Rosettennester aus, die ihr im Gegensatz zur *Saxifraga longifolia* Unsterblichkeit sichern. Die kleine *S. burseriana*, wohl der feinste Vorfrühlingsschatz unter den wilden europäischen Bergsaxifragen, entfaltet ihre Schönheit unverändert in Dolomitenhöhe und ist dieselbe in den Karawankenhöhen.
Die größte der Saxifragen mit fußbreiten Rosetten blüht brusthoch, zur kleinsten muß man sich nah herunterbücken, um ihre zauberhafte Winzigkeit zu fassen. Allein der Saxifragen halber braucht man einen Steingarten! Die früheste erblüht oft schon im Januar, die späteste im Oktober.
Der kühle Wesensklang der ganzen Gattung setzt sich aus silbergrauem Polsterwerk, mächtigen weißen Blütenschleiern, aus dunkelgrünen, farbengestickten Moosteppichen und aus grobblättrigen zähen Schattenbegrünern im Schmuck weißer und rosafarbener Blütenstände zusammen.
Noch von einer anderen Seite her kommt gerade dem Saxifragenreich mit seinen Zwergpflanzenprovinzen eine besondere Zukunftsbedeutung zu. Wie haben den Glauben, daß der Kult winziger Gärtchen aus dem Fernen Osten auch zu uns für immer herüberwandern und ein kleiner, beständiger Teil unserer Gartenkultur werden wird. Nur wird diese ganz andere Wege gehen und auf die größte Vielfalt zusteuern. Da kann das wundervolle dauerhafte Alpenpflanzenreich nicht entbehrt werden, das uns monatelang auf engen Räumen durch seine Entfaltung in Atem hält. In März-April-Tagen eröffnet *Saxifraga × irvingii* solche kleinen Festveranstaltungen an die Zwergsippe heran. Die hier folgende Idealliste der wirklichen Gartensteinbreche macht nicht den Anspruch, lückenlos zu sein. Sie erhebt einen ganz anderen Anspruch: sie will edles Saxifragenleben auf breiten, gesicherten Wegen in unzählige Gärten leiten helfen – will selber als eine Art »Steinbrech« die Hemmungen zerbrechen, welche so viele Gartenfreunde noch von diesen verkannten Schönheiten fernhalten.
Wir fassen also die Saxifragen in Gruppen zusammen, wie sie nie zusammengefaßt worden sind, um immer der kritischen Begeisterung ihr Recht gegenüber der naiven Begeisterung werden zu lassen und bei der Auswahl die weit auseinanderliegenden Blütezeiten und die Hauptverwendungsarten in Gärten entsprechend aufzuzeichnen. Auch innerhalb der Gruppen und Untergruppen ist die alphabetische Aufzählung der wichtigeren Arten und Sorten einigermaßen

der Reihenfolge des Erblühens geopfert worden.

1. Kleiner Vorfrühlingssteinbrech

☼ △ ‖ ⊖ ⬡ ♁ 丰 ⊖

(Leichtest wachsende Frühgruppe von Ende Februar bis April)

Dies sind allerorten im Garten bei nachfolgender Vorschrift leicht wachsende Arten – wenn nur der Boden einigermaßen frisch bleibt oder gehalten wird – nicht nur im Feuchtklima, sondern auch im Kontinentalklima gut und bequem zu halten, aber hell und absonnig! Schon ein wenig zu starke Beschattung macht sie blütenarm. Im Feuchtklima kann man ihnen natürlich heißere Plätze zumuten, und dies um so mehr, je grauer der Polsterton. Anschwellende Knospenkugeln sind oft schon im Januar sichtbar.

– × **kellereri** ›Johann Kellerer‹ (*S. burseriana* × *S. stribrnyi*) · Rosa Vorläufersteinbrech
Frühester aller Zwergsteinbreche, schon im Januar bis März. Zartrosa aus grauen Rosetten blühend. Die Eltern meist um Wochen später im Flor.

– × **irvingii** ›Jenkinsae‹ (*S.burseriana* × *S. lilacina*) · Rotkugelsteinbrech
Schon Mitte März erblühend. Das rührendste kleine Staudenjuwel der Welt, wenn man seine große Anspruchslosigkeit bedenkt. Silberrosa Blüten in Menge, aus feingestielten roten Knospenkugeln brechend. An absonnige Steinränder bringen.

– × **elisabethae** ›Carmen‹ (*S. juniperifolia* ssp. *sancta* × *S. burseriana*) · Elisabethsteinbrech
Das starre, kräftige, graugrüne Polster trägt edle, blaßgelbe Blüten etwa Anfang April. Diese Kreuzung ist im Gegensatz zu vielen anderen nicht reichblühend.

– × **apiculata** ›Gregor Mendel‹ *(S. marginata* var. *rocheliana* × *S. juniperifolia* ssp. *sancta)* · Elfenbeinsteinbrech
Aus grünen Polstern kommen Massen weißgelber Blüten Anfang April. Etwas humusliebender als *S.* × *elisabethae.* N.: Violette Zwergprimeln.

– × **eudoxiana** ›Haagii‹ *(S. ferdinandi-coburgi* × *S. juniperifolia* ssp. *sancta)* · Goldkissensteinbrech
Grüne flache Moospolster mit rein goldgelben Blüten in Masse Anfang April.

– × **elisabethae** ›Ochroleuca‹ *(S. juniperifolia* ssp. *sancta* × *S. burseriana)*
Mitte April. Setzt den Flor voriger in erwünschter Weise weiter fort. Die Polster sind grauer als bei S. × *eudoxiana ›Haagii‹*

– **marginata** var. **rocheliana** · Blütentraubensteinbrech
Mitte April. Silbergraugrüne Kissen mit weißen spannhohen Blütentrauben. H.: Karpaten, Balkan, alpin bis subalpin. N.: *Primula marginata.*

– **juniperifolia** ssp. **sancta** (syn. S. sancta) · Athossteinbrech
Schöne schwefelgelbe Blüte, Anfang April, 8 cm, auf stark wachsendem, flachem, grünem Polster. H.: Vom Berge Athos. N.: *Chinodoxa sardensis.*

2. Zweite Vorfrühlingsgruppe kleiner Steinbrecharten

☼ ≃ △ ‖ ⊖ ⬡ ⩌ ♁ 丰 ⊖

(Etwas vorsorglicher zu behandeln als vorige Gruppe, was besonders für das Kontinentalklima gilt)

Hier handelt es sich um Vorfrühlingssteinbreche, gebunden an Steinnachbarschaft und ferner an Schutz vor langer, trockener Hitze, an Bodenfrische und absonnige Lage, am besten nach Nordost oder Nordwest gedeihend, und zwar in Steinfugen und im Geröll, bei bequemer Bewässerungsmöglichkeit, um nötigenfalls die gewohnte Bergfeuchte zuweilen einigermaßen zu ersetzen.

– **burseriana** · Ostalpensteinbrech
Ein großblumiger Zwerg, nur 6 cm hoch, weißblühend über Silberpolstern. H.: Alpin und subalpin, in Dolomiten, Kärnten und südlicher bis Karst und Gardaseealpen.

– – var. **burseriana**
(syn. S. burseriana ›Minor‹) · Kleiner Ostalpensteinbrech
Anfang April. Wird daher seltener in der Blüte von Frösten geschädigt, deshalb vielfach den anderen *S. burseriana*-Formen vorgezogen.

– – ›Crenata‹
Eine weißrosa Frühform der *S. burseriana* ›Major‹, der nur alles Gute nachgesagt werden kann. Hat die gleichen Ansprüche wie *S. burseriana.*

– – ›Major‹ · Großblütiger Ostalpensteinbrech
Ebenfalls früh, schon Ende Februar/März erblühend. Großblumigster Typ aller frühen, kleinen *Saxifraga* und Mutter vieler großblumiger, früher Hybriden. Viele dieser frühen Steinbrecharten stehen schon lange vom Winter her in einem schwellenden Knospenfieber; man kann nicht gleichgültig daran vorübergehen.

– **grisebachii** · Hängetraubensteinbrech
Aus Silberrosetten steigen Ende März, spannhohe, karminrote Blütenstände. – Beste Form ist die kraftvolle ›Wisley-Variety‹. – H.: alpin, Mazedonien. N.: *Sempervivum arachnoideum*

– **oppositifolia** var. **latina** · Kriechmoossteinbrech
Ende März. Die Varietät »Latina« kommt aus den Apenninen und gilt als die großblütigste, leichtblühendste, gartenwilligste sämtlicher fünf bis sechs Formen der *S. oppositifolia.* Sie bildet dichte Matten auf feucht-schottrigem, humosem Boden in absonniger Lage. Trotz ihrer Vorzüge muß sie dennoch vorsorglich behandelt werden. Verträgt keine längeren Trockenperioden. Rotgestickte flache Moosgehänge von riesiger Erdweitenverbreitung der ganzen Stammart. H.: Pyrenäen, Schweiz, Alpen, Apennin, Riesengebirge, Karpaten, Nordeuropa, England, Skandinavien, Grönland, Lappland, arktisches und subarktisches Nordamerika, Eismeerinseln, Rocky Mountains. Sie ist eine arktisch-alpine Staude, die denkbar verschiedenste, ihr halbwegs passende Plätze besiedelt – also Grate, Felsen, lichte Hochmattenplätze, auch Bachufer-, Schutt- und Geröllhalden, zwischen Eismeergebirgen und 3500 m Alpenhöhe.

– × **irvingii** ›Rubella‹ *(S. burseriana* × *S. lilacina)* · Rosa Frühzwergsteinbrech
Aus feinem zierlichem Teppich steigen verhältnismäßig mächtige rosa Blüten von edelster Form Anfang April 7 cm hoch.

– × **arco-valleyi** ›Arco‹ *(S. lilacina* × *S. marginata* var. *coriophylla)* · Lila Frühzwergsteinbrech
Blaßlilablühende, bezaubernde Hybride, nur 7 cm hoch.

– × **kellereri** ›Suendermannii Major‹ · Roter Frühzwergsteinbrech
Er hat die stärkstroten Blüten dieser Zwerghybriden, liebt sandigen Humus an Steinrändern. Mitte April. 7 cm hoch.

– **ferdinandi-coburgi** · Pirinsteinbrech
Es ist der späteste aller gelben Steinbreche, mit seiner Blüte Ende April bis in den Mai reichend. Tiefgelber graziöser Flor auf grauen Polsterkissen. H.: Piringebirge, erst 1903 entdeckt.

3. Immergrüner Moossteinbrech

☼ bis ◐ ≃ △ ▭ ⩫ ⬡ ♁ 丰

(siehe auch Gruppe 4)

Sonnentrotzgruppe auch in Kontinentalklima, nach Blütezeiten aufgeführt. Im Gegensatz zu den nächstgenannten Gruppen vertragen die hier genannten Arten und Sorten auch viel Hitze und Trockenheit in voller Sonne, aber auch ebensoviel Feuchtigkeit und ganz lichten Halbschatten wie die anderen. Die Stärke und Sicherheit des Polsterwachstums hebt sie alle völlig aus sämtlichen Moossteinbrechen heraus. Streue sie nach Jahren mit lockerer Erde ein! Vorsicht nur mit Wurzelfilz und Tropfenfall von Gehölzen.

Saxifraga bronchialis · Flachmoossteinbrech
April. Flachanliegender, moosiger Steinbrech von üppigem Wuchs mit weißen Blüten, ganz verschieden von den übrigen. H.: Sibirien, Ostasien, Nordamerika; alpin bis subalpin. N.: *Scilla siberica.*

– – **Arendsii-Hybriden**
Sie lieben halbschattige oder absonnige Plätze, wenn es sich nicht gerade um Regenklimate handelt. Man wird ihnen aber allmählich alle möglichen Empfindlichkeiten durch Auswertung abso-

Saxifraga hostii ssp. *hostii* zeigt häufig im Winter eine edle, rötliche Rosettenfärbung. Durch Rauhreif wird diese noch veredelt.

lut anspruchsloser, starklebiger Typen und Sorten austreiben.
– – – ›Farbenteppich‹, rosarote Blüten.
– – – ›Feuerwerk‹, karminrosa, auffallend starker Wuchs, große Blüten, frühe Blütezeit.
– – – ›Spätlese‹, eine besonders spätblühende karminrosa Züchtung. Beginnt mit der Blüte, wenn die anderen Sorten schon vorüber sind. Beste Eigenschaften! Sph., Mai bis Juli.
– **hypnoides** var. **egemmulosa** · Moossteinbrech
Ein besonders niedriger Steinbrech mit zierlicher und weißer Blütenstickerei. Schöne rötliche Herbstfärbung des Polsters! Maiende. H.: atlantische Art aus moosigen Felsen der regenreichen westeuropäischen Gebirge von Nordspanien durch Frankreich bis Holland, England und Island. N.: Oft mit *Asplenium trichomanos, Sempervivum, Dianthus.*
– **muscoides** · Winterscharlachmoossteinbrech
Niedrige Moospolster mit kurzgestielten weißen Blüten. Unverwüstliche Art, die im Winter durch glühend rote Polster auffällt, mit Schnee und Rauhreif und wegtauender Sonnenwärme in wundervollem Kampf. Anfang Mai, 5 cm hoch. H.: Pyrenäen, Seealpen, Arktis, Kaukasus, alpin. N.: Weißer Schneeglanz, weißer Seidelbast.
– – ›Findling‹
Sie ist besonders wüchsig, verträgt mehr Trockenheit als andere weiße Sorten.
– **trifurcata** · Gabelsteinbrech
Der unverwüstlichste aller Moossteinbreche mit schäumend reichem, weißem Flor über schönsten, harten, etwas gewölbten Moospolstern. Auch gut für Einfassungen geeignet. Ende Mai. H.: Pyrenäen, alpin bis subalpin. N.: Hornveilchen.

4. Immergrüner, trockenheitsempfindlicher Moossteinbrech

☼ bis ◐ ≃ △ ▭ ⋙ ⬡ ♁ 丰 ⛉

Für leidlich frischbleibenden Boden in absonniger Lage ohne Prallsonne und ohne Wurzeldruck von Gehölzen im trockenen Kontinentalklima geeignet.
Im Feuchtklima dagegen können auch diese ihm entstammenden Gartenzüchtungen in normalen Gartenbeeten und an nicht prallsonnigen Steingartenplätzen gepflanzt werden. An zu warmen und nicht genügend feuchten Plätzen zeigen sie durch bräunliche Polsterschäden ihr Bedürfnis nach Wasser an. Gegen Mitte April, Anfang bis Ende Mai, die letzte im Juni blühend.
– **Saxifraga-Arendsii-Hybride** ›Blütenteppich‹
Üppigste rosarote Blütenmassen, 8 cm. N.: *Arabis procurrens.*
– – – ›Triumph‹
Glühendstes Rot in Masse bei guter Behandlung. Unbedingt absonnig pflanzen! N.: Weiße Sorten vereinzelt einsprengen.
– – – ›Schneeteppich‹
Schneeigste weiße Blütenmasse! Größter weißer Prachtentfalter aller Steinbreche! N.: Vorige in Flächen.
– **irrigua** · Krimsteinbrech
Der späteste weißblühende Polstersteinbrech im Juni, sph. Leider selten in Gärten anzutreffen.

5. Knollensteinbrech

◐ bis ● △

– **granulata** · Knollensteinbrech
Tausendfältig schäumt sein weißes Blühen im Mai nach Ablauf der Wiesenschaumkrautzeit aus Wegrändern, Böschungen und trockenen Wiesen auf. Knöllchen etwa 5 bis 8 cm tief legen. Feucht und trocken vollkommen gedeihend! H.: Fast ganz Europa, südlich bis Marokko, nördlich bis Finnland, östlich bis nach Weißrußland; im Süden nur Gebirgspflanze, im Norden auch in der Ebene. N.: niedrige Gräser.
– – ›Plena‹
Diese Sorte ist eine ebenso erstaunliche Gartenverwandlung aus kleiner Wildnisstaude wie *Lychnis viscaria* ›Splendens‹ aus ihrer Stammart. N.: Alpenaster.

6. Dunkelgrüner Rosettensteinbrech

◐ bis ● ≃ △ ▭ ⋙ ♈ ♁ 丰

Ende Mai. Im feuchten Klima für Sonne und Schatten, im Kontinentalklima für Sonne bei feuchtem Boden, im Schatten aber auch zeitweise viel Trockenheit vertragend, vermögen sie sogar Großstadthöfe mit schönem, dichtem, wintergrünem Teppich dauerhaft zu überziehen. (Daher der Name »London Pride«)

Saxifraga umbrosa · Porzellanblümchen
Die fußhohen Stiele tragen weiße Blüten mit feinster rosafarbener Punktierung: Fliegeneinmaleins wird dort gelernt, sagt man den Kindern! H.: Nordportugal, Nordspanien, vereinzelt Irland, und zwar an schattigen, moosigen Waldplätzen, z. B. in Föhrenwäldern der Pyrenäen. N.: *Iris pumila,* Kaukasusvergißmeinnicht.
Neuerdings wird die in den Gärten verbreitete *Saxifraga umbrosa* als *Saxifraga × urbium* angesehen.
– – ›Aureopunctata‹
Die Goldtönungen dieses Goldblattschattensteinbrechs steigern alle Werte dieser Staude. Rosablühend.
– – ›Elliot‹
Das rosaweiße Porzellanblümchen blüht in zierlicheren Rispen überraschend aus ganz flachen, dunkelgrünen Blattrosetten, die sich im Winter rötlich färben. N.: *Primula sikkimensis, Phyllitis scolopendrium, Epimedium*-Arten.

7. Silberrosettensteinbrech

○ bis ☼ ≃ △ ‖ ▭ ⋉ ⛉ ♁ 丰 ⛉

Für gewöhnliche Gartenverhältnisse in allen unseren Klimaten und ebenso auch zeitweise für ziemliche Trockenheit, ebenfalls für Felsfugen und Trockenmauern in der Sonne und merkwürdigerweise auch im Halbschatten. Hier wartet ein ganzer Silberjuwelierladen auf den verblüfften Gartenfreund; im Silber tauchen außerdem rosige, farbige Scheine auf. Der Rauhreif feiert diese Schönheiten, die oft diesen Zauber für immer einzufangen scheinen. Mai/Juni.

Saxifraga paniculata ›Major‹
(syn. S. aizoon ›Major‹)
Aus kleinen grauen, bei edlen Sorten rein silbernen Rosetten steigen fußhohe weiße Blütenstände Ende Mai. H.: Zirkumpolar, arktisch, und zwar in drei Hauptverbreitungsgebieten und etwas wechselnden Formen des wandlungsfähigen Typs. 1. Mittelmeerregion von Spanien bis Balkan, 1800 m, und Mitteleuropa, Alpen, deutsche Mittelgebirge bis Karpaten. 2. Skandinavien. 3. Grönland, nordamerikanische Arktis, Ostkanada. Die Stammart ist Felspflanzenpionier, oft mit *Carex firma, Draba,* Aurikeln, Enzian, *Globularia cordifolia* an unzugänglichen Felsenstellen. N.: *Linaria,* Zwergglockenblumen.
– – ›Rosularis‹
Eine edelrosettige, weißrosablühende Form. N.: *Veronica, Campanula portenschlagiana, Campanula cochleariifolia* ›Miranda Bellardii‹.
– – ›Atropurpurea‹
Edelrosettige Form in rosenroten Blütenständen. N.: *Veronica prostrata.*
– – ›Lutea‹
Edelrosettige Form in blaßgelben Blütenständen. N.: *Codonopsis clematidea.*
– – ›Rex‹
Die Pflanze hat mahagonibraune Stiele und edle, fußhohe Blütenstände. Sie wurde 1903 von Farrer auf dem Dossenhorn entdeckt und reiste in derselben Blechkapsel ins Tiefland wie *Campanula cochleariifolia* ›Miranda Bellardii‹, die Mondsteinglocke. N.: Zwergglockenblumen.
– **cochlearis**
Sie ist ein zierlicher, auch im Silberpolster sehr reizvoller Vorläufer des Königssteinbrechs *S. callosa* var. *australis* ›Superba‹, ebenfalls mit weißen Rispen. Man kann ihn nicht missen, und er enttäuscht uns nie, ebensowenig wie sein einzigartiger Nachfolger. Mai/Juni. H.: Westalpen.
– **hostii** ssp. **hostii**
(syn. S. altissima var. altissima)
Wohl der derbste Wachser und üppigste Rosettenbildner aller Silberrosettensteinbreche mit fußhohen bis kniehohen weißen Blütendolden ist diese Pflanze. Mai/Juni. H.: Stammart in süd-

lichen und östlichen Kalkalpen vom Comersee bis Karawanken, 600 m bis 2000 m; Obersteirische und Norische Alpen. N.: *Heuchera-Hybriden.*

– × **andrewsii**
(S. paniculata × S. hirsuta)
Die Hybride hat dunkelgrüne, etwas hellgerandete Rosetten von anderem Charakter als ähnliche und läßt bis kniehohe weiße Blütenrispen aufsteigen. Mai. N.: Goldlein.

– **callosa** var. **lantoscana** · Hängerispensteinbrech
Vierzehn Tage vor der folgenden erblühend, auf etwas niedrigeren, weniger starren Stielen. Die ausgesprochen reizende Staude ist von der folgenden Sorte völlig verschieden. Sph., weiß. Mai/Juni. H.: Seealpen. N.: Glockenblumen.

– – – – ›Superba‹ · Königssteinbrech
Er ist der edelste dieser Fakirgruppe, für welche das Ausdauern an schwierigster Stelle mehrere Jahrzehnte lang eine Kleinigkeit ist. Die fußhohen Blütenstiele sind auch für den Schnitt eine Kostbarkeit. H.: Südalpen, Seealpen. N.: *Heuchera-Hybriden, Mertensia paniculata.*

8. Silberrosettensteinbrech für etwas bodenfeuchte Gartenplätze
○ bis ☀ ≃ △ ‖ ▭ ✂ ⛉ ♁ ⫩ ⛉
Jedenfalls nur für vorübergehende Trokkenheit und nur für sehr lichten Halbschatten. Dann aber äußerst lebensstark und völlig ausdauernd.

Saxifraga cotyledon ·
Silberfahnensteinbrech
Er ist der auffallendste der Silberrosettensteinbreche mit 40 bis 60 cm hohen Blütenrispen, die in besonderen Prachtsorten bis 75 cm hoch und noch höher werden und sehr eindrucksvolle Schnittblumen liefern. Juni/Juli. H.: Zentralalpen, Pyrenäen, Lappland, Island, Nordamerika; subarktisch. Wildgesellschaft: *Sempervivum arachnoideum, Sedum album, Asplenium septemtrionale.* Humusbildner durch eigenes Rosettennetz. N.: *Veronica latifolia.*

– – ›Pyramidalis‹, besonders hoch herausblühender Typ aus den Pyrenäen.

– – ›Caterhamensis‹, rotpunktierte Sorte.

– **longifolia** · Riesensteinbrech
Er bringt aus seiner schönen Rosette jahrelang keine Blüte, dann aber plötzlich einen großen, starren Blütenstand hervor! Danach stirbt die Pflanze ab wie eine Agave. Nur aus Samen vermehrbar! Bei der Blüte dürfen keine verwandten Arten gleichzeitig blühen, sonst gibt es vielerlei Hybriden, nur nicht die echte *S. longifolia.* H.: Pyrenäen, Südspanien, Atlasgebirge (Marokko).

9. Herbststeinbrech
◐ bis ● ≌ △ Y ✂ ♁ (∧)

– **cortusifolia** var. **fortunei** ›Rubrifolia‹ · Septembersteinbrech
Diese Sorte ähnelt der Varietät *fortunei*, nur früher blühend, aber mit glänzend lackroten Blattunterseiten. Auch der Austrieb ist farblich schöner.

– **cortusifolia** var. **fortunei** ·
Japanischer Oktobersteinbrech
Aus blanklackiertem prachtvollem Laubwerk, das schon seine Pflanzung wert wäre, erheben sich im Oktober auf Wochen seltsam müde, wie aus Altweibersommerfäden gesponnen, fußhohe weiße Blütenstände. In 15 Jahren wurde noch kein Verlust ungedeckter Pflanzen, wohl aber an freier, sonniger Stelle im Frühling zuweilen ein Zurückfrieren des Laubwerks beobachtet. H.: Japan. N.: moosgrüne *Saxifraga*-Teppiche, Herbstkrokus, *Tricytris hirta* und frühe Schneerosen.

Scabiosa · Skabiose ·
Kardengewächse
○ bis ○○ ⊕ ⊥ ✂ ⬡

– **caucasica** · Kaukasusskabiose
Das Staudenwunder von der unglaublichsten Dauer des Flors und der Pflanze am alten Platze. Juni bis September. Sie hat genug Wildstaudencharakter für Steingärten und für die Wildnisgartenkunst – und doch gleichzeitig in Edelsorten genug Gartencharakter für gebaute Steingartenplätze.

– – ›Lavendelblaue Riesen‹
Dies ist eine großblumige, wüchsige Skabiosensorte, der man gern die weiße ›Miss Willmott‹ beigesellt. Der hellavendelblaue Flor dauert durch lange Sommer- und Spätsommerwochen. Für Wildnisgärten passend.

– – ›Miss Willmott‹
Diese Sorte ist die edelste weiße Form. Sie spielte in manchen Orten, wie Leipzig, traditionell die Rolle des Brautstraußes! N.: vorige, *Potentilla* ›Gibson Scarlet‹.

– **graminifolia** · Lilarosa
Kissenskabiose
○ bis ○○○ ⊕ △ ⬡
Dauerblüher, sph., Juli bis September, H.: Südalpen, subalpin. N.: *Micromeria piperella, Satureja montana* ›Alba‹.

– **japonica** var. **alpina** · Japanzwergskabiose
○ bis ○○ △ ▭ ⬡
Es ist die geborene Zwergskabiose mit allen guten Eigenschaften: dauerhaft, anspruchslos, gut winterhart, spät- und langblühend von Juli bis September, sich nicht störende Aussaat, kaum sph. H.: Japan. N.: *Sempervivum*-Hybriden, Silberrosettensteinbreche.

Scutellaria · Helmkraut ·
Lippenblütler
○ bis ○○○ ⊕ △ ‖ ▭ ⇝ ⛉ ⬡

– **alpina** · Alpenhelmkraut
Dieser famose, kleine energische Dauerwert des Steingartens mit spannhohen lila und weißen oder auch rosa Blütenständen gehört zu den liebenswürdigsten Dauergebilden, die sich durch sich selber immer wieder in Erinnerung bringen müssen, weil wir sie oft völlig aus unseren Gedanken verlieren. Dieses Auftauchen hat einen besonderen Reiz. Mai bis August. H.: Eine Unterart in asiatischen Gebirgen, von dort ausstrahlend über Rußland und die Ukraine zur Balkanhalbinsel, den Alpen und den Pyrenäen. Auf Schutthalden der Gebirge, montan bis subalpin. Wildgesellschaft: kleine *Carex-* und *Festuca*-Arten, *Satureja, Arabis.* N.: Blutsedum.

– **baicalensis** · Baikalhelmkraut
Es wird fußhoch bis kniehoch und treibt blaulila Rispen, die allmählich zu fast meterbreiten Büschen werden. Juli/August und zweiter Flor im Nachsommer. Dies reizende Helmkraut ist immerhin das schönste unter den genannten und gehört zu den kostbarsten Steingartenpflanzen des Sommers. Seine Größe bedingt Randplätze oder Zwerggehölznachbarschaft. H.: Vom Baikalsee bis Ostsibirien. N.: Weißes *Delphinium grandiflorum,* Goldlein, gelbe *Potentilla-* und *Helianthemum*-Arten.

– **orientalis** var. **pinnatifida** · Gelbes Helmkraut
Es ist das längstblühende aller Helmkräuter; sph., Juni bis August. Die graugrünen Polster sind dicht oder manchmal im Nachblühen auch locker besetzt mit langgestreckten hellgelben Blüten in der Form von Löwenmäulchen. Die genannte Varietät ist winterhart im Gegensatz zur Art *S. orientalis.* Wahrscheinlich ist sie nördlicher und rauher beheimatet, was bei der Verbreitungsweise der Stammart von Syrien bis zum Ural, vom Altai bis zur Adria gut möglich ist. Man biete ihr – wie die Wildnis – sonnige, trockene, etwas steinige Hänge und wähle vorhandene, leidlich warme Plätze. Die Sache lohnt! N.: Verbinde sie mit kleinen anderen Dauerblühern wie *Campanula portenschlagiana, Helianthemum,* blauem Lein.

– **scordifolia** · Knöllchenhelmkraut
Dieses überrascht ständig durch die Flordauer und das gesamte gute Verhalten. Blüht dunkellila je nach Laune ganze Sommermonate hindurch, versagt an manchen Plätzen und blüht dann gerade plötzlich wieder weiter! Es hinterläßt im Boden immer wieder wunderliche knöllchenähnliche Organe, die für das Weiterleben und Verbreitung der Art sorgen. Rückschnitt tut manchmal gut. Sph. Juli/August. H.: Sibirien, Korea.

Die Möglichkeiten auf kleinstem Raum viele Pflanzen unterzubringen bietet besonders der Steingarten. Ausdrucksvoll wurden hier meisterhaft *Sempervivum*-Arten und deren Hybriden mit anderen Zwergstauden benachbart.

Sedum · Dickblatt · Dickblattgewächse
○ bis ○○○ △ ⬡ ♡ ♁
Wir bleiben bei dem Namen Sedum, der bereits volkstümlich genug geworden ist. Dieser Name verwaltet gewissermaßen einen Gegenspieler der Saxifragen, die mehr an Frische und Feuchtigkeit gebunden sind. Es handelt sich um eine Staudengattung von erstaunlicher Unverwüstlichkeit, die zum größten Teil in äußerster Trockenheit, zum Teil auch in tiefem Schatten die haltbarsten Teppichstickereien leistet, bei denen Blüte und Laubwerk zugleich beteiligt sind. Die Blütezeiten liegen im Sommer und Herbst, wenn der Saxifragenflor fast völlig schweigt.
Sedum ist auch die Pflanze des billigsten Rasenersatzes an rasenfeindlichen und sehr trockenen Stellen oder auch an Stellen, an denen der Rasen zu kostspielig wird. Natürlich ist hier kein Gebrauchsrasen im üblichen Sinn gemeint. Man sorgt für schmale Wege oder für Trittsteinplatten bei flächiger Pflanzung und lockere diese mit *Festuca*-Arten auf.
Fast einzigartig ist die Fähigkeit der hierfür passenden *Sedum*-Arten, durch Einstecken kleiner wurzelloser Sprossen in den Gartenboden in kurzem schon Massen bewurzelter Pflänzchen zu erzielen. Besonders dankbar sind alle Sedum-Arten, wenn man bei ihnen nach Jahren sandig-humose Erde einstreut.
Da es sich um Laub-, immergrünen Laub- und um Blütenschmuck handelt, so hat man dem Sedum im Jahreslauf ungemein lange und unersetzliche Schmuckwirkungen zugute zu rechnen. Aus der Trockenheit machen sie ein Fest; nur einige ganz wenige bezeichnete Arten lehnen ein Maximum an Trockenheit an südgeneigter Fläche ab und zeigen Nachteile, die jedoch mit minimaler Wassernachhilfe zu vermeiden sind.
Wir warnen aber an dieser Stelle schon vor einer Reihe von *Sedum*-Arten oder auch -Sorten, welche die Freude verderben.

Warnungsliste
Sedum acre, ein Teufel im Garten.
– **anglicum**, vergänglich.
– **lydium**, auf die Dauer unzuverlässig.
– **populifolium**, entbehrlich.
– **sediforme**, reizlos.
– **spurium** ›Splendidissimum‹, im Alter Armblüher.
Man muß sehr lange in Gärten und Gärtnereien mit der Verwendung des Sedums aller Arten gelebt haben, um mit Sicherheit die folgende Idealliste aufstellen zu können und sie nach Blütezeit, Blütenfarben, Laubfarben und Immergrüneigenschaften zu gliedern. Ein geduldigeres und diensteifrigeres Kleinstaudengesindel ist schwer zu denken; dennoch ist das alles noch nicht zum klassischen Garteninventar geworden. Vielleicht werden wirksame Farbbilder helfen. Auch die Verbreitungskarten dürften geeignet sein, viele Gartenmenschen zu bewegen.
Zu der Orientierung im großen Raum der Erde wird allgemach immer stärker das Wissen um die erstaunlich großen Zeiträume treten, über welche das Leben unzähliger Kleinstauden und auch kleiner Gräser oder Farne sich erstreckt.
In der Gesamtreihe der *Sedum*-Arten gab es bisher nur zwei volkstümliche deutsche Namen, »Tripmadam« und »Japanfetthenne«. Wir haben hier also versucht, den einzelnen Arten und Sorten brauchbare deutsche Namen zu geben. Die deutschen Volksnamen erschließen die Gemeinsamkeit der Freude, sind dem Gedächtnis einprägsam, beleuchten oft die wahre Eigenart des Täuflings und sind leicht in andere Sprachen zu übersetzen. Kern der internationalen Verständigung bleibt bei den Gärtnern die botanische, gültige Benennung.

Sedumliste
(nach Blütezeiten geordnet)
1. Zeitgruppe: Mai
Sedum krajinae (syn. S. ukrainae) · Goldmoossedum ∥ ⋙ ⬡ ╪
Es ist ein über dunkelgrünem »Moos« üppig warmgoldgelb blühender »Mauerpfeffer« aus der Südslowakei, eine der frühesten, niedrigen *Sedum*-Arten von wochenlangem Flor. Sein einziger Fehler ist nach dem Verblühen die unschöne bräunliche Färbung, die störend wirkt. N.: Man setzt ein paar zwergige Blaugräser und rotlaubige *Sempervivum-Hybriden* dazwischen.

2. Zeitgruppe: Juni bis Juli
Sedum album ›Coral Carpet‹ · Korallenmoossedum ∥ □ ⋙ ╪
Eine dichte, flache, bodenbedeckende Sorte mit weißer Blüte im Juni/Juli. Schöne rotbronzene Färbung vom Frühsommer bis in den Herbst hinein. Im Winter wechselt das Bronze zu grünlichen Tönen. Nur bei vollsonniger Lage und nicht zu nährstoffreichem Boden wird es seinem Namen gerecht! N.: blaue *Festuca*-Arten und zur Überpflanzung von Blumenzwiebeln.
– – ›Murale‹ · Bronzelaubiges Schleiersedum
Es ist eine 1887 auf einem Donaufelsen entdeckte Wildvarietät, die ihre Stammart durch größere Ordnungs- und Dauerkraft sowie reicheren Flor übertrifft und entbehrlich macht. Die Pflanze verliert im Sommerflor ihren Bronzeton und nimmt ihn im Herbst wieder an. Gehört zu den wichtigen braunlaubigen *Sedum*-Arten. Der weißrosa Blütenflor ist viel dichter und schöner als bei der Stammart. 10 bis 15 cm hoch. H. der Stammart: Europa, Nordafrika, Kleinasien.
– **floriferum** · Reichblühendes Chinasedum □ ⋙ ╪
Ein wahrer Schatz mit seiner Überfülle von leuchtend gelben Blüten mit dunkelgrünen dichtbelaubten Trieben. Etwa 20 cm. Schön auch die zierenden braunen Fruchtstände. Guter Bodenbedekker! H.: Nordostchina. N.: Blaugräser in kleinen Gruppen oder solitär als Einzelpflanze.
– – ›Weihenstephaner Gold‹
Wertvolle goldgelbe Auslese, als idealer Bodenbedecker bewährt.
– **hybridum** ›Immergrünchen‹ Immergrünes Mongolensedum
◐ □ ⋙ ╪
Es hat enorme Gartenzukunft, verträgt jede Behandlung und antwortet mit immergrünen Teppichen, die im Herbst unser Staunen wecken, wenn alle *Sedum spurium*-Sorten einziehen und blattlos werden. Der etwas störende gelbe Flor läßt auf die Dauer nach, und seine Reste können leicht entfernt werden. Es ist dies das wahre Sedum auch für Gräber. Der Name »hybridum« ist ein Verlegenheitsname, was sonst dem großen Linné nie passierte!
– **kamtschaticum** ›Variegatum‹ · Buntlaubiges Kamtschatkasedum
□ ⋙
Diese Sorte blüht gelb, besonders reizvoll und gerät später in langen Nachflor. 15 cm hoch. Man staunt, daß Pflanzen wie diese oder etwa wie die Oktobersilberkerze *(Cimicifuga simplex)* so rauhen Gegenden entstammen. N.: Schön neben kleinen blauen *Festuca*-Arten oder blaugrünpolstrigem Sedum und braunem Amursedum.
– – var. **middendorffianum** ›Diffusum‹ · Grünes Amursedum
□ ⋙
Dieses blüht wochenlang vor den braunlaubigen *Sedum*-Arten und bildet üppige gelbe Blütenpolster, die reizvolle rotbraune Blütenreste hinterlassen. 15 cm.
– **reflexum** · Tripmadam oder Blautannensedum □ ⋙ ╪
Es ist farblich unersetzlich wie auch *S. rupestre*, blüht goldgelb, besitzt riesige Verbreitung in ganz Europa. 25 cm hoch blühend bei niedrigerem Polster.
– – ›Viride‹ · Grünes Schlangenmoossedum
Die Abart vorige Art, jedoch nicht so viel Trockenheit vertragend!
– **selskianum** · Chankasedum ⌓ ♠
Sein Vorkommen liegt an den Ufern des Chankasees in der östlichen Mandschurei. Leuchtend grün und aus prachtvollem Polster gelb blühend, mehr Schatten vertragend als alle und auch dort von wundervollen Teppichwirkungen. Im Herbst salmrotes Aufbrennen des Laubes. Feine Nasen wittern Resedaduft der Blüten. Es hat leider lange, etwas störende Verblühzeiten. 15 bis 20 cm.

- **spathulifolium** ›Cape Blanco‹
⊖ □ ⛁ 丰
Dieses bläulichweiße Silberjuwel mit Goldblüte ist von so fremdartiger Kostbarkeit, daß die Gartenwilligkeit immer wieder freudig überrascht. So bilden sich durch wenig Pflanzen schon kleine Flächen. 10 cm, Juni/Juli. H.: Standortform vom Cape Blanco in Oregon. N.: Von allen Seiten melden sich Nachbarfreundschaften, was zu wechselseitiger Schönheitssteigerung führt. N.: Teppichveronika wie auch rote Edelsteine der *Sempervivum-Hybriden*, wirkungsvoll in Trögen.
- – ›Purpureum‹ · Rotspatelsedum
⊖ □ ⛁ 丰
Die älteren Blätter sind tiefpurpur getönt. Diese Sorte wächst bedeutend stärker als *S. spathulifolium* ›Cape Blanco‹.

3. Zeitgruppe: Juli bis August

Sedum album · Dickblättriges Schneepolstersedum
‖ □ ⤳ 丰
Nur 8 cm hoch, nicht so viel Trockenheit vertragend wie viele andere *Sedum*-Arten, da sonst »ausmagernd«. H.: Nordafrika, Europa, Kleinasien; lückenhaft verteiltes Vorkommen, bis 2500 m steigend.
- **dasyphyllum** var. **suendermanii** · Spanische Form des kleinen Zapfensedums ‖ ⛁ 丰
Bläulichgrünes Laub. Nur 5 cm hoch. Setzt den Flor der Stammart fort und hat wie diese die gleichen Ansprüche.
- **divergens** ›Atropurpureum‹ · Winterscharlachquirl
Er stammt aus Nordwest- bis Nordamerika (Oregon). 10 cm hoch. Dicke, kurze Sprossen setzen die kupferfarbenen Kissen zusammen. Lichtgelb blühend.
- **ewersii** · Himalajasedum ‖ ⛁
Ein Zwerg von 15 cm Höhe mit rosenroten Blüten. Diese nach dem Flor wegschneiden! Monatelang unersetzlich reizvoll (trotz *S. cyaneum).* Unbedingt nur vollsonnig pflanzen! H.: Westhimalaja, Altai, Mongolei.
- – var. **homophyllum** · Blaugrünes Flachpolstersedum
Weiß der Himmel, von woher es kommt! Ein herrlicher, kleinerer Polsterschatz, doch etwas buschiger, von äußerster Lebenszähigkeit und Anspruchslosigkeit, nie häufig genug verwenden. Dunkelrosa. Schön bis August, dann nicht mehr farbenschön, weil die Blätter abgeworfen werden.
- **kamtschaticum** var. **middendorffianum** · Braunes Amursedum □ ⤳
Zögernd erblühen aus Bronzekissen die feinen gelben und braunen Blüten. Ein Edelstein, neben dem *Sedum middendorffianum* ›Diffusum‹ grob wirkt. Je älter die Pflanze wird, desto mehr wirkt ihr stiller Zauber. Unsere Freude an dem Erstarken solcher kleinen unverwüstlichen Gebilde glaubt sich zu verjüngen.
- **sarmentosum** · Chinarankensedum
□ ⤳
Einzigartige Figur im Sedumreich.
- **sexangulare** · Goldmoossedum
□ ⤳ 丰
Das nur Ahnungslose in einem Atem mit dem teuflichen *S. acre* nennen können löst seine grüne Glut in die Goldmassen der Blüten auf. Dies flache dichtpolstrige Kissensedum kann nie überschätzt werden. 8 bis 10 cm hoch. H.: Europa.
- **spurium** · Kaukasussedum
○○ ‖ □ ⤳ ⦙ Y ⬡ ♉ ♁
Schon seit zwei Jahrhunderten in Gärten, aber erst seit 30 bis 50 Jahren in Edelsorten. 10 bis 12 cm hoch.
- – ›Album Superbum‹ · Teppichsedum
Das schönste, dichtwachsende *S. spurium,* das aber nur vereinzelt weiß blüht und lange remontiert.
- – ›Purpurteppich‹
Dies flache Kupferblattsedum ist wohl das wertvollste aller. Am alten Platz alljährlich schöner. Tiefkarminrote Blüten passen zur Laubfarbe. 10 cm hoch.
- – ›Roseum Superbum‹
Sie fällt durch Schönheit der rosa Blütenfülle und erstaunliche Blütendauer auf und empfiehlt sich deshalb besonders.
- – ›Salmoneum‹
Eine salmrote Sorte des Kaukasussedums; gehört zu den farbenschönsten und zuverlässigsten. Remontierend!
- – ›Schorbuser Blut‹
Das Rubinsedum bildet schöne bräunliche Teppiche mit rubinroten Blüten. Wohl mit die reichblühendste Sorte.
- **telephium** ›Munstead Dark Red‹
○○ ⦙ ⬡
Dieser Purpurblattriese weckt in seiner prachtvollen tiefdunkelroten Düsterheit einen wahren Farbenschreck und stellt zugleich einen Telephium-Typ von guter Ausdauer in diesem Farbton dar. Einzigartige Erscheinung! 30 cm hoch, Breite 40 cm, Blüte karmin. H.: Europa.

4. Zeitgruppe: August bis September

Sedum anacampseros
○○ ‖
Das blaue Walzensedum wird 10 bis 15 cm hoch. Eine reizvolle Sondergestalt mit schöner blauer Laubtönung, doch mit unscheinbarer Blüte. H.: Nordspanien und Südalpen, bis 2500 m steigend.
- **cauticolum** ›Robustum‹
○ bis ○○○ ‖ □ Y ⬡ ♉ ♁
Eine Variante, viel größer als die Stammart, die uns durch veränderte Reize des imposanten Blattwerks erfreut. Leuchtend rote Blütenstände. Bringt auf wuchtigen, 20 cm hohen Polstern das erwünschte warme Rot schon im August, so daß diese Farbe nun durch drei Monate reicht.
- **cyaneum** (syn. S. pluricaule) · Rosenteppichsedum
○ bis ○○ ‖ Y ⛁ ⬡ ♁
Es blüht 6 cm hoch rosenrot aus flachen blaugrünen Polstern, die sich im Frühling nur mühsam zu entwickeln scheinen, jedoch allmählich lückenlos zur Stelle sind. N.: Besonders neben *Sempervivum.* H.: Japan, Amurgebiet, Sachalin.
- **pulchellum** · Seesternsedum
○ ≌
Eine rosablühende und immergrüne Sondergestalt der Blüte in Seesternform. Gedeiht am besten an feuchten Plätzen. 15 cm hoch. H.: Östliches Nordamerika (Indiana, Missouri, Texas).
- **spectabile** · Große Japanfetthenne
○ bis ○○○ ⦙ ⊥ ⬡ ♉ ♁
Sie treibt aus wuchtigen blaugrünen, im Alter 80 cm breiten Kugelbüschen von 60 cm Höhe tiefkarminrote flache Blütenstände.
- – ›Brillant‹
Eine karminrosa Sorte von 40 cm Höhe, der gute Wüchsigkeit nachgesagt wird.
- – ›Septemberglut‹
Die Japanfetthenne hat hier endlich einmal eine unbedingte Edelfarbe in dieser Sorte erworben, ein tiefes, reines Karminrot. Alte 30 cm hohe und 70 cm breite Exemplare sind nun Schmuckgebilde ersten Ranges.
- **tartarinowii** · Chinesisches Spinnetzsedum
○○ ‖
Eine ebenso zierliche wie unverwüstliche Kostbarkeit von 8 cm Höhe und rosaweißem Flor, dem monatelang die schmückende blaugrüne Färbung dieser Sternpolster vorangeht. H.: Nordchina, Mongolei.
- **telephium** ›Herbstfreude‹
○ bis ○○○ ≃ ⦙ ⬡ ♉ ♁
Diese Sorte trägt eine ganz neue Farbennote in die Septemberwochen und bleibt noch wirksam im Oktober. Durch Kreuzung vom rosa *S. spectabile* mit dem braunen *S. telephium* entstand eine überraschend wuchtige Blütengestalt, deren Farbe von anfänglichem Rosa in dunkles Karminrot übergeht. Fßh. Alte Pflanzen werden 60 cm hoch und 80 cm breit. N.: Besonders schön wirkt dieses Sedum am Fuß der *Cimicifuga racemosa* und *C. simplex* ›Armleuchter‹ oder neben der weißen Heideaster *(A. ericoides).* Für Heidegärten und Steingartenränder ideal! Geradezu malerisch ist das Aussehen der trockenen Blütenschirme im Neuschnee. Deshalb Rückschnitt erst im Frühjahr.

5. Zeitgruppe: September bis Oktober

Sedum cauticolum · Septembersedum
○ bis ○○○ ‖ Y ⛁ ♁
Nur 12 bis 15 cm hoch, ein flachwachsender blaubelaubter Farbenschatz mit purpurfarbenen Blatträndern, unvergleichbar den bisherigen Sedum! H.: Japan.

– **sieboldii** · Oktobersedum
○ bis ○○○ ‖ ⚲ ⛉ ⬡ ⛉ ♁
Das schönste, fast türkisblaue Laub hebt dies spätblühende, 15 cm hohe Sedum an die Spitze aller Sedumschönheit. H.: Japan. N.: *Sedum spurium* ›Purpurteppich‹, Blauschwingel und rotlaubige *Sempervivum-Hybriden.*

Sedum
(nach Laubfärbung geordnet)

Braunlaubige
Sedum album ›Murale‹
– *kamtschaticum* var. *middendorffianum*
– *spathulifolium* ›Purpureum‹
– *spurium* ›Purpurteppich‹

Blaulaubige
Sedum anacampseros
– *ewersii* ›Nanum‹
– – var. *homophyllum*
– *reflexium*
– *sieboldii*

Buntlaubige
Sedum cauticolum
– *kamtschaticum* ›Variegatum‹

Grünlaubige
Sedum album
– *cauticolum* ›Robustum‹
– *hybridum*
– *krajinae*
– *pulchellum*
– *reflexum* ›Viride‹
– *sarmentosum*
– *selskianum*
– *sexangulare*
– *spectabile*
– *spurium* (bis auf die Sorte ›Purpurteppich‹)
– *telephium* ›Herbstfreude‹

Beste immergrüne Sedum
Sedum album
– – ›Murale‹
– *divergens* ›Atropurpureum‹
– *hybridum* ›Immergrünchen‹
– *reflexum*
– *sexangulare*
– *spathulifolium* ›Cape Blanco‹

Sempervivum · Steinwurz · Dickblattgewächse
○ bis ○○○ △ ‖ ▭ ⟿ ⛉ ♁ ⯒ ⛉
Wir haben uns hier drei bis vier Jahrzehnte lang redlich mit den Gartenfragen des ganzen Sempervivumreichtums herumgeschlagen, hatten dabei jahrelang unser Entzücken auch an manchen Sorten, die aber auf die Dauer Fehler zeigten, also aus den Sortimenten ferngehalten werden mußten. Viele großrosettige Sorten mußten gestrichen werden. Unter 70 neuen Wildnisbastarden erwiesen sich für den Steingarten nur zwei als bedeutsam ! Zu den Fehlern gehörte unter anderem allzu schnelle Blühbereitschaft, welche verhinderte, daß sich genügender Reichtum großer Rosetten bildete. So ist z. B. die Hybride ›Zirkon‹ die große Ersatzsorte für die tief dunkelrote Hybride ›Topas‹, welche durch ihre nach Jahren plötzlich einsetzende allzu große Blühwilligkeit um ihren Wert brachte, während ›Zirkon‹ sich von diesem »Fehler« völlig frei erweist und eine noch größere Wachstumskraft besitzt. Man sieht also, wie in unwahrscheinlicher Richtung oft ein Fortschritt erwächst. Auch allzu schnelle oder langweilige Entfärbungen spielten ihre Rolle. Zwei Sorten zeigten Krankheiten entscheidender Art, von denen vorher niemals jemand gesprochen hatte. Dies war die eine Seite der Sache. Eine andere war die merkwürdige und ahnungslose Sempervivumstumpfheit des Gartenpublikums. Wir begannen – und raten anderen Gärtnereien das gleiche –, die Farbenfotografie zu Hilfe zu nehmen, ferner an vielbegangenen Wegen der Gärtnerei langgestreckte Kastengestelle aufzurichten, um die Pflanzen mit bequem lesbarem botanischem und deutschem Namen in solchen Erdkästen den Augen und Sinnen der Vorübergehenden näher zu rücken.
Die Übersicht über die hier für Gärten zusammengefaßten *Sempervivum*-Arten und -Sorten kann der Gesamtfülle der vorhandenen Wildarten, Wildbastarde und Gartenbastarde noch nicht gerecht werden; denn es gibt nicht nur Wildnisschätze weit über die Genannten hinaus, sondern wir stehen noch in den ersten Anfängen der gartenmäßigen Steigerung nach Farben und Formen! Große Aussaaten bester Arten und Hybriden zeigen schon jedesmal Schönheiten und Seltsamkeiten der Farbentöne, für die unsere Phantasie keinerlei Vorgefühle hatte; doch dauert es immer lange, aus solchen Hochqualitäten zu den Quantitäten für die Weltverbreitung zu gelangen.
Seit die Donnerwurz, nämlich das echte *Sempervivum tectorum*, die anspruchsloseste der Großrosettensteinwurz, schon im frühen Mittelalter als Schutz gegen Blitzschläge auf Dächer gepflanzt wurde, wo sie sich jahrzehntelang ohne Erde großrosettig erhielt, hat sich ein stiller Reichtum von unabsehbarer Vielartigkeit aufgetan. Immer neue Sempervivumüberraschungen ziehen sich durch Jahrzehnte unseres Lebens. Die Rosetten sind Silberweiß umsponnen, bilden winzigzierliche, unverwüstliche Polster in Silberweiß, aus denen rote Blüten steigen, deren Flor an Tiefseepflanzen erinnert. Zauberhaft stehen sie mit dem Erdgeschmeide ihrer Silbertöne oder ihren grünen und rotbraunen Farben dicht neben Riesenrosetten von Isabellenbraun mit bläulichen Gründen, vor tiefem Violett mit stahlblauem Anhauch.
Auch die Riesen fangen an, silberweiß zu spinnen – ein weiter Weg von der Stille dieser Farben bis zu Wortlauten! Immer ist viel zu berichten, was schwer auszudrücken ist. Man wird sich dereinst sehr tief mit diesen Kleinodien beschäftigen und sie als Rosetten schon an Kinder für ihre Gärten verteilen – diese nordischbodenständigen Brüder ferner Kakteenreiche! Auf dem Kopf der Rolandstatue in Brandenburg an der Havel hängt seit hundert Jahren eine Sempervivumperücke aus der Donnerwurz. Ihre Wurzeln finden keinen Boden, nur die Sperlinge sorgen ein wenig für Düngung. – Diese Fähigkeit, ohne Erde zu leben wie gerade jene Donnerwurz, der es nur noch die *Athamanta* oder *Corydalis lutea* gleichtun, findet sich in anderer Weise auch bei mancher kleineren oder größeren *Sempervivum*-Art, die in Mauerfugen 50 Jahre lang lebt und den Vorübergehenden, in dessen Garten sie vorkommt, leise daran erinnert, welch stürmisches Gegenbild zu diesem stillen Dasein sein eigenes Leben der letzten 50 Jahre bildet. Amerika kennt keine einheimischen *Sempervivum*-Arten – Europa und Afrika sind die Hauptherde; sie reichen bis zu iranischen Hochgebirgen.
Die botanischen Namen sind nach wie vor oft umstritten. Wir erhielten für das gleiche Sempervivum schon drei Namen, was ja auch eng mit der Bastardisierungsneigung dieser Pflanzen zusammenhängt. Daher haben wir den selbstverständlichen Ausweg gesucht und gefunden, den botanischen Namen durch einen sehr sorgfältig gewählten deutschen zu ergänzen. Ein Züchter besonders schöner Hybriden ist der Taufschwierigkeit aus dem Weg gegangen, indem er seine drei Schätze ›Alpha‹, ›Beta‹ und ›Gamma‹ nannte. Man sieht dem Namen ›Gamma‹ leider nicht an, daß er das zauberhafteste Kleinod birgt, das sich auch noch auf besondere Weise an reizvollen Frühlingsverwandlungen beteiligt.
Zu unserer bisherigen Sempervivum-Sammlung, die alle völlig unentbehrlich und von größter Verschiedenheit aller möglicher Eigenschaften sind, wurden neue eingefügt, welche alle jahrelang auf die so erwünschte Eigenschaft geringster Blühwilligkeit geprüft wurden. Es handelt sich bei dieser Hinzunahme nur um Kostbarkeiten, die völlig frei von irgendwie störenden Nebeneigenschaften sind. Diese lebenden Juwelen sind ein großartiger Besitz, der uns hier in die Hände gespielt wird, um anspruchslos für immer bei uns zu bleiben.
Die volle Pflanzwirkung entsteht, wenn wir die Einzelsorte in nicht zu geringer Fülle anwenden und an Rändern mit ein paar Ausläufern auflockern, sodann für

farblich interessante Nachbarn sorgen. Sempervivum sind durchaus dafür dankbar, mit ihren ziemlich kräftigen, langen Wurzeln in recht guten Boden zu gelangen und auch ab und an gute Erdnachhilfe zu erhalten. Manchen flachen Polstern der Kleinrosettigen hilft man durch kräftiges Wässern mit Nährlösung weiter.

Dies alles ist nicht drängend, aber auf die Dauer lohnend. Man unterbreche die Einzelhorste mit Zwergblauschwingeln, Silberpolstern des Steinbrechs und niedrigem Sedum; und man sehe zu, sich farbig reizvolle Findlingssteine zu besorgen. Von der Gattung *Sempervivum* wurden einige Arten zur selbständigen und neuen Gattung *Jovibarba* kombiniert. Diese sind dort zu finden.

Übersicht der Sempervivum nach kleinen, mittelgroßen und großen Arten und Sorten

1. Kleine Sempervivum

Sempervivum arachnoideum · Spinnwebsteinwurz
Ihr kleines Silberspiel hat einen eigenartigen Zauber, der ihr einen dauernden Platz in unseren Gärten sichert. Erstes Fundjahr: 1884. H.: Sie lebt auf Granitalpen, von den Pyrenäen bis zu den Apenninen in 600 bis 2000 m Höhe.

– – ›Minor‹ · Silbermosaiksteinwurz
Sie gehört zu den allerkleinsten Silberspinnern, die ihr unglaubliches Dasein an allen möglichen Plätzen durchsetzen. H.: Unbekannt.

– – ssp. **tomentosum** · Silberplattensteinwurz
Dieses Sempervivum ist einer der auffallendsten Silberspinner. Man fand es 1865 in den französischen Hochalpen, später auch in der Schweiz und in Tirol. Darf nicht mit »webbianum« verwechselt werden, die krankheitsgefährdet ist. Die Rosetten sind doppelt so groß wie bei der Stammart *S. arachnoideum* und bringen glühend karminrote Blüten.

– **Arachnoideum-Hybride** ›Rheinkiesel‹
Sie bildet aus ihren weiß übersponnenen Silberjuwelen eine kleine Kuppel wie keine andere Sorte.

Sempervivum soboliferum → **Jovibarba sobolifera**

2. Mittelgroße Sempervivum

Sempervivum-Hybride ›Alpha‹
Die Sorte bildet hellbraunsilbern durchsponnene, reizvolle Polster, die sich überall durchsetzen.

– – ›Beta‹
Sie ergeht sich in Purpurrot mit Silberschein.

– – ›Donarrose‹
Eine Sorte mit mittelgroßen Rosetten und dunkelrosa Blüten.

– – ›Gamma‹
Die Beschreibung müßte in seltsamen grünen, silbernen und tiefbraunen Tönen und Verzierungen wählen, um diesem Hauptschatz unter den älteren Sorten gerecht zu werden.

– – ›Granat‹
Die Hybride formt mittelgroße, auffallende dunkelrote Blattrosetten. Leider nicht so wüchsig wie andere rote Hybriden.

– – ›Grünschnabel‹
Diese Sorte hat braunviolette Rosetten, außen in Grün übergehend mit grünen Spitzen.

– – ›Nocturno‹
Sie hat das dunkelste Schwarzgrün aller mittelgroßen *Sempervivum-Hybriden*.

– – ›BS-Purpurstern‹
Eine neue Sorte mit granatbraunen Rosetten.

– – ›Rubin‹
Die mittelgroßen Rosetten weisen das stärkste und reinste Rot von allen *Sempervivum-Hybriden* auf.
Die Sorte verlangt für ihre volle Leistung etwas mehr Geduld oder etwas bessere Ernährung und Plazierung als die anderen.

– – ›Silberkarneol‹
Sie blüht auffallend schön aus gemischten Bronze-, Silber- und Karneoltönen; man muß ihr nur Zeit zur Entwicklung lassen.

– – ›Smaragd‹
Die Sorte hat smaragd- bis olivgrüne Rosetten mit braunen Spitzen.

– – ›Spinell‹
Sie bildet etwas kleinere rotbraune Rosetten.

– – ›Uralturmalin‹
Einmal erhielten wir aus den österreichischen Alpen 70 Wildbastarde, unter denen sich ein Stern erster Größe befand, den wir nach seiner Farbe Uralturmalin tauften, dessen Tönungen in Gold-Rosa-Dunkelgrün schimmern. Er ist von unverwüstlicher Lebenskraft. Im Winter zieht er sich auf die rosa Farbe zurück.

– – ›Zirkon‹
Der Bronzeriese mit dunkelroten Rosetten, dem ›Topas‹ sehr ähnlich in unersetzbarer Farbenschönheit. Fehlerfrei und fast nicht blühend; dabei stärker wachsend als ›Topas‹.

– **marmoreum** ›Mahagonistern‹
Den botanischen Namen hatte man schon zweimal verwandelt, aber den deutschen kann man ihr nicht mehr entreißen! Sie trägt ihn wegen ihrer tief braunroten Töne der Rosetten. Wir haben den Namen ›Mahagonistern‹ einem ausgewählten Schlager vorbehalten, der an Farbendeutlichkeit und an Winterhärte die Wildart übertrifft. Fundjahr der Stammart: 1858, Karpaten (Rumänien).

– **ruthenicum** · Fettblattsteinwurz
Diese Art unterscheidet sich durch eigentümlich dicke dunkelgrüne, hellsilbern flaumartig behaarte Blätter und völlig andere Wesensart von allen übrigen. Aus ihren üppigen, flachen, eigenartigen Polstern steigt sehr reizvoll ein zartgelber Flor. Ihre Lebensenergie führte sie durch Siebenbürgen, die Ukraine, viele Gebiete Südosteuropas. Fundjahr: 1855.

3. Großrosetten-Sempervivum

Sempervivum-Hybride ›Commander Hay‹
Diese Hybride formt riesige Blattrosetten bis 20 cm Durchmesser. Farbe hellbraunrot mit grünen Spitzen.

– – ›Purpurriese‹
Diese Hybride bildet besonders flache, edel geformte große purpurrot getönte Rosetten, wirkt fast riesenhaft und ist außerdem sehr wüchsig! Rosa Blüten.

– **marmoreum** ›Metallicum Giganteum‹ · Rotsandsteinriese
Diese Sorte bekam ihren Namen nach der Farbe des Gesteins.

– **tectorum** · Dachsteinwurz
Also die »Donnerwurz« – bildet auch ohne Erde auf Dächern die großrosettigen Flächen, die sich jahrzehntelang halten. H.: Von den Pyrenäen durch Europa bis zum nördlichen Teil der Balkanhalbinsel.

– – ›Atroviolaceum‹
Die rosaviolette Dachsteinwurz bewegt sich in Farbentönen wie keine andere Sorte. Ursprung und Fundort unbekannt.

– – ›Giganteum‹ · Riesenolivsteinwurz
Sie wächst sich, wenn ihr der Platz paßt, zu riesigen Rosetten aus. Andernfalls hält sie sich in mäßig großen Rosetten. Die Farbe ist das gleiche Olivgrün, was eigentlich in der Pflanzenwelt sonst nicht vorkommt, wie bei *S. tectorum* ssp. *mettenianum*.

– – ›Robustum‹ · Seerosensteinwurz
Eine bläulichgrüne riesenrosettige Sorte mit etwas bräunlicher Tönung.

– – ›Triste‹ · Kupfersteinwurz
Sie ist die goldbraunste aller wilden Steinwurz, wird von Kennern für den echten Typ gehalten im Gegensatz zu einem tiefroten, aber kleinrosettig werdenden Typ unbekannten Ursprungs, tauchte seit 1880 auf.

– – ssp. **calcareum** · Rotspitzensteinwurz
Grünblaue Rosetten mit rotbraunen Spitzen zeichnen diese Unterart aus. Zunehmend wird dieses schöne Sempervivum als eine eigene Art angesehen. Stammt aus den französischen Alpen.

– – ssp. **boutignianum f. jordanianum** · Pyrenäensteinwurz
Das Farbenspiel dieser Steinwurz aus den Hochpyrenäen bewegt sich zwischen Meergrün und Goldgrau mit allerlei Zwischentönen und dauert bis in den Herbst. Fundort: 1864 bei Saint-Sauveur.

– – ssp. **mettenianum** · Olivsteinwurz
Sie stellt eine prachtvolle, unersetzbare

Steinwurz dar, die nur gute Eigenschaften jeder Art aufweist und ihre ziemlich großen Rosetten in tadellosem Zustand mit größter Üppigkeit zu dichten Polstern und Flächen ausbaut. Auch im Winter bleibt sie schön. H.: Zentralalpen und Pyrenäen.

– – ssp. **tectorum** var. **lamottei** · Bodenpanzersteinwurz
Sie hat ihren Namen den fabelhaften Kräften zu verdanken, mit denen sie ihre festen grünen, rotgespitzten Platten gegen alles Unkraut und gegen Schatten durchsetzt und sich auf die Dauer mit ihren flachen Panzerdecken behauptet. Fundjahr: 1885 auf dem Puy de Dôme. Wandert von Mittel- und Ostfrankreich bis Elsaß.

Silene · Leimkraut · Nelkengewächse

○ bis ☀ ⊕ ≃ △ ‖ ⛁

Das große Geschlecht der Silenen enthält – von *Silene maritima* abgesehen – die meisten Steingartenschätze aus Siebenbürgen, den Karpaten, dem Kaukasus und aus anderer alpiner Höhenherkunft.

– **acaulis** ›Floribunda‹ · Rosensilene
丰 ⌓
Sie blüht rosa auf dichtem dunkelgrünem »Pelz«, Juni/Juli. In den Bergen durch flache, mächtige, oft mehr als halbmeterbreite, niedrige Rosenpolster weithin auffallend, enttäuschte diese Staude in der Art früher in Gärten. Erst die Form ›Floribunda‹ hat bei rechtem Ausbau das Zeug, um bei Kalknachhilfe befriedigend zu blühen. Topfballenansiedlung – aber nicht mit nährkräftiger Erde – und etwas Geduld. Am besten so zu pflanzen, daß sie von etwas höherer Pflanzstelle aus einen darunter gelagerten Block ganz überwachsen und schließlich, weit überhängend, überwölben kann.
Das Polster selber macht keine Wurzeln, sondern bezieht seine Kraft nur von einer tiefgreifenden Pfahlwurzel. H. der Art: Von den Pyrenäen über Alpen, Karpaten, Nordwestbalkan zum Ural wandernd, begrüßen die Rosenpolster den überraschten Wanderer in der West- und Ostarktis und schließlich auch plötzlich in den Rocky Mountains.

– **alpestris** (syn. Heliosperma alpestre) · weißblühende Alpensilene
Mitte Mai/Juni. H.: Südalpen bis Karpaten, Gebirge Südosteuropas. H. der Art: Ostalpen bis Siebenbürgen, Nordbalkan, alpin. N.: Es wimmelt von zierlichen Nachbarn um diese Zeit: Enzian, *Helianthemum chamaecystus, Viola gracilis, Potentilla aurea*, kleine Ranunkeln.

– – ›Pleniflorum‹
Die schneeweiße Alpensilene von wundervollem Reiz in gefüllter Form blüht Juni/Juli.

– **dinarica** · Karpatensilene
Die reizende rosaweiße Karpatensilene kann nicht entbehrt werden. Erstaunlich sind die reichtumverschluckende Kraft selbst kleiner Steingartenflächen und unser nie ruhender Wunsch nach Mehr und nach Neuem und Anderem und nach einem Nichtnachlassen der Fülle und Überraschung der Juli-Augustblüte, die selbst bis zum Spätherbst dauert.

– **maritima** ›Weißkehlchen‹
Dieser silberlaubige Dauerblüher mit weißen Blumen über ganz flachen Kissen ist eine bezaubernde Bereicherung von Rang. Auch hier ist Weiß eine freudige Dienerin der bunten Farben und tut schon in geringer Menge seine Wirkung. H. der Art: West- und Südeuropa.

– **schafta** · Kaukasische Herbstsilene
Ein frisches, weithin leuchtendes Rosa, das sie um diese Zeit wie ein Präludium der Heideblütenfarbe wirken läßt. August/September. Schön mit *Satureja montana* ›Alba‹.

– – ›Splendens‹
Diese Selektion bringt eine prächtige Steigerung!

Sisyrinchium · Binsenlilie · Schwertliliengewächse

○ bis ○○ ⋀

– **angustifolium**
Kleiner fußhoher Irisblattbusch mit violetten Blütchen in Büscheln, der gegen Ende Mai bis Juni blüht. Wintert in ungünstigen Lagen zuweilen aus; aber die Pflanze sät sich an ihr zusagenden Plätzen stets aufs neue aus, so daß man sie kaum verlieren kann. H.:Nordamerika. N.: Reizvoll mit Heidenelken, *Festuca*-Arten, *Campanula portenschlagiana, Hypericum olympicum.*

Soldanella · Soldanelle, Alpenglöckchen · Primelgewächse

☀ bis ◐ ⊝ ≌ Y ⬡ ♁ 丰 ⛁

– **carpatica**
Sie blüht im April mit mehrfach langgefransten, tiefeingeschnittenen, violetten Glöckchen. Der Blattstiel besitzt meist eine rötlich-blaue Anfärbung. Auch zeichnet sie sich durch Ausläufer aus. H.: Tatra- und Fatragebirge. N.: Zwergrhododendron-Arten.

– **montana**
Bergalpenglöckchen
Die blauen gefransten Glöckchen erscheinen im April. Frischfeuchte Humuspflanze aus Berghöhen von 800 bis 1600 m; jedoch immer den Schatten suchend. Schön an licht- bis halbschattigen Gartenplätzen, verbunden auch mit ihrer Wildgesellschaft *Oxalis, Luzula, Maianthemum.* Diese *Soldanella*-Art kommt für Gärten bevorzugt in Betracht – vielleicht am stärksten ihre Unterart *S. montana* ssp. *hungarica.* (Neuerdings wird diese, in den Karpaten vorkommende Unterart auch als eigene Art angesehen.) H.: Nordabhang der Alpen, Böhmerwald (Sumava), Bayrischer Wald. Liebt halbzersetzten Nadelhumus und feuchte, schattige Lage. Obwohl sie bei einiger Sorgfalt im Garten gedeiht, bleibt die Soldanelle eine Liebhaberpflanze. N.: Zwergrhododendron-Arten.

Solidago · Goldrute · Korbblütler

○ bis ○○○ ≃ ✂ ⬡ ♉

Zwergige Goldruten sind es, die für den Steingarten in Frage kommen. Die früheren übertroffenen bis zu den besten neueren hohen Sorten passen nicht in Steingärten, mit Ausnahme ein paar niedriger, mit denen man allertrockenste Plätze gestalten kann. Doch sind für eigentliche gute Steingartenplätze auch diese Goldruten noch zu derb – man setzt sie an die Ränder zwischen Gehölze, blaugrüne Gräser und andere robuste trockenheitliebende Stauden, und zwar vereinzelt.
Vorläufig genügen folgende vier nicht wuchernde Zwergsorten und -arten. Ihr verblühter Flor wird weggeschnitten.

– **cutleri** ›Robusta‹
Der Typ ist im Wuchs kräftiger als die Art, goldgelber, fßh., Septemberblüher. Für Steingärten passend. H. der Art: Nordamerika (Maine bis New York).

– **drummondii**
Diese Art hat kleine starrgebaute gelbblühende Büsche von Kniehöhe und darüber und ist für Steingärten größerer Flächen und Heidegärten bestens geeignet. September/Oktoberblüher. H.: Nordamerika (Missouri, Illinois, Arkansas, Louisiana).

Solidago-Hybride ›Strahlenkrone‹
Die Sorte wächst etwa kniehoch, goldgelber Augustblüher mit schönen strahligen Blütenständen. Die entzückendste kleine Goldrutengestalt!

– **virgaurea** ›Nana‹
Ein ebenfalls straffgebautes, 40 cm hohes gelbes Büschlein für den Steingarten und Naturgarten. Juli bis September. H.: Europa, Nord- und Westasien, Nordafrika.

× **Solidaster luteus** → Seite 165

Stachys · Ziest · Lippenblütler

○ bis ○○○ ▭ ⋙ ⦙ Y ♁

– **byzantina** (syn. St. olympica) · Silberwollziest
Unscheinbare lilarosa Blütchen sitzen auf silberweiß-wolligem, üppigem Blatt- und Stielwerk. Fßh., Juni/Juli. H.: An sonnigen Hängen zwischen *Artemisia pontica* und *Verbascum*: Krim, Kaukasus

Soldanella montana, das Bergalpenglöckchen, bedarf aufmerksamer Pflege im Garten.

bis Nordiran. N.: Schön in großen silbergrauen Flächen mit blaugrünen Gräser- und blaugrünen Sedumhorsten durchsetzt oder durchflochten von Silberteppichen in Dickichten anderer silbergrauer Stauden.

– – ›Silver Carpet‹ (Silberteppich)
Endlich eine Sorte, die die Art absolut in der Eigenschaft des Kaum- oder Nichtblühens übertrifft und dadurch eine neue Hochqualität darstellt. Hervorragend als Bodenbedecker für vollsonnige und trockene Südhanglagen verwendbar!

– **grandiflora** ›Superba‹ (syn. Betonica macrantha ›Superba‹) · Rosenziest
Er gleicht einer dunkelrosa Riesentaubnessel. Fßh. bis knh. Juli/August. Die Staude paßt an nicht zu trockene Heidewaldränder. H.: Auf Hochwiesen im Kaukasus, Armenien. N.: *Stachys nivens*, hohe Glockenblumen. *Deschampsia cespitosa* und größere Blaugräser.

– **lavandulifolia** · Lavendelziest
Er blüht im Juli spannhoch tiefdunkelrot mit zottigen Kelchen aus grauem Blattwerk. Eine Gartenwirkung kommt nur zustande, wenn man ihm mit seinen kriechenden Trieben etwas Fläche einräumt. Nur für warme, schottrige, vollsonnige Plätze geeignet. H.: Kaukasus, Kleinasien und Iran.

– **niveus** · Schneeziest
Die weißen Blüten stehen in lockeren Quirlen über den breiten, runzeligen Blättern. Über sph., Juni/Juli. H.: Kaukasus und Syrien.

Stratiotes → Wasserpflanzen Seite 95

Synthyris · Frühlingsschelle · Braunwurzgewächse
◐ ⊖ ≌ Ỵ ♁ 丰 ⊍

– **stellata** (syn. S. reniformis hort.) · Frühlingsschelle
Sie treibt ihre noch nicht spannhohen lila Blütenstände schon Mitte März aus glänzendem, rundem, scharf gezähntem Laubwerk hervor. Ihre Nachbarschaft ist anderen Frühblühern willkommen. H.: Westliches Nordamerika (Oregon, Washington). N.: *Adonis amurensis, Primula-Juliae-Hybriden*, Zwergfarne.

Telekia · Rindsauge · Korbblütler
○ bis ○○○ ⊕ △ ‖ ⊍ ⬡

– **speciosissima** (syn. Buphthalmum speciosissimum)
Eine Felspflanze für sonnigste und trockenste Plätze des Steingartens. Auf fußhohen Stielen bringt sie tiefgoldgelbe Blüten. Liebhaberpflanze. Juni/Juli. H.: Südalpen.

Thalictrum · Amstel · Hahnenfußgewächse
○ bis ◐ ≌ ⊥ ⊔ ✂ ⬡ ♁

– **aquilegifolium** · Frühlingsamstel
Schon Mitte Mai bis tief in den Juni schmückt sie sich mit weiß- oder lilarosafarbenen, fedrigen Blütenständen. Sie paßt natürlich nur in Uferpartien gebauter Steingärten oder großer Wildsteingärten und gehört in die Nachbarschaft der *Iris sibirica* und ihrer weißen Form auch der Trollblume. Man meide die Nachbarschaft der lilarosa Form mit Gelb! H.: Uferplätze, Waldränder, auch Bachwiesenränder, Flachmoore ganz Europas vom Tiefland bis 2000 m, von Südskandinavien bis zu den nördlichen Mittelmeergebirgen, in Wildgesellschaft von *Dentaria, Aruncus, Polygonatum, Pulmonaria, Aquilegia.* – Die Frühlingsamstel symbolisiert ein wenig das schaumige Element des Wassers. Die mannshohe Schwefel- und Blaublattamstel haben wir wegen zu großer Höhe weggelassen.

Thymus · Thymian · Lippenblütler
○ bis ○○○ ⊕ ‖ ▭ ⋙ Ỵ ⊍ ⬡ ♕
丰 D ⊍

Der Thymian spielt im Steingarten und noch mehr in größeren steinlosen Wildgartenräumen eine erhebliche Rolle.

– **praecox** var. **pseudolanguinosus** · Wollthymian
Der immergrüne flache Wollthymian blüht sehr sparsam, ist aber ein sauberer, auch im Winter schöner, flacher Begrüner besonders auch schwieriger, trockener Plätze – am wirksamsten bei leichter Bodenschwingung! Er paßt zwischen Heide und Wacholder, ist aber an allen möglichen Steingartenplätzen willkommen und unerschöpflich in all seinen Schönheitskünsten. Er verträgt etwas mehr Halbschatten als die folgenden, wird jedoch von *Th. villosus* in dieser Fähigkeit nach unserer Vergleichsdauerbeobachtung übertroffen. H.: Westeuropa.

– **serpyllum** ›Coccineus‹ · Roter Sandthymian
Die glühend karminrote edle Form des großen Weltbezwingers Thymian, im Juni/Juli blühend; reizend mit gleichzeitig blühender *Campanula cochleariifolia* durchwuchert, mit der sich seine Polster auf die Dauer vertragen. Im Schaten versagt die Pflanze nach einiger Zeit. Nach dem Flor an heißem Platz denkt man oft, die Polster wären von der Sonne weggebrannt; doch treiben sie wieder durch. H.: *Thymus serpyllum* trägt seinen zitronenhaften Würzgeruch, der halb Heimweh, halb Fernweh weckt, aus dem ganzen gemäßigten Europa. Die Alpenhöhen bis zur Schneegrenze, Heiden, Dünen, Wiesen, Dämme, Mauern, Moorränder und Waldraine, auf denen sich diese kleine Pflanze wohl fühlt, deuten auf ein Akrobatentum der Anpassung und ein Abenteurertum der Wanderkraft. Wildgesellschaft: Heidenelke, *Antennaria dioica, Calluna vulgaris.*

– – ›Albus‹ · Schneethymian
Weiße Form des vorigen.

– **villosus** · Blaugrüner Portugalthymian
Er gehört zu den Polstergewächsen für Bodenüberzug und ist nie genug zu preisen. Unscheinbare kleine lilarosa Blütenstickerei, die nur selten hervortritt. Auch in sehr lichtem Halbschatten ist dieser Thymian noch schön immergrün. Zwischendurch in Steingärten und Naturgartenpartien in kleiner oder größerer Fläche gar nicht genug anzuwenden und dabei leicht im Zaum zu halten. Vor schwersten Frösten nur im Anfangsjahr etwas schützen und etwas Geduld aufbringen, bis er sich flächig ausbreitet! Vermutlich sind mehrere Typen mit unterschiedlicher Winterhärte im Umlauf. Auch die Wuchshöhe ist verschieden, bis sph. H.: Südwestspanien, Südportugal. N.: Kleinere *Sempervivum*-Arten, Zwergwacholder.

Tiarella · Tiarella · Steinbrechgewächse
☀ bis ◐ ≌ ▭ Ỵ ♁ ⊍

– **cordifolia** · Rankenschaumkerze ⋙
Blüht in duftigen weißen Blütentrauben etwa fußhoch, mit etwas kriechenden, schönen, hellgrünen Ranken in dumpfroten Herbst- und Winterfärbungen. Benötigt zum dauerhaften Gedeihen (auch wie die nachfolgende Art) feuchte, humose Schattenlage. H.: Nordamerika (Neuschottland und Ontario, südlich bis Georgia).

– **wherryi** · Rankenlose Schaumkerze
Es ist eine rankenlose, im Mai und Juni wiederholt mit weißen Kerzen blühende, zart duftende, auffallend schöne Blattpflanze mit zeitlich wechselndem Farbenspiel ihrer herzförmigen mattgrünen Blätter. Die Rispen sind länger als bei *T. cordifolia* und die Art nicht ganz so feuchtigkeitsbedürftig. Fßh. H.: Südöstliches Nordamerika (Tennessee, Nordcarolina, Alabama).

Trapa → Wasserpflanzen Seite 95

Tricyrtis · Dreihöckerblume · Liliengewächse
☀ bis ◐ ≌ Ỵ

Diese fuß- bis kniehohen, August bis Oktober blühenden ostasiatischen Waldrandblumen sind in ihrer Fremdartigkeit, im Rhythmus ihrer Blätter und ihrer rosa, braunen und gelbweißen Blüten kaum zu beschreiben. Wohin mit ihnen im Garten? An halbschattige, geborgene Steingarten- oder Wildnisgartenplätze unter Begleitung ebenso fremdartiger Nachbarn!

– **hirta** · Graubehaarte Krötenlilie
Blüte weißlichlila, purpurn gepunktet, knh., Spätsommer bis Herbst. H.: Japan. N.: Diese Art und die folgende mit Farnen und Schattengräsern.

– **macropoda** · Gelbe Krötenlilie
Blüte gelblichweiß, fast glockig und fein bräunlich oder purpurfarben punktiert, knh., Spätsommer bis Herbst. H.: Japan.

Trollius · Trollblume · Hahnenfußgewächse
○ bis ◐ ≌ ⊥ ⊔ ✂ ⬡

Die großen, edlen Trollblumen vermag man trotz ihrer gartenhaften Veredelung nicht aus den entsprechenden Uferplätzen sowohl des natürlichen wie des gebauten Steingartens zu verweisen. Noch weniger gilt dies vom Zwergtroll aus dem Himalaja und von den gleich schönen chinesischen Arten und Züchtungen, die an Wildnischarakter den europäischen edlen Sorten überlegen sind und am Schluß unserer Aufzählung aufgeführt werden, weil sie erst später blühen. Die Festzeit der Trollblumen zieht sich von Aprilende bis zum August hin! Diese Staude verträgt durchaus viel Schatten und ist auch an trockenen Gartenstellen bei reichlicher Humusgabe und leidlicher Frischhaltumg des Bodens zu üppigem Dauergedeihen zu bringen.

Die Verbreitung in Gärten würde viel größer sein, wenn die monatelange Flordauer der Folgesorten und die erstaunlich leichte Bereitschaft dieser Staude zur Qualitätstreue durch Teilung im Frühjahr noch bekannter wäre.

Wir führen die *Trollius*-Arten und deren Sorten nach Blütezeiten auf, von denen man drei Hauptgruppen nennen muß. Auf die Einzelbeschreibung der Sorten, von denen wir nur wesentlich unterschiedene aufführen, muß verzichtet werden, da zu schwer. Erste und zweite Blütenzeitgruppe aus Europa, dritte Gruppe aus Japan und China stammend. H. des *Trollius europaeus*: Wiesen, Moore, feuchte Waldränder, Karstfluren, besonders in Bergregionen, bis 3000 m hinauf – bis zur Nordspitze Skandinaviens, große Teile Mittel- und Westeuropas, der ganze Karpatenraum, bis ins mittlere Südosteuropa und Westsibirien wandernd. Auch in den Apenninen und Pyrenäen verbreitet. Wildgesellschaft oft *Ranunculus aconitifolius, Deschampsia cespitosa, Potentilla aurea, Primula elatior, Crepis aurea, Orchis maculata, Thalictrum aquilegifolium.*
Gruppe drei auf Bergwiesen Asiens.

1. Zeitgruppe: Schon Ende April

Trollius-Hybride ›Earliest of All‹, goldgelb, etwas kleinblumig, gut remontierend, 70 cm.
– – ›Frühlingsbote‹, große, etwas offene hellorange Blüten, sehr reichblühend, 60 cm.

2. Zeitgruppe: Ende Mai, Anfang Juni

Trollius-Hybride ›Goldquelle‹, gelborange, schöne kugelige Form, ebenfalls gut remontierend, 70 cm.
– – ›Lemon Queen‹, schöne geschlossene hellzitronengelbe Blüten, sehr langer Flor, 60 cm.

3. Zeitgruppe: Um Mitte Juni

Trollius chinensis (syn. T. ledebouri) · Chinesische Trollblume
Wertvolle spätblühende Wildart mit orangegelben, offenschaligen Blüten. Die langen hervorstehenden Honigblätter sind besonders effektvoll. Fast Meterhöhe erreichend.
– – ›Golden Queen‹, Edelsorte der Wildart, Honigblätter wie Goldflammen in Goldschalen! Fast 100 cm hoch.
– **pumilus** · Zwergtroll
Eine edle, kleinere, nur 25 cm hohe, sehr steingartenwürdige Gestalt mit gelben Schalenblüten. Auf den ersten Blick ist diese gar nicht als Trollblume erkennbar. H.: Himalaja.
– **yunnanensis** · Yunnantrollblume
Spätestblühende hellorangegelbe Art mit flachschaligen Blüten. Blätter im Gegensatz zu *T. pumilus* feingezähnt, bis 50 cm hoch.

Typha → Wasserpflanzen Seite 95

Uvularia · Hängegoldglocke · Liliengewächse
– **grandiflora** · Hängegoldglocke
◐ bis ● ≃ Ỳ ♁
Erscheint wie eine ziemlich großblumige gelbe Glockenblume. Die seltsame blaugrüne Gestalt wird von mächtigstem Lebenswillen jahrzehntelang am halbschattigen Gartenplatz erhalten. Alteingewachsene Pflanzen zeigen erst die volle Lilienschönheit und Unersetzlichkeit dieser Staude! Fßh. bis knh. Ende April bis Juni. H.: Wildheimat in Wäldern von Ostkanada nach Arkansas und Oklahoma. N.: *Polemonium*, zwergige Gräser und Kleinfarne, *Lilium martagon, Primula sieboldii.*

Veratrum · Germer · Liliengewächse
○ bis ☼ ≃ ⊥ ♁
Alle Juni/Juli.
– **album** · Weißer Germer
Dieser Germer bildet den Ersatz für den schöneren Kalifornischen Germer, da dieser oft schwer erhältlich ist. Bei Samenanzucht vergehen einige Jahre, bis auf die weißliche Blüte gehofft werden darf. Bis brusthoch. H.: Finnland, Norwegen, Hochgebirgswiesen Europas mit Ausnahme Westeuropas, Sibirien, Ostasien, auch Alaska.
– **californicum** · Kalifornischer Germer
Ein mannshoher Riese, der eine der großartigsten Hochstauden der Bergflur ist. Die Pflanze muß sich langsam einwurzeln, ehe sie sich zum Blühen entschließt. Für kleine Steingärten ist sie zu gigantisch, aber in großen Steingärten lassen sich prachtvolle Blickpunkte durch eine einzelne Staude schaffen. Die Erscheinung ist von rätselhafter Schönheit. Für Naturgärten nur in Bergflurgesellschaft. Als Hochwiesenstaude genügend nährkräftig zu pflanzen. H.: Hochwiesen von Washington bis Kalifornien, New Mexiko.
– **nigrum** · Schwarzer Germer
Unstreitig der schönste europäische Germer in nachttierhaften Farben. Diese Pflanze hält sich jahrzehntelang auch an mäßig guten Plätzen, setzt nur in seltenen Jahren einmal mit ihrem knie- bis brusthohen Flor aus, treibt mit fremdartiger Blattentfaltung wie eine Kokosnuß aus dem Boden. H.: Bergwiesen, Waldlichtungen, jedoch nicht über 1600 m hoch; ziemlich selten, aber weithin verbreitet. Mittel- und Südeuropa, Ostsibirien, Amurgebiet.

Verbascum · Königskerze · Braunwurzgewächse
○ bis ○○○ ⊕ ⊥ Ỳ ⬡ ♁
Es gibt ausdauernde und zweijährige Königskerzen, sehr schöne und nicht schöne, aber nur wenige wahrhaft schöne, die alt werden. Diese sind auch deswegen für den Steingarten so bedeutsam, weil sie schlechte und dürre Plätze vertragen, etwa wie Ginster oder blaugrüne Gräser. Es handelt sich zum Teil um Hybriden schwer festzustellenden Ursprungs. *V. nigrum* und *V. phoeniceum* scheinen vielfach die Eltern.
Sie blühen alle etwa von Jumimitte bis tief in den Juli hinein, dann weiter in den Herbst hinüber. Bei Hitze ermüden manche Arten schnell, aber in den ersten frühen Morgenstunden bei großer Stille können alte Büsche von unglaublicher und feierlicher Schönheit sein, die zwar auch auf Staudenrabatten, aber doch am besten im Stein- und Naturgarten zu ihrem Recht kommen. Die Arten säen sich meist selbst aus.

Verbascum-Hybride ›Cotswold Queen‹
Eine bernsteinfarbene, bronzegetönte Königskerzensorte mit dunkelvioletten Staubgefäßen. Die wahre, volle Schönheit der Pflanze baut sich erst nach Jahren aus. Sie verträgt Verpflanzung in voller Knospe. Brsth., Juni/Juli. N.: Rittersporn, *Eryngium*-Arten.
– – ›B. Ladhams‹
Rosagelbe, nur kniehohe Königskerzensorte, die nie so wuchtige Büsche formt wie die vorige, aber dadurch wieder andere Steingarteneigenschaften besitzt.
– **densiflorum** · Großblütige Königskerze
Eine ebenso unverwüstliche reingelbe Art mit rötlichen Staubgefäßkränzen ähnlich voriger. Leider nur zweijährig. 60 cm hoch. H.: Europa, nördlich bis Südostschweden, Mittelukraine, Kaukasus und Nordwestafrika.
– **olympicum** · Olympkönigskerze
Sie sei hier trotz Halbstaudigkeit genannt, da in sonnigem Gartenteil jahrzehntelang verläßlich in Sämlingen ausdauernd und außerdem durch rechtzeitigen Rückschnitt wie *Digitalis purpurea* zum Weiterleben zu bewegen ist. Diese gelbe Olympkönigskerze ist eine grandiose Erscheinung und aus dem Bereich der Steingarten- und Wildnisgartenräume nicht wegzudenken! Durch Rückschnitt der verblühten Stiele erhielten wir selbst solche Pflanzen, die sich in eine Terrassenmauer angesamt hatten, über drei Jahre hinweg am Leben. Vierzig Jahre lang samten sich diese Stauden im Bornimer Senkgarten weiter aus und tauchten an allen möglichen Plätzen auf! H.: Kleinasiatischer Olymp.
– **pyramidatum** · Pyramidenkönigskerze
Diese wirklich ausdauernde Art wird mannshoch und schmückt mit ihren strahlend gelben Blütenmassen den halben Sommer, um nachher im September noch einmal kniehohe Blütentriebe in Menge zu bilden. Sie ist die schönste aller ausdauernden Königskerzen! Für Natur- und Wildnisgärten. H.: Krim.

Veronica · Veronika, Ehrenpreis · Braunwurzgewächse

Vor Jahrzehnten, also noch vor Beginn des Einzuges der wichtigsten Gartenschätze dieser Gattung, hatte der Name Veronika schon einen zauberischen Klang. Jetzt erst ist die Veronika ein blauer und ein dunkellilafarbener Schatz für frühe und späte Monate geworden, ein Schatz, dessen besondere Fähigkeit darin besteht, die blaue Farbe auch an trockenen Plätzen zu entfalten. Überraschende Ergebnisse sind durch züchterischen Fortschritt entstanden. Glühende blaue Farben wurden den Wildarten entlockt, von denen man nicht zu träumen wagte. Und immer noch ist das Blau nicht ausgeschöpft! Wir haben in unserer Kalenderliste viele entbehrliche und überholte Veronika weggelassen, um nur grundlegende Werte des Steingartens zu nennen.

1. Zeitgruppe: Mitte April bis Mai

Veronica armena · Moosveronika

○○ ‖ ⛁ ⬡

Diese Veronika ist eine fast immergrüne, unverwüstliche Pflanze, deren Laub »Mooscharakter« hat. Das Enzianblau ist morgens bis mittags prachtvoll. Jedermann blickt bis zu ihr, mittags ermüdet die blaue Farbe, und niemand sieht mehr hin. Die kleine, nur etwa 6 cm hohe Pflanze ist langlebiger als ihr Pflanzer! H.: Gebirge Kleinasiens und Armeniens. N.: Man könnte endlos kleine Farbennachbarn aufzählen, die um diese frühe Jahreszeit zu ihrem langen Flor passen.

– – ›Rosea‹, rosa Form der Moosveronika.

2. Zeitgruppe: Anfang Mai bis Anfang Juni

– **gentianoides** ›Robusta‹ · Kerzenveronika

○ bis ☼ ≃ Y ⬡ ♁

Die hohe immergrüne Auslese der Kerzenveronika entzückt uns im Mai, ja schon Ende April, mit straffen, fußhohen hellblauen Blütenkerzen. Sie ist der häufig »lagernden« Art absolut überlegen. Braucht etwas frischen Boden im Garten. H. der Art: Krim, Kaukasus, Südwestasien. N.: Vor dunklen Zwergnadelgehölzen.

Veronica prostrata, die Maiteppichveronika, ist eine der schönsten und leichtgedeihensten Arten.

– **prostrata** · Maiteppichveronika
○ bis ○○ ‖ ▭ ⩕ Ϫ ⬡
Diese edle Veronikaart überrascht immer neu durch Lebensstärke, Zähigkeit und üppige Wachstumsfreude gut eingewachsener Pflanzen, die sie auch mit ihren Gartenformen unter Beweis stellt. Herkunft der Art: Süd- und Mitteleuropa, Südosteuropa, Italien, Kaukasus, Westsibirien auf trockenen, sonnigen Heiden. Sogar noch in 1400 m Höhe. N.: Überpflanzung für Blumenzwiebeln.

– – ›Alba‹
Diese Form stellt eine prachtvolle weiße Teppichstickerei dar; wirkt sehr schön mit ihren folgenden Schwestern, die alle die gleiche Polsterkraft zeigen, wenn man ihnen etwas Zeit läßt.

– – ›Coelestina‹
Leuchtend kaltes Blau.

– – ›Caerulea‹
Tiefblau.

– – ›Pallida‹
Blaßporzellanblau.

– – ›Rosea‹
Rosa Form.

3. Zeitgruppe: Ende Mai bis weit in den Juni

– **austriaca** ssp. **teucrium** · Büschelveronika
○ bis ○○ ‖ Ϫ ⬡
Sie wird 20 bis 40 cm hoch, hellblau bis tiefblau blühend. H.: Spanien, Alpen, Balkan, Mitteleuropa, Kaukasusgebiet, ja sogar bis Westsibirien vorkommend.

– – – – ›Knallblau‹
Eine längerblühende Steigerung mit tief enzianblauen Blütentrauben der nächsten Sorte, doch an sonnigste Plätze gebunden. Manchmal nicht ganz einwandfrei standfest. Doch ist's unmöglich, sich von diesem Blau zu trennen, zumal diese Sorte bislang nicht durch andere übertroffen wurde!

– – – – ›True Blue‹
Im Alter bis 40 cm hoch und dann erst, alteingewachsen, von straffem Wuchs. Eine alte, aber dennoch unentbehrliche Sorte. In der Blütenfarbe nicht so intensiv wie die vorige.

– **fruticans** (syn. V. saxatilis) · Polsterrotschlundveronika
○ bis ○○ ≃ ▭ ⩕ ⬡ 丰
Wir nennen hier eine Rotschlundveronika, deren Name heute »fruticans« lautet. Diese flachste, immergrüne Polsterveronika tritt schon Mitte Mai, also 14 Tage vor der folgenden, in Blüte. Dankbar für gute Bodenplazierung. Man meide also zu trockene Pflanzplätze. H.: Weit in Europa verbreitet, von Nordspanien bis in das Baltikum, auch Korsika, Kroatien und Serbien.

– **fruticulosa** · Immergrüne Rotschlundveronika
○ bis ○○ ≃ ⌓ ⬡ 丰
Eine am Grunde etwas verholzende, hellblau blühende, 20 cm hohe Kissen bildende Art. Diese lebensstarke Veronika muß dennoch nach längeren Jahren Umpflanzung oder Bodennachhilfe erhalten, um reich genug weiter zu blühen. H.: Hochgebirge Westeuropas und des südlichen Mitteleuropas, von den Vogesen und der Sierra Nevada bis Slowenien. Montan bis alpin, also bis 3000 m hoch steigend. Magere Triften und Felsplätze.

4. Zeitgruppe: Ende Juni bis Juli und länger

Veronica longifolia · Große Kerzenveronika
○ bis ○○○ ≃
Diese sommerblühende Kerzenveronika ist die mächtigste der europäischen, deren Gartenwerte züchterisch herausgearbeitet wurden. Blaulila oder weiß, 70 bis 100 cm hoch. H.: Ost- und Mitteleuropa, in Südosteuropa bis Bulgarien, ostwärts bis Ostasien wandernd.

– – ›Blauriesin‹
Die Sorte hat eine verbesserte dunkellila Farbe, »monumentalen«, schön gewölbten und unvergleichbar starken Bau und Wuchs von fast Meterhöhe, ist frei von Viruskrankheit und der bekannten Anfälligkeit der obersten Triebe gegenüber Blattläusen. *Veronica spicata* wirkt klein und zierlich neben ihr.

– – ›Schneeriesin‹
Sie ist wahrscheinlich die »wuchtigste« weiße *V. longifolia*-Sorte. Alles gleiche gilt von ihr wie von ›Blauriesin‹. Auf die möglichst einwandfreie Schönheit des Verblühens wurde Sorgfalt gelegt. Die Wuchskraft und schöne Bauart der schmalen, graziösen Blütenstände übertrifft ebenfalls völlig den alten *Veronica longifolia*-Typ! N.: *Potentilla recta* ›Warrenii‹, *Veronica longifolia* ›Blauriesin‹, Gräser.

– **spicata** ssp. **incana** ›Argentea‹ · Silberlaubveronika
○ bis ○○○ ▭ Ϫ ♁
Sie trägt tiefstes Lila auf ihren noch nicht fußhohen Blütenstielen. Einfassungspflanzen sind noch nach 10 Jahren schön! – Diese Veronika ist wieder einmal ein kleines lebensstarkes Schönheitswunder, dem man sein wahres Lied noch nicht gesungen hat. H.: Südostrußland bis Mongolei und Japan. N.: *Geum, Sedum, Erodium.*

– – ssp. **spicata** · Kleine Ährenveronika
Ebenfalls eine lilablaue Veronika des Sommers, 30 bis 40 cm hoch. H.: Europa bis nördlich an den Rand Skandinaviens, östlich bis Ostasien, westlich bis Süddeutschland, auch in Kleinasien und im Kaukasus.

– – – – ›Alba‹
Weiße Sorte der Ährenveronika.

– – – – ›Blauer Peter‹ (identisch mit ›Romely Blue‹)
Das Beste, was Züchterhand bisher aus der *V. spicata* gewann. Diese nach Rückschnitt remontierende dunkellilafarbene Veronika von Fußhöhe verlangt im Kontinentalklima genügend Feuchtigkeit und Bodenkraft, um öfter zwischen Juli-Ende und September zu blühen. N.: Blaue und weiße *Campanula carpatica.*

– – – – ›Erika‹
Heiderosafarbene Veronikasorte. Eine verträgliche Farbe, die überall hinpaßt.

– **subsessilis** (syn. V. hendersonii)
○ bis ○○ Ϫ
Sie ist eine edle, etwas später blühende dunkelblaue Art, die jedoch nichts mit den genannten kraftvollen Züchtungen zu tun hat. Wird nur 50 cm hoch und ist luftiger und sparriger gebaut. H.: Japan. Warnungen vor: *V. cinerea*, oft schwer wachsend, *V. repens*, nicht zuverlässig: *V. filiformis*, gefährlich. Stammart der *V. gentianoides*, langweilig. *V. saturejoides*, zu unscheinbar.

Vinca · Immergrün, Singrün · Hundsgiftgewächse

☼ bis ● ⊕ ≃ ▭ ⩕ ‖ Ϫ ♁ ⊍
Sph., fßh. bis knh. Ende April/Mai.

– **minor** · Kleines Immergrün
Dem Immergrün wird wie dem Veilchen Schattenbedürftigkeit angedichtet, während beide vollste Sonne vertragen, das Veilchen sogar bei trockenem, das Singrün bei leidlich frisch bleibendem Boden. Es kann manchmal, zu dichten Horsten verwachsen, bei dauernder Trockenheit auch im Halbschatten sehr zu schlappen beginnen, so daß die Sache fast bedrohlich aussieht. Erholt sich aber fabelhaft schnell und steht nach 30 Jahren noch prächtig am gleichen Platz, zu immer größerem Horst herangewachsen. Merkwürdigerweise behaupten sich viele kleine Pflanzen recht gut im Immergrünteppich, so zum Beispiel *Epimedium.* Auch Farne und Gräser sehen gut darin aus. Das Wort »Immergrün« führt irre, denn die Pflanze ist im schneelosen Winter oft so unschön, daß es besser ist, sie im Herbst zurückzuschneiden. Sph., blaulila, April/Mai. H.: Gehölzränder, Auen, Heidewälder ganz Mittel-, Westeuropas und Englands, aber auch Südeuropas bis Kleinasien und Kaukasus; es wagt sich jedoch nicht weiter nördlich und östlich als die Buche. N.: starkwachsende *Epimedium*-Arten, *Scilla hispanica* in weißen und rosa Sorten.

– – ›Alba‹
Es ist eine besonders reizende weiße Form, die man mit der vorigen und folgenden wirkungsvoll benachbaren soll.

– – ›Bowles Varietät‹
Eine reichblühende, großblütige Sorte in tiefem Blau, welche die eigentliche »Pointe« herausholt!

– – ›Rubra Plena‹
Sie bringt erstaunlich schöne violettrote, halbgefüllte, aufrecht- und langgestielte Blumen.

Viola · Veilchen · Veilchengewächse

Es gibt Vorfrühlings-, Frühlings- und sogar Sommerveilchen, ja auch tief in den Herbst hinein blühende oder dann nach langer Pause remontierende und auch immerblühende Veilchen – vielartig duftend, duftlos, weiß, rot, gelb, lila, dunkellila, rosa und blau, einfach oder gefüllt, niedrig oder hochgestielt. Die Frühlingsduftveilchen gehören in Sonne und Helle; die Hornveilchen und *Viola gracilis* setzt man in sonnigem Kontinentalklima unter normalen Umständen an absonnige, helle, aber nicht prallsonnige Plätze oder aber in lichtesten Halbschatten; bei ausgesprochen frischbleibendem Boden auch in volle Sonne. *Viola gracilis* verträgt etwas mehr Sonne und Wärme als *Viola cornuta*, auch zeitweilige Dürre. In schattigeren, feuchteren Klimaten bekommt beiden die volle Sonne ohne weiteres.

Pflanze Veilchen nicht breitflächig und dicht geschlossen, sondern luftig in schmalgliedriger Anordnung, ganz besonders das Duftveilchen des Frühlings! Es erträgt tiefen Schatten, liebt aber vollste Sonne oder lichtesten Halbschatten. Der Boden soll nicht allzu leicht und mager sein, wenn er sehr trocken wird. Immerhin ist das Duftveilchen ein Held der Anpassung. Zu breite, dichte Pflanzungen stellen nach fünf Jahren ihr Blühen ein, während sie bei richtiger Pflanzung zwanzig Jahre und länger weiterblühen, ehe sie einmal verpflanzt werden müssen. Verzärtelte Sorten sind hier selbstverständlich weggelassen. Die genannten Sorten sind auch zwecks langer Streckung des Duftveilchenflors bedeutsam, nicht nur wegen anderer langbewährter Eigenschaften. Heiße Steingartenplätze, Mauern und auch ihr Fuß an der Südsonne helfen zur Streckung; denn sie blühen dort um anderthalb Wochen früher – im Schatten viel später. Für Hornveilchen und ihre Verwandten haben aber kühle, absonnige Stellen des Steingartens in sonnenreichem Klima allergrößten Wert.

Man pflanze auch die Hornveilchen nicht zu eng und rücke ihnen mit anderen kräftigen Stauden nicht zu nahe, da sie unvermutet höchst energische Wurzelwesen sind, die sogar einer weißen Margerite das Wasser abgraben können.

Wir führen nachfolgend die Veilchenarten nicht alphabetisch, sondern nach der Blütezeitfolge auf.

Viola odorata · Duftveilchen
○ bis ◐ ⊕ ≃ ▭ ⋙ Y ✂ ⬡ ♡ D ⛉
Unser allbekanntes, leider in den letzten Jahren sehr vernachlässigtes Duftveilchen des Frühlings! Es wird Zeit, daß wir uns wieder auf diesen Schatz für den Garten und besonders als Schnittblume besinnen. Violettblau, März/April und häufig im Herbst nachblühend. H.: Weit verbreitet und oft angepflanzt in Europa und im atlantischen Westeuropa, nach Norden bis Schottland, Südengland, Südskandinavien, nach Süden bis Nordsizilien. Außerdem in Nordafrika (Atlasgebirge) und vom Libanon bis in den Kaukasus inselartig vorkommend.

– – ›Augusta‹
Die frühestblühende Sorte, bis 10 Tage früher als die nachfolgend aufgeführten Sorten. Pflanze sie an eine sonnenfangende Stelle! Wenn *Viola odorata* ›Charlotte‹ oder ›Triumph‹ noch in grauen Knospen stehen, trifft uns an heißer Stelle schon der sonnenwarme Duft des ›Augusta‹-Veilchens!

– – ›Charlotte‹
Sie blüht März/April und September/Oktober! Bei Abstimmungen über die Werte und Reize des »Charlotten- und des Triumphveilchens« auf Grund von Blütensträußen fiel die Wahl einstimmig auf das »beseeltere Charlottenveilchen« – sogar abgesehen von seiner herbstlichen Remontierkraft. Bei einer Abstimmung, die das Gartenverhalten beider Sorten einbezogen hätte, würden die Abstimmer wohl beide Sorten als unersetzbar bezeichnen.
Der Herbstflor des »Charlottenveilchens« kann so reich sein, daß er schon auf Entfernungen hin sichtbar ist. Sein Duft gewinnt im Herbst eine leise fruchthafte Beimischung. Die Blütenfarbe ist tiefblauviolett. Absolut winterhart.

– – ›Triumph‹
Ein neuer Schatz des Duftveilchenreiches, das starklebigste aller Sorten in noch dunklerem, langgestieltem Flor.
Alle diese Duftveilchen gehören massenhaft in alle Gärten, vertragen im Steingarten fast trockene Gehölznachbarschaftsplätze, an denen weniger lebensstarke Sorten auf die Dauer doch kümmern würden. Im Naturgarten sollten sie auch verstreute, luftig gegliederte Teppiche mit Gräsern und Farnen bilden. Im Herbst sind frühe und späte Krokusse schöne Partner für Wochen. Wenn alle drei genannten, bewährten Sorten verblüht sind, trifft und der noch viel schönere Duft des späten großblumigen, rund wie ein Parmaveilchen gebauten, aber dunkleren und leicht gefüllten späten Duftveilchens. Sein köstlicher Duft übertrifft alle anderen Veilchengerüche. Zur festen Unterscheidung dieser winterharten Veilchensorte haben wir ihr den folgenden Namen gegeben:

– – ›Tardiflora Plena‹
Gefüllte Veilchen sind seit 2000 Jahren bekannt, seit drei Jahrhunderten auch in unseren Gärten. N.: Hochgestielte Primeln und Aurikeln.
Ebensowenig bekannt sind die Duftveilchen in Rot, Weiß und Gelb.

– – ›Alba Grandiflora‹
Reinweißes, großblütiges Duftveilchen.

– – ›Rubra‹
Rotes Duftveilchen, das am besten allein wirkt.

– – ›Sulphurea‹
Aprikosengelbes Duftveilchen.

– **gracilis** · Balkanveilchen
○ ≃ ‖ Y ✂ ⛉
Dieses frühe Veilchen von sammetlila Farbe brachte durch Kreuzung mit *V. cornuta* zwei gesteigerte Gartensorten hervor von noch viel größerer Widerstandskraft als die Arten, die sie zu einer klassischen Steingartenpflanze in leidlich frischer, nicht zu heißer und auf die Dauer nicht zu trockener Lage machen. H.: Balkan, Kleinasien. N.: Vorfrühlingsblumen, Frühlingsblumen, Frühsommerblüher, *Epimedium* × *youngianum* ›Niveum‹, *Saxifraga* × *elisabethae*, *Saxifraga* × *endoxiana*, alle Sonnentrotz-Moossaxifragen. Längstblühendes Veilchen!

Viola-Gracilis-Hybride
›Lord Nelson‹
Diese und die anderen Sorten sind aus Kreuzungen von *V. cornuta* × *V. gracilis* hervorgegangen. Violett mit hellem Auge.

– – – ›Juwel von Eisenach‹, purpurviolett, zierlicher. Leider kaum noch in Kultur.

– **canina** · Hundsveilchen
☀ bis ◐ ≃ Y
Blaue Blütenpolster Ende April bis Mai, die wenigstens die Bläue der Veilchen fortsetzen. Leider ist es duftlos! H.: Auf Magerwiesen, Böschungen, Heiden, Mooren, in lichten Wäldern, Sand, Lehm, Torf, in Eurasien bis Grönland, Island, Lappland, Kolahalbinsel, Sibirien, Kaschmir, Japan; südlich in Europa bis ins nördliche Mittelmeergebiet. Ein toller Wandervogel!

– **biflora** · Zweiblütiges Veilchen
☀ bis ● ≌ ‖ Y ⊔
Dieses leuchtend gelb blühende Bergveilchen möchten wir für die Liebhaber hier nennen. Seine kleinen lieblichen Blüten über frischgrünem Laub verlokken immer wieder zur Anpflanzung. Es braucht im Garten unbedingt, ähnlich wie am Naturstandort, einen feuchten, schattigen, aber durchlässigen Humusboden. Kaum sph., Mai/Juni. H.: Nordeuropa, Nordasien, Gebirge Mittel- und Südeuropas, westliches Nordamerika.

– **cornuta** · Hornveilchen
○ ≃ ‖ ⦙ Y ✂ ⛉
Die Wildform ist durch die Schönheit, Wüchsigkeit und Widerstandskraft der Gartensorten für den Steingarten so übertroffen, daß man diese statt der wilden Form pflanzt. Die Gartenwünsche gelten für alle Hybriden etwa gleich, zu viel Prallsonnenhitze macht sie bald krank und trockenfaul, doch liegt deutlich eine Umzüchtbarkeit zu immer gesteigerter Widerstandskraft auch nach jener Richtung vor. Man muß nur nicht

immer bei den Züchtungsresultaten ausgeprägter Feuchtgegenden stehenbleiben wie bisher. Dort machen die Pflanzen in der Sonne keine Schwierigkeiten, aber im trockneren Kontinentalklima brauchen sie in der Sonne frischbleibenden Boden oder Wassernachhilfe und lockere, nicht durch sich oder andere beengte Pflanzung. Auch sehr lichter Halbschatten ohne Gehölzwurzelbedrängung sagt ihnen da zu.
Die enorme Dauer des Flors von Mai bis August rechtfertigt ein bißchen Ausdauer in der rechten Platzwahl da, wo es nötig ist. Zu den Vorzügen dieses Veilchens kommen auch noch wundevolle Duft- und Schnittwerte. H.: Pyrenäen. Teilweise in anderen Gebieten Europas eingebürgert. N.: *Iris graminea, Eryngium alpinum,* kleinere *Geranium*-Arten.

Gartensorten

Viola-Cornuta-Hybride ›Altona‹
Diese cremegelbe Sorte, die sich von Mai bis September unermüdlich mit Blüten schmückt, ist ziemlich dauerhaft, aber bedeutend kleinblumiger als die Sorte ›Blaues Wunder‹.

– – – ›Blaues Wunder‹
Die Sorte sieht aus wie ein sammetblaues Gartenstiefmütterchen von mäßiger Blütengröße, blüht von April bis November und im nächsten Jahr am alten Platz ebenso reich weiter – also ist es eine »Langspielplatte« erster Klasse! Nachschütten von Erde nimmt es dankbar auf entsprechend seiner fabelhaften Leistung. Vermehrung durch Teilung im Frühling; kurzes Topfstadium mit Frühbeet wirkt sehr beschleunigend.

– – – ›Hansa‹
Eine intensiv blaue, sehr niedrige Sorte.

– – – ›W. H. Woodgate‹
Es ist die großblumige Verbesserung des Wermigveilchens, tiefviolett. Doppelt so hoch wie die vorgenannten Sorten.
Wir nennen diese vier ausdauerndsten Hornveilchen wegen ihrer Schönheit und Blütendauer dennoch mit einem gewissen Vorbehalt, da sie eigentlich mehr nur in gute, frische Plätze eines regelmäßigen Steingartens hineingehören und für den wilden sowohl etwas zu gartenhaft als auch oft zu frischebedürftig sind. Der außerordentliche Wert des Dauerflors bestimmte aber auch aus anderem Grunde zur Nennung, weil die Umzüchtungsarbeit für größere Anpassungs- und Widerstandskraft zweckmäßigerweise auf widerstandsfähigen Sorten aufbauen wird! Vor allzu früher Resignation im Urteil über etwaige Schwierigkeiten ist abzuraten. Dennoch ist vorläufig damit zu rechnen, daß die Hornveilchen noch nicht zu den absolut zuverlässigen Kleinstauden gehören. N.: Die schönsten Partner sind ihre Gegenfarben.

– **sororia** (syn. V. papilionacea) · Pfingstveilchen ☼ bis ● ≃ ▭ Y ✂ ⬡
Das reizvolle, langgestielte, nordamerikanische, völlig duftlose Pfingstveilchen, das von äußerster Dauer und Anspruchslosigkeit ist, gedeiht auch an unguten Gartenplätzen. Die violett blaue Farbe hat eine besondere Stufe, wie es bei keinem anderen Veilchen vorkommt. Der Wurzelstock ist rhizomartig. H.: Nordamerika. N.: *Epimedium*-Arten, kleinere Schattengräser und Farne.

– – ›Albiflora‹ (›Immaculata‹)
Eine schöne, reichblühende, großblumige weiße Sorte, die keinen Samen ansetzt. Duftlos wie die Art.

Vitaliana primuliflora (syn. Douglasia vitaliana) · Goldprimel · Primelgewächse

○ bis ☼ ⊕ ≃ △ ‖ ⊓ ♁ ⩩ ⊓
Dieses Kleinod bildet flache, dichte Goldblütenpolster von 5 cm Höhe schon Ende April bis Mai. Liebhaberpflanze, wünscht von Zeit zu Zeit sandige, etwas humose Erdeinschüttung. H.: Alpen, Abruzzen bis Pyrenäen in 2000 bis 3000 m Höhe und in getrennten Bezirken. Wildgesellschaft: schwachwachsende *Sempervivum*-Arten und -Hybriden, krustige *Saxifraga*-Arten, *Androsace*-Arten.

Waldsteinia · Golderdbeere · Rosengewächse

◐ bis ● ▭ ⦙ Y ♁ ⩩
– **geoides** · Horstgolderdbeere
Ein äußerst derber Teppichbildner, Begrüner und Lückenfüller von größter Lebensfestigkeit und gelber erdbeerhafter April/Mai-Blüte. Dazu kommt nicht nur die Schattenkraft, sondern auch die Widerstandsfähigkeit gegen Wurzelfilz, wodurch diese Staude ein derber Unterholzbegrüner wird. Sph. H.: Buschwaldstaude vom östlichen Mitteleuropa bis Südbulgarien und Westukraine. N.: Leberblümchen, *Adonis amurensis*, Lungenkraut, Kaukasusvergißmeinnicht und andere Vorfrühlingsgewächse.

– **ternata** (syn. W. sibirica) · Teppichgolderdbeere
Auch nach Jahren sieht dieser Bodenbedecker mit seinen glänzend grünen, wintergrünen, fast lederartigen Blättern schön aus. Im Gegensatz zu *W. geoides* aber oberirdische Ausläufer. Nur halbsph., April/Mai. H.: Vom südöstlichen Österreich und Slowenien bis Sibirien, Sachalin und Japan verbreitet. N.: Wie bei voriger Art.

Wulfenia · Wulfenie · Braunwurzgewächse

☼ bis ◐ ≃ △ ‖ ⊓
– **carinthiaca**
Die Wulfenie verlängert durch ihre Juli-Blütezeit, durch ihre Wünsche nach absonnigem Platz, durch ähnliche Blatt- und Blütenfarbe trotz ihrer größeren Derbheit die Ramondienblütezeit, verlängert also dieses schöne hellilafarbene Nordfugenblühen um die doppelte Zeit. Allerdings sind die lilafarbenen Blüten von anderem Charakter; denn sie sitzen an einer etwas lockeren einseitswendigen, etwa 20 cm langen Ähre. Juli/August. H.: An feuchten, absonnigen Stellen der obersten, lockersten Baumgrenzen zwischen 1000 und 2000 m in Kärnten und Montenegro. In Wildgesellschaft mit *Viola biflora*, Alpenrosen.

Yucca · Palmlilie · Agavengewächse

○○ bis ○○○ ⊕ ⊥ Y ✂ ♁ ⩩
– **filamentosa**
Sie blüht in erwählten Rassen mannshoch, weißgrün, weißgelb oder schneeweiß. Aus blaugrünem, im Alter mächtigem, immergrünem Schopf von Kniehöhe steigen im Juni die großen, leichtverzweigten Hängeglockenbäume. Es ist ein Wunder, daß dieser in Südkarolina bis ins Mississippigebiet beheimatete Fremdling bei uns völlig winterhart ist; nur im ersten Jahr nach Pflanzung wird der Schopf ein wenig belegt oder beschüttet. – Wir fanden in drei Jahrzehnten etwa drei Winter, in denen unsere Pflanzen ein bißchen gelitten hatten; und nach dem Winter 1928/29 auch mit der Blüte aussetzten. Aber immer erholten sich diese Pflanzen schnell.
Schon ihr Blattschopf ist ein Prachtschmuck! Die wenigen Pflanzen großer Bestände, die schwerste Winter irgendwie übelnahmen, wurden hier entfernt. – In dem Kapitel »Steingarten der winterharten Sukkulenten und anderer winterharter Exoten« sind Vorschläge für ihre Anwendung und Benachbarung gemacht. Aber darüber hinaus bietet auch der gebaute Steingarten große dekorative Chancen, unter anderem als Gegenspieler des Rittersporns sie zu verwenden. Unter unseren riesigen Yuccavorräten fanden wir im Lauf der Jahrzehnte etwa 12 höchst eigenartig und großartig gebaute, sehr verschiedenartige früh- oder späterblühende Typen, die wir nun vegetativ vermehrt und einige davon als bewährte Sorten in den Handel gegeben haben. Die Vermehrung erfolgt am besten in Töpfen, die nach längerer Zeit so fest von Wurzeln durchsponnen sind, daß sie mit festem Wurzelballen und grünem Laub verbreitet werden können.
Wenn der Platz es zuläßt, setzt man gern drei Pflanzen in drei Sorten nebeneinan-

der, weil sie nach dem Blühen oft ein Jahr pausieren, wobei eine andere Sorte mit der Blüte einspringt.

Schon Bilder geben einen Begriff von der charakteristischen Eigenheit der Sämlinge und Spielarten. Die Büsche werden im Alter immer monumentaler und vertragen auch »auf Wunsch« ebenso viel Trockenheit wie die Sukkulenten, zu denen man gewissermaßen auch viele *Sedum*-Arten und natürlich alle *Sempervivum*-Arten rechnen kann.

– – ›BS Eisbär‹
Diese Sorte hat gegenüber anderen Sorten den Vorzug, daß sie schon als junge Pflanze blühwillig ist. Weiß. Manchmal bereits Anfang Juli blühend, 150 cm. Juli/August.

– – ›Fontäne‹
Eine nur etwa 120 cm hoch werdende Sorte, gelblichweiß, Blätter breit, blaugrün. Juli/August.

– – ›Schellenbaum‹
Der Riese unter den gegenwärtigen Sorten, milchweiß, Blätter blaugrün und überhängend. 180 cm, Juli/August.

– – ›Schneefichte‹
Eine Sorte, die milchweiß blüht, 180 cm, Juli/August. Im Vergleich zu anderen Sorten spät blühend.

– – ›Schneetanne‹
Der Reiz dieser Sorte liegt besonders in dem symmetrisch starr angeordneten blaugrauen Blattschopf, cremegelb, 160 cm, Juli/August.

Ungültige und ungebräuchliche Namen (Synonyme)

Saxifraga cortusifolia var. *fortunei* ›Rubrifolia‹ sollte wegen der früheren Blüte Ende September der Art vorgezogen werden.

Diese Liste enthält ungültige und ungebräuchliche Namen in alphabetischer Reihenfolge, ihnen wurden die gültigen Namen rechts gegenübergestellt.

Stauden

Acantholimon venustum	*Acantholimon olivieri*
Acanthus balcanicus	*Acanthus hungaricus*
Acanthus longifolius	*Acanthus hungaricus*
Achillea ageratifolia var. serbica	*Achillea serbica*
Achillea clavenae	*Achillea clavennae*
Aconitium pyrenaicum	*Aconitium lamarckii*
Actaea alba	*Actaea pachypoda*
Adenophora himalayana	*Adenophora coronopifolia*
Allium cirrhosum	*Allium carinatum* ssp. *pulchellum*
Anemone hepatica	*Hepatica nobilis*
Anemone pulsatilla	*Pulsatilla vulgaris*
Anemone slavica	*Pulsatilla halleri* ssp. *slavica*
Anthemis biebersteiniana	*Anthemis marschalliana*
Armeria cespitosa	*Armeria juniperifolia*
Arnebia echioides	*Arnebia pulchra*
Artemisia schmidtii	*Artemisia schmidtiana*
Asperula odorata	*Galium odoratum*
Aster subcaeruleus	*Aster tongolensis*
Astragalus alopecuroides	*Astragalus centralpinus*
Athamanta matthioli	*Athamanta turbith* ssp. *haynaldii*
Betonica macrantha	*Stachys grandiflora*
Buphthalmum speciosissimum	*Telekia speciosissima*
Calamintha alpina	*Acinos alpinus*
Campanula grandis	*Campanula persicifolia* ssp. *sessiliflora*
Campanula pusilla	*Campanula cochleariifolia*
Cardamine pentaphyllos	*Dentaria pentaphyllos*
Carlina acaulis var. caulescens	*Carlina acaulis* ssp. *simplex*
Centaurea rhapontica	*Leuzea rhapontica*
Cotyledon oppositifolia	*Chiastophyllum oppositifolium*
Crucianella stylosa	*Phuopsis stylosa*
Delphinium grandiflorum var. chinense	*Delphinium grandiflorum*
Dentaria digitata	*Dentaria pentaphyllos*
Dianthus caesius	*Dianthus gratianopolitanus*
Dianthus neglectus	*Dianthus pavonius*
Dianthus noëanus	*Dianthus petraeus* ssp. *noëanus*
Dianthus petraeus	*Dianthus spiculifolius*
Dictamnus caucasicus	*Dictamnus albus* var. *caucasicus*
Dictamnus fraxinella	*Dictamnus albus*
Digitalis ambigua	*Digitalis grandiflora*
Doronicum caucasicum	*Doronicum orientale*
Doronicum cordifolium	*Doronicum columnae*
Douglasia vitaliana	*Vitaliana primuliflora*
Draba repens	*Draba sibirica*
Echioides longiflora	*Arnebia pulchra*
Eriophyllum caespitosum	*Eriophyllum lanatum*
Erodium chamaedryoides	*Erodium reichardii*
Erodium macradenum	*Erodium petraeum* ssp. *glandulosum*
Euphorbia epithymoides	*Euphorbia polychroma*
Filipendula hexapetala	*Filipendula vulgaris*
Galium × ochroleucum	*Galium* ×*pomeranicum*
Gentiana cruciata var. phlogifolia	*Gentiana cruciata* ssp. *phlogifolia*
Geranium meeboldii	*Geranium himalayense*
Helianthemum alpestre	*Helianthemum oelandicum* ssp. *alpestre*
Helianthemum chamaecistus	*Helianthemum nummularium*
Heliosperma alpestre	*Silene alpestris*
Helleborus lividus ssp. corsicus	*Hellevorus argutifolius*
Hepatica angulosa	*Hepatica transsylvanica*
Hosta coerulea	*Hosta ventricosa*
Hosta glauca hort.	*Hosta tokudama*
Hosta japonica var. longifolia	*Hosta longissima*
Hosta japonica var. tardiflora	*Hosta tardiflora*
Hosta sieboldiana var. fortunei	*Hosta tokudama*
Hosta sparsa	*Hosta tardiflora*
Iris ochroleuca	*Iris orientalis*
Jeffersonia dubia	*Plagiorhegma dubium*
Kohlrauschia saxifraga	*Petrorhagia saxifraga*
Leontopodium sibiricum	*Leontopodium palibinianum*
Lithospermum purpurocaeruleum	*Buglossoides purpurocaerulea*
Myosotis caespitosa ssp. rehsteineri	*Myosotis rehsteineri*
Myosotis scorpioides	*Myosotis palustris*
Opuntia engelmannii var. discata	*Opuntia phaecantha* var. *discata*
Opuntia juniperina	*Opuntia polyacantha* var. *juniperina*
Opuntia missouriensis	*Opuntia polyacantha* var. *polyacantha*
Opuntia phaeacantha var. albispina	*Opuntia phaeacantha* var. *camanchica* ›Albispina‹
Opuntia phaeacantha var. longispina	*Opuntia phaeacantha* var. *camanchica* ›Longispina‹
Opuntia phaeacantha var. salmonea	*Opuntia phaeacantha* var. *camanchica* ›Salmonea‹
Opuntia rafinesquei	*Opuntia humifusa* var. *humifusa*
Opuntia utahensis	*Opuntia erinacea* var. *utahensis*
Paeonia corallina	*Paeonia mascula*
Paeonia humilis	*Paeonia officinalis* ssp. *humilis*
Paeonia lobata	*Paeonia peregrina*
Papaver alpinum ssp. alpinum	*Papaver burseri*
Papaver pyrenaicum ssp. rhaeticum	*Papaver rhaeticum*

Phlox canadensis	*Phlox divaricata*
Platycodon grandiflorum	*Platycodon grandiflorus*
Podophyllum emodi	*Podophyllum hexandrum*
Polygonatum giganteum	*Polygonatum commutatum*
Potentilla arenaria	*Potentilla cinerea*
Potentilla chrysocraspeda	*Potentilla aurea* ssp. *chrysocraspeda*
Potentilla tabernaemontani	*Potentilla neumanniana*
Potentilla ternata	*Potentilla aurea* ssp. *chrysocraspeda*
Potentilla verna	*Potentilla neumanniana*
Primula acaulis	*Primula vulgaris*
Pulmonaria picta	*Pulmonaria saccharata*
Pulsatilla slavica	*Pulsatilla halleri* ssp. *slavica*
Ramonda pyrenaica	*Ramonda myconi*
Rosularia chrysantha	*Rosularia pallida*
Santolina pinnata	*Santolina chamaecyparissus* ssp. *tomentosa*
Satureja alpina	*Acinos alpinus*
Satureja montana var. subspicata	*Satureja montana* ssp. *illyrica*
Saxifraga aizoon	*Saxifraga paniculata*
Saxifraga altissima var. altissima	*Saxifraga hostii* ssp. *hostii*
Saxifraga lingulata var. lantoscana	*Saxifraga callosa* var. *australis*
Saxifraga sancta	*Saxifraga juniperifolia* ssp. *sancta*
Sedum pluricaule	*Sedum cyaneum*
Sedum ukraine	*Sedum krajinae*
Sempervivum heuffelii	*Jovibarba heuffelii*
Sempervivum soboliferum	*Jovibarba sobolifera*
Stachys lavandulaefolia	*Stachys lavandulifolia*
Statice auriculifolia	*Limonium binervosum*
Synthyris reniformis	*Synthyris stellata*
Thymus lanuginosus	*Thymus praecox* var. *pseudolanginosus*
Trollius ledebouri	*Trollius chinensis*
Tunica saxifraga	*Petrorhagia saxifraga*
Umbilicus chrysanthus	*Rosularia pallida*
Umbilicus spinosus	*Orostachys spinosus*
Veronica hendersonii	*Veronica subsessilis*
Veronica papilionacea	*Veronica sororia*
Veronica saxatilis	*Veronica fruticans*
Veronica teucrium	*Veronica austriaca* ssp. *teucrium*
Viscaria alpina	*Lychnis alpina*
Waldsteinia sibirica	*Waldsteinia ternata*

Gräser

Asperella hystrix	*Hystrix patula*
Avena candida	*Helictotrichon sempervirens*
Avena glauca	*Helictotrichon sempervirens*
Avena sempervirens	*Helictotrichon sempervirens*
Bouteloua oligostachya	*Bouteloua gracilis*
Festuca capillata	*Festuca tenuifolia*
Festuca crinum-ursi	*Festuca scoparia*
Festuca glauca	*Festuca cinerea*
Juncus glaucus	*Juncus inflexus*
Lasiagrostis calamagrostis	*Achnatherum calamagrostis*
Pennisetum compressum	*Pennisetum alopecuroides*
Sesleria caerulea	*Sesleria varia*
Sinarundinaria murielae	*Fargesia murielae*
Sinarundinaria nitida	*Fargesia nitida*
Stipa calamagrostis	*Achnatherum calamagrostis*

Farne

Athyrium goeringianum	*Athyrium niponicum*
Dryopteris decursive-pinnata	*Thelypteris decursive-pinnata*
Dryopteris hexagonoptera	*Thelypteris hexagonoptera*
Polypodium vulgare ssp. prionodes	*Polypodium interjectum*
Scolopendrium vulgare	*Phyllitis scolopendrium*
Thelypteris palustris	*Thelypteris thelypteroides*
Woodsia hyperborea	*Woodsia alpina*

Blumenzwiebeln

Allium ostrowskianum	*Allium oreophilum*
Allium pulchellum	*Allium cirrhosum*
Colchicum bornmuelleri	*Colchicum speciosum* var. *bornmuelleri*
Colchicum bulbocodium	*Bulbocodium vernum*
Colchicum cilicicum	*Cholchicum byzantinum* var. *cilicicum*
Corbularia bulbocodium	*Narcissus bulbocodium*
Corydalis decipiens	*Corydalis pumila*
Crocus aureus	*Crocus flavus*
Crocus heuffelianus	*Crocus vernus* ssp. *vernus*
Crocus iridiflorus	*Crocus banaticus*
Crocus neapolitanus	*Crocus vernus*
Crocus salzmanii	*Crocus serotinus* ssp. *salzmannii*
Crocus susianus	*Crocus angustifolius*
Cyclamen europaeum	*Cyclamen purpurascens*
Cyclamen neapolitanum	*Cyclamen hederifolium*
Erythronium giganteum	*Erythronium oregonum*
Hyacinthella azurea	*Muscari azurea*
Iris anglica	*Iris xiphioides*
Iris sindjarensis	*Iris aucheri*
Muscari neglectum	*Muscari racemosum*
Muscari tubergenianum	*Muscari aucheri*
Narcissus minimus	*Narcissus asturiensis*
Scilla campanulata	*Scilla hispanica*
Scilla tubergeniana	*Scilla mischtschenkoana*
Trillium stylosum	*Trillium catesbaei*
Tulipa chrysantha	*Tulipa clusiana* var. *chrysantha*
Tulipa pulchella var. violacea	*Tulipa violacea*
Tulipa wilsoniana	*Tulipa montana*

Gehölze

Cotoneaster microphyllus var. melanotrichus	*Cotoneaster microphyllus* ›Cochleatus‹
Erica carnea	*Erica herbacea*
Erica mediterranea	*Erica erigena*
Genista dalmatica	*Genista sylvestris* var. *pungens*
Helianthemum alpestre	*Helianthemum oelandicum* ssp. *alpestre*
Helianthemum chamaecistus	*Helianthemum nummularium*
Hypericum patulum var. henryi	*Hypericum forrestii*
Paeonia arborea	*Paeonia suffruticosa*
Pinus cembra var. sibirica	*Pinus sibirica*
Pinus mugo var. mughus	*Pinus mugo* ssp.*mugo*
Pinus nigra var. austriaca	*Pinus nigra* ssp. *nigra*
Rhododendron kelekticum	*Rhododendron calostrotum* ssp. *kelekticum*
Rhododendron kotschyi	*Rhododendron myrtifolium*
Rhododendron makinoi	*Rhododendron yakushimanum* ssp. *makinoi*
Rhododendron nudiformum	*Rhododendron periclymenoides*
Rhododendron obtusum var. kaempferi	*Rhododendron kaempferi*
Rhododendron repens	*Rhododendron forrestii*
Rhododendron roseum	*Rhododendron prinophyllum*
Viburnum fragans	*Viburnum farreri*

Literatur

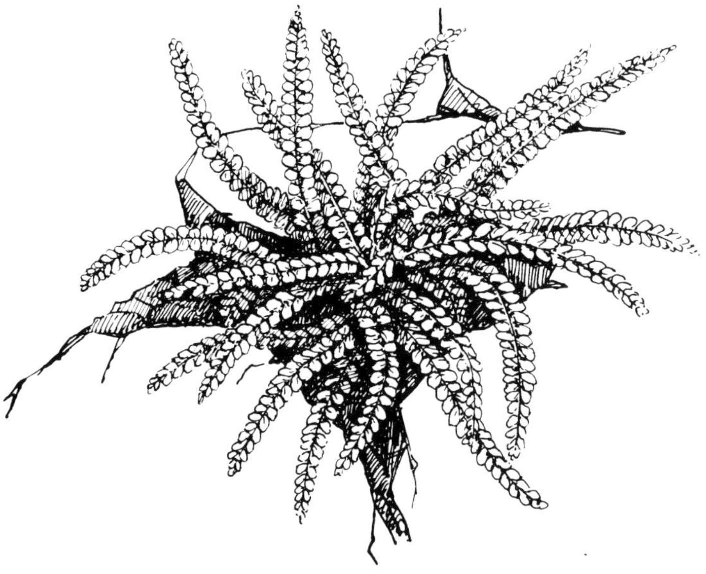

Aden, P.: The Hosta Book, Portland (Oregon) 1988

Bailey, L. H.: Cyclopedia of Horticulture, New York 1927

Bailey, L. H.: Manual of Cultivated Plants, New York 1954

Berg, J., und Krüssmann, G.: Freiland-Rhododendron, Stuttgart 1951

Boom, B. K., und Ruys, J. D.: Flora der Gekweekte, Kruidachtige Gewassen, Wageningen 1950

Carl, J.: Miniaturgärten in Trögen, Schalen und Balkonkästen, Stuttgart 1978

Correvon, H.: Rock Garden and Alpine Plants, New York 1930

Dieck, G.: Die Moor- und Alpenpflanzen des Alpengartens Zöschen bei Merseburg, Halle (Saale) 1899

Eiselt, G./Schröder, R.: Laubgehölze, Leipzig · Radebeul 1977

Eiselt, G./Schröder, R.: Nadelgehölze, Leipzig · Radebeul 1976

Encke, F./Buchheim, G., und Seybold, S.: Zander, Handwörterbuch der Pflanzennamen, 13. Aufl., Stuttgart 1984

Erhardt, W.: Hemerocallis: Taglilien, Stuttgart 1988

Farrer, R.: The English Rock Garden, London 1919

Foerster, K.: Blauer Schatz der Gärten, Radebeul und Berlin 1953

Foerster, K.: Einzug der Gräser und Farne in die Gärten, Leipzig · Radebeul 1978

Foerster, K.: Lebende Gartentabellen, Berlin 1940

Foerster, K.: Neuer Glanz des Gartenjahres, Radebeul und Berlin 1970

Grunert, Ch.: Gartenblumen von A bis Z, Radebeul und Berlin 1964

Hansen, R.: Namen der Stauden, Stuttgart 1972

Hegi, G.: Illustrierte Flora von Mitteleuropa, München 1965

Jelitto, L., und Schacht, W. (Neuhrsg. von Schacht, W., und Feßler, A.): Die Freilandschmuckstauden (Handbuch und Lexikon der winterharten Gartenstauden), Stuttgart 1985

Jelitto, C. R.: Schöne Steingärten für wenig Geld, Frankfurt (Oder) 1930

Köhlein, F.: Freilandsukkulenten, Stuttgart 1977

Köhlein, F.: Saxifragen, Stuttgart 1980

Köhlein, F.: Enziane und Glockenblumen, Stuttgart 1986

Krüssmann, G.: Rhododendron, andere immergrüne Laubgehölze und Koniferen, Hamburg und Berlin 1968

Kümmel, F., und Klügling, K.: Winterharte Kakteen, Leipzig · Radebeul 1987

Mathew, B.: Dwarf Bulbs, London 1973

Müssel, H.: Sempervivum und Jovibarba, Freising 1977

Müssel, H.: Bunte Welt der Gartenstauden, Stuttgart 1979

Mütze, W.: Stauden, Nordhausen a. Harz 1936

Ohwi, Jisaburo: Flora of Japan, Washington, DC 1965

Pareys Blumengärtnerei, Band I, Berlin und Hamburg 1953

Rotmaler, W.: Exkursionsflora (Kritischer Band), Berlin 1988

Schacht, W.: Blumen Europas, Hamburg und Berlin 1976

Schacht, W.: Der Steingarten, Stuttgart 1968

Schroeter, C.: Das Pflanzenleben der Alpen, Zürich 1926

Schubert, R./Wagner, G.: Pflanzennamen und botanische Fachwörter, Radebeul und Berlin 1975

Seyffert, W.: Stauden · Für Natur- und Steingärten, Berlin 1965

Seyffert, W.: Stauden · Vorkommen · Verwendung, Berlin 1964

Synge, Patrick M.: Gartenfreunde durch Blumenzwiebeln, Radebeul und Berlin 1966

Wocke, E.: Die Kulturpraxis der Alpenpflanzen, Berlin 1940

Bildnachweis und Pflanzenzeichnungen

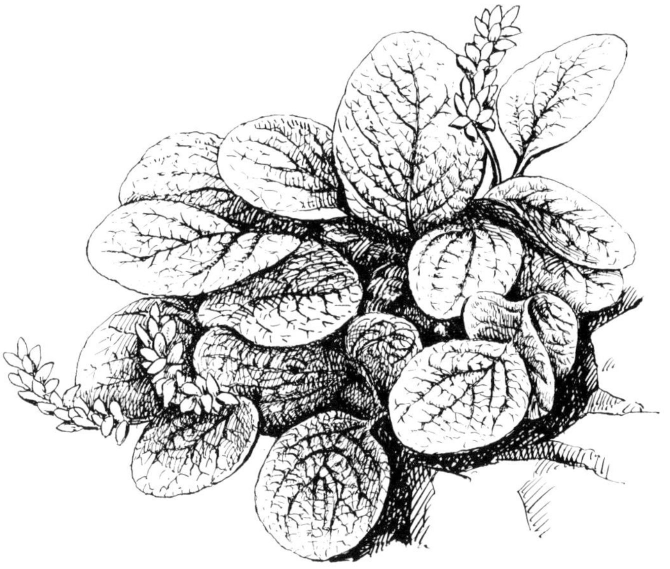

Pflanzenzeichnungen

Edda Schulz, Dresden

	Seite
Asplenium viride	7, 238
Aster alpinus	5, 35
Campanula carpatica	6, 100
Cyclamen hederifolium	7, 118
Dianthus alpinus	6, 58
Dicentra eximia	7, 110
Eranthis hyemalis	5, 9
Galanthus nivalis und *Crocus imperati*	5, 12
Gentiana sino-ornata	7, 155
Helleborus niger	7, 240
Lewisia-Cotyledon-Hybride	6, 53
Pleione limprichtii	5, 21
Primula auricula	5, 24
Ramonda myconi	5, 46
Rhododendron ferrugineum	7, 113
Salix reticulata	239
Sempervivum-Hybride	6, 81
Soldanella montana	5, 14
Trillium grandiflorum	7, 235
Viola odorata	7, 116

Bildnachweis

Johannes Apel, Baden-Baden
S. 203
Dr. Wolfgang Borchardt, Erfurt
S. 102, 105
Walter Ehrhardt, Neudrossenfeld
S. 40, 71, 78, 79, 85, 91, 115, 130 (oben rechts), 133 (oben rechts und unten), 138, 204, 213, 214 (oben)
Bernhardt Einert, Dresden
S. 68 (oben)
Hans R. Fuchs, Hof
S. 57, 72 (links), 129 (links), 130 (unten), 135 (links), 159, 174
Klaus Kaiser, Coburg
S. 32, 33, 54
Dr. Fritz Köhlein, Bindlach
S. 8, 38 (oben), 43, 45, 47 (oben), 52/53, 55, 74, 84, 89, 93, 96, 98, 99, 117, 129 (rechts), 147, 152, 161, 166, 178, 181, 188, 203, 207, 209, 214 (unten), 220
Eberhardt Morell, Dreieich
S. 13, 34, 37, 38 (unten), 39, 48, 51, 111, 119, 154, 176, 189, 196, 229
Gerhard Pacher, Dresden
S. 20, 47 (unten)
Hans Reinhard, Heiligenkreuzsteinach
S. 2/3, 22/23, 31, 58/59, 100/101, Schutzumschlag
Jürgen Röth, Halle
S. 72 (rechts), 205
Dieter Schacht, München
S. 18
Wilhelm Schacht, Frasdorf
S. 76, 77, 112, 124, 125, 126, 134 (links), 144, 217, 234
Erwin Schmidt, Wetzlar
S. 28, 29, 64, 121, 141
Christel Schwalbe, Neukieritzsch
S. 61, 68 (unten), 130 (oben links), 135 (rechts), 137, 147 (rechts)
Sebastian Seidl, München
S. 26, 63, 67, 75 (unten), 109, 142
Wolfgang Sommer, Leipzig
S. 75 (rechts)
Gretl Stölzle †
S. 123
Dr. Reinhard Suckow, Vitte
S. 75 (oben, mitte links), 131, 133 (oben links), 134 (rechts), 136, 143 (links)
Dieter Weinhold, Hohenstein-Ernstthal
S. 15, 80, 122, 157, 164, 171, 191, 226

Register

Die kursiv gedruckten Zahlen weisen auf die Hauptbeschreibung, das * auf die Abbildungen hin. Die gültigen wissenschaftlichen Namen sind kursiv.